中國歷代墨寶

郭嵩焘

陆宝千　著

目　录

一、传略

郭嵩焘号筠仙，字伯琛。晚年自号玉池老人，学者则称之为养知先生。湖南湘阴人。生于清嘉庆二十三年（公元一八一八年），他几历艰辛，始成进士。随即遭逢双亲之丧，所以丁忧在家。咸丰元年，太平军起于广西桂平金田村，第二年进入湖南境内，他和左宗棠避乱于玉池。到了秋天，太平军围攻长沙，湖南巡抚张亮基延请宗棠相助。宗棠本来不肯答应，但是嵩焘劝道：做大官的人，已经很久没有礼遇读书人了，现在张巡抚居然有这一件举动，你应当要成人之美。宗棠听了，便到长沙去拜访张亮基，亮基便请宗棠负责军事。以后宗棠建功立业，成为中兴名臣，便是由于郭嵩焘一句话所激起的。这一年的冬天，太平军占领了武昌。清政府命令曾国藩办理团练。此时曾国藩也正守制在家，接到诏书后，拟覆疏恳辞。适逢郭嵩焘来吊丧，嵩焘于是极力劝阻国藩说：你本来就有澄清天下的大志，为什么不利用现在这个机会乘势起来呢？并且古人也有墨绖从戎这件事，你不必为礼所拘。同时又向国藩的父亲陈说应当保卫家乡的理由。国藩的父亲乃对国藩说嵩焘所说的道理实在光明正大。于是国藩乃决定出山，后来终于平定了太平天国。这也是受了郭嵩焘的一番话而决定的。

其后曾国藩的湘军训练完成，出省援助南昌守军，郭嵩焘也在军中。南昌解围后，他得以功授编修。按照那时的规定，由翰林而授为编修，必须先经过散馆考试。现在他未经考试而直接获授此职，当时是一桩罕见的事。此后他为湘军担任筹饷工作，奔走甚劳。咸丰七年，曾国藩因父丧回籍守制，他也离开湘军，入京供职。

八年三月，英、法、美、俄四国使臣相继率船至大沽口，要求修订鸦片战后所订之商约。四月，夺据大沽炮台，四使进抵天津。清廷迫不得已，与之订约。四国兵舰既退，清廷便于六月命僧格林沁治防天津海口。这时嵩焘时常与人讨论洋务。十二月，受命入值南书房。那时，凡入值南书房的人，都是文学侍从近臣，以翰林进士为多，学试各差，往往尽先简放。他这次能获此优异的差使，因有兵部尚书陈孚恩的奏荐。孚恩说他“通达时务，晓畅戎机，足备谋士之选”。可见他之所以能入南书房，是因为海防紧急，客观情势上需要这位洋务人才的缘故。所以次年春天，便受命随僧格林沁赴天津办理海防。但是他对洋务的意见和僧格林沁相忤。十月，受命往烟台查办厘收，不久被僧格林沁奏劾回京。十年春，便辞职回里了。

过了二年，李鸿章为江苏巡抚。因为上海洋商萃集，江苏司道必须能通达外情，明知政事者，方克胜任，于是便保奏郭嵩焘为苏松粮储道。郭氏于同治元年十月接任。次年五月，即擢为两淮盐运使。八月，更命署理广东巡抚。这是因为广东为湘军重要的饷源所在，希望郭氏能加以整顿，以裕饷源。后来湘军克复南京，太平天国的余党李世贤、汪海洋等由江西进入广东。他奏陈广东军务贻误的原因，归咎于两广总督瑞麟。清政府命左宗棠查办。宗棠覆奏时，责粤军会剿不力。并称郭嵩焘“勤恳笃实，廉谨有余，而应变之略，非其所长。”于是清廷将他内召回京，另候简用。他便于同治五年六月辞职回里了。

此后家居八载，从事于著述和讲学。十三年春，日本借口台湾生番杀害琉球遭风难民，派兵侵犯。由恒春登陆，进攻番社。清廷命沈葆桢为钦差大臣，前往办理。五月，清廷严令沿海各省筹防。七月，又命郭嵩焘、丁日昌等来京陛见。因为他们两人在当时都是以通达洋务见称的。光绪元年二月，嵩焘受命为福建按察使。七月，又受命为出使英国大臣。他回京以后，又署兵部侍郎，并在总理各国事务衙门行走。次年八月，署礼部侍郎。十月，启程赴英。十二月，到达伦敦。这是中国第一位驻英使节。三年三月，清廷正式任他为兵部左侍郎，仍留伦敦。四年正月，兼任出使法国大臣。他抵英以后，不断与副使刘锡鸿发生龃龉，后来刘锡鸿调为驻德大臣，二人依旧互相攻讦。于是清政府命令曾纪泽为使英大臣。他便在光绪五年正月返国了。此后先后主讲于城南书院、思贤讲舍。光绪十七年（一八九一年）卒。年七十四岁。

西方文化之第一次进入中国，是在明代中叶。这一个自西而来的文化浪潮，因清圣祖之禁教而中止。西方文化之第二次进入中国，是在鸦片战争前后。这一次文化浪潮之涌进，国人之初步反应，大抵是出于鄙夷之情，诋毁排拒，很少有人能平心静气，究其长短者。郭嵩焘在当时以精于洋务知名，他便是少数卓识之士中的一个。但是识见由于学问，他之所以精于洋务，即是由于他的深于学问而来。我们要研究郭嵩焘的思想何以在当时能迥异于流俗，便需要从他的学问根底说起。

二、理学

郭嵩焘青年时期最要好的朋友是刘蓉和曾国藩。刘蓉少时并不从事于科举之学，他所致力的是理学。郭嵩焘少时则从事于词章之学。刘蓉常常劝他：文章之道，在乎“积理而炼识”。假如它的内容，无关于世道人心，那正如花草之美，锦绣之文，这种文章仍然不是重要之物。读书的人，立身处世，应当从大处着眼。假使你专门研究文艺而不讲正学，道德和事业皆没没无闻，即使做到了文章和班固、司马迁一样，诗歌超过了曹植和刘桢，对于自己的身心，仍然没有好处，对于社会仍然没有什么关系。自己苦心孤诣，消耗了一生的精力去从事文艺，不过给别人鉴赏罢了，站在整个国家和社会的立场看来，有它也好，没有它也好，无足轻重啊。曾国藩考取进士以后，在北京服官，认识了唐鉴、倭仁等理学家，也从事于理学的实践。从曾氏的日记上可看出他克己工夫的努力。由于郭嵩焘和刘、曾二人交往之密，他不能不受到理学的影响。道光二十三年，他在湖南辰州坐馆。那时辰州的鳝鱼价钱是一斤三十文，兼为去刺。他的仆人买了半斤佐餐。他吃了以后，告诉仆人以后不要再买了。因为湘阴的鳝鱼高于肉价，他的父母一年中不过吃一、二次。现在他一人享用独优，于心不安。而且“方随事勉自刻励，每食厚味，必不宜”。可见这时他已在从事理学工夫了。道光二十四年，他赴京会试时，曾直接拜访唐鉴。初听唐氏的言论，似觉很是平易，后来读了唐氏的省身日课，才知理学“惟在日用行习之间，辨之明而守之严”，“天下事物之待理者，求之一身，而固无待于外也”。光绪十四年二月十五日，王闿运过访他，他正在静坐。静坐也是理学工夫之一。这时他已七十一岁了，可见他直至老年，皆在实践理学之中。

嵩焘之于理学，不但躬亲实践，而且著有性理精义札记，可惜生前并未付梓，后人无从知道其内容。但他尚有《大学》和《中庸》的章句质疑。从这二书中，可知他对于理学在义理上也有所发明。第一、他反对朱子的《大学》章句中纲领条目分疏之说。原来朱子把《大学》本文分为十一段，称第一段为经，第二段至十一段为传十章。但郭嵩焘另有分法：他把朱子之所谓经称为第一章，把朱子所称之传首章至第六章合称为第二章。以下再改朱传之第七章为第三章，第八章为第四章，第九章为第五章，第十章为第六章。他以为第一章的内容是“首明大学之旨，归本诚意致知，而先释致知之义”。而朱子章句中把纲领条目分开解释，“未足以贯通圣经之全，而或失之纤曲”。

第二，嵩焘反对朱子的致知补传。他以为《大学》一书，主要内容是致知和诚意。其所新定的第一章是解释致知的，第二章则是解释诚意的。被朱子认为是传之五章者“此谓知本，此谓知之至也”一句，仍应当在第一章“未之有也”一句之下。因为《大学》本文“致知在格物”，并不说致知“先”格物，此表示“格物即是致知”，所以此下结“此谓知本，此谓知之至也”，就是朱子所补格物致知一章的内容。“经文本自无缺也”，用不着再补传了。

第三，嵩焘十分重视“勇”德。《中庸》上说“知仁勇三者，天下之达德也”。他认为朱子解释这一段时，说得十分惝恍无归宿。自宋代张载以下，许多人都把勇字看得太轻了。“经文分明言知、仁、勇三者天下之达德，如何轻易低昂”？他又以为此三者各有知、行之别。例如自知一方面来看，求明理是知中之知；求胜私是仁中之知；求养气则是勇中之知。又从行一方面来看，那么据理以行就是知；秉公以处就是仁；以全力任之，那便是勇了。

第四，嵩焘认为中庸之德，必须以礼为表达的形式。他说《中庸》一书的内容，主要是论礼之精意。所谓礼之精意是什么呢？乃是对一个人的行为“裁其过，辅其不及”。由于礼，一个人可以“复其性之善而归于中”，所以君子有崇礼之功。

三、礼学

郭嵩焘既然以为“君子有崇礼之功”所以他写了一部《礼记质疑》。《礼记》本来有郑玄的注，郭氏以为其中有可疑的地方，值得讨论，所以把他自己对《礼记》的研究所得取名《礼记质疑》，在这本书中有很多新的见解。

第一，嵩焘认为制度是范围人心的。《礼记·礼运》有一句话：“大人世及以为礼”，他以为这是指三王家天下而言，即指三代传子之法而言。自从传子之法确定后，“唐虞禅让之风遂不能复行”，但是“圣人辨上下而定民志”，也就因为这个礼（制度）成立了，抑止了人民的争夺政权之心，减少了战争。所以他结论说“制度者所以范围天下之人心而不过其则者也”。

第二，嵩焘认为礼必须要适应时代。《礼器》篇上说“礼，时为大，顺次之，体次之，宜次之，称次之”。他的解说是这样：顺和宜的意思相近。“顺”是对外而言，乃指天理自然之秩序。“宜”是对内而言，乃指人心中之秩序，即人于事物的安排觉得合乎义而安于心。“称”和体的意思相近。前者是对外而言，是指器物和仪式的切当合适。后者是对内而言，乃指人心中的别异作用。所以礼是运用适当的器物表达内心的秩序感和别异感的。并且表达这种秩序感和别异感的仪式是合乎天理自然的。把这种仪式定为条文，也就是称为典章制度。所谓“时”者，便是每一时代的典章制度和前代相比，一定有相同的，也有改革的。如果生长在现代的社会里，却要一成不变地依照前代的典章制度来行事，那就不合时宜了，所以说“时为大”。

第三，嵩焘认为法制必须适于人情。《表记》篇有一句话：“是故君子议道自己，而置法以民”。他作了这样的解释：道就是仁。君子以身任道，就是实践仁。议道，就是明道之当然。而制定法律，则必须通乎愚贱之志，不可以把制定法律者本人之道德标准，勉强加之他人。因为制定法律的目的，是在“裁成天下”，和道德的目的在完全一己的人格，并不相同。

第四，嵩焘认为国家之间应当互相通晓彼此的制度。《曲礼》篇上说：“越国而问焉必告之以其制。”他解释道：越国二字可有两种说法。一种是本国人到别国去办事。在这种情形下，此人应当要向该国的人请教他们的法令制度，以便决定处理事情的方法。假如他们的法令制度和本国所有的相乖忤，那该以本国的法制为准，不可以曲从他人。所以最好自己先把本国的制度法令告诉别人，让别国人有所斟酌。一种是别国人到本国来办事。在这种情形下，也该把本国的法制告诉他，使别人有所参考。

清代的学者精于考据之学。儒家的经典都有新的注疏。譬《尔雅》有郝懿行之《尔雅义疏》，邵晋涵之《尔雅正义》；《尚书》有孙星衍之《尚书今古文注疏》；《诗经》有陈奂之《诗毛氏传疏》；

《仪礼》有胡培翚之《仪礼正义》;《周礼》有孙诒让之《周礼正义》;《春秋》有陈立之《公羊传义疏》，刘文淇之《左传旧注疏证》;《论语》有刘宝楠之《论语正义》;《孟子》有焦循之《孟子正义》;《孝经》有皮鹿门之《孝经义疏》。总之，十三经中仅《易》、《谷梁传》及《礼记》没有新疏。而郭嵩焘的《礼记质疑》，当时学者李慈铭等以为即等于新疏。李慈铭是一个目空一切的人，对此书如此推崇和心折，则郭嵩焘礼学造诣之深，也可以想见了。

四、史学

郭嵩焘于道光二十三年，在湖南辰州与张景垣论禁烟始末，恍然知道自古边患之兴，都由于措理失宜。此后便开始“读书观史”。到了咸丰八年供职翰林院时，有机会读到《圣祖实录》，十分钦佩清圣祖的制御俄人之道。后来曾与史地学家何秋涛讨论洋务，觉得何氏对于洋务问题的看法，深中肯綮。便问何氏对于洋务是否曾有实际经验？何氏说：“经史传记，先儒百家之言，昭著灿列，用不着直接参与洋务才能知道啊。”他惊叹何氏之言，此后便从事于历史的研究了。后来出使英国时，行箧中曾带了《史记》、《汉书》同行，可见其对于历史寝馈之深。他曾经写过一部《绥边征实》。这是他取秦汉以来中国和外夷交涉的史实，“辨证其得失，发明其经世致远之略”。书虽成稿而并未出版。后来光绪元年，他见到鸦片战争以来不断增加通商口岸，洋人的势力内达长江。于是要想写一本书上之总理衙门，希望能颁行天下学校。此书的内容是“推求古今事宜，辨其异同得失，条具其所以致富强之实，而发明其用心”。但是这本书似乎并未成稿。我们今日所能见到有关郭氏史学方面的著作，只有一本《史记札记》。这是他阅读《史记》时随手批注于书本上的话，经后人清理而编成的。郭氏生前或并未有意加以问世，所以其中有很多意见是深触当时忌讳的。但我们今日看来，正足以表现他思想的超俗。他于读毕《史记》后自记道：“读其文，推求当时事实，考知世变。”郭氏所谓的“世变”是什么呢？

第一，他认为礼乐是“圣人所纪纲万事，宰制群动”的。但三代以后礼乐便没有了。所以太史公的《礼书》、《乐书》都是采缀荀子的礼论和乐论而成，并没有具体地记述礼乐的内容。乃是太史公表示三代的礼乐已无从明白，只能明白其“义”而已，“秦汉以下，并其义失之，不足与于礼乐之事也”。举一个例子来说，三代有祭天之礼，乃是表示天子“事神保民，只承敬畏之心”的。但是秦汉以后，“天地百官之礼，亦皆出于方士之说，垂至于今”，“诬民而渎天之纪，二十余年而未有已”。我们只要想一想清廷祭祀堂子等种种荒诞的典礼，便知郭氏感慨之深了。

第二，郭氏对于君主专制政治表示了十分不满的态度。《史记·赵世家上》记载赵襄子于晋阳围解灭掉知伯以后，论功行赏，以高共为第一。其理由是在晋阳危急的时候，只有高共不敢失人臣之礼。郭嵩焘加以案语道：“战国之君，积骄以临其臣，实赵襄子此言为之倡。春秋时无有也。秦汉以来尊君卑臣之风，实开于是时。”因为尊君卑臣，所以到后来君主的言论变成法律。《酷吏列传》记载杜周的意见道：法令从哪里来呢？以前的皇帝认为是的，那便是律。后来的皇帝所认为是的，那便是令。郭嵩焘加以案语说：秦汉以后皇帝的地位渐被尊高，但在汉朝初年，政府中的大臣尚能自举其职，皇帝有时也不能强迫改变廷臣的意志。后来使“人主一言皆垂为律令，由杜周此言阶之厉也”。君主专制的结果是怎样呢？《萧相国世家》记载萧何故意受贿自污，以避免刘邦的猜忌一事，郭嵩焘以为刘邦以匹夫有天下，心理常恐别人效法自己，所以诛戮功臣。“于是圣人以道经营天下，奠定生民之盛轨，不可复见于世。由高帝以下自私而不闻道，贻祸若斯之烈也。”

第三，郭嵩焘以为夷狄侵略中国，自中国而言，有两种弱点存在，所以为敌所乘。一是中国的法令烦苛，使上下离心。《史记》载秦缪公问由余：中国以诗书礼乐法度为政，仍然常有变乱；戎夷的文化低落，并没有这些东西，如何能安定国家呢？由余则以为“此乃中国所以乱也”。因为有了礼乐法度，时间一久，政府以法度责督人民，人民以仁义怨望政府，上下交争，国家焉得不乱。至于戎夷方面，“上含淳德以遇其下，下怀忠信以事其上，一国之政，犹一身之治”，简而易行，所以反而政治安定。郭嵩焘以为“自汉以来，夷狄侵陵中国，其势常胜，中国常不足以自给，其原实由于此，莫能易其说也”。中国方面另一弱点是人材缺乏。《史记·齐太公世家》记田乞伪事齐国贵族高氏、国氏，最后反杀高昭子。郭嵩焘加以案语道：六朝五代的时候，政府中不断出现篡杀的情形，一定是先有一个大臣擅权，“尽举朝之士大夫而玩弄之”。等到政府中没有人敢反对时，然后陵蔑天子，终于形成篡杀。“夷狄之侵扰中国也亦然”。这是他身经鸦片战争和英法联军，发现清廷法令烦苛，朝内无人而作的感慨。

第四，郭嵩煮主张中国与别国应和平相处。《史记·孝文本纪》记文帝与匈奴和亲。下诏说：“夫久结难连兵，中外之国将何以自宁？”郭嵩焘以为孟子称赞商汤事葛、周太王迁岐、文王事昆夷为乐天。“文帝此诏至诚恻怛”，和孟子的意义一样。因此批评“南宋以后诸君子于汉唐规模全不一考”。此外，《汉书·匈奴传》后，班固写了一个赞，中间有几句话。大意是匈奴来侵略中国，则中国

“惩而御之”。匈奴被逐出以后，则中国“备而守之”。如果匈奴“慕义而贡献”，那么中国应该“接之以礼让”。总之中国方面的态度是“羁縻不绝，使其曲在彼”。郭嵩焘最喜欢这几句话，常常引用之以抨击当时虚骄的对外主战之论。

第五，郭嵩焘很重视工商业。《史记·货殖列传》称农、工、商、虞四者为“民所衣食之原也”。他加以案语道：“天地自然之利，一出于虞人”；太史公的话和《周礼》“以九职任万民”的意思相合。汉朝兴起后，“始为重农抑末之说以困辱贾人”。因此感慨“人无复有能知此义者矣”。此外，《货殖传》中记载很多富人以铁冶起家。他认为盐、铁二者是汉朝政府“制用之经”而“后世言富贵者皆莫能知，此中国所以日趋于贫也”。可见他又主张重要的生产业应由国家经营的。

五、洋务思想

郭嵩焘的洋务思想，可从外交与内政两方面来谈。就外交原则讲，第一个重要的观念是“循理”，这个观念在他的心中，起源甚早。远在未中进士前，于辰州坐馆与张景垣谈论禁烟事本末时，他已恍然悟“自古边患之兴，皆由措理失宜”。后来居僧格林沁幕中，清政府因英法海军进至大沽口，被迫订约，英法舰队既退，清政府意欲毁约。这时朝野一致主张下次英法再来时对之作战。而郭嵩焘不以为然。他曾向僧王上了十七次说帖，大意是“今时意在狙击。

苟欲击之，必先自循理。循理而胜，保无后患；循理而败，亦不致有悔”。此后他不断地申说此一观念。曾有信与友人方子听说：西洋人的一切情形，广东人大多数能够知道，因为他们已与洋人接触很久的缘故。但是“仆则衡之于理，审之以天下之大势，而其情亦莫能遁焉”。又曾于复兵部尚书沈兆霖的信中说：“天下事一理而已。理得而后揣之以情，揆之以势，乃以平天下之险阻而无难”。直至光绪元年他奏参云南巡抚岑毓英引起使馆翻译官马嘉理（A. R. Margary）被戕事件时，仍说：“士大夫蔽于见闻，不考古今之宜，不察事理之变，习为高论，过相诋毁，以至屡生事端”。出使前夕，又欲疏陈办理洋务机宜。以为办理洋务不越理、势二者。“理者，所以自处者也。自古中外交兵，先审曲直。势足而理固不能违，势不足而别无可恃，尤恃理以折之”。在使英途中，又说：“所谓道理无他，以之处己，以之交人。行焉而宜，施焉而当，推而放之而心理得，举而措之而天下安。”光绪十年，清廷以法国占领越南河内，屡与法国交涉无效，势将起衅。他致书李鸿章反对用兵。以为中外的民情是一样的，所以大家都是可以理喻的：“夷狄之民，与吾民同也。趋利避害同，喜谀恶直同，舍逆取顺同，求达其志而不乐阻遏其气同。贤者以理折衷，可以利之顺之，亦未尝不可直言之，因而阻遏之。取足于理，强者亦可使退听。”这时他已六十七岁了，可见“循理”这一观念，在他是至老未变的。

郭嵩焘处理外交的第二个观念是“以德服人”。主张以诚信、平等对待洋人。从理论上讲，对外交涉既要“循理”，则诚、信、平等自是题中应有之义。因为不诚、不信，以洋人为异类，则为不“循理”了。但郭氏此一观点之正式形诸文字，则在咸丰十一年，那时兵部尚书沈兆霖给他一封信，中间有一句话：“一诚可使豚鱼格”。他在复信中称沈氏“所见精卓”。足见他同意沈氏的见解。这一年，他又有复信给友人方子听，中有一段叙述中国历代控御夷狄之道是：太上以德，其次以略，其次以威，其次以恩。而“信与义贯乎四者之中而不能外”。光绪元年，他于《拟销假并论洋务疏》中，引用宋儒程颐的话，宋时朝廷有五不可及，“一曰至诚待敌国”。他解释道：“夫能以诚信待人，人亦必以诚信应之。以猜疑待人，人亦即以猜疑应之。此理无或爽者。”使英以前，又在上海上疏称：办理洋务没有什么特需用心之处，“言忠信，行笃敬，以立其体。深求古今之变，熟察中外之宜以致其用”。使西途中，又说：“处今日之势，惟有倾诚与各国相接，舍是无能自立者。”中法战争时，又条陈交涉西洋通商事宜，“可以理屈，万不可以力争。可以诚信相孚，万不可以虚伪相饰”。可见这一观点，他也是至老不渝的。

就内政方面而言，郭嵩焘十分重视本末之辨。何谓本？最早他认为吏治纪纲是本。他入值南书房以后，曾奏陈致理之原。当时太平天国的势力日益扩大，他以为“小民何所怨咨、何所愤激而竞趋从逆？实缘吏治隳坏，销磨善气以有今日”。以天下之大，贪污劣迹者之多，而终无一能正其罪者，纪纲废弛已非一日。所以“当盗贼横决之时，推求政本，仍以整饬吏治为首务”。光绪元年，他赴福建按察使之任，行前上书恭亲王奕䜣条议海防事宜。其第四条即为“先明本末之序”。他以为中国自汉代以来，每当全盛时期，即使边患相寻，仍能宴然无事。等到衰乱才有外患。所以“政教之及人本也，防边末也”。这时他进而更以“教”为本了。使英期间，他曾写信与沈葆桢，自称读书涉世垂四十年，“实见人才国势，关系本原大计，莫急于学”。光绪十一年，他已退职家居。这时清廷设海军衙门，他告诉李鸿章，以为此事徒耗经费。“富强者，秦汉以来所称太平之盛轨也，行之固有本矣，渐而积之，固有基矣。振厉朝纲，勤求吏治，其本也。和辑人民，需以岁月，汲汲求得贤人而用之，其基也。未闻处衰敝之俗，行操切之政，而可以致富强者”。这时他又注意到“衰敝之俗”了。两年之后，有信与瞿鸿机中称“未有人心风俗流极败坏，而可与言富强者也”。此后他又说富强有本有末，“本者乎？人心风俗而已矣。末者何？通工商之业，立富强之基，凡皆以为利也”。光绪十五年，两广总督张之洞议造芦沟桥至汉口铁路。他告诉李鸿章铁路宜逐渐推广，若一举营治数千里，恐国家物力不能负担。且“国于天地，必有与立，岂有百姓穷困而国家自求富强之理”。此时他又更以社会经济为本。后来他又评论张之洞在鄂中的新政，以为富强者，“其源由政教修明，风俗纯厚，百姓家给人足，乐于趋公，以成国家盘固之基。而后富强可言也”。终于把政、教、风俗、社会经济，合而言之了。

由于郭嵩焘明于本末之辨，所以他对于西方文化的看法，亦从分别本末着眼。他在广东巡抚任内，曾和英领事罗伯逊（Brooke Robertson）筹商制造轮船之方，故已间接与西方文化相接触。后来赴闽时，向恭亲王条陈海防事宜中，曾说“西洋立国，有本有末。其本在朝廷政教，其末在商贾。造船制器相辅以益其强，又末中之一节也”。所以“窃以为中国与洋人交涉，当先究知其国政军政之得失，商情之利病，而后可以师其用兵制器之方，以求积渐之功”。可见这时他于中国自强之道，显然已知轻重先后之所在了。后来使英途中，不断与洋员马格里（Holliday Macartney）讨论西洋政情，并在香港、新加坡等地参观学校、监狱、法院等。乃以为“西洋立国二千年，政教修明，具有本末，与辽金崛起一时，倏盛倏衰，情形绝异”。抵伦敦之后，觉得英国政教风俗气象日新，“其官民相与讲求国政，白其君行之，蒸蒸日臻于上理”。证实了往日的见解：“盖兵者末也，各种创制，皆立国之本也。”回国以后，又告王闿运：“英吉利有程朱之意，能追三代之治。”并评论张之洞新政之仿行西法为不知本。因为泰西富强之业，资之民商，“其国家与其人民交相维系，并心一力，以利为程。所以为富强者，民商厚积其势以卫国家”，“今言富强者，一视为国家本计，与百姓无与。抑不知西洋之富专在民，不在国家也”。他这种见解，和当时一般醉心于船坚炮利的人相比，真夐乎绝远了。

由于郭嵩焘对西洋文化了解之深，所以他主张取法西洋。认为“其强兵富国之术，尚学兴艺之方，与其所以通民情而立国本者，实多可以取法”，“诚得其道，则相辅以致富强，由此而保国千年可也。不得其道，其病亦反之”。但是如何着手呢？他既然认为西洋之富强其本在政教，则应当从政教之取法开始。他在英国时曾参观过议会，对民主政治有相当的了解，“推求其立国本末，其始君民争政交相屠戮，大随机数十百年，至若尔日（George）而后定，初非有至德善教累积之久也。百余年来，其官民相与讲求国政，白其君行之”，“泰西立国之势，与百姓共之。国家有所举废，百姓皆与其议。百姓有所为利害，国家皆与赞其成而防其患”。但是他并未在这一方面从事鼓吹。不过他私下对中国君主专制之不满，在英伦读《史记》时，随手发挥于纸上了。他对外公开的建议，是效法西洋的“教”。在其出使以前，已知“西洋之法，通国士民，一出于学，律法、军政、船政、下及工艺，皆由学升进而专习之”。所以“彼土人才，实胜中国。为能养之而使尽其学，用之而使尽其职也”。途经香港时，参观大学，深赞“其规条整齐严肃，而所见宏远，犹得古人陶养人才之遗意”。所以主张先在通商口岸开设学馆，求为征实致用之学。并提示几点：(1) 分堂以立为学之程。(2) 计时以示用功之准。(3) 明定规则以使有依循。(4) 分别去留以使知劝戒。这已不是旧式的私塾，而是新式的学校了。他主张如果行之有效，再渐次推广到各省以达县乡，“期以广益学校之制，通其变而济其穷”。学校之外，他又主张设立博物院。因为他在伦敦见博物院“所在有之，分门别类，群聚考求，为学问所从出”。

学校以外，郭嵩焘注重于社会经济之发展。首先他主张重商。光绪元年，他在上书恭亲王条议海防事宜中，即已建议急通官商之情。他说“西洋立国，在广开口岸，资商贾转运，因收其税以济国用。是以国家大政，商贾无不与闻者”。所以中国“当师洋人之所利以利民”。令沿海商人广开机器局，使轮船、机器归于民营，亦即因民之利而为之制。清廷自同治以来，造船制器，都是官办，而他则主张全由商办。显然是取法于西洋。出使以后，对于“西洋以通商为义”这一点，认识更深。乃更主张加强对外贸易。他说“自古经国之计，专务招徕商贾，无以闭关绝市为义者”。所以每遇外人要求增开通商口岸时，他总是主张迎机理喻，反对率尔称兵。这和当时号称清流者的一味排外主战，太难于相合了。

由于注重商业，郭嵩焘又注意到货币。当时中国民间尤其是江浙一带，都使用外国的银圆，“洋商得操其奇赢，以罔市利”。他到伦敦以后，知道货币的铸造权操之于国家，鼓铸精而人民无能作伪。所以他主张在上海设立洋银局，“略仿洋圆形式而易其花样，编列字号”。暂时颁发江浙两省，归招商局承办。若能行之有常，那么数十年之后，必可遍及天下，政府可以收到很大的利益。后来清廷议由各省自铸铜钱，他表示反对。因为用“六觔余之铜，铸钱一千，铜价已逾一千之数”，根本不经济。他认为“钱法由国家利之，当使费钱一千，可得二千之用，然后出钱多，圜法自然流通”。换言之，他是主张政府操铸币之权的。

重商以外，郭嵩焘又主张开煤、铁，造铁路、设电报。前三者，他在出国以前已有此种想法了。光绪二年正月十三日，他拜访翁同龢时，曾言“欲天下首开煤铁，又欲中国皆造铁路”。后者他到英国后才知道。曾告诉李鸿章，英国的富强，始于造火轮船。后来“又因其法创为火轮车，起自嘉庆十八年。其后益讲求电气之学，由吸铁机器转递书信，至道光十八年，始设电报于其国都，渐推而远”。现在中国应当急图内治以立富强之基，这铁路和电报二者，“可以立国千年而不敝”。后来又奏请清廷先在新疆举行电报及火轮车，使“各城声息毕达，如在咫尺。商贾百货，到处流通。十数年后，关外各城尽成都会，即可渐次推行其法于内地”。回国以后，又作《铁路议》以为鼓吹。至于开采煤矿，他主张利用洋人的机器。因为煤质愈深愈佳，机器开煤，可以深入。“中国开煤务旁通，洋人开煤务深入。同一开采，浅深一也，有何妨碍？”进一步，他主张矿产应由民营。因为“天地自然之利，百姓皆能经营，不必官为督率。若径由官开采，则将强夺民业，烦扰百端，百姓岂能顺从？而在官者之烦费，又不知所纪极”，所以这些事情“不必上烦大府之经画”。

六、结论

以上所述郭嵩焘取法于西洋的意见，都是从“本”着眼。他从来不谈当时一般士大夫所乐言的船坚炮利。足以表示他见解之卓越。而且除电报和银币二者外，都是在他未出国以前就已蕴之胸中的。我们推究他的循理和推诚观念，推究他的本末之辨，实在都由于他的理学和经史之学而来。因为他之“勇”于任事，“勇”于建议而不顾时人讪笑，当然由于理学修养而来。至于推诚及于洋人，也是理学中应有之义。他奏参岑毓英处理马嘉理案不当时，一开始即引用《周礼》。《周礼》中的大宗伯以宾礼亲邦国，列于军嘉二礼之上。他以为三代圣王享国长久，其源皆在于此。因为“万里之情毕达，邦国之事宜，生民之疾苦，巨细皆得上闻”。他之特别注意西洋的政教，正是他研究《礼记·曲礼》“越国而问焉，必告之以其制”解释的实践。他之建议取法西洋，正是《礼器》篇“礼时为大”观念之应用。他之注重学校，因为这是“周官成均教国子之法”。他一再地说，自有洋务以来，无通知其本末者。“由三代递推至秦汉以下，利病奚若？所以为异同奚若？经史传记之言具在。观其会通，以辨其得失，而后知两汉承三代以后之规模一变，唐宋规模又一变，元明以来又一变，而外人所以凭陵中国局面亦变而日奇”。而慨叹道：“吾何足言学识哉？宋朝史册具在，世人心思耳目为数百年虚憍之议论所夺，不一考求其事实耳。”可见他自称其洋务思想是由于读史而来的。因此我们认为理学和经、史是郭嵩焘学问的根底，他的洋务思想是由于他的根底之学而来的。

郭嵩焘的理学，由于他阇然自修，所以不求人知。他的史学，所有著作，生前未曾刊布，所以不为人知。他的礼学，虽为时人推重，亦仅视为经生之作而已。他的洋务思想，则生前备受訾毁。当他奏参岑毓英时，即其挚友门弟子对其所受诟谤，没有人能出一言为解。出使前夕，湖南谣传洋人入湘传教，居于上林寺，乃是由他所主使。湖南乡试诸生，几乎要群起毁掉他的住宅。他在京师亦不理于众口。当时流传一付联语讥诮他：“出乎其类，拔乎其萃，不容于尧舜之世。未能事人，焉能事鬼，何必去父母之邦。”后来他自上海启程后，就沿途见闻及与随员谈话，并自己的感想，都录为日记，送呈总署。总署使同文馆出版，书名《使西纪程》。本意供研究洋务者之参考，不想引起轩然大波。王闿运说他“殆已中洋毒，无可采者”。李慈铭说此书“记道里所见，极意夸饰”，“凡有血气者，无不切齿”。编修何金寿疏劾他“有二心于英国，欲中国臣事之”。结果清政府竟下令毁《使西纪程》书板。侍讲张佩纶说“民间阅《使西纪程》者，既无不以为悖，而郭嵩焘犹俨然持节于外，则人心之患，直恐有无从维持者”，建议将他撤回。他身故之后，政府尚不允为其立传赐谥。可见他生前寂寞之一斑。一直等到甲午战争以后，中国的海军尽毁，才稍稍有人佩服他的先见，但他已不获知之了。

以上所述，仅是郭嵩焘思想之大概，要想进一步研究，则应先从他的著作入手。他的重要著作（未刊行者不列）有：

《礼记质疑》四十九卷，光绪十六年思贤讲舍刊

《大学章句质疑》一卷，同上

《中庸章句质疑》二卷，同上

《使西纪程》二卷，小方壶斋舆地丛抄本

《玉池老人自叙》一卷，光绪十九年养知书局本

《史记札记》五卷，一九五七年刊

《养知书屋遗集》，奏疏、文集、诗集，光绪十八年刊

《湘阴县图志》，光绪六年湘阴县志局刊

此外，下列三书中，皆收有郭氏的书信：

《陶风楼藏名贤手札》，一九三〇年国学图书馆影印

《郭筠仙手札》，《中和月刊》，一卷十二期

《花随人圣庵摭忆》，一九六一四年香港龙门书店影印

近人研究郭嵩焘者有二篇论文可供参考：

柳定生：《郭嵩焘传》，《史地杂志》一卷一期。

彭泽益：《郭嵩焘之出使西欧及其贡献》，《文史杂志》第三、四期合刊。

至于收集郭氏之言论并考定其行事者，则以中研院近代史研究所郭廷以先生所编的《郭嵩焘年谱》最为完备，想要对郭嵩焘作进一步研究者，这一本年谱是必需参考的。

王韬

吕实强　著

目　录

王韬，本名利宾，后改名瀚，又取名韬。晚年写作都用此名，人们遂将其作为正名。①他生于道光八年（公元一八二八年），卒于光绪二十三年（一八九七年）。在他一生的七十年间，经历了鸦片战争（一八三九—四二年）、太平天国（一八五〇—六四年）、英法联军（一八五八—六〇年）、中法战争（一八八三—八五年）与甲午战争（一八九四—九五年）等重大的外患与内乱。年轻时期就开始居住于当时中外接触最大的中心上海，继而又生活于英人统治下的香港，并有机会去英国居留两年半，访问日本四个月，目睹西方国家的富强，与受到西方势力冲击之后，日本朝野的奋发有为，却又眼见中国的萎靡不振，甚至每况愈下，基于强烈的民族意识，浓炽的爱国热情，乃一直以探求研拟国家富强方案，并鼓吹实现，为其最大的职志。因此，虽然他才华卓越，兴趣广泛，经历丰富，感觉敏锐，著作等身，但仍以他有关变法自强的思想，最为当时以至后世所重视。以下本文即先就其生平与著述加以简介，然后再以变法自强为中心，对他的思想与影响，加以探讨。

① 他的字号很多，如子九、懒今、仲弢、子潜、子诠、紫诠、无晦、弢园；别号如蘅华馆主、甫里逸民、松滨逋客、沪北宾萌、松北逸民、华鬘居士、天南遁叟、遁窟废民、弢园老民、瀛洲钓徒、泰东诗渔、欧西词客、淞北玉鱿生，都曾用过。

一、生平

王韬于道光八年（一八二八年），出生于苏州附近的甫里村。父昌桂做塾师维持家庭，生活相当困窘，但对王韬的教育则十分重视。据王韬自言，他自小就好学不倦，资赋颖敏，迥异常儿。道光二十五年（一八四五年），参加县考，获中第一名秀才，甚为主试者所称赏。但次年秋天，到南京乡试，竟名落孙山。

道光二十七年（一八四七年），他父亲到上海教书。次年，他去沪省亲，听说有一位英国教士麦都思（Walter H. Medhurst, 1796–1857）所主持的墨海书馆（London Missionary Society's Press），能用活字版机器印书，为好奇心所驱使，他特往参观。据他自己记载，入其室中，但见到处陈列图书，琳琅满目。到印刷之所，其印刷机器，有车床用牛曳动，使车轴旋转如飞，一日可印数千张。这是他第一次看到用机器印书，虽然牛力远不如蒸汽机，但已给他以深刻的印象。在这次参观中，他还认识了另外几位著名的教士如慕维廉（William Muirhead, 1822–1900）、艾约瑟（Joseph Edkins, 1823–1905）等。这几位通晓中国语言文字的英国教士，似乎都对他有良好的印象。道光二十九年，他父亲去世，麦都思迅即为他安排了一项工作，在墨海书馆担任中文编辑。

从道光二十九年（一八四九年）起，直到同治元年（一八六二年），除曾数次返回故乡，和短期外出游览，他一直都在上海，所从事的工作，主要为帮助麦都思翻译圣经，及协助教士伟烈亚力（Alexander Wylie, 1815–1887）、艾约瑟等翻译西方科学书籍，有时也为这些教士们讲授中文。在当时，中国士大夫对外人多心存鄙视，他受雇为外人工作，虽然抱有研习西学的目的，但毕竟主要为受衣食所迫，加以他满腔热情，志在用世，僻居沪上，自难免有落寞之感。日久，情形渐有改善，与沪上名流姚燮（梅伯）、张鸿卓（啸峰）、周腾虎（弢甫）、龚橙（孝拱）、李善兰（壬叔）、蒋敦复（剑人）、管同（小异）等，或因慕名而相识，或属馆中同事，均以性情相投，而结交莫逆，但直到居住上海十年之后，仍然时感怏怏不快。

为望获得经世致用的机会，并改变此种生活环境，他曾经于咸丰五年（一八五五年），返回省垣苏州，再度参加乡试，但结果又告落榜。此后，鉴于太平军势力的蔓延，英法联军的进逼，他曾多次上书于江南有关大吏，包括苏松太道吴煦、江苏巡抚徐有壬，以至两江总督曾国藩等，综论中外局势，胪陈应付方策。他见解透辟，词锋犀利，态度诚恳谦恭，这些建议应该会发生相当的影响，他本人却依然未能获得一个舒展抱负的机会。

可能是由于内心的郁愤，同治元年（一八六二年）初，他突有上书江苏太平军将领的举动。先是咸丰八年（一八五八年）至十年，《天津条约》与《北京条约》签定后，英法等国为维护其既得利益，乃开始改变其对华政策，由中立而转向协助清政府保守各通商口岸，并打击太平军。咸丰十一年（一八六一年），英国驻华外交官员与海军指挥官，屡次向太平天国当局表示，不得进攻通商口岸，尤其上海。太平天国则仅允在一八六一年底以前暂不攻击。一八六二年元月一日，即咸丰十一年十二月二日，太平天国拒绝了英方再延进攻上海时限的要求，随后，忠王李秀成即率大军进至上海外围。鉴于此项战略对太平军甚属不利，王韬乃于同治元年正月初四日（一八六二年二月二日）上书苏福省（即苏州，太平军于咸丰十年四月间攻占之后，即称为苏福省）守将逢天义刘肇均，建议忠王李秀成暂且不要进攻上海，以免与外人发生冲突，俾能将兵力集中使用于内地。应先取镇江与南京邻近各地，对上海采取徐图缓困的策略，等待其瓜熟而自落，然后以大军主力西上，攻取安庆，进占九江、黄州、汉口，与已经独树一帜在川鄂桂黔一带流窜的翼王石达开部会合，再向黄河流域拓展。

这项战略对当时的太平天国，关系十分紧要。因为英法既已改变其中立立场，并进而决定协助清军，而且在上海驻有相当数量的海陆军队，准备直接参与保卫上海的战斗，另外还给予由上海绅士商人雇用美人华尔（Frederick T. Ward, 1832–1862）所组成的洋枪队（旋改称为常胜军）以适当的支持。太平军在缺乏攻坚的新式武器，又没有海军配合的情况下，不仅难以攻克，即占领也不易防守。且其时正当湘军攻克安庆之后，方积极进行整补扩充准备东下直薄南京。如其将兵力消耗于上海，何不把握时机，先对付于天国威胁与日俱增的湘军。此一建议未被李秀成所采用，而王韬却因此几遭杀身之祸。

自咸丰十一年十二月中旬（一八六二年一月中）起，太平军对上海及其近郊，展开猛烈的攻击。由于英法军的直接参加战斗，始终未能达成占领的目的，相反的，兵力却有大量的损耗。同治元年（一八六二年）三月，清军在攻破上海附近王家寺太平军的营垒之时，无意中获得这封王韬的上书。江苏巡抚薛焕阅后大感震惊，即行向朝廷奏报，并下令缉捕王韬。幸有教士慕维廉和英驻上海领事麦华陀（Walter H. Medhurst, 1823–1885，即墨海书馆前馆主麦都思教士之子）等的帮助，乃得于避居上海英国领事馆四个多月之后，搭轮船到达香港。

由于王韬在墨海书馆工作所获得的声誉，在慕维廉教士等的安排下，甫抵香港，即受聘于伦敦布道会（London Missionary Society）教士英华书院（Ying Hua College）院长理雅各（James Legge, 1815–1897），协助其翻译中国经书。理氏深通中文，雅爱中国文化，立志将中国经书全部译为英文，以便西方人得以阅读。在王韬到港之先，理氏已经译完《论语》、《大学》、《中庸》、《孟子》，并已于咸丰十一年（一八六一年）出版，称为《中国经典》（*The Chinese Classics*）第一、二卷，所以王韬的助译工作，自《书经》开始。随后，为《诗经》、《春秋》、《礼记》、《周易》等。同治四年（一八六五年），《书经》译毕出版，为《中国经典》第三卷。

由于工作繁忙，香港气候又湿热，理雅各渐感健康不佳，于同治六年，决定返回苏格兰家乡暂住，行前表示，要为王韬安排前往英国，继续译书工作。理氏返国后，果然来函正式聘约王韬前往。是年十一月，搭乘轮船离港，沿途经新加坡、槟榔屿、锡兰、亚丁至苏彝士，换火车，经开罗至亚历山大，再换船入地中海到马赛往巴黎，然后渡海抵伦敦。在上述各地，均曾小作停留，以观光游览。在巴黎停留十日，得以会见他慕名日久的法国汉学家儒莲（Stanislas Julien, 1799–1873）。王韬认为儒莲从未到过中国，仅在其国内从事研究，竟能翻译中国儒释各书，风行于世，诚属难能。儒莲对王韬——一位中国著名的学者的来访，也感到十分高兴，对之优礼有加，视为上宾；参观大学、图书馆，赞佩法人之重视学术，与其藏书之丰富；看博物馆，认为其收藏包罗万象，几无物不备；游览名胜古迹，观赏戏剧歌舞，于其建构之宏伟，技艺之精湛，均留有深刻印象。

在伦敦，由理雅各的安排或陪同下，王韬得畅游各处。他曾去伦敦以南约二十五里的水晶宫（Crystal Palace），对此一十一层，高约四十丈，所有砖瓦椽梁门窗楹栏全部用玻璃做成的巨大建筑，感有极大兴趣。参观大英博物馆（The British Museum），盛赞其藏书之丰富与阅览之方便，谓其中有世界五大洲舆图与古今典籍不下五十二万部。其前部广堂，排列几椅，可坐数百人。几上笔墨俱备。男女在此看书者，每日有百数十人。晨入暮归，书任检读，仅不准带走。对于馆中所藏各国绘画、古董、珍奇、标本等的完备，曾发抒观感说：此类收藏，并非仅供人们炫奇好异，或悦目怡情。主要是因为人类限于方域，阻于时代，足迹既不能遍历五洲，见闻更不能追及千古。虽然可以从书本中知道许多东西，但究竟未能看到其实体的形象。现在广行搜罗，胥聚于一馆。而让士庶任便前往观览，以辅读书之所不能及，用意至为深远。

对于英人科学技术，也乘机加以观览体会。他参观电信总局、兵工厂等，所至无不与其有关人员，详为恳谈，力求深入了解。一位铁路公司人员告诉他：当英国初创火车之时，毁谤到处蜂起，民众群聚阻挠，声言全国从事人力畜力运输之人，均将因此而失业。岂料铁路兴起之后，贸易益形发达。而火车所不能到达之处，仍然需用马车和人力，结果获利更多。所以铁路实在是富民裕国的利器。再就军事与治安方面来看，如有变乱，闻报调兵，朝发而夕至，费省而效速。从前行旅时遭盗匪抢劫，自建铁路，人行万里，极少有意外发生。

在伦敦，他最感得意的一件事，当为被邀请在牛津大学讲演。当时牛津大学早已是欧洲著名的学府，学生已达一千多人。他以华语发言，由理雅各作翻译。他先追溯中西交通情形，赞扬英女王伊莱沙伯（Elizabeth I, 1553–1603）遣派英人到广东，开启中英间之贸易。继而称道斯当东爵士（Sir George L. Staunton, 1737–1801）领先学习华语，之后英人来中国者，遂渐通晓中国的语言文字。以中国地处亚洲东部，英国处欧洲的西方，相去七万里之遥，三百年前，中国从无人至英土。今则越重洋如渡江河，视中原如堂奥，主要由于两国能和平相处。深望嗣后能益趋和睦友好，共享太平盛世。

最后勉励听讲之学生，既能在此一全国之高等学府肄业，均属俊秀之士，其已经毕业而获得学位者，更皆出类拔萃，年少而志盛，学博而文富。他日出而用世，上则辅翼王家，下则流传圣道，必均能有益于中国，是为所厚望。由于他立论正大，措词得体，获得普遍的称赞，如雷的掌声。讲毕之后，复答复学生问询有关孔子之道与西方所传天道之异同，诸发问者皆感满意。

停留于伦敦的时间，虽然短暂，但王韬对当地风俗人情，已有相当的体会。他的印象是几无慵惰之民。一般人多诚恳谦让，很少有欺凌争斗之事。即外国旅居其地的客民，也从无遭受欺侮讹诈者。此类实地经验，对其日后鼓吹变法态度之愈趋积极，与内容之益加充实，自有密切的关系。

抵苏格兰后，寓居于克来克曼尼省（Clackmanan Shire）的杜拉村（Dallar）理雅各家中，为时约两年余。他主要的工作，为协助理雅各释译《诗经》、《易经》、《礼记》与《左传》。这些工作进行得似乎相当顺利，其中《诗经》与《左传》于同治十一年（一八七二年）出版，分别为《中国经典》第四、五卷，《易经》与《礼记》大约当时未及完成，但后来也在光绪八年（一八八二年）与十一年，先后印出，分别为《东方圣书》（*The Sacred Books of the East*）第二十六卷，与第二十七、八卷。

旅居异国，特别是对当时的中国传统知识分子而言，语文隔阂，习俗迥异，不仅在生活上有许多不便，精神上难免有孤寂而无所安顿之感。但王韬却似乎很快就能适应，自谓在此期间，游览之奇，山水之盛，诗文之娱，朋友之缘，足以自豪，几乎忘记其身在海外。他于工作之暇，游踪几遍于苏境各地，自言足迹未及者，仅海中一些岛屿而已。他与当地英人来往甚多，于社交之外，更致力于文化交流，促进中西了解。曾应邀在金亚尔乡与亨得利乡讲学论道，在爱丁堡教堂宣讲孔孟学说。于一次宴会之中，他说明鸦片之为害中国，引起在席的一位下院议员决心纠集同志，组织禁种罂粟之会。他在苏格兰地区，长期地观察体验，对英国政教的优点，了解更深。返国之前，并将他携带来英国备供译经参考的书籍，一起捐赠给一家博物馆，以志留念。

在英国工作告一段落，于同治九年（一八七〇年）二月，与理雅各一同经巴黎返香港。可能是由于在欧洲所见所闻的刺激，回港之后，王韬很希望能返上海，直接地为自己的国家做一些事情，但并没有成功，这自然仍与他从前上书太平军一事有关。同治十年，理雅各受聘任香港政府所设皇仁书院院长，英华书院因无适当之人接替而暂时停办，译书工作也难以照常进行，为舒展其抱负，王韬乃决心自行创办事业，与友人黄胜（字平甫，为与容闳同时赴美国留学三人之一）合资购买英华书院附设之印刷厂机器，成立中华印务总局。次年，他开始担任《近事编录》（日报，创刊于一八六四年）的编辑。是年底，他与黄胜就印务总局的基础，进而创办《循环日报》。他自任主笔，重要的助手有洪干甫、伍廷芳，和他的女婿钱昕伯等。

《循环日报》为早期国人创办少数民营报纸之一，内容略有三类：新闻、广告与杂文。新闻栏首先为《京报》选录，次为羊城（即广州）新闻，再次为中外新闻。此报一项最大特色为每天报头必有一篇论说，有如今日报纸的社论。此项论说多由王韬执笔，内容着重于议论时政，介绍西方的成就，包括西学西政，与鼓吹中国改革自强。以王韬才思的敏捷，知识与阅历的丰富，以及笔锋的犀利，他所撰写的论说，不仅在香港、广东，得广为流传，上海的中文报也时有转载。在由英返港后几年之中，王韬曾完成两部重要的著作——《法国志略》与《普法战纪》。两书分别于同治十一十二年间刊行。出版以后，风靡一时，后者传入日本，为日人屡加翻刻。

《普法战纪》传入日本，引起许多知识分子对王韬的仰慕。于是在学者名流栗本锄云、重野安绎、龟谷行、冈千仞、寺田士弧、佐田白茅、中村正直等联合邀请之下，于光绪五年（一八七九年）闰三月间，到达日本。停留近四个月，除游览名胜古迹外，主要为接受日本学者、文士、官员及中国驻日公使、领事署人员的访问与宴会。宾主之间，极尽欢洽愉快。其情况如中村正直所说：都下（东京）名士，争与先生订交往还，文酒谈燕，殆无虚日。山游水嬉，追从如云，极一时之盛。又说：清国之人，游历日本者，历来都有，但一般都是商人，且又限于长崎一地。近来读书之人来东京者，间或亦有。但其身未至而大名先闻，到达后倾动都邑，如王韬先生者，则从未曾有。赋归的前日，由重野安绎等安排盛大宴会，为他饯行。参加者日本文士名流及中国驻日公使、参赞以次，不下百人。酒酣之际，王韬作歌留别，有“秋风起兮游子归，万重山兮千重水，离情渺渺兮愁凄凄，相思不识何时已”之句。与会日人，亦纷纷即席赋诗相赠，其中如“自是各天对孤月，相思惟付断鸿声”；“忽闻骊歌激秋风，白云惨淡雁横空，一别万里恨参商，几时追逐学云龙”，均充分流露其纯挚之友谊。他与黄遵宪订交，也在这次访问期间。

访问日本之行，往返均经过上海，并得返回苏州故里小住，可以看出官方对于昔年他上书太平军之事，已不拟再行追究。光绪八、九两年，均曾回苏州居住数月。终于光绪十年（一八八四年），至上海定居，不再去香港。回沪之初，任《申报》编辑，为该报撰写论说。次年，创办弢园书局，以木刻活字印行书籍。旋应唐廷枢（景星）、傅兰雅（John Fryer, 1839–1913）等的聘请，任格致书院（The Chinese Polytechnic Institute and Reading Room）的监院，二年后改任院长。此一书院建立于同治十三年（一八七四年），由教士傅兰雅、伟烈亚力，英领事麦华陀，中国科学技术专家徐寿与其子徐建寅、实业巨子唐廷枢等所发起，宗旨为介绍传播西方科学技术与中国。院中主要有两个部门，一为置备图书仪器，开放供人参观阅览；一为招收学生教授科学知识与技术，以及与当前国计民生有关问题的研讨。王韬担任此职，直到光绪二十一年（一八九五年）或稍后。

在返回上海定居这十几年中，他仍然从事于文章、专书的写作与刊印。有关变法自强的论说，继续见诸于报刊和致友人函牍之中。在格致书院的工作，则除讲学之外，于任职之第二年起，请上海或各地区与洋务有关的官员，如各海关道、江南制造局总办、南北洋大臣等，每年分四季，分别出与格致及与当前国家兴革有关的题目，课试院中学生与附学士子，成绩优良者给予奖金鼓励。并将录取的文章，连同批阅之评语，一起汇集，按年印出，公开发售，以广流传。此项课艺之编刊，一直继续到甲午战后，王韬将行离任之时。

光绪二十年（一八九四年），他已年近七十，健康相当不佳，但于国事的关怀，却一如往昔。是年，国父孙中山先生拟赴天津上书北洋大臣李鸿章，建议革新变法图谋富强的方略。过上海时，在香山同乡、当时倡议模仿西法自强的先进郑观应家中，见到王韬。二人谈论十分欢洽，王韬特为致函李鸿章得力的幕友罗丰禄，托其设法为国父引见。同年，广学会举办一次论文竞赛，题目为兴筑铁路、鼓铸银币、整顿邮政、敦睦中西关系等五道，向直隶、江苏、浙江、福建、广东五省征求作者，王韬为主要审定之人。二十一年二月，结果发布，广东有康长素（康有为号）等获得录取。

甲午战争失败，使王韬的心情感到十分沉重。在《马关条约》签订之后，出版的格致书院癸巳年（光绪十九年）课艺序文之中，他表示：每听北方来人谈及战事的失利，即感愤怒而眦裂发指，至于痛哭流涕，叹息而不能已。今和议已定，不容再行置言。惟有亟图整顿，奋刷精神，更革旧章，痛除积弊，庶几可再复中兴。我个人老病困顿，惟望英贤继起，院中肄业诸生，益加奋勉，备将来为朝廷遣使绝域，修睦邻近强国，联络友好各邦，广结厚援，以冀一洗此耻。光绪二十二年，《万国公报》主笔教士林乐知（Young J. Allen, 1836–1907）所编著以记述并检讨中日战争的《中东战纪本末》将行出版，请他作序，他于文中再行呼吁：前车之覆，后车之鉴；前事不忘，后事之师。现在中国力图变法自强，仍然可及。应切记以堂堂绝大之中国，反厄于藐然日本一小邦，是如何可耻！耻心生，悔心萌，踔厉奋发，以求日益上进，即此一战而迫我不得不变。他日转败而为胜，因祸而为福，均基于此一变。

光绪二十三年，王韬因病去世，享年七十。

二、著作

王韬著作甚丰，就今日所知者，专著已不下四十余种。以下兹分类加以简介。

属于经学方面，著有（1）《皇清经解札记》二十四卷，（2）《毛诗集释》三十卷，（3）《春秋左氏传集释》六十卷，（4）《春秋朔闰考（辨）》三卷，（5）《春秋至朔表》一卷，（6）《春秋日食辨正（图说）》一卷，（7）《周易集释》，（8）《礼记集释》，（9）《国朝经籍志》八卷。这些著作，只有《朔闰考》、《至朔表》、《日食辨正》与《经籍志》曾刊行，其余都仅为稿本。其中《毛诗集释》、《礼记集释》和《周易集释》三种手稿，迄今仍存放于纽约市立图书馆（New York Public Library）中。

从王韬的生平和性格看，显然治经并不是他志趣的所在。所以在这方面有如此丰硕的著述，主要是为了帮助理雅各解释与翻译所需要。由于他根基良好，资禀颖悟，虽然成稿多属仓促，仍能具有特出的优长。像《毛诗集释》，从开始到完成，不过十个月。但理雅各对之则十分称赏，在译本《诗经》的书目中，说明曾经用为参考；于致友人的信中，更道出他内心的实情。他说：我所译的《诗经》，即可出版。我开支很大，包括给付华籍助手王博士的薪水每月约一百零五元。为节省开支，很想不再继续雇用，但有时却非他不可。尤其在翻译《诗序》的时候，他的贡献更为显著。我所做的这项工作，只有第一流的中国学者，才能对我有帮助。我从未见有人能与王博士相伦比。

王韬所作的《经解札记》，对理氏翻译《尚书》，自应也甚有裨助。理雅各在译本的序文中表示：译者不得不衷诚的感激苏州秀才王韬的帮忙。这位经学知识远超过译者所知任何中国学者的王君，于一八六三年（应为六二年）抵达香港，对工作满怀热忱，或解释，或辩论，不仅贡献良多，而且使劳碌的生活，富有了生气。

再如《左传集释》，与其他几项与《左传》有关的著作，也都为理雅各所参考引用。由于王韬早年在上海时，曾与伟烈亚力合译过《西国天学源流》，使他对西方的天文历法，作过一番基本的了解，乃能在上述几种有关春秋天文历法考订的著述中，具有融汇中西的特点。曾在广东传教多年，对中国古代天文历法颇有研究，著有《幽王以来日食表》的湛约翰教士（John Chalmers, 1825–1899），对王韬所著春秋朔闰至日的考证，叹为传世之作。谓其可以定古历之指归，决千古之疑案。于春秋时期二百四十二年中之日月，了如指掌。王韬自己也以为：推日食有图有说，而又以中西日月对勘，另为一编，务欲镕西人之巧算，入大统历法之模型，而以实测得春秋之日月。晚近国人与日本学者也认为王韬的考证，确为中国经典研究中的一大进步。

属于史地方面，著有（1）《法国志略》二十四卷（初为八卷，称为《法兰西志》，增订后改称为《法国志略》），（2）《普法战纪》二十卷（初为十四卷），（3）《瀛壖杂志》六卷，（4）《瓮牖余谈》十二卷，（5）《华英通商事略》一卷，（6）《俄罗斯志》八卷，（7）《美利坚志》八卷，（8）《西国史》四卷，（9）《四溟补乘》三十六卷，（10）《台事窃愤录》三卷，（11）《西事凡》十六卷。这些著作，除前五种，其余都没有刊印。

王韬之立意写法国历史，是因为法国素以文明著称，制度文物的完备，宫室建筑的壮美，为各国所不及。及拿破仑（Napoleon I, 1769–1821，任法王时期为 1804–1815）出，更订法律，其精审为欧洲冠。其通中国亦最先。文人学士，自明季即航海而来中国。但近时英人慕维廉已译《英吉利志》，美人裨治文（Elijah C. Bridgman, 1801–1861）译《联邦志略》，谈远略者，无不以先睹为快。而法国史志竟仍阙如，诚为憾事。因此，当他在英国译经的时候，就曾写信给法国汉学家儒莲，希望能二人合作，写一部法国史，但未为儒莲所接受。

他由英国返香港后不久，便爆发了普法战争，法国于短短数月之内，失城丧师，卒至与普人签订城下之盟，割地赔款。这更使王韬深为感慨，如其在《志略》序文中所说：往返英国，皆取道法境，得两经法国都城，目睹其宫室之雄丽，廛市之殷盛，人民之富庶，兵甲之精壮，未尝不叹服其外观之显赫光耀。及徐进而察其风俗之侈靡，习尚之夸诈，官吏之骄惰，上下之猜忌，乃不免虑及其国势之难以持久，但未料其失败竟如此之速。于是，为探究其盛衰之理，以为鉴臬，更决心于此书之撰写。乃于同治十年，撰著完成。此书不仅在当时为介绍法国历史惟一的专著，而且说明详细，议论透辟，极少有史实的错误，再加上文字典雅优美，出版后一直甚为流行。

《普法战纪》一书的撰写，其动机与《法国志略》大致相同，不过特别着重于战争的记述与检讨，以及以法国为主体，而观察分析整个欧洲的国际关系，与未来世界前途的展望。他搜集了大量的有关普法战争的西方资料，包括报导、评论与分析检讨等各方面，由他的朋友张芝轩等帮他翻译，再加上他撰写《法国志略》所用的资料，凭借他对中国春秋战国时期的历史认识，与对当时欧洲各国间之关系与情势，加以对照，形成他对全书所作的架构，然后开始撰写，很快的于同治十年六月，普法战争后不过几个月，便完成此书的初稿十二卷。随后补成十四卷付刻。再加增辑，于同治十二年，复以二十卷刊行。

《普法战纪》成书之后，王韬曾自谓：欧洲全局之枢机，尽括于此；所见所闻，皆足与战事相关，可谓毫发无遗憾。并自信此书必可传于后世。果然，刊行之后，佳评云集。一位一向留心时务的前辈林昌彝说：夙游燕京，获交楚南奇士魏默深（源），嗣客岭南，又得识吴中奇士王紫诠。二君均通外国掌故。默深著有《海国图志》，紫诠著有《普法战纪》，实为闻所未闻。日人重野安绎则云：默深所著《海国图志》等书，其忧国之心甚深，但于海外情势，未能洞澈了然。默深未足以与王韬相比伦。在当时，比较能积极模仿西法以图自强的封疆大吏李鸿章等，对此书也大为称许；丁日昌则谓其兼具史家典型之才、学、识三长。日本学者因此书对他的仰慕，已见前叙。日本陆军省则倩人将此书加以句读，于光绪四年，翻刻印行。

《瀛壖杂志》和《瓮牖余谈》是两部类似掌故、札记，也兼有时论、短评与风土、人物介绍等汇集而成的书。前者为他早年在上海时所作，后来在香港又加以补充，于光绪元年（一八七五年）出版，主要是记载上海的历史沿革与风土人物。其价值应如他的朋友们所说："于沪上土风之醇朴，俗尚之好异，物产之恢奇，人文之瑰伟，了然如掌上；于风俗人心，微寓劝惩，可以备志乘采择，亦可自成一家之言。”后者也刊行于光绪元年，其内容甚为广泛。林昌彝为其作序说：凡忠党之殉节，贞女之死难，各国之风俗，各贼（谓太平天国之领导人物）之源委颠末，无不详载。其所论当代之时事，所记史事、人物，不仅均有其特色，更往往将他自己的抱负与见解，含寓其中。尤其是对于西方人物的介绍，像培根（Francis Bacon, 1561–1626），侯失勒（John F. W. Herschel, 1792–1871）等，自甚有裨于国人对西方科学了解。所以《娄馨仙史》说，《瓮牖余谈》为王韬经世之书。

与史地密切有关的游记，他著有（1）《乘桴漫记》一卷，（2）《漫游随录》二卷，（3）《扶桑游记》三卷。其中后二种于刊布之后，流传甚广。晚清时期，国人去外国公干或游学者渐多，撰写游记的风气很盛，仅《小方壶斋舆地丛钞》书中所录，属于在外国的游记，便不下一百多种。不过王韬的游记，至少有以下几项与众不同的特点：第一，他在外国期间，与当地人士往还，几乎无异于在国内，频繁广泛，不拘形式，所以他的游记，最能有裨于当时人士对于西方社会实地情况的了解。第二，他似乎已经着眼于大众传播的方式，用以介绍他的见闻与观感给自己的同胞。他将《漫游随录》一书，另用文图对照的方式印出，每段游记均按照其中主要的描写对象，请精于画图之人将其情景画出，并加一生动的标题，如“锡兰佛迹”、“亚丁夜燕”、“改罗小驻”、“巴黎胜概”、“法京古迹”、“保罗圣堂”、“苏京故宫”等等，务使其对读者更具有吸引力，更易于了解（即见附图）。第三，他访问日本，纯出于日本文人学者的邀请，没有任何功利的因素。他居住于邀请者家中，一直是壶觞之会，文字之饮，殆无虚日。彼此友谊，乳水交融，非一般游览者可比。至于他记述此行的《扶桑游记》，系由日人为之写序作跋，训点排印出版，更为从所未有。自然，这部游记，不仅可以帮助了解当时

王韬应理雅各教士之邀，访问英国，1868 年初路过法境，对马赛港市印象甚佳。

王韬于 1868 年春抵达伦敦后，对当地交通尤其是火车与电话电报备极称道。

日本社会与若干知识分子的情况，更提供了如今日所谓“国民外交”的良好途径。

在西学方面，他编译的书有，（1）《重学浅说》（与伟烈亚力合译），（2）《西国天学源流》（与伟烈亚力合译），（3）《西学图说》，（4）《西学原始考》，（5）《泰西著述考》，（6）《火器略说》（与黄胜合译编）（7）《格致新学提纲》。这些译著，据记载均已出版。他对西学并非有深厚的造诣，所作不过为一般性的介绍，但仍然也有值得称道之处。如《火器略说》一书，内容包括炼铁、造模、置炉、钻炮、验药等法，及测量各表、枪说，并论及天空风气的阻力。稿成，于同治三年，由香港寄给苏松太道丁日昌鉴评。丁氏向以善造火器见称，时正在上海为李鸿章督造军械，阅读之后，击节称赏，勖为不易之才。

文集方面，他自己辑有（1）《弢园文录》八卷，（2）《弢园文录外编》十二卷，（3）《弢园尺牍》十二卷，（4）《弢园尺牍续钞》六卷。其中除《弢园文录》散佚，其余则《文录外编》于光绪八年印出；《尺牍》于光绪二年刊行八卷，光绪十二年补成十二卷；《尺牍续钞》于光绪十五年刊行。《文录外编》主要为选录光绪八年以前他在《循环日报》所撰写的论说。《尺牍》则包括自道光年间他尚未去上海之时，直迄光绪十五年。这三种著作，均为研究王韬对时政与变法意见的重要数据。另外在诗词方面，王韬似颇自谦。于《扶桑游记》之中，观其与日本士大夫相唱和，无不出口成韵，清雅越俗。但所刊诗集，似只有《蘅华馆诗录》一种，且多为道光二十九年去沪以前之作。词也仅有《眉珠庵词钞》一种。

在小说方面，王韬先后撰有（1）《遁窟谰言》十二卷，（2）《淞隐漫录》十二卷，及《续录》十二卷，（3）《淞滨琐话》十二卷，均经刊行，世人称为王氏之三说部。三书都是以人鬼精灵为主角，以爱情与因果报应为内容，与蒲松龄的《聊斋志异》相近。何以要撰写这一类的书籍，他在《遁窟谰言》的序文中说：用世与遁世并非两途，识大与识小亦无二致。曼倩诙谐，可通谏诤，庄周游戏，并入文章。前人诙谐之作，琐异之端，其得列入《七录》，登进《四库》者，指不胜偻。其间神仙怪诞，狐鬼荒唐，直欲赅括八纮，描摹六合，洽闻殚见，凿空矜奇，曾何足以供实用？而所以不遭摈弃，亦因旨寓劝惩，意关风化，以善恶为褒贬，以贞淫为黜陟，俾愚玩易于观感，妇稚得以奋兴。则南史、董狐之史笔，何异于朝廷政教之令宣。斯篇所寄，意即在此。在《淞隐漫录》序文中，更表示：现实久已为势力、龌龊、谄谀、便辟笼罩，所以我以直道径行而不通，以坦率处世而遭困，以激越论事而受挫。但困极则思以变通，郁极则谋以兴奋，及终于无以扭转，则惟有入山必求其深，入林必至其密而已。道，求之于中国而不能得，则求之于遐陬绝峤异域荒裔；求之于并世之人而不能得，则上溯之亘古以先，下极之千载以后；求之于同类同体之人而不能得，则求之于鬼狐仙佛草木鸟兽。昔者屈原扼制于左徒，则寄其哀思于美人香草，庄周困于漆园吏，则以荒唐之词而鸣，东方曼倩穷于滑稽，则有《十洲》《洞冥》诸记产生。是王韬之写作小说，亦可视为其寄情寓志之一途。

由于其文笔优美，且故事多富有真实的情趣，所以三书刊行之后，都深受读者欢迎。王韬自己也深以为慰。他高兴地说：我向作《遁窟谰言》，见者谬加许可，江西书商竟将其改名（《闲谈消夏录》）翻版，藉以图利。《淞隐漫录》重刊行世至再，或题曰《后聊斋图说》（按此书也每篇均附一精美之画图），售者颇众。前后三书凡数十卷，使蒲君留仙见之，必欣然把臂说：你已超过我，聊斋之后有替人了。

其余著作，尚有（1）《海陬冶游录》七卷，（2）《花国剧谈》二卷，（3）《眉珠庵忆语》，（4）《老饕赘语》八卷，（5）《歇浦芳丛志》，（6）《三恨录》三卷。刊行者仅前三种。均属才貌女子与青楼佳丽。著作旨趣，大致如其友人在《海陬冶游录》序文中所说：所载或幼沦乐籍，或长隶教坊，或为奸谋所骗，或为恶少所诱，或遇人不淑，被逼入青楼，或大妇难容，而离家出走。其始则觍闵受侮，事非一端，其终则劳悴升沉，状尤百出。其中固有意为耽乐，专恃利交，然亦不乏久思脱出，甘为情死。王氏为之传述，极欣戚悲愉之致，著激昂慷慨之词，动人生羞耻之心，寄世运盛衰之感。每慨地经烽火，野起刀兵，丧乱频仍，流离失所。式微官裔，间闻背礼私奔，贫贱妇女，甚至贪财卖笑。试问春辰秋夕，回首何堪，何竟暮送朝迎，辱身如此。斯则飘泊者得有所鉴观，豪华者可有以棒喝。

除上述外，王韬的短篇论著，散见于报刊或辑书中者，于此不拟细列。其手稿墨迹之类，以王氏之勤于写作，必当仍有留存者，惜未能发见。目前所知者，仅中研院历史语言研究所的傅斯年图书馆，藏有一部，题名为《蘅华馆杂录》，共有六册。内容为日记，包括道光二十九年，咸丰四—五年；《沪城闻见录》；《蘅华馆印谱》；《夏日闺中杂咏》；《石经考文提要》等。日人增田涉言，他曾在东京旧书摊上，见到有两部王韬在香港天南《遁窟》手稿之存本，惟未提及其内容。另外，尚应于此提及者，为王韬编辑的两部书，(1)为《格致书院课艺》，(2)为《自强斋保富兴国论》。前者为格致书院课士之论文，择优而集刊，起自光绪十二年（丙戌），迄于光绪十九年（癸巳），共计十三册。其论文内容，全与当时国家社会实际问题有关。后者则为选集甲午战后倡议变法之论文而成，内有梁启超、汪康年、陈虬等之著作。此书于光绪二十三年（一八九七年），由上海强学会出版。

三、思想

王韬的著述，已经如上所列，可谓十分丰富。就其内容，更可看出，他的志业兴趣，也极为广泛，他的思想，涉及到许多方面。不过，能构成系统，而且被公认为最有裨于国家社会的，则为其以自强为目标的变法思想。

在述论其变法自强思想之时，首先须将他对当时所谓“变局”的体察，加以说明，因为他所以毅然决然倡议变法，可以说是导源于对变局的认识。约在同治三年（一八六四年）五月，他代友人黄胜上江苏巡抚李鸿章的信中，明确地指出：“当今光气大开，远方毕至。海舶估艘，羽集鳞萃。欧洲诸邦，几于国有其人，商居其利。凡前史之所未载，亘古之所未通，无不款关而求互市。我朝亦尽牢笼羁縻之，概与之通商立约。近闻吕宋、日本又将入请矣！合地球东西南朔九万里之遥，胥聚于我一国之中，此古今之创事，天地之变局。”嗣后，于其《变法自强》文中，更言：“居今日而论中州大势，固四千年来未有之创局也。”于致友人信函内，与各项论著中，不时对此一中国有史以来空前的遽变，加以强调，以促使大家注意。

继而他复根据经书的启示、历史的经验，而提出社会文化变易的道理。他引述《易经》所说：“穷则变，变则通”，而说明天下事未有经久而不改变者。他检讨中国的历史，以为：“有巢氏、燧人氏、伏羲、轩辕开辟草昧，应为创制之天下；唐尧、虞舜继统，号曰中天，应为文明之天下；三代以来，至秦而一变；汉唐以来，至今日又一变。”即以至圣孔子而言，观其答复颜子问为邦之道，说“行夏之时，乘殷之辂，服周之冕”，这便是于三代的典章制度，斟酌选择，惟求不悖于古，而能适用于今。孔子并严戒“生今之世，而反（返）古之道”，更见其坚决反对泥古以为俗。于是，他结论说：中国何尝不变。

再就当时世界与中国的情势加以衡量，王韬认为，中国已非变不可。他指出：世人都明了过去，而昧于未来，只有深思远虑之人，才能默揣体察而知道。如今“天心变于上，则人事变于下，天开泰西诸国之人心，而畀之以聪明智慧，器艺技巧百出而不穷。航海东来，聚之于一中国之中。……诸国既恃其长自远而至，挟其所长以傲我之所无，日从而张其炫耀，肆其欺凌，相轧以相倾，则我又乌能不思变计哉”！更具体地说：“中西同有舟，而彼则以轮船；中西同有车，而彼则以火车；中西同有驿递，而彼则以电音；中西同有火器，而彼之枪炮独精；中西同有备御，而彼之炮台、水雷独胜；中西同有陆军、水师，而彼之兵法独长；其他则彼之所考察，为我之所未知，彼之所讲求，为我之所不及，如是者直不可以偻指数。设我中国至此时而不一变，安能埒于欧洲诸国，而与之比权量力也哉！”

更进一步，他分析时效与空间，强调：“用兵以刀矛一变而为枪炮，航海以舟舰一变而为轮舶，陆行以车马一变而为火车，工作以器具一变而为机捩。虽刀矛枪炮同于用兵，舟舰轮舶同于航海，车马火车同于行路，器具机捩同于工作，及其成功一也，然而缓速利钝，难易劳逸，不可同日而语矣！”“使我无彼有，而彼与我渺不相涉，则我虽无不为病，彼虽有不足夸，吾但行吾素可耳。独奈彼之咄咄逼人，相形见绌也。且彼方欲日出其技以与我争雄竞胜，絜长较短，以相角而相凌，则我岂可一日无之哉！”乃断然表示：

“即孔子而处于今日，亦不得不一变。”甚至他相信：“不待百年，轮车铁路将遍中国，枪炮舟车互相制造，轮机器物视为常技”；“中国不及百年，必且尽用泰西之法，而驾乎其上”。

经书与历史虽已证明中国并非不变，时势又显明中国必需改变，但如果实行西法，会不会对数千年来中国所赖以安顿民生，延绵国运的优良文化传统，有所伤害呢？这仍然是必需严肃考虑的问题。王韬对于此一问题的解答是：不但不会伤害，而且大有裨益。世界局势发展至此，中国既无法闭关以自守，扩大传统“天下”的范围，把全球与将来作为目标来看，从事于采择西法以变易革新，不仅可以保卫目前的中国，更有裨于达成世界的大同。

本诸《易经》道器的理念，他将永恒不变者限于道，此外，凡属器者，均无不可变。而所谓道，即系孔孟之道，亦即人道，而人道就是三纲五常。在《原道》一文中，开章明义即说：“天下之道，一而已矣，夫岂有二哉？道者人人所以立命，人外无道，道外无人。故曰：圣人，人伦之至也。盖以伦圣，而非以圣圣也。于此可见，道不外乎人伦。”在《变法》一文中说：“孔子之道，人道也。人类不尽，其道不变。三纲五伦，生人之初已具。”所谓器者，则指具体事物，下自工具器皿，上至典章制度，并包括其中，均得随时而变革。王韬明确地表示：“纲常则亘古而不变，制度则递积而逾详。”

就道器的关系分析，天地间的事理虽有道器之别，但二者却并非截然相分，实系同体两面。道需因器而运行以彰显，器也须由道运作以成功。王韬说：“形而上者曰道，形而下者曰器，道不能即通，则先假器以适之。火轮舟车，皆所以载道以行者也。”道有隐显，器有盛衰，但道器既为同体，终必有显盛而相合于一，当其合一之时，亦即大同世界来临之期。所以王韬说：“天下之道，其始也由同而异，其终也由异而同。……今日欧洲诸国，日臻强盛。智慧之士，造火轮舟车以通同洲异洲诸国，东西两半球足迹几无不遍，穷岛异民几无不至。合一之机，将兆于此。民由分而合，则道亦将由异而同。”

根据道终将由异而同，他乃相信：所有利器，今日泰西诸国所挟以凌侮中国者，均应为后世圣人所作，备用以混同万国之方法与器物。因此，中国只要致力于器物的改良扩充，藉以载道运行，在将来，道器合而为一的时候，便可以形成“天下车同轨，书同文，行同伦。……天之所覆，地之所载，日月所照，霜露所坠，舟车所至，人力所通，凡有血气者，莫不尊亲”，也就是大同世界来临。在大同世界中，道已全显，器已通用，人已无分乎东西，地亦无别乎南北，自无所谓夷夏之别了。

以上已经说明王韬对于变局的体察，变易道理的阐释，以及采择西法以补旧创新的看法。由于王韬在其著述之中，不时用到“物极必反”、“天道循环”，以及“天心”、“天命”之类的词语，难免不使人以为他的思想，于变易之外，并富有循环论与命定论的色彩。如此，将形成矛盾。但如果综观其全文，当不难看出，他使用这些词语，多半是为了增进与鼓舞人们的信心与意志，以使其积极努力，从事于掌握和创造自己的命运和前途。而在此一掌握与创造的进程中，武力非不重要，但必须依道德与道理的基础而使用，不然，不仅将造成别人之灾害，其本身亦将蒙受损失。因此，他所说之循环、必反、天心、天命等，有时或不免有所强调，但于他的变易之理，当无妨碍。以下兹略加举例说明。

在《普法战纪》前序中，他就战争的结果，作前途的展望，认为：“善观国运者，毋以胜为吉，毋以败为凶，盛即衰之始，弱即强之渐。”这种看法，颇似循环与命定。但再看其下文，则可知道并非如此。他继续说：“勾践卧薪尝胆，卒以沼吴，燕昭礼士求贤，卒以覆齐。法于此时，正当拨乱求治，励精蓄锐，先尽其在我，而后可以得当一洒其耻。故普毋狃乎胜有所恃，则骄心乘之矣！法毋惕乎败有所沮，则怠气中之矣！骄则必覆，怠则不兴。”其着重于鼓舞激励，至为明显。于《法国志略》序文中所言，与略同。在《战纪》前序另一段中，说得更为具体，并且提到国运与天心。他表示：“顾我所尤深感者，不在国运，而在天心。……善体天心者，无虞邻国之难，而益励其修。奋武卫，振边防，习战守，练水攻，造舰炮，精艺术，师长技，明外情，先自立于无间之地，而后敌乃不得伺间以乘我。……若普法今日之战，虽为欧洲之变局，而亦庶几普法之转机。”

鉴于武器的发展，与战争的频仍，他乃有火器之废，将必不远，屏力尚德，势将必至的看法。他检讨当前欧洲大势，可谓事事讲求，物物精审，似可雄视一切，不可限量。但智巧愈极，机诈愈深，情伪相感，利害相攻，祸患之来，气机已召。所以他认为：“人皆谓其强之至者，吾正谓其衰之始。即彼自以为远胜于古者，而残杀之惨，吾正谓其远不古若。盖徒讲武备，尚兵力，刻鸷奋厉，以相倾轧而慑制，则必有一蹶者矣！……天道循环，断不或爽。呜呼，……天地生人之变，至于如斯，而尚听其流而不返，造物亦恐无以供其镌铲。然则去雕琢而归醇朴，屏诈力而尚德行，将在此百余年间矣！”于是，他乃呼吁“慎用兵”，谓“古往今来好大喜功之主，每思穷兵黩武而弗戢，自焚必至颠覆，非惟人事，抑亦天道。……故圣王在上，必先慎于用兵”。可见其所以有上述之推断，乃在于期大家警惕，共尽心力以挽救日渐扩大的生灵涂炭，而非在于如此发展之结局。

于天命、天心，其含意有时或有不同，但多用之于鼓励变易，亦甚明显。譬如，他论及中国之变局，即谓：“此岂出于人意所及料哉？天心为之也。盖善变者，天心也。天之聚数十西国于一中国，非欲弱中国，正欲强中国，非欲祸中国，正欲福中国。故善为用者，可以转祸而为福，变弱而为强。”于《答友人苞荇洲》信中，论及变局，也说：“盖天心变，则人事不得不变。……所望豪杰之士，及早而自握此一变之道也。”其他如“天心变于上，人事应如下”类似的语句，随处可见。

即其在《中国自有常尊》文中，言中国虽或有时而弱，但弱亦足能久存，中国未尝无时或衰，但衰亦必有终极。外患之侵犯中国，即有如洪水排山倒海，猛兽之咆哮击扑，而洪水无有不消退之日，猛兽亦无有不歼殛之时。中国却依然为中国，屹立不摇。又于《天命不可妄干》文中，言中国乃天命有在，外人无能妄据。这似乎很类命定之论。但究其持论之根源，仍在于鼓励与警惕，不过偏重于道德与道理方面。诚于他在《普法战纪》后序中所说：“天下大势，惟理可以持之，岂徒尚力哉！……夫欲辟土疆、广财赋以厚自封殖，此私也，非公也。恃其力而纵横自恣，适足以招邻国之怨而已，即使力不敌，一旦必有群众聚以起丛而毙之者矣！若夫睦大国，保小邦，以欺相安于无事，维持于不败，此公也，非私也。一旦苟有敌国外患，虽力不足以与之相抗，而理足以胜之。理之所在，众自助之。能集群力以为力，能合众心以为心，则又何兵寡之足虑？”故又言中国为“彝伦所系，统纪所存”；“中国之有圣人”。

总之，王韬虽不时用必反、循环、天心、天命等词语，并不足形成循环与命定之论，亦不至于其变易之理，有所妨碍。

面临着有史以来空前的变局，中国既并非不可变，又不得不变，且变而有利无害，当然只有变了。那么应该变些什么，如何去变，王韬的见解，显然由其经验与知识的累积，随时而有所改变与进步。大约在咸丰年间，即一八六〇年以前，他因居住上海，与外人接触，对西方事物，亦有所了解，但对整个的中外情势，尚未能深入体察，于近代变局，感觉尚不够充分。所以在这一段时期，尽管他对西方科学技术，已甚加称道，但却并不以为中国有大量实行的必要。自同治元年，即一八六二年，去香港后，对西方事物见闻大增，于世界情势了解日深，乃迅速改变其态度，转向积极主张利用西方科学技术，以达成中国的富强。同治六年（一八六七年）去英国，两年多后再返香港（一八七〇年），由于亲历西方政、经与社会，看出西方国家富强的根本，嗣后乃更从事鼓吹政治制度方面的革新。

王韬早年在上海时期对西方事物的态度，可以从咸丰八年（一八五八年），《天津条约》签定之后，他写给周腾虎（弢甫）的一封长信中看出。在信中，他肯定西方技艺学术之优良。谓：西人船坚炮利，制度精良，所造火轮舟车，便于行远，织器田具，事半功倍。学有实际，天文历算，愈出愈精，利氏（利玛窦译）几何之学，已不足数。其观察地理，辨别动物植物，兴筑水利，讲求医学，均尽力于毫芒细微，穷究其原理本末。是以有识之士，乐与西方学者交游，甚或尊称其为西儒。也承认其器械造作之精，格致推算之妙，非无裨于民生日用。但却不主张中国多加实行，理由为中西国情不同，有益于西方者，未必即有利于中国。

在此一信中，王韬分析中西国情不同之点，及其不适用于中国之故，顾虑似甚周详，实际则多误解。他说：西方各国地小民聚，政事简易，凡有所闻所见，易于邮递，且水有轮船，陆有火车，万里遥隔，则有电气通信。而中国则地大民散，政事繁剧；如仿西国月报，必至日不暇给。水之大者，海而外虽有江、淮、河、汉，而内地支流仍甚狭浅，即小型轮船，亦不能行驶。全国各地，半系涂泥，土松气薄，久雨则泥泞陷足，车过则立成沟穴，而轮车之道，必镕铁为衢，取径贵直，高地须铲平，卑洼须垫高，遇河则填塞，遇山则凿洞，不独工资浩繁，于地利亦有所未能。农家播获之工具，如改以机器运转，能以一人抵百十人之用，应该有利于农民，但中国贫穷之人甚多，皆藉为富有者耕作，以养其身家，一行此项新法，将有数千万贫民因而无从得食，谁敢保不发生意外之变。如令其改徙他业，为工为商，自不至沦为游惰之民，但天地生材数量有限，民家所用亦必有时而足，将使其成品必至壅滞不通。况且中国所用水碓、风篷等甚易而巧，人尚以为贪天之功，省己之力，或因不劳而致病。钟表测时，固精于铜壶沙漏诸法，但其精良者一具几值银一百余两，贫苦者无力购买，富有者虽能置用，亦近玩物伤志。其他器技淫巧，概为无用之物，何足珍重。所以他认为，上述各项，即中国不加采用，亦不足为病。此外，他更对西方的政教制度，深致不满。谓其大谬者有三：政教一体，男女并嗣，君民同治。

至于他所主张向西方学习者，仅有三项，即火器、轮船（兵舰）与语言文字。所以要学习的原因，他解释说：火器用于战争。兵凶战危，自古圣王皆不得已而用武，演变至使用火器，可谓极其不仁。但既已使用，就不得不求其精，如果以不精之火器，让士兵去从事于战争，等于置其于死地。轮船用于海上，船身高大，冲风破浪，攻守均便。沿海悉置炮台，以联络形势，一旦有事，缓急可恃。御寇御戎，一举两得。语言文字，则用以通彼此之情。必于通商各口设立翻译馆，使佐贰杂职人员，入其中专心学习，以备将来酬对远宾，或翻译月报。西国之学习翻译官员，多喜与中国官员交际，多与往还，自可免除隔阂。西国月报，备载近事，如能译出，可藉以了解泰西各邦国势之盛衰，民情之向背，习俗之善恶。于其虚实，可以大致知晓。不过，他仍然认为，即使以上三项之学习，只不过为用其法以制其人。苟非西人远至中国，又何需如此？

但自同治元年（一八六二年）到香港后，态度迅速改变。于同治三年代上李鸿章书中，不仅提出“变局”之说，并于所建议应变之方中，主张广泛的仿行西方科学技术，以臻中国于富强。以日本为例，王韬指出其与美国订约通商，不过七八年，已能精心构制枪炮船车机器，不下西人。中国竟反不如东瀛一岛国。他寄望李鸿章肩负起这一项变法自强的时代使命。

在此一信函中他所拟具的应变之方，主要为两大项，即治中与驭外，不论治中与驭外，都需要大量参酌西法。治中之方，虽有多端，其最要者为：变通取士之法以拔出有用之人才；开辟生财之源，以厚植国家富强之基础。于取士之法，他建议分为八科：

（1）直言时事，以觇其识。

（2）考证经史，以觇其学。

（3）试词赋，以觇其才。

（4）询刑名钱谷，以观其长于吏治。

（5）询山川形势，军法进退，以观其能兵。

（6）考历算格致，以观其通。

（7）问机器制作，以尽其能。

（8）试泰西各国情事利弊，语言文字，以观其用心。

于开辟财源，则希望能裁冗去烦，开源节流，革奢从俭，以培本复元。使民间与政府，均得渐有余力，然后可购买西方以汽力发动的纺织机器，精心仿造，能使丝棉之乡，每十家有一具，则一具可兼百人之工，一家即可享数十家之利。并广行采用西方各种农具，使力省工倍，以尽地力。

驭外之方，大端在于握利权与树国威。王韬以为，西人来中国通商，主要在于谋利。要和他们对抗，必须从兴利入手。除广泛使用机器，增加农工产品之外，尚须振兴商务，推广贸易。西方商民，因受其国家支持与保护，其业务乃能日趋发达，政府得收其税赋，财用乃不虞匮乏。中国商民则政府不仅不予支持，且不时加以遏抑剥削，至于上下交失其利。今欲振兴商务，必须反其道而行之，充分给予支持与鼓励，并购置轮船，以从事于远程贸易。为掌握利权，除扩展输出，并需节制输入，以累积财富，增厚国力。检讨漏卮最大，且对我有百害而无一利者，为鸦片烟，岁糜银数千万两。以限于条约，既无法禁其入口，则除禁民吸食，似可暂许国人自种，以资抵制。至树立国威，自须加强国防力量。练兵在精而不在多，但使武器优越，训练精良，战力必可大增；沿江沿海，概用西人新法建筑炮台，以资防卫；开局制造轮船，用以巡洋御盗，运粮传信。但使战守有备，外人便不敢率行狎侮。

这封上李鸿章的信，可以代表王韬变法思想发展的一项重要突进。从此以后，他于模仿西法，以图中国富强之事，一直热心鼓吹，态度从未稍改，对于西法的选择范围，也逐次扩增，由科学技术，推展至政治制度。大约在去英国后，对西方政治制度开始向慕，归来之后，于同光之际，进而向国人介绍。为叙述的方便，并避免重复，以下将其全部变法思想，直迄甲午（一八九四年），分别从军事、外交、政治、经济、教育、社会等各方面，加以说明。

1. 军事方面

王韬之倡议仿用西方军事利器，咸丰年间已经开始。同治三年上李鸿章书中，复扩充其内容，均如前述。及去英国，目睹西方军械制造，士兵训练，以至军官养成等情形，归来之后，益感外人进步迅速，日新月异，中国之军备改良，却仍破车牛步，差距愈趋扩大。不改弦更张，决无法与之抗衡。其亟须改革者，如购造坚船利炮，增设堡垒炮台，淘裁军队中之冗弱而选练精壮，提高俸饷以鼓舞士气等等，与当时一般倡言自强者略同，于此不拟赘述。兹择其意见比较特出者，加以介绍。

（一）练兵

陆营必尽废弓矛，水师必尽废艇舶，一律以枪炮为先，轮船为尚。陆军需分别步、骑，步兵更须分为枪队、炮队，各应有其专长，枪炮均须能命中及远，攻坚蹈瑕。水师必须能冲涉波涛，稔悉台飓，测量风云沙线，所有轮船驾驶攻守，必须熟练而有把握，然渡海人洋，御风破浪，务使其于海上生活，习以为常。不论水陆练兵，概以西法为准。

士兵来源，也须一反原来绿营由父死子继的世袭，与勇营需用时临时招募的方式，而改由国家于省、府州设立武学塾，施予基础的军事教育，而后方可备征募。

（二）选官

所有干部，均须经相当期间的教育。宜由国家设立武备院（即军官学校）、繁术院（即各种业科学校），以为培养。水师应另设学校，教以司炮、驾驶、布阵，以及修造武器、机械，务使各有专长，并于沿海要区，设立水师学馆、舵工学馆，选择聪颖健壮少年，幼而入其中学习（即幼校），以备长而任用。

武科考试，须完全废弃原来的拉弓、舞刀、举石等，一律改试新式武器。并按其学识能力，分为三等：上等为智略，以能谙熟韬略，深明地形地物，善应敌人机宜，能制敌人要害为主；次等为勇略，以能折冲御侮，斩将搴旗，克敌致果为主；再次为制器，以能造战守之具，明堵御之方，建筑炮台，制造机器为主。总之，必于自身战斗武艺之外，复具有科学与技术方面之专长。

2. 外交方面

（一）外交本质的阐释

外交为内政的延长，今日几可谓尽人皆知。但在百年之前，能深解此意者，却属罕见。于此，王韬曾指出，不论国际公法与条约，如果没有国力为后盾，都属绝不可靠。他解释说：万国公法为泰西联与国、结邻邦，俾众咸遵其约束之大法。但却并非均肯奉守。如俄国依法邀请各国讨论有关战争之事，英国拒绝出席，俄卒亦无可如何。日人吞并琉球，对他刺激尤深。他愤慨地说：海外万国，星罗棋布，各逞其私心，谋其私利，以大制小，以强凌弱，夺人之国，戕人之君，无处无之。虽有公法，徒为具文。日本之翦灭琉球，将其夷而为县，泰西各邦通商于国中者，无一仗义执言，秉公论断，甚之反从中袒庇，随声附和，扬波助流。日人竟强辞夺理，辩论不休，喋喋哓哓，几于唇焦舌敝。所以如此，无他，理不足而力有余。因而，他说："万国公法，乃万国之强法也。"又说：国家强盛，则公法可以由我废弃，也可以由我建立；国家软弱，我需用公法，而公法不为我用。处今日世界，两言足以蔽之，一曰利，一曰强。诚能富国强兵，则我与泰西之交，自无不固，无惧其有意外之虞，无虑其有非分之请。一旦有事，不能争之以口舌，则可斗之以甲兵，自可无往而不利。

条约虽较公法之效力为强，但也不尽可恃。王韬以为：立约一事，本非有所甚爱而敦辑睦之谊，亦非有所甚畏而联与国之欢，不过势均力敌，彼此无如之何，或意有所欲取，而姑以此款之，或计有所欲行，先以此尝之，若利无所得，则先将不能遵守。条约虽立，己强人弱，则己不肯永守，己弱人强，则人不能永遵，或彼此皆强，而其约不便于己，亦必不欲久守。即如黑海之约（此指克立米战争后的《巴黎条约》），自普法战争法国战败，俄国遂不再遵守。英法亦无可如何。岂俄不畏诸国之责议，诚以此约于俄不利，而俄正日趋富强，英法难以实力制止，故知约不可恃，道在自强。

（二）使领人才的培养

于派遣使领，敦睦邦交，联系内外，保护侨民，于同治年间，王韬已经向江苏巡抚丁日昌建议。嗣后亦屡有论及，其中比较突出的见解，为关于人才的培养。在当时，一般所要求于使领人员者，多着重语言文字。但王韬则认为随时势之发展，使臣之责任日益加重，上述任务之外，凡有裨益于国家之事，均须留意从事。故西方使才，均极一时之选，派来中国的公使，亦均属千人之俊，万人之杰。即其参赞、翻译、随员，也无不具有实学。举凡舆图象纬格致历算无不兼晓，至语言文字，乃其末端。使领等人员之任务，于纯属交涉之外，凡驻在国之吏治兵刑大要，朝廷之沿革，政事之得失，习尚之美恶，风俗之醇漓，财赋之所入，物产之所出，山川之阨塞，形势之险要等等，均须能默察通晓，以为其业务之基本参考。故欲培养外交人才，宜使聪明才智之士，多从事于西学西艺之研习，然后方可望杰俊辈出，足当重任。

3. 政治方面

于当时政治之腐败，冗员之充斥，效率之低落等等，王韬亦如当时一般图谋自强的士大夫，加以批评，力促进行改革。如裁淘冗员，精简律例，停止捐官，安置旗民使其能从事生产，撤废胥吏改以士人充任等等，于此不拟多述。惟其最为重要者，于民本的重视，与民主的向往，则需加以介绍。

王韬本乎中国传统的民本思想，在居留英国期间，复能以平民的身分，至各处参观游览，访问交际，广泛接触，深刻观察，乃能于英国富强形象之外，体会其风俗之醇厚，与政治制度之优美。于《纪英国政治》一文中，发挥其见解说：英国僻处海外，屹然三岛，峙于欧洲西北。其甲兵精壮，财赋丰饶，物产繁庶，诸国莫能与之伦比。一般论者乃极夸言其水师的熟练，营务的整饬，火器的精良，铁甲战舰的纵横驰骋，以见其强；赞称其工业的繁茂，煤铁的充裕，商贾贸易转输遍及远近，以见其富。遂以为其立国之基本，即在于上述各端。其实则并非如此。以上所列者，均属富强之末，而非其本。其本在于上下之情通，君民之分亲，乃能使其本固邦宁，富强历久而不衰。

英国政治，于官吏的任命，采取荐举的办法。非品学兼优，声望卓著，难以获得闾里乡党的支持，以入仕宦之正途。既获任命之后，如擅作威福，行一不义，杀一无辜，则必受民意的制裁，非仅不能保持爵禄而已。故其官不敢枉法虐民。其民之犯法者，按律定罪。审案从无敲扑苔杖血肉狼藉之惨；在狱供以衣食，无使饥寒，教以工作，无使嬉惰，七日之间，有教士为之劝导，使其悔悟自新，狱吏亦从无苛待之者，狱制之善，为三代以来所未曾有。国中死罪，岁过数人，亦止于绞，从无枭示；叛逆重罪，亦止及一身，父子妻孥皆不相累。民间因事涉讼，从未有株连迁延，旷日废时，致倾家失业者。

国有大事，君不能独断专行，必集议于上下议院，待众论咸同，而后举行。如有战争之事，必遍询于国中，民欲战则战，民欲止则止，故能兵不轻出，众志成城。即国君生活，亦有所限制。用费年有限额，不得任意奢侈；所居宫室，概从朴素，从未有规模宏大之离宫别馆；国君只有一后，从不置妃嫔，更无有所谓后宫佳丽者。但于人民之照顾，则相当周备。一切慈善事业经费，桥梁道路等公共建设，悉由政府拨付，以为养民便民。国中鳏寡孤独，老弱废疾，均有所养；盲聋残缺，也均使其有所安业，无一夫流离失所。总之，其待民可谓极其优厚。其政治之良善已可与中国上古盛世比美了。

在《重民》一文中，王韬分析比较西方各种政治制度，以阐扬民主政制。他说明西方国家的政体，共有三类，一为君主之国，如俄、奥、普鲁士、土耳其等，一人主治于上，百官万民从命于下，令出而必行，言出而莫违；一为民主之国，如法、美等，国家有事，决定于民选之议院，众以为可行则行，不可则止，其统领但总其大成而已；一为君民共主之国，如英、西、葡等，所有大政，必集于上下议院讨论，君可而民否不能行，民可而君否亦不能行，必君民意见咸同，而后颁令实施。在上述三种政体之中，以君为主，则必有如尧舜之君，方能长治久安，政无缺失；如民为主，则心志不齐，法制纷更，将不无流弊；惟君民共治，可以上下相通，和衷共济。泰西各国，凡其财用充裕，兵力雄强，国势骎骎日盛者，类多为君民一心。

事实上，王韬之说英国，论西方，其内心所关注者，实在中国。所以他在《重民》三篇之中，首先即说明，中国民数有三亿之多，泰西各国，类皆不足中国之十分之一，如能善为维系，上下团结一致，必可天下无敌。然后推介西方民主制度，最后乃检讨中国。中国的情形如何呢？王韬率然地指出：三代以下，君与民日渐疏远，自秦朝开始尊君卑臣，君民疏远愈盛。于是堂廉高深，舆情隔阂，民之视，如高远在天，虽疾痛惨怛，无由得达，哀号呼吁，绝难上闻。灾歉频仍，即使幸得有诏书谕旨蠲免租税，或发钱币救济，亦因官府视为具文，吏胥从中侵饱，民得实惠均沾者，十不及一。天高听远，谁得能将实情告闻？即有一二御史谏官，风闻上奏，而各省大吏，或徇情袒护，或不愿认真查究，亦往往含糊了事。君既被尊为无上，则其所任命之官，自然也被尊崇，于是乃亦自视为其权威隆重，不可侵犯。民惟当顺从其教令，或有不遵，不惜置之于死地。耗民财，殚民力，敲膏吸髓，无所不至，私囊既饱，飞而扬去。能实心为民者，几乎无有。

中国自秦而后，民之境况一至于此。与西方民主政治之国，特别如英国，相去已不啻霄壤。王韬再继续表示，中国从前也并非如此。他说：三代以上，君与民亲，政治甚为优美。又说：古代里有塾，党有庠，乡有校，读法悬书，每月必有一察举，如有不洽于民情者，民均得自由陈述其意见。上无私政，下无私议，是以亲民之官，不敢大拂于民心，诚恐一为众民所不许，即不能保其身家。

最后复引《书经》之言“民惟邦本，本固邦宁”，而作结论说：“苟得君主于上，而民主于下，则上下之交固，君民之分亲矣！内可以无乱，外可以无侮，而国本有若苞桑磐石焉。由此而扩充之，富强之效，亦无不基于此矣！……今合一国之人心，以共为治，则是非曲直之公，昭然无所蒙蔽，其措施安有不善者哉！”其后，更明确表示：“泰西议院之设，亦与中国皇古之道暗相吻合。故中国而行此，足立富强之本。”

4. 经济方面

谋国家人民之富，王韬虽然亦不忽视节约，但其主要之途径，则在于兴利。其所有有关经济方面的论著，几乎无不加以强调。而兴利的目的，亦不仅限于供应国民自己本身的需要，尚要营销外国，赚取外人的金钱，累积自己的财富，而为继续发展的基础。他的经济思想，甚具有主动与进取的意向。自同治三年代上李鸿章书中，提出“握利权”，以后，不断地加以扩展与发挥。于其所著《兴利》一文中，首先即批评一般士大夫之未能从事于开源，与禁忌言利。王韬说：中国地大物博，于地球四大洲中，最为富有。特当政者不能自握其利权，自浚其利薮，而亟为之兴利；迂拘之士，复动言朝廷宜闭言利之门，谓中国自古以来，即重农轻商，贵谷贱金，农为本富，商为末富，如行泰西之法是舍本而逐末，况中国所产，足供中国之用，又何需外求，出洋与外人贸易。以上所言，为今日士大夫之通病，国家何由而得治！因此，王韬乃力主兴利。至兴利之方，他所论甚多，涉及也甚为广泛。兹依农、工矿、交通、商业，顺序加以说明。

（一）农业

中国以农立国，民以食为天，一向论农业者，大致均为着重食粮之生产，王韬于此点亦未忽略。不过他却更进一步，将农业的目标，扩展到配合工业、商业，共同致力于与外人利权的竞争，俾国家能臻于富强。欲达成上述的双重目标，王韬乃倡议建立农业学校，广泛利用科学知识与机器工具，推广经济作物，发展畜牧，开发西北等各项，希望能迅速举行。

培养农业人才，须于各地方普设农艺学塾。其经费可仿照书院之例，由地方官绅公捐。更于科举之中，设置农业一科，应考士子，须于西方植物学、水利学、化学与中国农政、水利等书，深加研习。如此培养鼓舞，学用相辅，久而必有出类拔萃，如古代先圣之神于农、神于水者，相继产生，农业自可望大为兴隆。

使用机器耕具，前此已经述及，于此可不必复赘。经济作物，为配合丝及丝织品、棉及棉织品与茶叶等之市场竞争，于养蚕、种桑、植棉、栽茶等，都须力行改进与推广。泰西于农务、种植俱有专书，且均由政府为之教导鼓励，中国自宜仿行。质量改良，生产增加，再配合缫丝、纺织、焙制等技术的革新，则此类产品，不仅可在本国之内，抵制外货，保卫利权，亦可在外国销售，增加利权。

畜牧亦为兴利之一端。美国牛乳一项，贩运出口，每年值洋银约五千万元。其乳牛之极大者，日出牛乳八百四十两，华牛则远不能及。如以美牛杂华牛交配，改良其品种，则以中国土地之大，气候之宜，推广发展，其利安见不能与美国相比？牛乳既增，则奶油、奶酪等之生产，亦将成为大宗，而为贩运行远之商品；蒙古之马，口外之羊及羊毛，无不可增加殖产而运销于外人。

此外，西北有广大的土地，古昔为帝王兴业之基地，岂能不宜于种植。徒因河道日迁，水利不讲，遂至于天旱则赤地千里，多雨则汪洋一片，农人无法播种，渐成废弃。于今科学昌明，技术进步，只要能善加利用，兴修水利，改良品种，必可推广种植，大有裨于国计民生。

（二）工矿业

论发展工业，王韬时常与矿业并提。他认为英国工业所以能发达，与其丰富之煤铁，密切有关。他认为：英国不过蕞尔三岛，而却富甲海外，其所恃者，主要为煤铁。自然，其他各矿也为发展工业所需要。他在《兴利》一文中说："利之最先者为开矿，其要者一为铁，二为煤，三为五金。开采铁矿之利甚为明显。中国铁矿蕴藏甚丰，今已设立船厂、炮局、机器制造所等，无不需铁以资镕铸。向外国购买，则利归外人。如能自行开采，则不仅可减低成本，节省用费，并且取用方便，技术亦可因而改进。于铸造枪炮，建制铁甲战舰、火轮兵船，生产各种机器，兴筑火车铁路等各种国防与重工业的建立与发展，可有无限的裨益。"

至轻工业，他最重视纺织业，因其不仅为民生所必需，并且与农业中的丝、棉与羊毛等的生产，可紧密相接，并进而促进商业的开拓。他强调：纺织必须使用机器，不仅可省力省时，而且精巧细密，产品质地大为提高。惟能提高质量，方能开拓销路，与外人竞争。在他的思想之中，生产与市场，已密切相关连。工业生产，必须能有销路，方能有利，方能发展。因此，也指出，销售之不如外人，并非仅因推销之不力，主要系因制造之未精。而呼吁必须不断地改进，并力行降低其成本。为配合原料，他主张尽量就各产地附近设立工厂，如织绒设于天津与直隶各处，以取用口外的羊毛；织布设于上海、苏州等处，以就其附近的棉花；织绸设于湖州、杭州等处，利用当地的蚕丝。其他如磁器、纸料、绘图仪器、灯盏、各种铁器，凡有裨于日用民生者，都需要加以研究改良，提高其质量，增加其产量，俾支持贸易的发展。

关于经营方式，他希望尽量由民间从事。不论开采煤铁五金等矿，兴筑铁路，建造轮船火车，以至各种机器制造，均可由民间投资举办。如需资本较多，可以设立公司，以广行募集经营。政府则仅按照其盈余而课以轻微之税金即可。应严禁官吏干预掣肘。务使富民能出其资本，贫民能贡其劳力，既均蒙其利，国家亦得以富裕。

尤其重要者，不论工、矿，均必需有专门人才，方能胜任其事，进而研究发展。以此，王韬于其《论宜兴制造以广贸易》一文中，首先说明：欲精制造，必先自上开其端，予以教导与奖励，而后在下者方能鼓舞奋勉，形成风气，共同致力于继续不断的改良与创造。宜设立工艺塾（即工业学校），使愿从事工业制造之人入而肄业。其课程以工业技术为主。其设备举凡有关机器、格致的图书仪器、报纸、杂志，无不广为罗致，俾供其师生阅读参考，以充实其学识，熟练其技能。凡能发明创造新的器物或技艺，有益于民生日用或军事国防者，即给与数年或十余年之专利。即国家欲使用其法，也须给以优厚奖金，以资鼓励。一般士农工商，任何人于器艺有所发明，均得向工部报请试验，证明属实者，亦予奖励，并酌予不次之擢用。如此则聪明才智，可向各方面施用，不必尽趋于原有士之一途。工艺制造，同样可出人头地，可报效国家，则工矿各业，必可因人才的充实，而得以发达进步。

（三）交通

于《变法》篇中，王韬既已指出，帆船与轮船，马车与火车，不仅迟速殊异，其负重行远，相去均不可以道里计，自然非弃旧取新不可。轮船之用于交通，非一人一家之力所能经营，王韬倡议让民间以公司方式举办。其业务范围，必须外而远及外洋，内而遍及内河。轮船航行外国，可与外人争利，一般人多不反对。但航行本国内河，则有不少的士大夫，持有相反的看法，他们或以为，将夺原有帆篷各船之生计，增加交通意外事故，或恐怕中国轮船一经航行，外国轮船必将跟踵而至，沿海与长江之利已失，内河岂可再与外人。但王韬则表示，此均不足为虑，通行轮船，将使货物流畅，经济繁荣，国人谋生更易；一国之内河，自有其主权，岂能因自己航行，外人即可闯入。

火车之设，于国内而言，其利较轮船为普。不仅可省贩运之劳，缩行旅之远，而且可因其捷速，联全国为一气。利民利国，莫可胜言。在当时，反对兴筑铁路者甚多，其所持理由，如谓易为敌人所用，反可长驱直入；肩挑负贩失业，形成社会不安等等，不一而足。王韬亦逐一辨正，铁路虽蜿蜒千里，轮车虽势如奔电，但仅拆除其中任一小段，即无法行驶，甚至投石斩木，亦可阻塞，敌人不可能随意利用。其无碍于民间生计，有裨于地方兴隆，如轮船而尤过之。并且断言，不出百年，中国必铁路四通八达，举国均可搭乘。此外，电线、邮政，亦需举办。

（四）商业

王韬对商业之重视，在其同时代中，罕有人可与伦比。他既将工业制造，甚至农业之目标，均指向销售或市场，则惟有扩展商务，工业才能发达。所以他说：“通商本为利国第一要着，泰西各邦皆恃此以坐致富强”；“治国以富强为先，而富强必自振顿商务始”。

鉴于中国知识分子多鄙视理财，历代政府甚至往往抑商，他乃引据经书，加以辩论。他说：《易》称天地之大德曰生，圣人之大宝曰位，何以守位曰人，何以聚人曰财。财者帝王所以聚人，守位，养成群生，奉顺天德，治国安民之根本。士农工商四民各有专业，而农商尤为财之所生，自古以来有天下者，赖之以足用。然则何以士竟会贱农轻商，主要为泥于孔子之言：“曰耕，馁在中，焉用稼。赐不受命而货殖。”但大舜耕于历山，伊尹耕于莘野，是否为馁？大禹懋迁有无，化居货殖，岂以不受命之事，懋于天下？是知《论语》多为记录者之言，并非全为孔子之言。孔子之言，以农商始于神农，以富利天下，著易大传。士不信经而信子，遂使赵宋以来千余年之中国，数患贫弱。有欲返贫弱为富强，起而讲农商者，或且讥为务财用之小人，类以李悝、商鞅、孔仅、桑羊之名加之。遂置帝王守位聚人之财而不知理。究其实际，圣人理财用与小人务财用，岂可同日而语？理之者，使上下俱足，以天下之财，公天下之用；务之者，损下益上，以天下之财，私一人之用。天下既知此两者之不同，然后天下之财用可得而理，而农商亦得因而兴。他又解释《大学》所言："长国家而务财用者，必自小人矣"，其意仅在戒务财，而非忽视于理财；"有土此有人，有人此有财"，自不漠视于财；《中庸》言："未有府库财而非其财者"，可知财者一国之所公有，而非一人之所私有，上有以裕下，下亦有以奉上，如此则君民均得富足。

自广开口岸，准许西人通商，外人在中国之商务日益扩充，而中国民生则日趋艰困。为谋起衰振敝，挽回利权更须尽力发展商务。

至于发展之道，除农工之配合，于商务本身，王韬提出两项重要的建议：一为设立商务局，专司推动贸易，将范围扩展到世界各地；一为设立商业学校，培养专门商业人才。他说明西方国家之重视商务，国中专设商部。其商人所至之处，动辄集千百人为公司，以充裕其财力，其国家则设官戍兵，以为之保卫。故其初虽惟重开拓市场，不务争城夺地，但日久则利权渐为其所握，土地亦渐为其控有。今欲重商，自必设立商务局，以国家之力，加以推展。由于时势的变化，贸易范围自亦需随之而改变。从前商业仅望普遍于国中，今日市场必须拓展于境外，与欧美各国竞争。鉴于东南洋诸岛及新旧金山等处之华侨，多能自行从事贸易，与外人竞争，则华商如能有商务局的支持辅助，王韬相信必能逐渐拓展。

贸易的性质与范围既已均与从前不同，自必须培养此种从事商业的专门人才，尤其在国际贸易方面。王韬建议：应由政府设立商艺塾（即商业学校），招收有意从事商业者入塾，授以算学、舆图及各国语言文字等，然后使其经商外洋，并审察各国民情与市场实况，告知国内工商界，从事于生产，并运往销售。

5. 学术教育方面

对于学术的含义，王韬有其独特的看法。虽然，他也同样的与一般士大夫使用中学、西学、中法、西法等名词，但他的基本观念，则颇不相同。他认为中学与西学其本原并无不同，所不同者，其发展的过程而已。所以他不主张中体西用，而倡议中西学合一。他心目中的中学，主要为五经与四书，如果将四书也作为一经，则为六经；西学则主要为几何学、化学、重学、热学、光学、天文地理学、兵学、动植物学、公法学等。他说："六经载道，穷经所以行道，中国数千年精神，悉具于六经。而西学者，缋六经之未具，又非中国诸子百家所能言，故浅而用之。西学，皆日用寻常之事，扩而精之；西学，即身心性命之原。"又说："中国格物致知之说，始于《大学》，然于格致之旨，实无所发明。"西学既为六经所未具，亦为身心性命之原，则中西学自应合为一体。分之则均有所缺，惟有合之乃可臻于完美。

基于以上的理解，王韬自然主张，在教育方面，应中西合一。于是，他倡议改变科举的内容，以中西学合璧而取士。中学以《易经》为首，次为《书经》，《诗经》，《春秋》合《左氏》、《公羊》、《谷梁》三传，四书，《礼记》合《周礼》、《仪礼》；西学以几何为首，化学、重学、热学、光学……等如上所述者，依次而列。中西学一人全通者为全才。不能，则一人通中学两经，西学两学为限。通两经者，必通《易经》，其他任习；通两学者，必通几何，其他任习，但其他四经与其他各学，亦须能知其大义，不然则不录取。即武科，也本中西合一的原则，术科于原有弓、马、刀、石之外，增加枪炮击刺；学科须明六经大义、中西兵法。总之，改科举的目的，在于使士子能擅中西之长，挹全球之精，中国人众而多才智之士，如能循此途而进，五六十年后，当可成为世界学术之中心。

国家取士，既以中西学兼通为原则，学校讲授，自然也须密切衔接配合。除各种专业专科，如军事、农、工、商业等校，已见前述，一般学校，则以文艺为主。文即文学，应包括经、史、掌故、词章。经学使知古圣先贤之绪言训诂，史学使明百代之兴亡得失，掌故则藉以了解政事之纷更，制度之沿革，词章用为记事传述。艺学即舆图、格致、天算、律例。舆图能识地理之险易，山川之阨塞；格致能知造物制器之微奥，光学、化学悉所包含；天算为机器之权舆；律例为任官出使之所必需，小者定案决狱，处理政事，大者应对四方，折冲樽俎。士子肄业于校中，必学立艺成之后，方可离开出而任事。

男校之外，王韬复倡议设立女校，延请女师，也教授六经西学，如上所列。他认为只要设立女校，给女子以受教育的机会，妇女人才必可脱颖而出。

此外，王韬对于西方科学，除上述的数理化生物等本身外，尚有两点，于此亦须一提，即其开始留意科学精神与方法——怀疑与实证，与科学发展的源流。他曾介绍过数字西方的科学家，如培根（Francis Bacon, 1561–1626）、赫希尔（John F. W. Herschel, 1792–1871）等，对他们的成就，备加赞扬。在《培根小传》中，他指：其立言不欲取法古人，而务必求自己能有所创见。其言古来载籍，不可深信胶守，以免自己之聪明才智，为其所囿。必脱出此藩篱，然后澄思深虑，独察事物，以极其理。其言务在实事求是，必考物以合理，而非造理以合物。此种精神与方法，影响甚大。西方从事于格物致知之学者，咸奉其说为指归。乃有哈尔非始为血络周流之学，医术为之一变。观象仪器，制造更精，其术益验。哈里奥特（Thomas Harriot, 1560–1621）测日面有黑点。又有人测水星过日面，为今时新法之证。牛顿（Issac Newton, 1643–1727）始为光学。伽利略（Galileo Galilei, 1564–1642）始为远镜，始造反照之器。弗蓝斯得始明行星、定星旋转排列之理。哈雷（Edmond Halley, 1656–1742）始考察彗星往还，别一轨道，按时而至。总之，英国诸学（按上述并非全为英人）蒸蒸日上，无不勤察事物，讲求真理，祖培根之说，参悟而出。其后梁启超氏撰《近世文明初祖二大家之学说》，言数百年来，为学术界开一新国土者，首推培根与笛卡儿（René Descartes, 1596–1650），因综论其精神与方法，国人乃亦大受其影响。然王韬实为其前导。

于科学发展源流，在晚清之世，盛行西学源出中国之说。王韬起初亦同此见解。于其《原学》一文中，谓不独文字，即礼乐制度天算器艺，无不由中国流传而出。且举借根方（即代数学）犹称为东来法以为例证。但后来他对西方科学发展的情况了解更为清楚，便完全放弃了这种看法。他不仅说明了代数学（Algebra）之所谓东来，欧人是指来自阿拉伯，并非来自印度与中国，而且更以希腊哲学家载利士（Thales, 公元前 640？ –546）建立天文学，而否认了因墨子（约公元前四六八—三七六）学说西传，西方乃建立天算的说法。他并且认为，各种科学发明，并非在于一地一国，而是有许多来源。这种毅然修改自己或他人在学术方面的错误或偏失，不仅提供给国人正确的知识，更呈现一项严肃客观的学术研究态度。这在当时倾向西学的学者中，仍属十分突出。

6. 社会方面

属于社会方面，王韬思想之较为重要者，有下列三项。

（一）倡一夫一妻，反对纳妾

王韬此种观念由来，很可能受到西方的影响，但他所引据的道理与证明，却在于中国的经史。他在《原人》一文中，首先即引

《易经》之言：有天地然后有万物，有万物然后有男女，有男女然后有夫妇，有夫妇然后有父子，有父子然后有君臣上下，而知礼义之所措。再就《大学》之义而发挥，谓其言治平天下，必本于修身齐家，乃以治平必从齐家开始。欲齐家则惟有一夫一妇。天之道，一阴一阳，人之道，一男一女。然自后世媵御之制兴，自天子以至于士，正嫡而外，无不有陪贰。爵位愈崇，妾媵愈多。天子有三宫、九嫔、二十一御妻、八十一元士。卒至后宫佳丽，多至数千。而庶人之富有资产者，亦往往粉白黛绿，列屋而居，几视妇女为玩好之物，与天地生人，男女并重之旨，大相违背。即以历代兴亡而论，夏桀因妹喜而灭，商纣以妲己而亡，周幽王因宠褒姒而殒命，汉成帝因恋飞燕而戕身，陈后主以丽华而覆其宗，唐高宗因武氏而绝其传，唐玄宗又以杨玉环而几覆其国，一般皆谓系女色为祸，实应归咎其家不齐。总之，教化之原，必自一夫一妇，实天经地义，无论贫富贵贱，悉当如是。

（二）对基督教及其在华传教问题之看法

王韬虽自青年时期，即开始与外国教士相处，但对其教义，尤其在华传教，起初颇有不满。约于同治末年，他于上广州冯太守书中，尚建议杜异端以卫正学。其所谓异端，即基督教。他解释说：不论天主、耶稣教派，均足为人心风俗之害。所以官不予禁止，民不予斥责，乃是因为其传播之权，载在条约。欲使正学昌明，异端衰息，只有用明许暗禁之法：一为编立教民户册，二为给予匾额，三为异其服色。三者所以彰其羞恶之心，而绝其招徕之路。并宜在各处宣讲圣谕、善书，其宣讲之所，如能与天主或耶稣教堂比邻为尤佳。

但他的看法，逐渐改变，至光绪年间，他显然转趋于对教义与传教，均给予客观的评论，态度相当友善。他检讨其教义说：西人之教，大旨以悔罪为宗，而归其本于事天敬主。斥释教为寂灭鄙羽，流为虚诞。崇信耶稣，终身不变。谓人世之福，如石火电光，不能恒久，宜修身立命，以跻于明宫，则我身之灵，庶几常存。其教有新有旧，旧者曰加特力（Catholics），即天主教；新者曰波罗特（Protestant），即耶稣教。旧教盛事科仪，教旨反趋昧晦，新教惟尚清修，而无一切拘挛陋习，尚近于儒。西域（中东以至欧洲）远处海域，敦庞初开，悍厉成风。而耶稣一人，独能使之迁善改过，以范围约束之。道垂于千百年，教迄于数万里，岂非彼土杰出之人才！

对于教士，他也认为尚值尊敬。他说：西方教士来中国者，须先经考试，非属世家子弟，即系才俊之士，既已熟读西国之典籍，又须学习中国之语言文字。其学问深邃者，或卓然可称之为专门名家；其性情品格，亦有蔼然可亲，纯然超越常人者。惟对入教之华人，仍感不满。他表示：华人入教者，大抵愚者多而智者少，明者寡而昧者众，理趣既未能深造，言语亦未能圆融。动辄诋毁孔孟为不足师，程朱为不足道。此种言论如果发之西人，听者尚能少忍，出自华人，则众必认为其数典忘祖，蔑侮先圣，群起而攻，遂致形成冲突，而生惨案。

综合上述，他乃希望民教双方，均能冷静理智，自行检束。教民有罪，归地方官惩办，教士不得偏袒，地方官民，也不得对之苛待。能各尽其分，各安其业，何至再有争执殴斗？总之，不欺其传教，无强其彼此往来，毋骄毋肆，民教安有不能辑睦相处者。

（三）对报纸功能的认识

王韬办报虽在同治十一年（一八七二年），但其对报纸功能之留意，于咸丰年间已经开始。在咸丰八年（一八五八年）他写给周腾虎的信中，即提到：西国月报，备载近事。如能译出，可知其各邦国势的盛衰，民心的向背，习俗的美恶。同治中期，上丁日昌信中，复强调报纸的功能，不仅能联络一国之上下，更可以通外情于内，正内情于外。他说：西国政事，上行而下达，朝令而夕行，几迅捷如桴鼓之相应，主要为有日报为之传播。日报之中，既备载国政、军情、风土、人物、习俗，则国人欲了解外人之一般情况，只要将外人新闻，译加载中国日报之中，即可广供阅读。外人对中国所知亦甚少。他们所知者，多半为其国人来中国者所报导。此类报导，不仅范围狭窄，了解不够深入，立场尤难客观公正。如中国刊行报纸，则西人亦得据以译载，其必因此而对中国了解，大为增进，中西间许多偏见误会，将可因而化除避免。

尤其重要者，为其对报纸本身与其从业人员之职责品格等的看法。在一篇专文中，王韬主张报纸的重要任务，为反映民心趋向，发扬社会公论。他说："今日云蒸霞蔚，持论蜂起，无一不为庶人之清议。其立论一秉公平，其居心务期诚正，如英国之《泰晤士》(*Times*)，人仰之几如泰山北斗，国家有大事，皆视其所言，以为准则。盖主事之所持衡，人心之所趋向也。"立论公正，居心诚正，既为报纸服务态度之准则，亦为建立其权威，获致大众敬重之基石，故王韬于主笔之人，要求甚为严格。他说：西国之为日报主笔者，必精其选择，非绝伦超群之人，不得入预其列。又说：秉笔之人，不可不慎加遴选。如非通才，未免识小而遗大，尚非十分重要。如其挟私而讦人，以自快其恩忿，则品流愈下，士君之当摈斥而不齿。于此可见王韬确为中国报业与从业之人，提供一项极为正确的观念。

以上所述王韬的思想，尽管他对西方的认识与对中国的批评，有时不无误解或过与不及之处，如言英国政治之美，有如天堂；美国总统，但总其大成，似并无实权；言中国政治之黑暗，官吏之虐民等等。然其用意，似在于以对比的方式，增加其说服力量，于其变法维新之本旨与方案之价值，当无妨碍。

四、结语

王韬对于当时以至于后世的贡献，是十分显著的。满怀爱国的热忱，凭借中国历史文化传统，与广泛的西方认识，他深深觉察到中国正面临空前的变局，必须全盘筹划，作适当的因应，才能解除当前的困境，步入富强的前途。运用他丰富的知识，清晰的头脑，从国防、政治、经济，以至文化、社会各方面从事检讨，拟具革新进步的方案，刊登于报纸杂志，寄送给有关当局与亲友，印成专书刊行，因唤醒朝野上下，共同努力以促其实现。尽管在晚清时期，所有变法维新的进行，速度是十分缓慢，王韬的目标，并不能立即达成，但他的鼓吹与呼吁，毕竟发生了很大的影响。

就自强运动而言，王韬的言论实具有启发与呼应的作用。在英法联军后，迄甲午战前，三十余年间，李鸿章一直是推行各种洋务建设的中心人物。在自强运动前期，于模仿西法，筹划最为勤恳，推行最具热情，而为李鸿章得力的助手者为丁日昌。此二人者，均深受王韬的影响。李、丁二人，不仅所举办的事业，所奉陈的建议，与王韬相近，有时甚至在他们奏折之中，引用了王韬的大段文字。光绪中叶开始，王韬出掌格致书院，每年举行策论课士，南北洋大臣及其他与洋务有关的官员等，经常为之命题悬赏，并给予评语。王韬的影响，显然较前为扩展。

对甲午战后的变法运动，王韬可以说为其前驱。百日维新期间诏令办理重大之事，如军事方面的精练陆军，增产军械，复建海军，培养海军人才；政治方面的改订律例，裁淘冗官；经济方面的奖励农工商业，修筑铁路，开采矿藏，改革财政，制定政府预算、决算，使旗民就业自行谋生；教育文化方面的普遍设立学校，积极加强西学，废除八股，改革科举制度，奖励科学技术发明；社会方面的鼓励创办报纸，给予士民适当的言论出版自由，大体均为王氏从前所论及。

甲午战后维新派倡议变法，多论及民主政制。光绪初年王韬所倡议的君民共主——即君主立宪制度，亦为他们所向往。在甲午战前与王氏相呼应者，仅有郑观应一人。但战后则维新派的重要人物如康有为、梁启超、汪康年、陈炽等，均如王韬同样的主张实行英国式的民主制度。因此，追溯中国民主政治的演进，王韬当被视为开拓时期的功臣。

国人于西方科学的态度，在晚清时期除若干极端保守者，始终坚执应该完全摒拒，一般大致倾向于中体西用。中体西用之说，自有其时代的意义，并非无裨于当时对西方学术的吸收，但由于体用的划分，不免影响到深入的研究。一九一一年以后，更有人主张全盘西化，使中国传统的历史文化，遭受深重的打击。只有王韬所主张的中西合一，不仅为中国，同样亦为世界文化的发展，提供一项深值采择的方向。

思想言论之外，王韬尚有一项过去甚少为人所留意的重要贡献，为他在无形之中，给中国知识分子，建立了一个新的立身处世的目标，对于过去几千年来一般士大夫奉为圭臬的原则，具有修正的作用。在过去，“达则兼善天下，穷则独善其身”，一向为中国知识分子视为立身处世的标准原则。在此一原则之中，所谓“达”与“穷”的分野，实为出仕与否：有机会获得任官，便可以用政治权力，去达成其理想与抱负，否则，便只有归隐田园，过其平淡而宁静的生活。所谓“用之则行，舍之则藏”；“不在其位，不谋其政”，都等于上述观念的补充说明。但王韬却以他的行动，树立了一项新的典型——那就是所谓达，是指任何有益于人群社会事业的成功，决不仅限于获得政治的地位与权力；所谓穷，更不应固守自安，必须以主动的、积极的态度，去转变为达，人生必须以达为目标，穷不过是暂时的顿挫。

总之，王韬热爱国家，学识淹博，目光远大，理想高超，贡献卓越，不仅为一杰出的思想家，亦为近代中国知识分子中，一位深值效法的典型。

参考书目

（一）王韬本人著作

《毛诗集释》，三十卷，手稿。

《礼记集释》，手稿。

《周易集释》，手稿。

以上三种均存放于美国纽约市立图书馆中

《蘅华馆杂录》，六册，手稿。

存于中研院历史语言研究所傅斯年图书馆中。其内容为：

①苕花庐日志，道光二十九年。

②茗乡寮日记，咸丰二年。

③瀛壖杂记，咸丰二一三年。

④沪城闻见录，咸丰三年。
⑤蘅花馆日记，咸丰四一五年。
⑥蘅华馆印谱
⑦夏日闺中杂咏
⑧石经考文
《春秋左传集释》，（未见刊行）。
《春秋朔闰至日考》，三卷。
《春秋日食辨正》，一卷。
《春秋朔闰表》
以上三种为光绪十五年上海松隐庐活版排印
《皇清经解札记》，二十四卷（未见刊行）。
《国朝经籍志》，八卷（未见刊行）。
《法国志略》，二十四卷，光绪（庚寅）十六年上海松隐庐刊。
《普法战纪》，二十卷，光绪（丙戌）十二年阳湖汪学翰署检本。
《瀛壖杂志》，六卷，光绪元年刊。
《瓮牖余谈》，八卷，一九三六年上海进步书局石印。
（在《清代笔记丛刊》第一一九一一二〇册）
《四溟补乘》，三十六卷（未见刊行）。
《西古史》，四卷（未见刊行）。
《西事凡》，十六卷（未见刊行）。
《俄罗斯志》，八卷（未见刊行）。
《美利坚志》，八卷（未见刊行）。
《台事窃愤录》，三卷（未见刊行）。
《乘桴漫记》，一卷，弢园老民自著书本。
《漫游随录》，二卷，在王锡麒辑 :《小方壶舆地丛钞》第十一帙（第六十二本）中。
《漫游随录》，三卷，文图对照石印本。

《扶桑游记》，三卷，日本明治十三年，东京刊，栗木锄云训点本。
《西国天学源流》，伟烈亚力译，王韬述。
《重学浅说》，伟烈亚力译，王韬述。
《华英通商事略》，伟烈亚力译，王韬述。
《西学图说》
《西学原始考》
《泰西著述考》
以上六种，后合成《西学辑存六种》，光绪十五—十六年刊行。
《格致新学提纲》，（未见刊行）。
《火器略说》，与黄达权合著，光绪（乙酉）十一年教怀书屋刊。
《弢园文录》，八卷（未见刊行）。
《弢园文录外编》，十二卷，光绪（丁酉）二十三年上海弢园老民刊（铅字本）。
《弢园尺牍》，十二卷，光绪六年香港重刊。
《弢园尺牍续钞》，六卷，光绪十五年上海刊。
《弢园笔记》，一九三四年上海印。
《蘅华馆诗录》，五卷，光绪六年，香港刊弢园丛书本。
《眉珠庵词》，一卷，在光绪元年上海《申报》馆刊《四溟琐记》中。
《遁窟谰言》，十二卷，光绪六年，上海重校本。
《淞隐漫录》，十二卷，续录十二卷，光绪十三年上海点石斋石印本。
《淞滨琐话》，十二卷，光绪十九年，上海刊。
《海陬冶游录》，三卷，附录三卷，余录一卷，在光绪四年王韬辑印《艳史丛钞》中。
《花国剧谈》，在同上《艳史丛钞》中。
《眉珠庵忆语》，在一九一五年，上海海左书局刊《虞初广志》中。
《老饕赘语》，（未见刊行）。
《歇浦芳丛志》，（未见刊行）。

《三恨录》，三卷，（未见刊行）。

《艳史丛钞》（辑），三十卷，光绪（戊寅）四年弢园主人选校刊行。

《瑶台小录》，在双肇楼丛书之《清代燕都梨园史料》中。

《自强斋保富兴国论》（初编）（辑），六卷，光绪二十七年上海强学会印。

《格致书院课艺》，十三册，自光绪（丁亥）十三年至（乙未）二十一年。

论文（未入专集专书之中者）

《哥伦布传赞》，《万国公报》，光绪十八年六月。

《救时刍议》（上、下），《万国公报》，光绪十八年闰六月，七、八月。

《论宜兴制造以广贸易》，《万国公报》，光绪十八年九月。

《论宜得人以理财》，《万国公报》，光绪十八年十月。

《论川东设立洋务学堂》，《万国公报》，光绪十八年十一月。

《论遴选使才以重使事》，《万国公报》，光绪十八年十二月。

《论宜设商务局以旺商务》，《万国公报》，光绪十九年正月。

《论大地九州之外复有九州》，《万国公报》，光绪十九年二月。

《阅德国什好船厂章程书后》，《万国公报》，光绪十九年三月。

《欧亚金银宜各自为价论》，《万国公报》，光绪十九年四月。

《论巡阅炮台》，《万国公报》，光绪十九年八月。

《论中国煤铁之富美国金银之富》，《万国公报》，光绪十九年九月。

《论出使须求真才》，《万国公报》，光绪十九年十月。

《论所谈洋务终难坐言起行》，《万国公报》，光绪十九年十一月。

《中东战纪本末序》，《万国公报》，光绪二十二年五月。

《去学校积弊以兴人才论》，在陈忠倚：《皇朝经世文三编》卷四十三，页一三。

《厘捐弊论》，在陈忠倚：《皇朝经世文三编》卷三十六，页三。

《苏福省儒士黄畹禀》，载《掌故丛编》第十辑，一九二九年印。

（二）有关史料与著述

（1）中文

《英国驻华公使卜鲁士为黄畹上书太平军为王韬辩护与总理衙门往来照会并附有黄畹书稿与苏松太道吴煦便函》，在英国外务部中文档（Great Britain, Foreign Office, China Embassy and Consular Archiues, F. O. 228: 910）。

《循环日报》，香港，一八七四年。

《循环日报六十周年纪念特刊》，香港，一九三二年。

陈其元：《黄畹上李秀成攻上海策》，在其《庸间斋笔记》卷十二，同治十三年刊。

邹弢：《天南遁叟》，在《三借庐笔谈》卷十，上海进步书局《笔记小说大观》第二十三册—六册，光绪十一年。

戈公振：《中国报学史》（第四章记录有关王韬办报情形），商务，一九二八年。

洪深：《申报总编纂长毛状元王韬考证》，《文学》二卷六号，一九三四年六月。

胡适：《跋馆藏王韬手稿七册》，《国立北平图书馆馆刊》八卷三期，一九三四年五—六月。

罗尔纲：《上太平军书的黄畹考》，《国学季刊》四卷二期，一九三四年六月。

罗尔纲：《黄畹考》在其所著：《太平天国史记载订谬集》中，一九五五年。

谢兴尧：《王韬上书太平天国事迹考》，《北京大学国学季刊》四卷一号，收入其所著《太平天国史事论丛》，商务，一九三五年。

吴静山：《王韬事迹考略》，在上海通社编：上海研究资料，一九三六年。

陈振国《长毛状元王韬》，《逸经》第三十三期，一九三七年七月。
简又文：《长毛状元王韬跋》，《逸经》第三十三期，一九三七年七月。
简又文：《关于王韬》，《大风》五十八期，一九三九年十二月。
朴庵：《王韬与理雅各》，《国风》第一卷一期，一九五〇年十二月。
吴雁南：《试论王韬的改良主义思想》，《史学月刊》，一九五八年四月号。
谢无量：《清末变法论之首创者及中国报导文学之先驱者》，《教学与研究》，一九五八年三月。
罗香林：《王韬在港与中西文化交流之关系》，《清华学报》新二卷二期，一九六一年六月。
赖光临：《王韬与循环日报》，《报学》第三卷九期，一九六七年十二月。
吕实强：《王韬评传》，《国语日报》第六十一期：书和人，一九六七年七月。
王维诚：《王韬的思想》，在《中国近代思想史论文集》中，一九五八年。
汪荣祖：《天南遁叟王韬》，《新知杂志》第四年一一二期，一九七四年二月，四月。
(2) 日文
布施知足：《王紫诠《扶桑游记》，在其游记に现はれ为明治时代の日支往来，《东亚研究讲座》八四号，一九三八年十二月。
实藤惠秀：《王韬の来游と日本文人》，在其《近代日支文化论》中，东京，一九四一年。
(本文经张铭三译为《王韬的渡日和日本文人》载《日本研究》三卷六期，一九四四年)。
增田涉：《王韬について》，大阪市立大学文学会编：《人文研究》

一四卷七号，一九六三年八月。
（本文经李永炽译为《王韬试论》载《大陆杂志》三十四卷二期，一九六七年一月）。
（3）英文
James Legge:
tr. *The Chinese Classics* 5 vols. Hong Kong, Hong Kong University Press, 1960.
tr. *The Yi King,* in F. Max Müller, ed., The Sacred Books of East, Vol. 26, Oxford, 1882.
tr. *The Li Ki,* in F. Max Müller, ed., The Sacred Books of the East, Vols. 27–28. Oxford, 1885.
Helen E. Legge: James Legge: *Missonary and Scholar*, London, The Religious Tract Society, 1905.
Roswell S. Britton:
Wang Tao's. in Arthur W. Hummel: ed., *Eminent Chinese of the Ching Period*, pp.836–9. United States Government Printing Office, Washington 1943–44.
The Chinese Periodical Press, 1800–1912. Taipei, 1966.
H. Mc Alevy: *Wang Tao's: The Life and Wrightings of A Displaced Person*. The China Society, London 1953.
Knight Biggerstaff: Shanghai Polytechnic Institution and Reading Room: An Attempt to Introduce Western Science and Technology to the Chinese. *Pacific Historical Review*, Vol. 25, 1956.
Leong Sow–theng: *Wang Tao's and the Movemint for Self–strengthening*. Papers on China, Vol. 17, East Asian Research Center, Harvard University, Dec. 1963.
Paul A. Cohen:

“Wang Tao’s and Incipient Chinese Nationalism.” *The Journal of Asian Studies*, Vol. XXVI, No. 4, August 1967.

Wang Tao’s Perspective on a Changing World. in Albert Feuer Werker. Rhoads Murphey. Mary C. Wright: ed., *Approaches to Modern Chinese History*, pp. 133–162. University of California Press, Berkeley and Los Angeles, 1967.

Between Tradition and Modernity: Wang Tao and Reform in Late Ch’ing China. Harvard University Press, Cambridge Mass., 1974.

薛福成

王尔敏　著

目　录

中国官员出洋，驻使外国，是一八七五年（光绪元年）以来，中国历史上一个创新的制度。最初风气，官场中安故守常，多数不愿担任使职，而且颇加讽议讥嘲。三十年后，渐有改变，其中固然因素很多，而早期出使的先驱，若郭嵩焘、曾纪泽、薛福成等人的开辟功劳，以及其所建树的风范，均有重大影响。在此时代的驻外使者，尤其为世人所敬仰的人物，在光绪末年已有“三星使”称号，即指郭嵩焘、曾纪泽、薛福成三人。三人俱富有新思想，而以薛氏尤为宽广繁富，并具体系。

一、生平事迹

1. 家世

薛福成字叔耘，又号庸庵，江苏省无锡县人。生于道光十八年三月十八日（一八三八年四月十二日）。他的祖父名叫薛锦堂，是生员出身，世居无锡。福成的父亲名叫薛湘，字晓帆，是道光二十五年进士。薛湘与兄薛沅在无锡地方同以文词著名，薛沅仅为贡生，而薛湘则以进士出身，外放湖南省，任安福（今名临澧）知县。咸丰四年（一八五四年）薛湘虽然升任浔州知府，却因为地方绅民劝留，并未前赴新任，咸丰八年（一八五八年）终于病死湖南任上。其时福成与长兄福辰均随父亲住在任所，故而曾国藩前来吊祭，福成乃得一见。实为后来上书国藩，任职幕府的先导。

福成兄弟六人，均为顾氏所生。长兄福辰，咸丰五年（一八五五年）举人，曾任工部司员，后来在山东任官甚久，为巡抚丁宝桢所器重，在光绪元年曾与徐建寅会同创办山东机器局，开山东现代工业之先声。故亦号称熟悉洋务，历官山东济东泰武临道。然其医术之精，驰名全国。因此他曾为慈禧太后诊病，并且治愈。后来他在光绪十五年（一八八九年）病卒于故里。① 仲兄福同，同治六年（一八六七年）举人，卒于光绪三、四年间。福成排行第三，同治六年中江南乡试副榜。季弟名唤福保，县学廪生出身，很富有才识，先由曾国藩荐与山东巡抚阎敬铭幕下。后为丁宝桢罗致幕府，仍在山东巡抚幕，直至丁氏升任四川总督，始终追随，丁氏并特别两次疏荐人才保举他。当知对福保的器重。可惜他在光绪七年(一八八一年）染患疟疾病故了。福成尚有五弟福祁，六弟福庚，事迹不易得知，只好略而不叙。

无锡薛氏望族，在当地很有名气，但福成一家并非富有。虽然三代都有科名，而在他父亲薛湘中进士以前仍然要连年四处奔走生活。道光末年在湖南任官县令，家道稍为充裕。咸丰八年薛湘病卒于湖南任上，福辰、福成兄弟相偕东返，当时因为太平军在江南活

① 翁同龢：《翁文恭公日记》，第十五册，页五七，光绪二年闰五月二十九日记："夜，薛君福辰来。此人薛晓帆之子，能古文，通医，十年前工部司员也，今为济东道。其政事未可知，独于洋务言之甚悉，以为中国无事坐失厘金每年千万，是大失计。"

动频繁，无锡并随之沦陷，福成兄弟一家就陪同母亲侨居江北宝应县东乡。一直到同治三年（一八六四年）江南平定，并未迁返故里。②

2. 佐幕

薛福成自从奉养母亲，避居宝应，在这七、八年间，兄弟们砥砺学业，研读经史，可以说是一个从容进修的时期，在薛福成当是十分重要。因为这是他进入仕途以前，个人充实知能的最后一段准备。恰在同治四年（一八六五年），两江总督曾国藩奉命督师剿捻。曾氏乘舟自江宁（今名南京）出发，转沿运河北上。曾氏并仿照往年在安庆时办法，出征之际，在江南北各地张贴招贤榜文。薛福成在此情势引诱之下，准备一封条陈，在曾氏船到宝应湖时，呈上这封万言书。国藩阅读之后，赞赏不已，于是就邀纳福成在幕府办事。③ 这是同治四年闰五月的事，薛福成方在二十七、八岁之间，也就是他生平任事开始历练的一个机会。

福成在二十七、八岁开始佐幕，在学识准备上当然相当充分，在能力见解上也可以说达于成熟阶段。福成古文基础最好，尤其长于议论，一开始就受到曾国藩的欣赏，并且加以鼓励，邀入幕府，

② 关于薛福成家世，除薛氏个人著作外，并参考《无锡金匮县志》卷十六、十七《选举表》，卷二十二《文苑传》。

③ 曾国藩：《曾文正公手写日记》，页二〇四二，同治四年闰五月初六日："阅薛晓帆（薛湘）之子薛福辰所递条陈，约万余言。阅毕，嘉赏无已。"至福成上曾氏书，已收入《庸庵文外编》，卷三。光绪十七年九月，福成复加识语云："按求阙斋乙丑五月日记云：故友薛晓帆之子福成，递条陈约万余言，阅毕嘉赏无已。余在莫府，尝见文正手稿。近阅湖南刊本，归入品藻一类，而讹为伯兄抚屏之名，想由校者之误。恐后世考据家世或生疑义，故并及之。"此即已辩正曾氏日记手书所误写其兄福辰名字矣。

立即介绍他和几位长于古文的幕友相切磋。

福成既入曾国藩幕府，所执何项职司，已经无从考察。但就他自己文集所收录代曾氏撰写《忠孝录序》及《丹阳束氏族谱序》，当可知道属于文牍之类。国藩幕下，人才济济，职掌文类颇细，重要者如章奏，如笺牍，如钱粮，如刑律，当非福成所得参与。次要者如咨札，如启帖，以至应酬文字，当不免有所代劳。而福成凭恃古文根底，则杂驳多样的应酬文字，自必多所承担。

福成自同治四年开始佐幕，直至同治十一年（一八七二年）曾国藩去世，前后号称八年之久，俱在国藩幕下工作。初始二年为战时军幕，随于行军大营，虽不免奔波劳苦，却可因战功铨叙官职。及同治五年十一月，国藩回任两江，福成乘机而参与同治六年江南乡试，得中副榜。仅次于举人出身。同治七年曾氏总督直隶，同治九年又回任两江，福成全都追随幕府工作，始终其事。

福成佐曾幕八年，最初以同知任。同治七年因西捻平定保叙直隶州知州，加赏知府衔。但他最大收获，尚不在于谋求任官资格。就一般而论，政事的历练，在幕中观摩学习，获得丰富经验，以为后日任事的参考，实最为重要。就做人处世而论，在曾国藩领导之下，幕友多以师长看待国藩，日常受其教导陶冶，于立身应世也学习不少。再就社会关系而论，国藩幕下人才众多，同为幕友，乘此交结不少贤俊。当时关系密切的有向师棣、黎庶昌、莫友芝、陈宝衡等。同幕尚结交李榕、钱应溥、屠楷、程鸿诏、刘翰清、王定安、方宗诚、吴汝纶等人。由幕友的切磋交游，无论学问德行，自必有所增进。是以在曾幕八年，对于陶铸品格，酝酿识见，历练能力，对于福成实在均有重大帮助。

曾国藩去世之后，福成有两年无所依附。但在光绪元年（一八七五年）为直隶总督李鸿章罗致幕下，担任重要职司，达十年之久。观察福成各类文集，自光绪元年至十年，各年均有代拟的文件，包括奏疏最多，其次则有函牍、序文、墓志铭等典雅文字。除此以外，更重要的文献，就是参预李氏幕府机要而拟具的各种策略。如光绪二年所拟《论与英使议约事宜书》，是应付烟台议约的对策。光绪五年的《筹洋刍议》是应付当时一般外交的政策基础。同年的《论赫德不宜总司海防书》，是为避免赫德于财权之外再扩张军权而提出的建议。光绪八年的《论援护朝鲜机宜书》，是应付壬午朝鲜之变的建策。光绪九年的《论援救越南事宜书》，是为中法冲突而提出的援越对策。这些尤其足以代表他对重大事体的个人见解，并且显示福成在李氏幕府中参预重要策划的地方。

3. 浙东筹防

薛福成久在直隶佐幕，追随李鸿章。中间曾在光绪七年一度代理宣化知府，可以说是他直接处理政事的开始。但真正担任实职，仍应算在光绪十年的受任宁绍台道。这时福成已四十六、七岁，无论才智阅历，俱已十分成熟。尤其先后久在曾国藩、李鸿章幕府，自然见闻广阔，经验丰富。

光绪十年（一八八四年）五月福成在北京引见之后，赶赴浙江宁波任所，这时正当中法战机紧张之际，沿海奉命加强防御。福成到任，就必须承担宁波、绍兴、台州三府的海防任务。而且根据往事的经验，浙江沿海是兵家必争之地。一八四〇年代，中英鸦片战争，定海首先被英军占领，并且骚扰宁波、绍兴两府。这次对法备战，宁绍台地区尤其要加紧防范。是以福成任事，一开始就要担负艰巨，必须兢兢业业。

当时浙江巡抚是淮军旧将刘秉璋。巡抚驻扎杭州，杭州地区也必须加紧海防，当然无法离开杭州。刘氏用兵重点，也把宁绍台看得最紧要。当时就派令薛福成总理宁绍台营务处，统筹这一地区防守设备。浙江提督为湘军水师旧将欧阳利见，原来驻守此区，此时则统率楚勇二千五百人，及本标练军一千人（就是提督所统率的亲军部队，称为提标），镇守大浃江海口（甬江下游称为大浃江）南岸险要金鸡山。再派抚标（巡抚的亲军部队称为抚标）亲兵统领提督杨歧珍统率淮军二千五百人，镇守大浃江口北岸招宝山。海口北岸重镇，就是镇海县城，沿岸南北有重要炮台，称做威远、靖远、镇远三炮台，是由淮军守备吴杰镇守，并有兵船“元凯”、“超武”两号巡防，专门防备海上船舰的进口。此外，又派淮军旧将总兵钱玉兴率淮军二千五百人及练军千人，沿甬江一路各要隘布防，并对金鸡招宝作策应。这是刘秉璋对宁波海口的军事布置。

军事布置构成战防的基本条件，而实际运用仍然是变化无穷。尤其法国军舰在中国沿海游弋，乘机寻衅，不知何处会遭受攻击。宁波沿海沿江布置，除军力分配之外，实质上的防务，是在如何防御法舰近岸，当然要看炮台的火力，和对法舰行动的侦测。更麻烦的是如何阻截法船驰入海口，除炮台以外当然要看中国兵船的防御能力，和进口水面的拦截布置，这些都是福成主持营务处的重要工作。

福成对于宁海防务颇为用心筹划，全局的基本观念以和众为主。因为他虽为主持防务之人，却并不是指挥调度之人。指挥调度，大权在于巡抚。福成则代为综理一切防御的经营，有责任而无实权。尤其浙江提督驻防这一地区，福成更是无从以小制大，故他在筹防任务的执行上，以联络众志、集合众力共同尽心为入手。所幸这时有两个能干的同僚帮助福成，实心任事。一位是宁波知府宗源瀚，一位是试用同知杜冠英。是他策划防备种种设施的重要执行者。此时又有两个能干的助手，在他手下处理与外国有关的琐事，一位是洋务委员李圭，一位是幕宾杨楷。

自海口起，南岸有金鸡山，北岸有招宝山，中间水道号称蛟门，是进入甬江第一道海口。南北两山各有重兵防守，并有重兵专管炮台。而对海口水道防备则以北岸的镇海城为经营中枢。这里一切行动，全由杜冠英驻在镇海经理。首先防备是海口以至入江水道打桩沉石拦阻船只进入。两岸增修炮台，添布炮位。口门中间，仅留华尺二十丈宽孔道，以备船只出入，但在战事吃紧之时曾一度填塞。另一重要设施，即自宁波至镇海陆程四十里之间架设电线，使镇海军情能够瞬息相通；镇海设线之外，并架支线通金鸡山欧阳利见军营，使两岸呼应更灵。这些设防，仍是通常之举，而更为周密的行动，是通知海关关闭海上灯塔，拆除外海浮标。由于七月福州马江之役的教训，福成把四位外国领港员先后以付酬金条件，订立合同，使之不为法军利用。至于舟山岛与镇海隔海相望，实则孤悬海中，防守最难。福成乃利用道光二十六年（一八四六年）英国退还舟山的声明，宣称英人有协防义务，并翻成英文刊登英国报纸，用此声势，使英国不能坐视，而法军也不敢进占。这是福成实质上外交运用的成功。

战事的吃紧，发生在光绪十一年（一八八五年）正月。先是在光绪十年七月初三日（一八八四年八月二十三日）福州马尾为法舰攻击，中国兵船被击沉七艘。南省海上防御力量薄弱，为了协助闽台防务，又自江南调派南琛、南瑞、澄庆、开济、驭远五艘兵轮，由总兵吴安康统率，进援闽海。他们在十二月二十九日（一八八五年二月十三日）驶行到浙江潭头山洋面，突遇法国兵舰七艘来攻，仓促分散退避，南琛、南瑞、开济三船驰入镇海海口，驭远、澄庆两船则驶入三门湾内之石浦港。可是两日后，就在光绪十一年正月初一日（一八八五年二月十五日）清晨，法军用浅水轮船，驶入石浦港，施放鱼雷，将驭远、澄庆两船击沉。于是镇海洋面就更形吃紧了。

当开济、南琛、南瑞三舰驶入镇海洋面，当然会招使法船来攻，薛福成更须加紧设计防御与应战。不久又因驭远、澄庆沉于石浦港内，而法舰来犯，将更是不可避免。福成对此情势，与海口各军密切联系，沉着应付。由于福州马江之役船首朝内的教训，令购置三千五百磅重巨大铁锚，分系开济、南琛、南瑞三船船尾，以使鹢首始终对向外敌，使船首重炮施放得力。此外则建议刘秉璋严电饬令吴安康（吴之座船即开济轮）坚守海口，不得向口内逃遁，否则就地正法。三船官兵自此愤励用命，不敢再有怯阵。

福成检讨马江、石浦先后遭受法船攻击，为时均在月初，都是利用潮势最低之时，使中国港内之船不易辗转，故而逆料敌军必要利用潮汐进攻，故而特别注意月初和月中。急电海口炮台船只特别注意潮涨和潮退时的警戒。果然被他料中，正月十五日（一八八五年三月一日）下午（申刻）潮涨，法舰四艘进攻北岸招宝山，提督杨歧珍早已瞭望到法舰活动，通知炮台及兵船防御，于是岸上炮台与开济、南琛、南瑞三船施炮迎击，鏖战至晚，法主舰中炮数发，头桅折损，船腰击破，终未得逞而退。这次接战之后，大浃江口通道遂再加填塞，仅留五丈宽供小船出入。十六日夜间，法军又以浅水鱼雷船进袭开济等三船，但两次偷袭，均被事先发现。并被三船击退。十七日午前（巳刻）法舰又攻招宝山炮台，被岸上炮台与开济等三船联合反击，又未得逞。二十日夜间法军又乘舢板船两艘，进攻南岸港口炮台，为副将费金组率兵将两艘舢板击沉。此后直到二月初，法舰未再进攻港口。只是有时用炮遥射南北两岸，没有重大交锋。二月中以后，中法之间和议渐定，终至双方停战罢兵，浙东防务到此可谓完全成功。④

---

④ 浙东防守与镇海海口交战，除薛氏著作之外，俱可见以下各书：欧阳利见：《金鸡谈荟》各卷。刘声木：《异辞录》卷二，页三四一四四。《中法越南交涉档》（中研院，近代史研究所出版，一九六二年）第一二八七、一二九九、一三五八、一四二六、一四三九、一四四〇、一五〇〇、一五三六、一五八三、一五八四、一五八五、一六〇四、一六一三、一六二五、一六三四、一七九二、一七九三、一八二〇、二〇五八、二〇七四各号文件。

4. 出使四国

薛福成在宁绍台道任上前后五年，至光绪十四年（一八八八年）升授湖南按察使，但其本人在宁波任上并未卸职。一直到十五年（一八八九年）四月改授三品京卿任出使英法意比四国大臣，又开始献身于外交事业。

早在光绪十年，福成与张富年、张荫桓一同在京引见，就是被预备使才之选。⑤ 而经宁绍台道的实任历练，特别是宁波口岸关系，对于洋务又多一层了解，这次出使四国，正是他进一步施展才能为国效力的机会。

福成在十五年五月进京陛辞，六月启行南下，适逢长兄福辰中风，七月初病故，前后在无锡故里料理丧葬，一直忙到九月。可是福成就在十月染患疟疾，治疗一月之久方才痊愈。十一月中赶到上海，预备启程，又因应酬太繁，再度病倒，经调理治愈，已至十二月间。光绪十六年（一八九〇年）正月确定成行赴任。直到二十年（一八九四年）四月自欧启行返国，五月末返抵上海，六月十九日（一八九四年七月二十一日）病殁。年五十六岁。前后实任出使大臣约有五年之久。

福成使命是出使四国，实际上驻英最久，对英交涉也最繁重，远超过法义比三国的总和。法国尚时常巡历，而在义比两国的外交活动几等于零。福成使任重点在于英国，是当时时势自然形成，而他的绩效贡献也就全在此处。

---

⑤ 翁同龢：《翁文恭公日记》，第三十二册，页三六，光绪十年五月初六日记：“宁绍台道薛福成（行三，叔耘，抚屏之弟，向在曾侯幕最久，能古文小学，杨性龙高第弟子也，熟洋务。近时与张富年、张荫桓同调引见，备出使外洋。）来见，人稳实。”

福成外交才识陶铸于北洋幕府，实更依恃他对世局的留心。故而对于奉使职责以及中外情势，都有充分了解。先具自识自信，应付外交，自然敏快果敢。早在同治四年他已以分析中外情势见长。光绪五年已确知中西交结，必须分清交际与交涉宗旨的不同，当时建议对待外国公使，礼貌上尽管优崇，对于公事交涉绝不能丝毫大意，轻易通融让步。后来到欧洲使任，比较西方外交行为惯例，更发觉来华使节之恃强挟制，欺愚中国，强词夺理，得寸进尺，几至任所欲为。对于英国威妥玛（Thomas Francis Wade）、巴夏礼（Harry S. Parkes）及法国巴德诺脱（Jules Patenotre）等人在华的狂妄逞强，都曾作多次分析批评，最后归因于中国不明外情，不懂外交，为根本大病。福成在欧洲使任，遇事据理力争，锲而不舍，颇能以刚正改变外人观感。须知虽为弱国，实在更需要外交，更需要有坚忍遒劲的外交人才。

福成出使五年，勇于任事而积极进取。在此期间做事不少，他的最大成就，在于对缅甸界务的处理。当光绪九年、十年之间，中法正为越南问题引起战争，已使中国穷于应付，英国乘此机会在光绪十一年（一八八五年）吞并缅甸。并开始向中国商讨中缅界务商务问题。

英国吞并缅甸，未受中国阻止，在外交上已是一大胜利，一旦扩地千里，尚须和中国办理分界问题。当时英国议界正式向中国表明：除全缅领土之外，要将自萨尔温江（即潞江）南至暹罗北界，与中国东西分界，江东之南掌国（即今日寮国）和掸人土司，全归中国，江西各种土司，全附属于缅甸。当时驻英公使曾纪泽立即建议政府，南掌掸人向来就是向中国朝贡的附属，正可乘英国声明，公开宣告中国上邦之权。但纪泽计划，更要向英国声明以厄勒瓦谛江（即怒江）为中缅之界，以保持八莫地区（就是中国向称之新街）主权。此外由于缅甸向为中国属邦，每十年向中国进贡一次，纪泽要求十年朝贡之制，必须继续执行，并要求仍为缅甸立王。在光绪十二年春间，英国外部回复曾氏，对于立王一事不能接受，但允派缅甸职位最高之官吏，每十年向中国进贡一次。而西界八莫地区也不同意归中国管辖，但允许厄勒瓦谛江为两国共管，中国并可建立一个埠头，设官收税，中国船只也可以通向南海。于是在光绪十二年六月，由总理衙门与英国代理公使欧格讷（Nicholas R. O' Conor）在北京议定约章五条，第一条申明十年朝贡之制。第三条申明中缅边界由中英两国派员会同勘定，于边界通商事务另立专章。协议至此告一段落，并未再作继续行动。

在这里有两个问题必须注意，第一个问题是英并全缅，已为贪得，而缅甸以北，实中国属土，然英人也加以兼并，占领若干掸人地区，推展界线至中国所领各土司地带。然后再要求议界。纪泽循英人所请求，已经中其诡计，而总理衙门在北京订约，竟连英人所承诺的议界原则和地区，也不曾叙入约文。后来英人果然推翻承诺，使薛氏议界时发生极大困难。这真是两度失算，曾氏在于不明边情，而总署王大臣议约之混沌含糊，真表露十足的昏庸无能。第二个问题是既然在约中叙明边界通商派人会勘，另立专章，却只是纸上空言，毫不派员会勘，自然不会另立专章。日子愈久，英国在缅甸控制已稳，更向中国方面扩张，而过去初并缅甸时所许中国的诺言，一概推翻，不肯履行。中国外交之麻木被动，敷衍官场，坐待情势恶化，在中缅问题上真是表露无遗。

福成开始过问中缅界务，并非由于英人提议，也非出于清廷命令，而是主动面对这个难题，一力承担，百折不回，一直达于界约的议定，真不愧于他所负的使命。福成在光绪十六年三月到英，五月查阅旧卷，开始注意到滇缅边界问题。自此与英政府展开议界交涉，英人据光绪十二年的《北京条约》第三条派员勘界的空洞内容，把当初所提议的承诺一概推翻。福成则根据英国旧日来文，坚持责成实践，中间十分艰难周折，几度停议，正如福成自己所称“颖秃唇焦，筋疲力尽”，前后磋磨三四年，终于在光绪二十年正月二十四日（一八九四年三月一日）签订界约二十条。不到半月，就在二月初六日（三月十二日）结束使馆工作，赴法国等候交卸使任。就当时而论，福成尽心竭力，已是不辱使命。但后人研究边界问题，仍能指出丧失边地之处。

自光绪十一年英国吞并缅甸，中国云南自此在通商问题以外又增添更复杂数倍的边界问题，若能及早迅速解决，固然不免丧失领土，而愈迟解决，除使问题更加复杂外，丧失领土也是愈迟愈甚。基本上中国国势积弱，实颇受列强欺凌。但并不是重要因素，国弱而不明外情，不务边防，不精地学，不懂外交，则是一切失败主因。这又全可归因于各方面没有人才，但若有人才如福成之积极经营，而中央首要、边疆大吏仍是全不能配合，自然就必至归因于政治风气的苟且敷衍。故福成议界成就，只能单就他个人表现和此种政治环境而论。因为在薛氏签约后不久，又有光绪二十三年（一八九七年）正月签订的“中英滇缅界务商务续议附款”十九条。把福成拼死力争回的领土又丧失不少。此后在光绪二十四、五两年，中英双方实地会勘边界的一部分，并在光绪三十二、三年间会立界碑。而仍留北段片马、江心坡未定界，南段丁江、南板江未定界。但其中已定界部分，未照福成界约勘画，却又丧失领土不少。后来直到一九二九年中英交涉北段未定界，以及一九三五年中英交涉南段未定界，中国政府均始终坚持根据薛氏所订界约勘画。最后在一九四一年六月，终于确定了南段边界，当时中国虽忙于应付抗日，却仍使南段地界，大致符合中国所要求的界线。⑥

---

⑥　滇缅界务为中国近代重大边防问题与外交问题，中国努力奋斗不懈，云南地方人士尤其成立保界会、死绝会，沉痛呼吁，唤醒国人。中国反抗一分，英人就让步一点，前后六十年中英交涉，故不尽限于薛氏一时。在此问题上除薛氏著述外，尚须参考以下各书：姚文栋：《云南勘界筹边记》，二卷。周光倬：《滇缅南段未定界调查报告》。中英滇缅南段界务换文。中华民国外交部，白皮书，第六十一号。（中英文件对照）张诚孙：《中英滇缅疆界问题》。张凤岐：《云南外交问题》。刘伯奎：《中缅界务问题》。王婆楞：《中缅关系史纲要》。谢彬：《中国丧地史》。

边防经营的根本，在于政策方针的确立，实心实地的经理，尤其要能在基本认识上有所澄清，然后再计较领土得失，才会有真正意义。福成交涉界约固然重要，而足以启迪后世的地方，实更在他的边防认识。因为在他经验中所得的识见，可以厘清不少固有观念。福成与英人交涉滇缅界务，远离边地万里之外，对于当地情形急需了解。恰好此时有一位驻德使馆随员姚文栋，驻外十年，期满返国。福成就在光绪十七年正月初五日札委他取道印缅入滇，一路探勘中缅两界情形。姚氏十分能干，一路履勘，把边地情形详加考论，各作节略，报告福成和云贵总督。他后来刊印《云南勘界筹边记》二卷，就成为最权威的滇边参考书。由此并可见出福成办交涉所作知识上的努力。

对于边防基本观念，福成曾有四次以上辨析“勤远略”这个问题，他解释《春秋左传》讥讽齐桓公“不务德而勤远略”，所讥重点实在于“不务德”。后人引重经典，偏偏注意于“勤远略”一点，形成牢不可破的义理。使阘茸误国者有了遁辞，而竭诚谋国奋身筹边者，反被诬陷为贪功好名，真是颠倒黑白。历史上人物，他推重唐代裴行俭、李德裕，宋代韩琦、富弼，并著专文为李德裕申辩。认为当今列强眈眈环视，边地日蹙百里，若不勤远略，自必不免误国亡国。这是福成对于边防的基本主张。

根据福成的边防观念，虽然出使域外，而对于边地经营，凡能力争者决不放松。有一件事项，在今日看来并不重要，实则在外交家立场来看，却显示代表中国之不任欺骗。这就是福成所力争缅甸每十年朝贡一次的事体。福成到任后，根据光绪十二年中英条约第一款所定，要英国实践条约，决定朝贡的年份。照一八八五年吞并缅甸起算，朝贡年份至少当在光绪二十年（一八九四年），英国果然表现出帝国主义作风，一味推宕，不愿践约。福成坚持条约，锲而不舍。英国政府推避不过，答应派缅甸大员在光绪二十年作第一次进贡。这个问题透露出多方面历史教训。其一，中国丧失固有藩属，广土众民，不能保护，已完全丧失宗主权威严，单单争一个朝贡虚名留于条约，使中国中心制度尚存一线痕迹。用此换来国势的退缩，边防的暴露。已经等于用百万金赎回粪土，皇皇条约，英国尚要抵赖，若无福成争持，实已等于具文。由此当知国际条约徒然是强国对弱国之枷锁，强国决无意履行，弱国若不讲究外交，若无具胆识的人才负外交任务，当必更受欺侮。其二，英国迫于条约约束，应允照约向中国进贡，实充分表现现实作风。一则由于福成据约力争，不得不办。二则正为滇缅界务交涉断断争持之际，用此朝贡方式，又可交换福成对界务的退让。实仍为英人外交运用的一环。当知英人外交技术的巧黠。其三，英国为当时第一强国，仍能愿意向中国朝贡，亦正可见国际政治的灵活变化，富有弹性，迁就实利，虽强大国家也愿屈就。但若弱国尽是猥琐昏庸者从事外交，必被强国欺侮玩弄，怎能会像福成所能达成的任务。

另有一件有关中国宗主权问题，就是与英国会同选立干竺特酋长之事（干竺特，喀楚特均清代官方正名，后人多译称坎巨提）。自一八六〇年以来，中国西境属邦，大多为俄国吞并，昔时的浩罕、布鲁特、哈萨克、布哈拉等，中国素称回部属邦，均落入俄人之手，其次英国也吞并不少。自英人吞并阿富汗，而附近的巴达克山、鲁善什克、南瓦罕诸小部，也连被吞并。稍南面的克什米尔也被英所吞并。在光绪十八年（一八九二年）初，英军又打败干竺特，由于其部众逃向中国边境求援，于是而引起中英交涉。总理衙门电告福成办理此事。英政府表示无意侵灭干竺特，也无意搁阻他们向中国朝贡。最后由英方选出原来酋长的弟弟继任，与中国商定，于七月二十五日（一八九二年九月十五日）由中英双方派员会同立新酋即位。此一交涉，一则避免英人之占据干竺特，二则仍维持中国宗主权地位。中国国势衰弱，西疆数百年藩属，渐为俄英瓜分，若不能保境外的安定，英俄内侵之势又怎会中止。

二、世界眼光

1. 世界变局的认识

薛福成自咸丰八年（一八五八年）父亲去世以后，由于江南动乱，一家兄弟奉养母亲避居江北宝应县境，直到同治四年（一八六五年）就聘曾国藩幕府，实际有七年时光，得以充实学问，默察天下局势。然在这种偏僻地方，竟能使他酝酿出卓越的识见。

福成一开始出山，就提出他对当前世局的了解，认为中国正面临古今以来的重大变局。在他上曾国藩的书启中说道："方今中外之势，古今之变局也。"① 代表他对世界局势敏锐的观察，就同治前期具有世界眼光的人物而言，只有黄恩彤、徐继畬、夏燮、王韬、丁日昌、李鸿章数人同时有这种见解，福成可以说是一位时代前驱了。

福成生平最注意观察世界大势，对变局的了解提出既早，领悟也深。单就"变局"这个观念的警觉而言，他生平提到不下十次之多。然而他对变局的了解，也可以分成好几个层面。

就观察重点而言，福成对变局的领悟，表达三个层面。其一，他解释变局的降临，是由天时所趋。如他所说："西洋诸国航海通

① 薛福成：《庸庵文外编》（扫叶山房石印本），卷三，页一三。

商，凡欧罗巴、亚墨利加数十国之人，颉颃并至乎中国，而以英吉利、俄罗斯、佛兰西、米利坚四国为最强，于是地球几无不通之国，是其所以然者，天也，非人之所能为也。”② 这一点认识，构成他对变局解释的基本肯定，但却表达一种总体印象的层面，而非条分缕析的理解。其二，他解释变局，认为是地理情势的变化。如他所说：“至于南洋诸岛，星罗棋布，昔人所谓海外杂国，东南际天地以万数，时候风潮朝贡者，今已为英与荷兰西班牙三国之外府，竟无一岛能自存者，此殆宇宙之奇变，古今之创局也。”③ 这种解释，出以实地观察，对当前现实了解，并有具体例证可见，毫不含糊。故而很能警惕人心，触发时代警觉。其三，天时地理的演变，更有一个不易测的促动因素，就自然要追寻到人事演变的层面。中国何以会在此时遭逢一个变局？当然是由于西洋各国势力的东渐。西洋各国之所以浸浸东向，自然是由于各国国力的膨胀。并可略知列国勃兴，争强竞胜，一天一天向海外扩充领土。是以近代变局的原始动力，仍须总结于人事演变的根源。福成把握问题重心，在此处表达意见最多。他把中国所面临的变局，自然与西洋各国的冲击建立联带关系。正如他所说：“西洋各国，纷至沓来，尤为千古未有之奇局。”④ 又说：“西洋诸国之勃兴，亘古以来未有之奇局也。”⑤ 由此可见各国动向，关系世界变局最为密切，把握关键，自然就要重视这个人事演变的层面。

再进一层来说，人事的演变既然在西洋各国，而变化的内容又是那些？各国的勃兴又凭恃些什么？检讨结果，终于归结到西洋各国技艺的精良。他们制胜之术，是把舟车变为火轮，通信变为电

② 薛福成：《庸庵文外编》，卷三，页一三。

③ 薛福成：《出使奏疏》，卷下，页二四—二五。

④ 薛福成：《庸庵文续编》，卷上，页三五。

⑤ 同前书，卷下，页三二。

传，用后膛枪炮，用铁甲战舰，用无烟火药，用气球侦敌，用电光照夜。正如福成所谓：“能制驭水火，呼吸风霆。”这些就是西洋各国发达起来的重要本钱，也就用这种本钱压倒其他落后国家。故而福成形容其情势说：“诚以此时适遘开辟以来未有之奇局，东西洋各国，方日务制器、通商、开矿，其嗜财如性命，用财如泥沙，及至用兵，虽糜饷数千万亿而不惜。中国绸缪武备，断不能如各国之耗费，然为事机所迫，竟有欲罢不能之势。”⑥中国承受冲击，也不得不面对这种巨变的事实。

更进一层来说，却又回到总体原则性的关键。天时、地势、人事的变幻，总体看来仍是不可逆测，然愈是不可逆测，却愈是必要加意防备。能早发现变的契机最好，能早了解变的动向最好。发现与了解之后，才可思考应付的办法。有一个确定可以了解的事实，就是必变之势，可不需再有怀疑。而观察、判断与预防的准备，自然也可以不需再有迟疑。是以福成所说的“天也，非人之所能为也”。并不是宿命任天的意思，也不是绝望任命的意思，而是在说明变的必然之势。有必变之道，就必须有应变之计。因此他在同一个文件中也曾说道：“居今之世，事之在天者，宜有术以处之，然后不为气数所穷；事之在人者，必有术以挽之，然后不为邻敌所侮。”⑦

又进一层来说，最后宗旨，重点实在于应变。在这方面，福成的议论有更精辟的发挥。当前世局既已显现必变之势，自王公以至庶民，自圣贤以至不肖，都必须有应变的能力和准备。如他所说：“殆时势使然，虽圣人不能违也。”⑧当可见其确信不移。他认为要及早观变而动，适应当前的世局。尤其主国政的领袖必须有这种识

---

⑥ 薛福成：《庸庵文编》，卷二，页六六。

⑦ 薛福成：《庸庵文外编》（家刻本），卷三，页二一。

⑧ 薛福成：《庸庵文外编》（家刻本），卷三，页五一。

见能力。因为这是关乎一国全体的幸福或祸患的。故他对于应变看得特别紧要，如他所说："天地之变，递出而不穷者也。有大智者，烛幽阐微，与时推移，以御厥变，则天下被其休。否则瞢无适从，敝敝焉执故常之见，以与世变相遌，而变乃环起而不可止。"⑨

最后一层来说，应变固然急需，何者是要变的对象。这时福成的观点仍存在于器物利用方面，那就是模仿西方一切现代工业技术，如他所说："若夫西洋诸国，恃智力以相竞，我中国与之并恃，商政矿物宜筹也，不变，则彼富而我贫。考工制器宜精也，不变，则彼巧而我拙。火轮舟车电报宜兴也，不变，则彼捷而我迟。约章之利病、使才之优绌、兵制阵法之变化宜讲也，不变，则彼协而我孤、彼坚而我脆。"⑩ 这个观念，实际是促成中国工业化的思想动力。对于此点，他的信心也是表达得坚定不摇。他认为就是尧、舜、禹、汤、文、武、周公、孔子复生，也不能不在这方面努力经营。同时他更认为世势变化没有止境，而处变应变之道也没有止境。如他所说："世变无穷，则圣人御变之道亦与之无穷。"⑪ 至于御变之道，正是在把握时机，乘其趋势，也为中国缔造一个创新的局面。正如他所说："值亘古未有之奇局，亦宜恢亘古未有之宏谟。"⑫ 这就是他适应变局的最终理想宗旨。

---

⑨ 薛福成：《庸庵文编》，卷二，页七一。

⑩ 薛福成：《筹洋刍议》，页四七。

⑪ 同前书，页四九。

⑫ 薛福成：《庸庵海外文编》（扫叶山房石印本），卷二，页八。

附：薛福成生平变局言论表

序号	变局言论	倡说年代	资料出处
1	方今中外之势，古今之变局也。推其所以启之者，有天事，有人事。古者九州岛之内，各殊土而异宜。有隔数百里不相通者，然而天地之风气，日久渐开，山川之径涂，习行则便。自秦一天下，至汉而收滇粤置河西，至唐而通回纥定天竺。至元而服俄罗斯取西域。恢拓可谓极广。浸寻迄于今日，西洋诸国，航海通商，凡欧罗巴、亚墨利加数十国之人，踮颃并至乎中国。而以英吉利、俄罗斯、佛兰西、米利坚四国为最强，于是地球几无不通之国。是其所以然者，天也，非人之所能为也。	一八六五	《庸庵文外编》，卷三，页一三（上海，醉六堂本）
2	夫洋教洋烟骤入中国者，气运之变也。斟酌情势，默寓挽回之术者，君相之柄也。	一八六五	《庸庵文外编》，卷三，页二七
3	天地之变，递出而不穷者也。有大智者烛幽阐微，与时推移，以御厥变，则天下被其休。否则瞢无适从，敝敝焉执故常之见，以与世变相遭，而变乃环起而不可止。	一八七二	《庸庵文编》，卷二，页七一

4	近者泰西诸国，竞智争雄。器数之学，日新月异。其机至能制御水火，驱驾风电，恃其猋锐，逴数万里，目阚我中国。中国震于所不习，罔知所措。其始佥议驱攘，地广师疲，辄为所乘，得势益逞，征求无厌。中国欲与之轧，则群敌联盟，协以谋我。欲严与之绝，则备多力分，难以持久。于是议立约章，岁益加增。濒海之冲，设关立市，通都下邑，广传彼教。时则华戎错沓，动生衅尤，牵率以至。浩乎如大江洪河之东注于海，终古不可复分。此殆天地自然之数，虽天地不能自为主也，变之骤至，圣人所不能防也。	一八七二	《庸庵文编》，卷二，页七一—七二
5	自古边塞之防，所备不过一隅，所患不过一国。今则西人于数万重洋之外，飙至中华，联翩而通商者，不下数十国。其轮船之捷，火器之精，为亘古所未有。恃其诈力，要挟多端。违一言而瑕衅迭生，牵一发而全神俱动。智勇有时而并困，刚柔有时而两穷。彼又设馆京师，分驻要口，广传西教，引诱愚民，此固天地适然之气运，亦开辟以来之变局也。	一八七五	《庸庵文编》，卷一，页一九
6	方今中国，壃圉辽阔，防不胜防。而泰西诸国，航海东来。实为数千年未有之创局。其势断不能深闭固拒。	一八七五	《三星使书牍》

7	夫江河始于滥觞，穹山基于覆篑；佛法来自天竺，而盛于东方；算学肇自中华，而精于西土。以中国人之才智视西人，安在其不可以相胜也。在操其鼓舞之具耳。噫！世变无穷，则圣人御变之道，亦与之无穷。	一八七九	《筹洋刍议》，页四八—四九
8	诚以此时，适遘开辟以来未有之奇局，东西洋各国，方日务制器、通商、开矿，其嗜财如性命，用财如泥沙，及至用兵，虽糜饷数千万亿而不惜。中国绸缪武备，断不能如各国之耗费，然为事机所迫，竟有欲罢不能之势。	一八八三	《庸庵文编》，卷二，页六六
9	自昔艰难之世，议论愈多，则是非愈淆，而任事者亦愈无把握。迄于今日，西洋各国，纷至沓来，尤为千古未有之奇局。其中得失利病，非阅历有素者，骤难得其要领。	一八八四	《庸庵文续编》，卷上，页三五
10	西洋诸国之勃兴，亘古以来未有之奇局也。其得失利弊与前史所著迥殊，非默究数十年，不能得其窾要。或视为寻常，忽不加察，而大受亏损。或上下内外，坚持力争，而无关至计。	一八八七	《庸庵文续编》，卷下，页三二—三三

11	夫自开辟以来，神圣之所缔造，文物之所弥纶，莫如中国。一旦欧洲强国四面环通，此巢燧羲轩之所不及料，尧舜周孔之所不及防者也。今欲以柔道应之，则启侮而意有难餍。以刚道应之则召衅而力有难支。以旧法应之，则违时而势有所穷。以新法应之，则异地而俗有所隔。交涉之事，日繁一日，应付之机，日难一日。诚不知何所底止矣。惟是通变方能持久，因时所以制宜，伊古盛时，或多难以保邦，或殷忧而启圣，臣愚以为皇上值亘古未有之奇局，亦宜恢亘古未有之宏谟。	一八九二	《海外文编》，卷二，页七—八
12	中国东西两面大海绕之，其自东北以讫西南，则三强国之境绕之。防于海者，动虞诸国窥伺，防于边者，日与三国周旋。至于南洋诸岛，星罗棋布，昔人所谓海外杂国，东南际天地以万数，时候风潮朝贡者，今已为英与荷兰西班牙三国之外府，竟无一岛能自存者，此殆宇宙之奇变，古今之创局也。	一八九三	《出使奏疏》，卷下，页二四—二五
13	顾臣观西洋大国图治之原，颇有条理。英俄法皆创国数百年，或近千年。炎炎之势，不始今日。今其制胜之术，屡变益精。舟车则变而火轮矣，音信则变而电传矣，枪炮则变而后膛矣，战舰则变而铁甲矣，水雷则变而鱼雷矣，火药则变而无烟矣，窥敌则变而用气球矣，照夜则变而用电灯矣。专家之学，立殚智力，往往能制驭水火，呼吸风霆，新艺迭出，殆无穷期。	一八九三	《出使奏疏》，卷下，页二五

2. 外交因应的见解

薛福成晚年就任出使之职，献身于外交事业，自不待言。实际他在光绪元年起参与李鸿章幕府，已经开始对外国交涉的规划，当时重要的中英交涉以及次年烟台议约的底案，均有福成的拟议策划。再加上后来宁绍台道四年多的实任，由于浙海关贸易的情势，也更加了解到西洋工商立国与经营的基本方法和做法。故而他虽在光绪十五年奉命出使，而在北洋幕府历练重大外交事务已有十年之久，对于外交因应，当然早有相当丰富的经验。

中国古代列国纷立，游历交际，往来频繁，各国间自然需要外交，并有多种规制、方法、政策产生。历史记载繁富，当为不争的事实。但是当时名词并不称为外交。与现代“外交”一词最相近的，则有“交聘”与“专对”两词的应用。中国近代对外展开频繁的往来，最初当作夷务看待，并不曾产生现代所通行的“外交”这个名词。当福成在李鸿章北洋幕府任事，至迟在光绪五年（一八七九年）就已经使用“外交”一词，总括形容对外国的交际交涉等事务。这是在他分析西方列强对华的交际时自然透露而出。如他所说：“彼西人之始至中国也，中国未谙外交之道，因应不尽合宜。彼疑中国之猜防之蔑视之也，又知中国之可以势迫也，于是动辄要求。予之以利而不知感，商之以情而不即应，绳之以约而不尽遵。今中国虽渐知情伪，而彼尚狃于故智，辄思伺中国有事以图利也。”⑬我们可以知道，现代通行的“外交”这个名词，福成当是最早使用者之一。

至于薛福成的外交思想，外交原则，可以说表现透彻成熟与坚定的自信。他的若干见解，在任何时期都可以不朽。现代人时常申

---

⑬ 《筹洋刍议》，页七一。

论“总体外交”这一观念，实则福成早有所见。他曾论及外交和内政为一体，如他所说：“大抵外交之道，与内治息息相通。如商税受损，则财用不足矣。教民横恣，则吏治不饬矣。海外之华民保护不及，则国势不兴矣。内地之土货营销不远，则民生不厚矣。”⑭ 西方国情国势就是如此，这可代表他对西方列强的正确了解。如此观念之下的外交，自然会有真实的内容，永恒的宗旨，和坚强的后盾。这和先前办夷务的观念，其间差异之大，真有高山深谷的区别。福成从事外交，当然不会盲目自大，但在反一方面却也决不畏葸苟且。西方列强固然野心勃勃，日肆侵逼，在他看来却是不足畏惧，有办法应付。他的信心，本之于正确认识的信念。当时列强国势盛况，真是如日中天。他采取管子的话，认为强者必亡于他的强，他们有其优点必须了解清楚，尤其他们也有短处，更必须了解清楚。把握到这些，就可适应国际间的风云变幻。他的作法是：“平天下者平其心以絜矩天下，知我之短，知人之长，尽心于交际之间。”⑮ 自己立于主动，观察世变，虽是弱国，也必然有应付外交的办法。

福成应付外交既有一定自信，事实上他的外交基本理念，决不是左道旁门，也并不实行纵横捭阖的路子。他的外交理想，仍是循孔子的教训，并且笃信颇深。他身在英国经历，提出他的见解说道：“抑余又在外洋阅历二年，深有味于《论语·子张问行》一章：‘忠信笃敬，蛮貊可行’。实为颠扑不破之道，呜呼！圣人之言，何其神也。”⑯ 这一观点，是同时代官绅一种最理性的对外态度，可以称之为“诚信外交”。不独为福成所有，远自伊里布、耆英，近自曾国藩、郭嵩焘、邹诚、王韬等人都曾表达了这种诚信外交的观点。至于这种理想根源，当然是直接承袭孔子学说，而并作实事的履践。

⑭ 《出使奏疏》，卷上，页一四——五。

⑮ 薛福成：《出使英法意比四国日记·序》。

⑯ 薛福成：《出使日记续刻》，卷三，页六三。

当然办理外交，不单是要凭恃高尚理想，徒然为强权国家所利用。对于西方国家交际交涉，必须要充分了解西方固有的一切规制成法。必须用西方已有的规范，才可使西人自己心悦诚服的遵循。换句话说，就是对付西方列强，就必须充分利用西方通行的一套办法。外交家可恃的有效武器，当然是法律知识，而一般共通的法律规范，就是国际公法和国际惯例。福成认为西方风气，颇尊重已有的万国公法，而西人在中国通商传教，无处不到，各地时起交涉，地方上因应这种外交，不是失之太刚，就是失之太柔，都不免反而扩大事态的严重性。因此他主张把万国公法和对外的通商约章多加刊印，由各省布政使颁发到各州县，使地方有所参考，有所利用。他在光绪元年（一八七五年）就已提出这个建议，确是当时一个最有实效的办法。

福成重视国际公法，平时是大力提倡推广的人物，而在浙东任官与出使欧西，均自然视为可恃的外交工具。当然福成很早又更重视条约，因为既由两国特别议立约章，当然更会关系到国家的大利大害。福成谨慎持重，思虑缜密，对于两国议约问题就十分小心。光绪元年初入北洋幕府，就遇到马嘉理（A. R. Margary）在云南边境被杀一案。李鸿章和英使威妥玛（Thomas Francis Wade）交涉，福成就是幕下重要建策者之一。次年烟台议约，福成又是随行者之一。福成不但有建策，并且草拟约章条款。他的观察立足点，是就欧洲国际情势作充分了解，然后判断英国政府的基本态度，然后再实际上应付威妥玛。当时威妥玛气焰很盛，恃强夺理，节外生枝，显然要藉马嘉理案取得若干条约权利。在对华交涉时，忽而缓和忽而强硬，目的不能达成，就怫然停议，前往上海，表示谈判决裂。威妥玛虽然表演得翻云覆雨，而福成则早已看透了他的中心意图，这里可直引福成一段精彩的分析，“此次怫然出都，故作决裂之势，盖为洋货免厘一事而发也。然彼不专就此事措辞者何也，彼欲侵我自主之权，于理既为不顺；擅各国使臣应议之柄，于情又为不公。且与滇案毫无关涉，究属节外生枝。威使其自知之矣。故忽允忽翻，以布其势，旁敲侧击，以纡其途。其诬及疆臣，吠及枢府，怵我以所甚危也，其请觐见请提滇案，逆料我所不能行也。而要无非为商务一端，作引而不发之机。欲使我自屈于无形，甘心以厘税全数相让，彼乃安坐而享其利。吁！可谓黠矣！”⑰ 真是清醒冷静的判断。

在当时常被忽略而弄不清的一个最简单的问题就是修约。西方国家情势常变，两国除了永久性疆界之外，凡订立条约，多半订有一定期限，这是外交常态。但列强对中国订约，并把修约也看成一种权利。由于美国早在鸦片战争之后就与中国订定十二年修约一次的条文。一八六〇年以后又在英约改为十年修约一次的定例。列强为了商业情势变化迅速，就可常凭修约而扩张利权。当时中国主持总理衙门的王公大臣，不但不曾想到利用修约的权利而修改有害中国条文并增加有利中国条文，反而把这件事当作一种麻烦，深怕外人乘机纠缠，却又丝毫避免不了外人的纠缠，于是每届十年修约，总要被动应付，何尝想到收回利权，终于让外人获得不少便宜。光绪六年（一八八〇年）又值修约期限。修约之先德使巴兰德（M. von Brandt）就已乘机作不少无理要求。而在光绪五年福成就相应提出修约的主张，他说：“修约之举，期于两国有益无损。损一国以益一国不行也，一国允而一国不允不行也。伊古以来，未闻有修约不遂而遽至决裂之举。惟其如是，则存自利之见者不得恣睢以从事，有自护之权者不妨从容以徐商。”⑱ 他的意见当然被李鸿章所采纳应用了。

对于中外修约，福成主张废除有害中国的条款。他指出危害中国最甚的条款，就是：其一，外人不受中国法律管辖（即治外法

---

⑰ 《庸庵文外编》，卷三，页四二。

⑱ 《筹洋刍议》，页一。

权）；其二，一国获利各国均沾；两项条文。中国自光绪初年提出废约主张的只有王韬、曾纪泽和薛福成。当时言论，都称之为修约。中国经过百年的修约枷锁，其间从事七十年的废约运动，终于一九四二年在全国军民作生死存亡的大奋斗之中，这些不平等条约，才被正式废除。而福成实是废约运动的先驱。

同一情势，就是中外工商业合同合约，福成也谨慎划分清楚，决不使列强政府乘机干预。原来在同治年间丹麦电讯商大北公司与英商大东公司在中国沿海港埠设电线发展电报通讯。后来这两公司颇受英俄两国政府支持。光绪十六年（一八九〇年）福成在英，又遇到重新议立合约。两公司要把请示英俄政府叙入合同，福成立即制止。同时函告总理衙门，若英俄公使来问两公司合同之事，可立刻拒其过问，因为电报是中国内政，不关中外交涉。用此以杜绝将来两国藉合同条文干预中国电报事务。由这件小事，也可以见出福成对外交规则的熟悉，措置也得心应手。

当然福成担任使职，自很注意平等外交，这是外交上必然争取的立场。事实上，中国传统知识分子几乎人人都能体会并深切了解。他们自古代史志中早已获得深刻的教训与史例，他们一旦接触外交，就必自然注意到对等交际的问题。但要澄清一个关键，中国人虽熟悉对等交际的行为，却仍是自往古以来没有经历过西方外交规制，尤其对于条约制度最为生疏。近代中外交涉，全循西方规制习惯，故自鸦片战争以来，不免时时丧失利权，最初由于无知而断送，后来则为列强藉种种机会或战争或教案，再订更侵中国利权的条约，当时屈于强迫之下，虽然知道不平等，也是莫可奈何。一八六〇年以后，中外不平等的国际关系，国人已有觉察，自光绪元年郭嵩焘奉命出使，凡为使节，多已留心此点。福成为实践对等外交，继续郭氏与曾纪泽的作风在英力争设立各地领事，特别是香港领事。福成所持理由，十分明白，他说："从前中国不明外务，所定条约，多受亏损。如各国领事在中国者权势甚张，独不许中国在欧洲及南洋设立领事，是明明不以万国公例待中国矣。间尝与之切实理论，磋磨半年，且暹罗日本皆已设香港领事，而中国独无之，英人亦自觉其不情，所以不能不允者，职是之故。将来即可为援案布告他国张本，亦可为隐换受亏条约张本。”⑲这可见出福成争平等观念的出发点，也可见出他的努力废约的宗旨。

三、富强思想

1. 求强

近代中国，自一八六〇年以来，国人警悟到中国国势的衰弱，列强眈眈虎视，尤其相形未来的危险。当时知识分子开始醒觉，颇以砥砺自强相呼吁，而在互相激荡之下，形成风气。就时势环境的迫促，和实际的国家需要，自强的言论与行动自然日益增大。于是而构成历史上所谓的“自强运动”。薛福成适逢其会，实则并且是自强运动中一个中坚分子，他的思想言论，也充分反映出自强运动的宗旨意义和实际推动的途径。

立国于列强环伺的世界，自强的需要十分明显。如果考虑到如何应付四面的强国，和抵抗列强对中国的种种企图，惟有使中国也

⑲ 《海外文编》（家刻本），卷三，页五五—五六。

成为强国，才可以不被欺凌，才可以施行本国的意愿，否则种种煎迫就必与日俱增。如福成所说："中国能自强，即邻邦启衅，各国出而调停，未尝无小益。中国未能自强，而狡寇争雄，各国因之玩侮，必致有大损。"① 就福成的看法，中国立足于这个世界，与外国互市通商，应该是古今共有的常情，并不足畏，尤其不能闭关自守。其中主动关键，仍然在于是否能够自强。他认为自古来国际通商，虽遇交战，也不会停止交易。中国但能自强，即使全国开放通商，只能愈见国家隆盛，也不会有损。如果不能自强，即使闭关绝市，仍然会有更多麻烦。故而重要关键在于自强，不在于开放。

更进一步说，谋求自强，决非空言所能达到，他把这一时代的强烈希望，一半寄托到气运的支配上，另一半则要求全国朝野人士共同尽力。主要重点，要使士大夫破除积习，戒虚务实，同心同德，发奋有为。以便渐渐形成风气。当然既不能一手一足所能缔造，也并非一朝一夕所能达成。

近代中国之必求自强，显然是由于西方列国竞胜争强情势的影响，而整饬武备，保持强大军容，尤为显而易见之事。故中国凡言自强，往往必举列国国情以为前提，且往往以效法西洋讲求利器为目标。福成所见略同，尤有进一步的了解。他认为西洋大国如英、法、俄、德、美，不惮于耗竭物力，穷年累世，精心研究，以求炮利船坚，枪械灵捷，而在充分准备之后，却又不求用于战争，并望能够免于战争。表面似有矛盾，实则如福成所言，是"以不用为用"。他对西方的了解，认为凡谋国者，不争胜于国境之外，而要争胜于国境之内。换句话说，是必须经营于平时，然后才可以操必胜的把握。福成这一见解，最足以针砭当时的政治风气。有清一代规制，把设防和战争当作两回事，平时兵员分驻各地，称之为防汛。

---

① 《筹洋刍议》，页一八。

一遇战时，就在各地抽调若干兵员，集合一起，由统将率领打仗。战事完毕，又遣散兵员，各回各汛。这并无可厚非，只是现代西方列强，军备严整，器械精良，训练既勤且严，平时更番不休。而征调尤迅速，配合尤周密。晚清政治习惯，对于军事外交，都看作一时急难，只图应付了事。战事一急，就大征兵员，战事一过，就遣散不用。条约一订，就当作天下太平，一切回复松弛。此种风气，已不足以适应万邦林立的世局，徒然使列强占尽利权，更扩大对中国的侵损。如果想要自强，首先非改变风气效法西洋不可。故福成为自强而主张效法西洋，其意见表达得十分清楚。如他说："西人于练兵造船制器，及一切技艺，喜自耀其所长，未尝秘为独得。中国诚能切实讲求，彼谓我有自强之道，先已敬慕悦服，又知我不相鄙薄，不难罄中藏以相示。或时以微利啖之，是得其技而兼得其心也。"② 这是一个明证。

为求自强而重视于武备，因武备而重视于器械，因器械而效法西洋，当为势理的自然趋向。然自强的根本宗旨，在御外侮，内修武备，提倡尚武风气，先充实自立之基，自更为根本办法。是以福成也提出了他综括的宗旨："从来御外之道，必能战而后能守，能守而后能和。无论用刚用柔，要当豫修武备，确有可以自立之基。然后以战则胜，以守则固，以和则久。自泰西各国竞起争雄，陆兵以德国为最精，水师以英国为最盛，至其船坚炮利，则无论国之大小，莫不精益求精。盖外洋以战立国，分争互峙，实有不能不尚武之势。"③ 这就自然要转变风气，渐使中国遵循西方立国的途径了。适应当前变局，循乎世界潮流，惟有与西方采取同一规制，学得他们的一切长处，才可以有办法争较胜负。但凡理性而冷静的判断，无不以此种见解为最终归结。这自然潜存着深厚的西化动力，事实

② 《筹洋刍议》，页一九。

③ 《庸庵文编》，卷一，页四五—四六。

上也正是近代中国思想发展总乘的动向。

2. 求富

近代中国思想，一般而论，国家求强是原始的意愿。是一种热切的希望。求强并是以西方各国之强为榜样，为想望达到的对象。求强的行动，不免立即思考并检讨到枪炮、船舰、船坞、炮台等问题，进而也会检讨到兵制、海军、组织、训练的问题。议论终结，自不免要效法西洋。薛福成的言论题旨，当然并不出此范围。然而求强观念实在是一个直接反应，只表达单纯的一层思想深度。思考到了这一层，自然会诱导出进一步的问题。列强国势鼎盛是个事实，何以会如此的强？就是一个重要关键。列强的船坚炮利，何以会如此的坚利？又是一个重要关键。但凡进一步思考，大体来说，自然不免归因为西洋各国的富厚。求富的观念在深一层探索中展开。

十九世纪所谓的自强运动，确自有它重大的时代意义。然而无论在实际行动以至思想言论，它的真实内容，应该就是求富运动。福成言论，很早就以求富为自强的先决条件。他在光绪元年就说道："方今国欲图自强，先求自富，自富之道，以矿务为一大宗。"④在光绪二十年（一八九四年）他去世的前数月也说道："中国地博物阜，甲于五大洲。欲图自治，先谋自强；欲谋自强，先求致富。致富之术，莫如兴利除弊。"⑤可知他生平一贯，重视求富。

近代中国，无论求强求富，均因承受西方冲击而起，并以西方的富强为效法对象。西方是如何情状，都颇吸引中国官绅的注意，尤其对于致富之术，更增加许多歆羡。福成尤注意到西方致富的关键，他用比较指出："以逊于中国之地，养倍中国之人，非但不至

④《三星使书牍》，卷三，页二六。

⑤《出使日记续刻》，卷十，页一七。

如中国之民穷财尽，而英法诸国，多有饶富景象者，何也，为能浚其生财之源也。”⑥他认为西方之所以民富国强，正由其国家政府善于“导民生财”的缘故。

至于生财重点，大致在于农、工、矿、商四者的经营发展。其中尤以商务为贯串四者的重要血脉，足以综揽富国的管钥。福成所见，认为“欧洲立国，以商务为本，富国强兵，全藉于商。而尤推英为巨擘。”⑦这正表达了他的重商观念。

福成主张重商，并不以唯商为宗旨。得自西方的了解，他也深信商的基础在于工。西方的强盛，原自于工商并茂，良材众多。他曾以歆羡的口吻，表达出理解的赞叹：“泰西风俗，以工商立国，大较恃工为体，恃商为用。则工实尚居商之先。士研其理，工致其功，则工又必兼士之事，吾尝审泰西诸国勃兴之故，数十年来，何其良工之多也。”⑧

为了致富，需要营商，需要精工。但是探究最后，工与商的根本，又实在于学。并且特别在于科学，当时尚没有所谓“科学”这个总称，往往就用学来代表。福成特别指出，虽是西人之学，当然也是天地公有，中国可以拿来学习：“夫西人之商政、兵法、造船、制器，及农、渔、牧、矿诸务，实无不精，而皆导其源于汽学、光学、电学、化学，以得御水、御火、御电之法，斯殆造化之灵机，无久而不泄之理。特假西人之专门名家以阐之，乃天地间公共之道，非西人所得而私也。”⑨

重工商是兴利的途径，兴就必汲汲于言利，斤斤于争利。主国政者若不能以全副精神力谋利国利民，不知道还有什么比此更值得

---

⑥《庸庵海外文编》（家刻本），卷三，页一三。

⑦《出使英法意比四国日记》，卷三，页六四。

⑧《庸庵海外文编》，卷三，页四〇。

⑨《出使英法意比四国日记》，卷二，页二一。

做。福成就这种观点，颇为纠正过去政治习惯的大错误。他以为中国历代的庸吏，拿孔孟经义来掩饰他们个人的无能，积渐而形成不敢言利的苟且风气。其实儒家经义《大学》一章，一半在讨论财用，称为治国常经。偏偏被那些阘茸的官僚有意忽略。当世万国竞胜，无不精心研究振兴商务之道，一国的强弱贫富，全以它的商务来作衡量，商务盛，则财利旺，人民富，国势强；商务衰，则财利竭，人民贫，国势弱。因此福成颇为叹息流涕，积极呼吁中国主政者迅速转变。以经营大利为行政圭臬。用来符合《易经》所说："乾始能以美利利天下。"（《周易·乾文言》）

福成不但倡导言利，而且主张由国家力量发展民间私利，帮助民间开辟财源。因此他提出了"藏富于民"的理想，如他所说："泰西诸国竞筹藏富于民之法，然后自治自强，措之裕如。"⑩ 同时并发抒"为民理财说"，而主张"藏富于商"。这都是了解西方立国实情而表达的见解，自然也是效法西洋。

至于利民的具体办法，福成又提出他的"机器养民说"。他认为西洋各国的强盛，是由富而来，各国的富裕，是由振兴工商而来；工商的发达，是由利用机器而来。因此他主张仿照西洋用机器制造货物，先使中国民人购买本国产品，不致金钱外流，然后再有能力与外洋竞争。他也以比喻指出他利用机器的信念："夫今不能不用机器，轮船、枪炮，犹神农氏之不能不制耒耨，黄帝氏之不能不作舟楫弧矢也。"⑪

显然的事实，讲求私利，以藏富于民，关键在于发展工商。福成根据他对西洋的了解，在振兴工商方面，也有很完密的推理。他说："西洋各国之所以致富强者，以工商诸务之振兴也，工商诸务

⑩ 《出使奏疏》，卷下，页二七。

⑪ 《庸庵文外编》，卷三，页三四。

之无阻，以各项公司之易集也。”[12] 知道公司是发展工商有效的组织。中国在商业组织基础上必须充分实行西方公司制度。至于工商的运用，福成指出四项体系步骤，就是所谓：培物产，工制作，精仿造，广流通。有了这四项健全的准备，才可以和西洋各国争竞胜负。至于何者是工商的根本命脉，追溯到最后，当然就必达到知识学问方面，也就如他所说：“以格致为基，以机器为辅。”[13] 这种知识的获得，须从教育与训练入手，而工艺教育与技术训练，就被他看作是刻不容缓的国家要政。

中国求富的入手，在具体的策划上，福成指出建设铁路的必要，他在光绪四年（一八七八年）向李鸿章提出一项“创开中国铁路议”。要知道刚在两年前上海吴淞铁路因为官绅的反对而被拆除，此时又提议由国家创设铁路，自然显示他识力的出众，和充分的信心。

他把铁路看成致富强的重要关键，认为若不创行铁路，实无法使中国达到富强。他举西方列强，申述求富强是由一点一滴做起，五十年前的西洋大国，也和中国情形一样，只是一年一年的扩修铁路，终于达到民富国强之境。因此建议李鸿章先就人口繁盛地区试办，使民众观听改变而鼓舞于无形，他并很具深信的表示：“夫掷数百万之帑项，以开千古非常之功，此庸人所惊，而圣人所必为也。”[14] 福成的建议，得到李鸿章的鉴赏与信任是十分明显，因为光绪六年李鸿章上朝廷的《议请试办铁路疏》，就是出于福成的草撰。当知福成的倡议，对于中国开创铁路的起始，实有其重大贡献。

总括福成的求富观念与见解，中心题旨完全在于一个利字，要求中国政治家以言利为宗风，以谋利为天职。出发手段完全在于一

---

⑫ 《出使日记续刻》，卷四，页六九。

⑬ 同前书，卷五，页一五。

⑭ 《庸庵文编》，卷二，页二二。

个因字，求富言利的经营，在在无非效法西洋规制为目标。由求富至言利，由言利至重商，由重商至格致机器知识与教育，一步一步，均要因袭西洋。他有两句话，足以代表这种求富思想的总则，就是："政莫先于利用，功莫大于因时。"⑮

关于求富的国政，福成更有一个反传统风气的识见。当然与重商观念有关，那就是政治人材要登进富商殷户。这也是就西洋政情的了解而得，他用来以比附讨论。所谓："中国用人，以富者为嫌；西俗用人，以富者为贤。其道有相反者。"⑯这一论调，足以启发新识，促使社会上改变向来贱商的陋习。

四、余论

薛福成虽然任官至左副都御史，可以说位至卿贰，但实际上向来不曾做过京官。宦途虽然很是显达，但实际上亲于政事却只有十年之久（自光绪十年至二十年）。福成生平事迹，少变化而段落明显。幼少追随父兄，不需奔走衣食，入世甚晚，故得以充实学问，并可以从容修养品谊。这一段几乎二十六、七年的时光，使他打下良好的基础。对福成而言是相当重要，而且也十分幸运。

福成入世，以同治四年（一八六五年）就聘曾国藩幕府为起始。得到一个贤明能干并且识力高远的幕主而追随依附，可以说又

⑮ 《庸庵文编》，卷二，页九。

⑯ 《出使日记续刻》，卷七，页五七。

是他的幸运。在曾国藩幕府八年（至一八七二年），可以历练政事，砥砺学识文章，并且更能冷静观察世界大势，宦场风习，八年阅历，使他获益不少。国藩去世以后，约有二年仍在两江幕府。嗣后就在光绪元年（一八七五年）又加入李鸿章的北洋幕府。鸿章坐镇北洋，稳握朝政，军国大事，无不过问。特以洋务交涉，尤其最密最勤。福成依附左右，更得以历练洋务新政与外交。前后十年（至一八八四年），也使他得益不少，故自入世之后，幕府生涯也使他耗费二十年光阴。

福成于光绪十年任宁绍台道，光绪十五年任出使大臣，十六年放洋出国，至于欧洲。以幕府出身的经验与熏陶，使他任事笃实稳健，治事缜密周详。再加上他个性坚毅，很有耐心从事于对列强的复杂交涉。故就他的使任而言，不但称职，而且实有积极建树，对后世有深远影响。

福成所处的时代，在内来说，政治僵化腐败，缺乏应变的弹性。人心涣漓苟安，不知危机四伏。在外来说，列强侵夺欺凌，有喧宾夺主之势。属邦俱被外人分割，有渐及于本土之势。中国积弱，力不能抗，又必须悉心应付，以避免危亡。福成为时代醒觉的先驱，自不惮冒险犯难，迎头面对现实，做一分事，尽一分责。如他所表示："洋务日繁，亦日见其难。即有大智慧大力量者，身处其间，亦必限于权力，挠于风气，格于形势，岂尽能设施如意。但世变如此，无论主持大局与分办一事，只可尽其职所当为，与力所能为。人才多出一分，即于时事补救一分。"① 这足以反映中国知识分子的良知与责任，对于国家，无论在如何水深火热之中，他们也是必须亲自承担苦难，而不能逃避或袖手不问。

福成生性笃实稳慎，再加上二十年幕府历练，故而对于世势审

---

① 薛福成：《代李鸿章复沈保靖书》，页三二；《三星使书牍》，卷三。

察，缜密深彻。尤其能够敏锐看出关键所在，判断情理根源，往往倡先建言，深持信念，毫无犹豫。除了前节所述思想之外，他的个别申论，仍有不少有价值的创见，或为后人提出可注意的问题。譬如关于民族延续问题，他曾撰写《檀香山土人日耗说》，后日事实证明，当地土人渐趋灭绝，美国政府为他们特辟几个小岛，作为保护地，也像印第安人保留地一样，与现代世界完全隔绝。果然竟符合他的论断。但就民族生长环境立论，他却提出相反的两种说法，一是“赤道下无人才说”，一是“南洋诸岛致富强说”。事实上六七十年后，不但美洲赤道，而亚、非两洲赤道都已纷纷建国，各国官民，都在力争上游。显见他后一说法的有效。前一说法则不免大受考验。此外，他又有“澳大利亚可自强说”，当时澳洲尚在英国旗帜之下，而竟能预断数十年后，当可知道福成观察分析透澈和判断的正确。

就中国国家制度而论，福成曾分析批评到地方上督抚同城，事权不一的损害问题。并更检讨到地方疆吏所以能为国家建功立业的凭借所在。这当然是清代吏治的重大关键问题，直到清朝末年才有真正改革行动，但为时已晚。福成身负外交使任，自然更重视使职制度，他见到英法德俄列强任外相者，多能胜任首相，故而主张使才与将相并重，这也反映出他对近代政治制度兴革的意见。福成并思考事业专职功能分殊的问题，这包括政治与学术各方面，主张学术治术都需要专精。这也反映他的现代眼光，重视职业性分工专职的政治结构，有此制度方能适应新的世局，以免因为无知而贻害国家。他的建议都切实周密，具体可行。当非空言理论、趋尚高远原则者可比。

福成勤于著述，生平又以文章为世所重，故刊印著作不少。就中以《庸盦笔记》流通的版本最多。福成生平著作，可以略为介绍于后。

（1）《庸盦文编》，四卷。这一部书内容最杂，并包罗各类文体。举凡奏疏、议论、叙略、记事、书牍、序跋、传记、墓志、行政、铭赞、杂记等体，无所不包。但有一个中心重点，就是古文家的创作。实际上福成的身世与思想以及当时史迹，其中包含不少。

（2）《庸盦文续编》，二卷。这一部书的宗旨，仍以古文为重点。并足以见出福成的身世与见解以及若干史实。

（3）《庸盦文外编》，四卷。这一部书，就古文体言，又有扩充。就时间言，也颇多旧时文章。实应视为前两种的补充而已。

（4）《庸盦海外文编》，四卷。这一部书与前三种大不相同，其中文章，什九为出任使职期间著作，仅有一二件是出于任官浙东的末期。绝无光绪十四年以前的文件。故时代清楚，代表晚年的贡献。包罗问题集中，足以显示福成的外交因应与晚年见解。

（5）《筹洋刍议》，一卷。这是福成于光绪五年所撰的应付洋务的建策。足以代表这一时代思想文献。这部书在当时后世都广泛的被人重视。

（6）《出使英法意比四国日记》，六卷。福成特选他的部分日记，专重于出使外洋的记事，用来提供总理衙门大臣参考。是近代外交问题的重要数据书，当然也充分透露福成的思想见解。

（7）《浙东筹防录》，四卷。这部书的内容，纯为光绪十年至十一年间，福成在中法战争期间在宁波经营沿海防务的资料。时间集中，问题单一，数据详密。可供研究浙江海防乃至宁波地方史志之用。

（8）《出使奏疏》，二卷。文体为奏疏，内容纯为外交，时间包括在西欧的四年期限。可以充分见出福成的外交活动与识见。

（9）《出使公牍》，十卷。时间及内容均与前书相同，但文体则为禀、咨、札、启、函、电、照会等类。较之前书，则更多外交细节。

（10）《出使日记续刻》，十卷。就时间言，是接续《出使四国日记》，内容亦多为外交活动，直迄返国。

以上十种，是无锡薛氏传经楼所定的一式刻本，所谓《庸盦文集》的定本。是最好的原刻本。后来书坊翻印，如扫叶山房石印本，则只有六种，也用《庸盦全集》的名称。广文书局景印扫叶本，又改名《薛福成全集》，当然也是六种。

（11）《续瀛环志略初编》，八册。这是无锡薛氏传经楼的石印本，内容为世界各地志略。福成生前收集译撰，在他去世后，其第三子薛莹中整理出版。

（12）《滇缅划界图说》，一卷。内容纯为中英画分云南及缅甸间的分界问题，来往文件，颇为详细。

（13）《滇缅分界疏略》，一卷。内容与前书略同。

（14）《庸盦笔记》，十卷。内容纯为杂记故事，颇有稗史小说荒诞不经的意旨趣味。不足以代表福成的学问识见。但此书流传颇广，版本极多，翻印极勤，读者极多，真出乎福成意想之外。

（15）《三星使书牍》，三卷。此书所载，第一卷为郭嵩焘的书信。第二卷为曾纪泽的书信。第三卷为福成的书信。其中有不少文件不见于《庸盦全集》。但知采自《别集》，又见于《庸盦文外编·凡例》，其中说明要另刻《别集》。却不知《别集》是何时所刻，怎样的版本。

（16）《薛福成日记选录》。这是近人把福成在同治年间曾国藩军幕中的日记选录一部分。收于《捻军史料丛刊》第三册。但数量不多。

福成受传统教育熏陶，并且是江南副贡，教养习性，思想言论，俱可代表传统文人典型。生平著述，以《庸盦全集》所包括的十种最重要，但他的日记自同治四年至光绪十五年间多数未经刊行，也应该是最重要的数据。此外有一个奇怪的现象，就是中国传统文士，什九都有诗集刊印。惟独福成例外，他一生未曾留下诗集，他的子婿和门生叙述未刊的遗稿，也从来没有提起过。福成自从加入曾国藩幕府，就以长于议论受知于国藩，见重于同僚。或者生性不喜啸吟，于是就绝无诗词传世了。

参考书目

（一）薛氏本人著作

《庸盦文编》四卷，薛福成著，上海醉六堂印，光绪二十三年，又，光绪十三年刻本。

《庸盦文续编》二卷，薛福成著，光绪十五年刻本。

《庸盦文外编》四卷，薛福成著，光绪十九年刻本。

《庸盦海外文编》四卷，薛福成著，光绪二十三年九月，上海醉六堂石印，又，光绪二十一年（乙未）孟秋刻本。

《筹洋刍议》，薛福成著，光绪二十三年三月，上海醉六堂石印，又，光绪十年刻本。

《出使英法意比四国日记》六卷（又名：《出使日记》），薛福成著，光绪十八年刻。

《出使日记续刻》十卷，薛福成著，光绪二十四年夏刊，传经楼校本。

《浙东筹防录》四卷，薛福成著，光绪十二年刻本。

《出使奏疏》二卷，薛福成著，光绪二十年刻。

《出使公牍》十卷，薛福成著，光绪二十四年刻。

《续瀛环志略初编》八册，薛福成著，无锡，传经楼石印本，光绪二十八年印。

《滇缅画界图说》（共七十页），薛福成著，（收于《皇朝藩属舆地丛书》第五集，第三十五册），上海书局石印，光绪二十九年刊，台北台联国风出版社景印。

《滇缅分界疏略》一卷，薛福成著，收在《小方壶斋舆地丛钞再补编》，第七帙，第六册。

《庸盦笔记》一册，薛福成著，新文化书社铅印，一九三六年。

《三星使书牍》三卷（二册），（内收郭嵩焘函四十一首，曾纪泽函五十三首，薛福成函四十五首），上海，广智书局印，光绪三十四年四月初版。

《庸盦文九则》，薛福成著，收在《满清野史》，第四编，第三十册。

（二）薛福成传记

《薛福成传》，夏寅官著，收入《碑传集补》卷十三。

《薛福成传》，钱基博著，收入《碑传集补》卷十三。

《薛福成传》，《清史稿》列传第二三三。

《薛福成传》，《清史列传》卷五十八。

《薛福成传》，《清代七百名人传》第一册，页六九〇—六九三。

（三）补充书目

《薛福成对洋务的认识》，吴万颂著，《大陆杂志》四十七卷三期，一九七三年刊于台北。

《薛福成》，费成康著，上海，上海人民出版社，一九八三年十二月第一版。

《从洋务到变法的薛福成》，锺叔河著，文载《薛福成：出使英法意比四国日记》书前，长沙，岳麓书社，《走向世界丛书》，一九八五年印。

Eugene J. Corcoran: *Hsueh Fu–ch'eng and China's Self–Strengthening Movement, 1865–1894.*, Ph.D. dissertation, University of Kansas, 1979.

郑观应

孙会文　著

目　录

一、郑观应所处的时代

郑观应诞生和成长的时代，正是中国社会发生剧烈变动的时候。他大约生于道光二十二年（公元一八四二年），那正是《南京条约》签订，中西关系开始发生剧烈变化的开端，中国三千年来从未有过的大变局，从此展开了序幕。

虽然明末清初中西曾经一度发生过文化上的交流，但是《南京条约》才更是西方帝国主义的势力和西方文化潮流涌入中国的重要里程碑。西方势力之侵入中国，是驱使中国人走上变革道路的激素；中国人受了西方势力的激荡，开始吸取西洋文化，展开了自强自救的变革运动，才是近代中国历史发展的重心。同治以降的洋务运动，变法维新运动，国民革命运动就是这一连串变革运动的主要课题。

鸦片战争的失败，已经有少数知识分子觉察到师法西洋“长技”的必要。魏源在《海国图志》中提出的“师夷人之长技以制夷”的主张，就是这个时代知识分子对西方势力压迫的具体反应。但是他的主张并没有引起当时中国知识分子普遍的注意。咸丰十年（一八六〇年）的英法联军之役，是促成中国人展开洋务运动的主要激素。洋务运动是中国人感受西方帝国主义列强的侵凌，而逐渐形成以强国为目的的救国行动。于是二十年前魏源所提的主张，在奕䜣、文祥、曾国藩、李鸿章、左宗棠等人的推动下，实际付诸实施。从同治元年（一八六二年）起，至光绪二十年（一八九四年）

甲午之役止，三十余年间，是以“船坚炮利”为中心的洋务运动的大事推行的时期。这种洋务事业的范围，不外造船、制械、筑军港、设电报局、招商局、织布局、矿务局。概括地说：不出军事、经济两方面，而经济方面又以裕饷为目的，就是兴学堂，派遣留学生，也全是为了军事起见，否则就是为了造就翻译人才。对于政治、教育、思想，及制度上的根本改革，多没有想过，这是因为他们认为中国的制度比外国好的原故。中法之役以前已经有人认识到以船坚炮利为中心的洋务运动是不足以救中国的。到中法之战（光绪十年，一八八四年）和甲午之战（光绪二十年，一八九四年）两役以后，有此认识的人就更多了。他们主张扩大范围，除了主张学习西洋的船坚炮利和科学技艺之外，在政法制度上也应该采择西洋人的长处。光绪二十三年（一八九七年）发生了德人强租胶州湾事件，结果引起了列强强迫要求租借地和势力范围划定的高潮。接着列强又在酝酿着要瓜分中国，亡国之祸，迫于眉睫，于是更加强了知识分子对政法制度改革的热望。光绪二十四年（一八九八年）的变法运动，就是在这种情势下促成的。

世间有不少事件的形成，是先有人倡为理论，而后才付诸实施的。清季洋务运动及变法维新运动，就是先有知识分子于接受西洋文化影响之余，先倡为理论，然后再为当政者所采纳，而付于实施的。曾、左、李一辈人士推行的洋务运动，就是林则徐和魏源理论的扩大与实现，而光绪二十四年康有为和梁启超等人所领导的变法维新运动，也有理论上的先导人物，其具有代表性的有王韬，薛福成、马建忠、郑观应、汤震、陈炽、陈虬、何启、胡礼垣等人。他们有的是倡议早于康有为，有的则是主张较康有为更为彻底。他们都是由船坚炮利的洋务运动，进到变法维新的理论上的先导人物。他们一面承袭了洋务运动的精神，主张进一步在科学技艺上学习西洋，同时更进而鼓吹在政法制度上也应该学习西人的长处。郑观应在这些人物中，就是最具代表性的一位。他一生思想的精髓，全荟萃在《盛世危言》一书中。也就因为《盛世危言》这部书，使他在中国现代化运动史中占了重要的一页。

二、郑观应的生平

郑观应，又名官应，字陶斋，号杞忧生，晚年号待鹤山人，那是因为他晚年笃信道术的原故。广东香山县（今中山县）人。大约生于道光二十二年（一八四二年），死于一九二二年以后，享年八十有余。

郑观应虽是香山人，却常常住在澳门。少年时代，读过经史方面的书籍。十七岁时（约当咸丰八年，一八五八年）以参加科举考试落选，就决定放弃举业的道路，到上海学习经商。在上海就开始学习英语，曾经跟着英华书馆教师英国人傅兰雅（John Fryer）读过英文。先后做过上海宝顺洋行、和生茶栈、扬州宝记盐务的总经理。而且又做过洋商创办的公正长江轮船公司的董事。在他三十二岁那年（约同治十二年，一八七三年），英商创办的太古轮船公司礼聘他为总经理，一直做到光绪八年（一八八二年），前后共九年之久。所以郑观应不仅经过商，而且当过洋买办，是个商人知识分子。总之，郑观应从十七岁开始学习经商，到八十岁辞去轮船招商局的职务，前后六十余年间，虽然间或有从事军、政等事务的时候，而大部分时间以从事商务为主。他在《盛世危言》一书中所提出的商战思想，就是从事商业的经验和对列强经济侵略的认识融合而得的结晶品。

郑观应不但在国内时与外国人接触频繁，而且曾经到国外去过，对西方的认识很深，因而成为当时名噪一时的洋务通，颇受当时洋务派大员的垂青。凭着有些资财，他在同治八年（一八六九年）、同治九年（一八七〇年）、光绪四年（一八七八年），先后三次捐买官衔，由员外郎，而郎中，而候选道。光绪四年到六年间（一八七八—一八八〇年），因为经办直隶（今河北省）、山西、河南、陕西诸省的救灾事务，而得到李鸿章的赏识，在西太后面前保举过。不久，李鸿章并委任他以三品衔候选道专门办理商务，总办上海机器织布局。从此他就成为当时热中洋务大员们争相罗致的红人。总计先后他给李鸿章、张之洞、左宗棠、刘坤一、盛宣怀、彭玉麟、醇亲王奕譞经办过上海电报局，轮船招商局，上海、汉口电线，开平矿务局，汉阳铁厂，粤汉铁路，江西萍乡和安徽宣城煤矿，吉林三姓矿务局，上海医局等。中法战争时，他接受了彭玉麟的委任，去西贡、暹逻（今泰国）作过军事侦察的活动。在香港与厦门办过援台事宜。所以郑观应是洋务运动的实际参与者，对洋务运动兴起以降，发展的工矿、交通、商务等的建设，作过重大的贡献。

除了参与洋务运动许多重要建设工作之外，郑观应一生直接创办或间接参与的事业，尚有设于上海、天津等地的洋装业、保险业、报纸、书局、垦殖、蚝业、造纸、船坞、医院、保婴会、救生会、公学堂、女学堂，以及投资各地金矿和银矿的开采等。总而言之，振兴工商业是他一生努力的重要目标之一，加上立宪法和兴学校，就是郑氏思想中心的三大要件。不过他对立宪法和兴学校的问题，多作理论上的讨论，关于振兴工商业就多实际参与罢了。

他对振兴实业的热忱是感人的，他对振兴实业的工作态度是公正清廉和认真负责的。几十年中，他历任工矿、交通各局厂的总办

（今日之总经理或厂长）、会办（协理或副厂长），从不贪一分非分之财，仰事俯畜，全靠薪水所得。妒忌的人排挤他，营私的人毁谤他，然而真金不怕火，愈炼愈能显出他的光明磊落。他说：大丈夫得志，就鞠躬尽瘁以兼善天下；不得志，就洁身自退以独善其身。清季人物中能像郑观应一样冰清玉洁是不多的。直到清亡，郑观应尚以一名候选道浮沉于实业界中，就是他刚直耿介的性格所致。他的朋友说他不避嫌怨，以直见疑，以忠招忌，不合时宜，所以不能畅行其志。就是郑观应人格最好的写照。

三、郑观应的著作

郑观应因笃信因果论，曾写了《因果集证》和《陶斋志果》两书。这两本书对近代思想的发展并没有什么影响，可略而不论。中年以后，又因身体多病，郑观应对医药卫生知识特别注意，写过几本介绍医药常识的书。又因相信道教，写过一些关于道术方面的作品，这些也没有讨论的必要。这里我们只概略介绍一下最足以代表郑观应一生事功和思想的著作。这一类的著作，约有下列数种：《救时揭要》，《易言》，《盛世危言》，《盛世危言后编》，《海行日记》，《南游日记》。

《盛世危言后编》一书为郑氏选择他历年参与各种洋务建设事业所撰写的条陈、禀呈、信函、论说、序跋等稿件编辑而成。罗列郑观应一生的功业事迹最为详尽。本文所述郑观应的事功，就大多以这部书为根据。他的朋友说《盛世危言》代表郑观应的思想，而《盛世危言后编》就代表郑观应一生的事功。这大致是不错的。《后编》初印于宣统元年（一九〇九年）。这个刊本为八卷。可是我看到的本子却有十五卷。依次是道术、学务、立宪、政治、军务、开垦、工艺、商务、铁路、船务、矿务、电报、铁厂、赈务、杂著。这是一个一九二〇年的刊印本。

《海行日记》是他做轮船招商局会办时，为巡查沿江沿海各城市招商分局局务所写的日记。他先后到过牛庄、广州、汕头、厦门、福州、汉口、重庆等城市，把沿途所见有关商务、水程、出入口货物和漏卮利弊种种情形，随时随地记载下来，成为《海行日记》二卷。并把他考察南洋新加坡、槟榔屿、小吕宋、暹逻、西贡等地的情形，附录于书后，作为商务的参考和借镜。这本日记应该是了解郑观应对轮船招商局的贡献和意见的重要资料，可惜我没有机会看到这本日记。

《南游日记》是郑观应奉彭玉麟的委命，到西贡和南洋各地，侦探法国在越南活动的情形所写的日记。时间在光绪十年(一八八四年）的五六月间。这次南游先后到过西贡、新加坡、曼谷、槟榔屿、马六甲、柔佛等地。郑观应此行所负的主要使命有二：一为赴西贡侦探敌情。一为说服暹逻不要助法国攻打越南。他的日记除了记载这两方面的事情之外，对沿途行程、遭遇也记载颇详。每到一地，对于该地的地形、气候、物产、民族、历史背景、政治组织、风土人情、华人概况等均有所记载。这次南游，广泛的增加了郑氏的见闻，对许多问题又有了新认识。如邮政、鸦片、南洋诸地之苛待华人、设领事以保护侨民、华工、议院制度等问题，在《南游日记》中都曾讨论过。而这些问题，后来都变成了他写《盛世危言》的主题了。我看到的《南游日记》，是郑观应手稿的影印本。此外他还有《罗浮待鹤山人诗草》二卷。可惜也没有机缘读到。

最能代表郑观应思想的著作是《盛世危言》。这部书不是一时写成的，乃是他自十九世纪六十年代至九十年代三十余年间留心时务的结晶。初印于同治元年（一八六二年），称为《救时揭要》。这本书现在已不易看到了。可是就《盛世危言后编》里所收的《救时揭要序》来看，这部书除了讨论因果论和道教理论之外，主要是对当时政治社会利弊提出他的意见和看法，这一方面的作品应该就是《盛世危言》最原始的形态。这部书出版以后，流传到日本，日本人很快就把它翻刻出来，可能曾在日本知识界，发生过相当的影响。同治十年（一八七一年），经过增订而分为上下两册，改名为《易言》。命名的含义，是取《诗经》所说“君子无易由言”和东方朔所说“谈何容易”的意思，自谦地表示他这部书还是逃不了轻于发表言论的毛病。这部书在香港出版。日本人和朝鲜人又把它翻刻流传，在日本和朝鲜曾风行一时。光绪元年（一八七五年），删订为二十篇，仍称《易言》，并把原署的杞忧生改为慕雍山人，表示希望再见雍熙盛况的意思。当时印了数百部，分赠给亲友们。王韬读了这部书以后，称之为救世的药石。郑观应写这部书的目的，是要激励国人奋发自强，而且也给国人指出了一条自强的道路。我所看到的是光绪元年的刊本，分为上下两卷，三十六篇，大约是同治十年刊本的再印本吧。光绪十年（一八八四年）郑观应南游回国后，思想见解变得更成熟了。大约就在这年的冬天，他已经有编撰《盛世危言》的纲要或写本了。《盛世危言》一书的内容，虽然不尽同于《易言》，然而它是《易言》一书的扩大或改写大概是没有疑问的。《盛世危言》初次刊印于光绪十八年（一八九二年）。到甲午战争（光绪二十年，一八九四年）时，再加增订，而成《增订盛世危言正续编》。光绪二十一年（一八九五年）的三月，江苏布政使邓华熙把《盛世危言》进呈给光绪皇帝阅读，在奏书中，邓氏对《盛世危言》极为赞誉，说这本书对于中西的利弊，分析得透辟无遗，是可以照着去施行的。于是光绪皇帝就命令译署印刷《盛世危言》，以分给大臣官员们阅读，因此《盛世危言》就在国内风行起来了。甲午战后，时势变迁，郑观应就把原书再加增订，称为《盛世危言增订新编》。光绪二十六年（一九〇〇年）正式出版。这就是最后的定本了。至于《盛世危言》所表现的思想，留在后面再加以讨论吧。

四、晚清变法思想演化中郑观应的地位和他思想的渊源

如前所述，郑观应不仅是洋务运动的实际参与者，而且还是晚清变法理论的先导者。所以在我们探讨郑观应变法维新思想以前，首先检讨一下他在晚清变法思想演化中所应有的地位，以及他思想的渊源。

近代变法论兴起于十九世纪三十年代。那时鸦片战火虽然尚未爆发，但是康雍盛世已经成为过去，走私鸦片的大量输入，造成了社会经济的枯竭，民生困苦与日俱增。内政腐败达于极点，民变波波迭起，头脑清醒的思想家已经洞察到中国内部所潜伏的严重危机，龚自珍就是个代表人物。他是今文经学家。他以今文经学家的历史观，认为人类社会不断地在变化和发展，因此政法制度也必然随时而改变。他从这个观点出发，于是进一步提出了变法改革的主

张。同时他对中国传统的专制政体也曾予以无情的攻击。他的变法主张启迪了晚清变法论者；晚清改革派变法论者喜以诋排专制而说民权，倡君宪，也是受了龚自珍思想的影响。

道光二十年（一八四〇年）的鸦片战火，揭开了中国近代史的序幕。十九世纪四十年代以降，中国于重重内忧之外，又面临着严重的外患。新遭遇的敌人不仅具有强大的武力，而且是具有高度文明的民族。在这个剧烈动荡的年代里，许多新的问题不断地出现在中国知识分子之前，迫使人们谋求解决之道。另一个今文经学家魏源，就是这个时代思想家的代表人物。像龚自珍一样，他也认为自然现象和社会现象都在不断的变动着的。鸦片战前，他已提出变法的要求；鸦片战后，魏源愤国事日非，再度强调变法改革的主张。

魏源的变法思想，影响过晚清思想界，而其学习西方的主张，给晚清思想界以更大影响。鸦片战后，他看到西方船坚炮利的长技是敌人致胜的原因，就提出了“师夷长技以制夷”的主张。而且对英、法等近代国家工商业的繁荣，也留下了深刻的印象。认为英、法的强盛，不全在兵战，而且也有赖于商战。甚至他对西方近代民主政治也发出了钦羡和赞赏，说美国的民主政治，公举总统，四年一任，改变了古今家天下的局面，是至公的；议事听讼，选贤与能，是至周的。所以他说美国的宪法是可以永行而无弊的。实行民主政治的瑞士，在他的眼中变成了西方世界的桃花源。

变法和学习西方两种思想，是魏源思想的两大支柱。魏源对西方的认识，虽已注意到英国的工商业发展，和美国及瑞士民主政治的优越性，但是他的“师夷”思想主要仍在于效法西方的军事长技。他的变法论是一种自我改革的变法主张。魏源的自我变法和学习西方两种思想是平行发展的。他尚没有把变法和学习西方两种观念结合起来，而产生以学习西方政法制度为目的的变法思想。那要经过六十、七十和八十年代的变法论者的努力才会形成。

但是魏源的思想和论点被后来的洋务派和改革变法论者分别按照各自的需要加以吸取：他向西方学习的具体计划，成为以后洋务运动的指针；另一方面，他的变法论，他的学习西方的思想，他对西方工商业发展的认识，他对美国、瑞士政治制度的赞赏，启迪了六十年代，特别是七、八十年代的变法论者。他们认定西方政法制度的优良性能，于是就结合了变法和学习西方两种概念，而形成了以学习西方政法制度为要件的改革变法思想。郑观应正是七、八十年代怀抱着这种变法主张的主要代表人物之一。

六十年代的冯桂芬是从三、四十年代的龚魏，到七、八十年代改革变法思想家发展过渡中的一座重要的桥梁。他于一八六一年写成的《校邠庐抗议》，是薛福成的《筹洋刍议》，郑观应的《盛世危言》，汤震的《危言》，陈炽的《庸书》，陈虬的《治平通议》，何启和胡礼垣合著的《新政真诠》等一类政论著作中最早的一种。他所处的时代，正是洋务思想弥漫整个中国的时候，可是冯桂芬一面承袭了龚魏内政改革的思想，一面又采择了魏源学习西方的观点，并把两个概念初步加以结合，把晚清的变法思想更向前推展了一大步，给后来的改革变法论者，指出一条路来。虽然他所要师法西方的富强之术，尚不包括政法制度在内，但是他所指的富强之术，比同时代洋务派人物所追求的目标，已具有更广泛的内容。而且他指出中国不如西夷的，并不仅限于船坚炮利和科学技艺，就是在内政方面，中国也有四不如夷。其中之一就是“君民不隔，不如夷”。由此可知冯氏对西方民主制度已有相当的认识。为了使“君民不隔”，他也提出了一些具体的主张。他认为官吏的选举、罢免，应由民众公决。主张恢复古代乡亭制度，提议以普选的地方自治政府以统治地方，主张自县以下地方官员，全由选举产生。并提出保障言论的方法，希望以舆论监督政府，以扫除上下意见不通的弊端。此后的变法思想，提倡民权，主张君主立宪，多以“君民不隔”和“上下情通”作为理由，就是受了冯桂芬主张的影响。郑观应当然就是其中重要的一位。冯桂芬曾说，如果政法制度是不好的，虽然是中国古代固有的，我也要加以排斥；如果政法制度是好的，虽是蛮夷的制度，我也主张采法。中国内政既有四不如夷，他当然主张应该学习，只是以时忌的关系，他不便明白地提倡而已。

七、八十年代主张改革变法的思想家，如王韬、薛福成、郑观应、陈炽、何启和胡礼垣等，感受到内忧外患压迫的日益加深，开始认定洋务运动是绝不足以救中国的。王韬首先对洋务思想进行全面的批评。他认为中国要变法自强，不仅在于制造船炮，更重要的是从内政方面的改革着手。他指出洋务派的所谓变法，是小变而不是大变，是皮相的变而不是真正的变。洋务派所吹嘘的新政，只不过是袭取西方国家的皮毛，决不能使中国真正的强盛起来。郑观应也指出西洋诸国治乱的本源和富强的根本，不全在船坚炮利，而尤在于政法制度。陈炽批评洋务运动，是放弃西方的菁英，而吸取了他们的糟粕；遗弃了西方国家治国的根本，而袭取了他们的皮毛。何启和胡礼垣等人也作了类似的评论。总之，他们认为一个国家的强弱，并不完全决定于军事力量，那还要看一个国家的经济力量和民心的向背。于是他们开始注目于西方的议会制度和君主立宪政体了。七、八十年代主张改革变法的思想家，一方面公然指责洋务派思想方向的错误，一方面则继冯桂芬之后，正式地结合了变法、学习西方，和西方政教也有可观之处的观念和认识，提出了他们自己的变法自强的主张。郑观应就是这些主张改革变法思想家中相当强劲的一位。

郑观应在晚清变法思想演化中所应有的地位，由上文的叙述可以略知梗概了。可是郑观应思想的形成却是受了多方面的影响。简单地说，是由于和中外友人的谈论，阅读中外论著，游历考察列强的殖民地，而且他去过伦敦。在上海经商时，不仅和一些国内的达人杰士交游讨论，而且也常和外国人往还，譬如他曾和美国传教士李佳白（Gilbert Reid）在一起讨论过新学，跟英国传教士傅兰雅（John Fryer）学过英文，和李提摩太（Timothy Richard）也颇有往返。这些都是当时颇有影响力的传教士，郑观应的思想受过他们的影响当是没有疑问的。在南游南洋诸地的航程中，也常常有机会和外国人谈论，如在船上，曾和一位日本人谈论邮政的问题，和一位德国人谈过鸦片问题，和丹麦船长谈论政体和议院的问题，和一位英国军官谈论根本的富强之道，因而对设议院和立学校的问题有了更深刻的认识。这些谈论对郑观应的思想当然也发生过相当的影响。郑观应阅读过哪些中文著作？已不易考究了。龚自珍的《定盦全集》，林则徐着人翻译的《四洲志》，美国人高理文的《美理哥国志略》，梁廷枏的《合省国说》，徐继畬的《瀛环志略》，魏源的《海国图志》，冯桂芬的《校邠庐抗议》，也许都是他读过的书籍吧！除了中文和翻译的书籍，郑观应也能够读英文原著。欧洲名儒的著述，报章杂志的论述，以及各国史论都是他喜爱阅读的。经由阅读、谈论，和实地考察的心得，再经过他深深的思考之后，就形成了郑观应的改革变法思想。

至于和郑观应同时期的维新分子间互为影响的程度，虽然是不易加以测定的，但是彼此间曾交互影响过却是没有疑问的。至于郑观应和国父孙中山先生间的关系，也颇饶意趣。中山先生于光绪二十年（一八九四年）上李鸿章书中的四句名言：人尽其才，地尽其利，物尽其用，货畅其流，和郑观应于光绪十八年（一八九二年）写的《盛世危言》自序中所说的人尽其才，地尽其利，物畅其流，十分近似。据陈少白写的《兴中会革命史要》，说中山先生由粤北上，准备上书李鸿章，经过上海，会见郑观应，并在他家中遇见王韬，上书的文字曾经王韬修正过。中山先生到天津见李鸿章，就是由王韬介绍李鸿章的幕客先为安排。因中日战争发生，李氏未能接见。中山先生闷闷不乐地回到上海，郑观应替他想方法，到江海关领了一张护照，请他出国去设法，中山先生就乘轮船到檀香山去了。所以他们思想曾交互影响过也是显而易见的。

五、晚清变法论范畴的演化与郑观应的道器论

讨论晚清变法论演化的过程，还需要注意到变法范畴演化的过程。什么是可变的呢？什么是不可变的呢？特别是当变法和学习西方两种概念结合而产生以西方政法制度为学习对象以后，什么是可以师法西方而变革的呢？什么是应该维持传统固有而不可改变的呢？这是当时大多数主张改革变法的思想家，于谈变法时首先要讨论和决定的基本问题。再则晚清变法论者，喜以“道器”或“体用”等字眼去范畴不可变和可变的范围。他们说“体”或“道”是不可变的，“用”或“器”是可变的。这种变易和不易的观念，以及道器的观念，在中国都是起源很早的。近代变法思想兴起以后，魏源首先讨论到这个问题。他认定在变易之中，也有不可变者在。他把这种不可变称为“道”，而可变的称为“势”。这就是魏源所倡言的“势易而道同”，“势变道不变”的“道势论”。

魏源的“道势论”后来一方面为六十年代至八十年代的洋务派分子所接受，演变为“中学为体，西学为用”的“体用说”，他们说“体”是不可变的，不可师法西方的，只有“用”才是可变的，可以师法西方的。他们所说的“体”，除了包含中国传统固有的所

谓“纲常名教”之外，还包含一切的政法制度在内，洋务派的人认为在这些方面，中国的都远比西洋的好，所以用不着仿效西洋，中国要仿效西洋的只是西洋的船坚炮利，最多也不过是扩展到仿效西方的科学技艺而已。他们对政法制度的改革是完全看不到的。可是另一方面，冯桂芬却承袭了魏源的“道势论”，而创“本辅说”，他主张要以中国的伦常名教为本原，而辅以西方诸国富强之术。冯桂芬的“本辅论”，是晚清第一个给予不可变的道、体、本，和可变的器、用、辅以一定范畴的。他的不可变，不可师法西洋的道或本，就是伦常名教；可变的，可师法西洋的器或辅，就是西方各国的富强之术。

到七八十年代主张改革变法的思想家，吸取了魏源的“道势论”，冯桂芬的“本辅论”，和盛行一时的“体用说”，再揉合了自古就存在的道器观，创立了“道器说”，付于道器以新的内涵。七、八十年代改革派变法论者，对“道器说”作过贡献的有王韬、薛福成、汤震、郑观应、陈炽、何启、胡礼垣和宋育仁等。其中以郑观应对这个问题的分析，最具有代表性。郑观应相信西洋人立国的根本是体用兼备的。所谓“体”就是设议院和立学校；所谓“用”，就是练兵、制器、铁路、电线等事。中国不学西人强国的根本“体”，而只仿效其“用”，所以难致富强。换句话说，中国欲致富强，要从体用两方面都学习西洋，也就是于船坚炮利，科学技艺和政法制度两方面都应学习西洋之长。不过郑观应并不是全盘西化主义者。因为他于体用说之外，又倡言道器说。郑观应所谓的“道”，不同于体用说中的“体”，体用说中的“体”应包括政法制度在内，也就是包括郑氏所说的设议院和立学校。而道器说中的“道”，则是指儒家（孔、孟）所说的“性命之原”和“天人之故”，也就是王韬所说的孔子之道，和薛福成所说的尧舜禹汤文武周孔之道。在郑观应看来，这种尧舜禹汤文武周孔之道，是万世不变的大经，是绝对不可变易的。所以说“道为本，器为末，器可变，道不可变。”可变的是富强的权术，而不是孔子的常经。孔子之道既然是万世不变的常经，而郑氏又认为西洋政教制度为不可不学，所以就扩大器的范畴，于西洋科学技艺之外，并包容西洋的政教制度。由于“器”的涵意之扩大，由“器可变，道不可变”，又衍生出“法可变，道不可变”来。此处所谓“法”和意义扩大后的“器”的含义，并没有什么不同，除了包含西洋科学技艺的学习，也包含了西洋政法制度的学习。简单说，郑观应已经把中体西用说中不可变的部分——政法制度，放在道器说中“器”的部分中，使它成为可变的部分，而另立一个不可变的范畴——“道”，其目的就在扩大现代化运动的范畴，使由科学技艺而及于政法制度。

总之，郑观应像其他七、八十年代的改革派知识分子一样，揉合了变法和学习西方的观念，先认识到中国不仅应该学习西方的船炮科技，而且还应该采用西方国家的经济制度，然后更进一步而提出了学习西方政治制度的要求，要求变更君主专制制度，以建立议会制度和责任内阁制，要在中国建立英国式的君主立宪政体。

六、郑观应对民族经济发展问题的态度

我们于了解郑观应思想的渊源和他思想在晚清变法论演化过程中的地位以后，现在就要讨论郑观应改革变法思想的本身了。像七、八十年代许多改革变法思想家一样，郑观应的变法主张有承先启后

的作用。他前承龚、魏、冯的变法论，而予九十年代以后的变法论者以启迪与影响。他所提出的改革变法主张是多方面的。譬如谈到吏治，他对原有政治机构的腐败、贪污、冗官太多等，提出了改革的意见。讲到科举和教育问题，他主张废除八股考试，提倡致用科学，多设学校，培养人才。他还提倡设同文馆（语文学校），译西书，办报纸等以广开民智。同时他也提出了一些社会方面的改革政策，如禁烟、恤穷、改造游民和犯人。为了权宜应敌，他提出了巩固边防、海防、练兵练将、练民兵以助官军等，来对付列强的侵略。在外交方面，他注意到国际公法的讲求。而于协议关税及领事裁判权的危害国家权益，已能作非常明确的剖析。主张应仿效日本，于条约更换期间，设法废除这些不平等条约。使外国人在中国居住的，必须由中国管辖；关税之征收，也应该完全自主。他对刑狱的改革，邮电及铁路等国防交通事业的建设等，也都有他独特的见解。本文并不打算对他所提的变法项目，一一加以讨论。这里只想就他所讨论过的两大问题加以说明：一个是民族经济发展的问题，一个是政治上根本的政体的问题——对西方议会制度和君宪政体的认识和态度。本节先说第一问题。第二问题就留在下节里再讨论。

七八十年代改革派变法论者感到最严重的问题之一，是列强对中国所进行的疯狂的经济掠夺。他们认为外国商品的大量倾销和白银的源源外流，是使中国日趋贫弱的主要原因。所以他们在经济方面提出了发展民族工商业以抵制外货的主张。他们要求采用西方国家进步的生产工具，建立近代化的工矿企业和交通运输业。郑观应就是这种主张的提倡者之一。

郑观应相信“民为邦本，本固邦宁”的道理。所以他认为要富国必先富民，他说：“民富国亦富，民强国自强。”他首先提出了商务的重要，痛斥商务是末务的思想。主张进行商战，与帝国主义的经济侵略相抗衡，他坚信“商战为本”，而“兵战为末”。因为兵战为期短，商战为期长。兵战失败，国家灭亡的快，而且是有形的，就像风吹灯灭一样。商战失败，国家灭亡的比较缓慢，而且是无形的，就像油尽灯灭一样。有形的容易防备，无形的就难以预防了。因此他主张要积极练兵将、制船炮，以准备有形的兵战，作为治标的办法；再就要讲求西洋士农工商之学，充分准备无形之战，以巩固国本。这就是商战为本，兵战为末的道理。为了实现他的主张，他认为应从以下几方面着手。

第一，实行保护贸易的关税政策，准允民间自办企业，而且要求朝廷加以保护：他看到西洋税法，对外国进口税征收极重，对本国出口税征收很轻，所以主张中国应增加进口税，减轻出口税。使国货因轻税而能出口，外货因重税而减少进口。这样才能收回我们的利权，富足我国的商民。他对清政府的商务措施感到深恶痛绝，他说现在只有困商的虐政，而没有护商的良法。所谓虐政以厘卡为害最深，厘卡不撤，商务就很难振兴。他主张如今应该裁撤厘金，加征海关关税，撤换海关上的洋人。所谓厘金是清政府在太平天国扰乱时而设的额外苛税，是当时商民最痛恨的事。此外，他反对“官督商办”的办法，他说这种办法名义上是保护商人，实际是剥削商人。他要求准允民间自办企业，自立公司，以承办铁路、轮船、开矿、种植、纺织、制造等工矿企业和交通运输事业。要“全以商贾之道行之，绝不拘以官场体统”才行。而且同时要求政府保护商民以进行商战。

第二，发展机器工业：当时守旧分子反对采用机器，怕机器代替人力，将使百工农夫无以为生。郑观应驳斥这种说法，他说要与外人竞争，必须发展生产，落后的手工业生产是不能和外人抗衡的。他觉得出口的都是原料，而入口的都是机器制造品，这样太吃亏了。所以极力强调采用机器生产以抵制洋货进口。他认为每年洋布进口是中国一大漏卮，应该招商集款，购办机器，自行织造，才能挽回利权。他不但认识到商务以制造为急务，而制造之法以机器为首要，而且更进一步看出了，只知向外国购买机器，而不知自造机器，也是不行的。所以他主张设专厂制造机器。能自造机器，各种货物就自然能自制了。自造之物既便于自用，又可售于外人。这是对于发展生产较透澈的看法。

第三，开采矿产，举办近代交通事业：他认为欧西各国之所以富强，就在于开矿，所以他非常注意矿产开采的问题。他反对守旧分子以有碍风水而阻止开矿的看法，也反对洋务派以“官督商办”来垄断开矿的权利。他主张开矿之事应由商办，官府只宜加以保护而已。工商业的发展与交通有着密切的关系，所以郑观应很重视发展近代交通事业。他举铁路为例，认为除了可助国用，便于用兵以外，而且更便于矿产之开采和运销，商贾的往返贩运，贸易日益旺盛，税饷筹措增加，是有百利而无一害的。他对外国轮船控制中国的航运表示气愤，认为这是喧宾夺主，害不胜言的事。因此他主张自造新式轮船，在沿海增加轮船公司。他看到当时中国沿海各要埠，中国公司的轮船数字日增，就欣喜万分地说，这真是抓住富强的要点了。

第四，发展农业生产：他虽然重视振兴商务，但同时对于农业生产也很注意。他认为富虽出于商，而商也要靠士农工的协助才行。他主张要以农为经，以商为纬，本末兼备，才能富国强兵。因此提出了讲农学，兴水利，化瘠土为良田，使地尽其利的主张。他不单要开垦荒田，兴修水利，而且主张采用西方农耕的机器来耕作，这样可达到深耕的目的，收成就可加倍。他曾作过一首《劝农歌》：“天时与地利，化学深研究。硗瘠变膏腴，肥料美为首。机器制新巧，便捷胜人手。”他主张国家应派人去国外考察树艺、农桑、养蚕、牧畜，机器耕种，化瘠为肥等一切善法，回国后推行。他这种学习西洋技术，用机器于农业来提倡生产的主张，是一种进步的经营方法。

除上述一些主张之外，其他如开办银行、铸银、盐务、赛会、公司、保险、技艺等亦均有所论述。他认为所有这一切都是振兴商务，进行商战的根本。只有办好这些事业，才能富国强兵，与列强抗衡。

七、郑观应对西方议会制度和君主立宪政体的认识和态度

十九世纪七、八十年代间，以西方政法制度为师法目标的改革变法思想，由一般庶政和零星制度的改革要求，演进到师法西洋的经济制度，更而演进到要求从政体上彻底地改变——以西方议会制度，君主立宪政体以代替传统的君主专制政体，是改革变法思想形成的顶点。换句话说，君主立宪思想的出现是这个时代变法思想演化的最后和最高阶段。

早在四十年代，林则徐、梁廷枏、魏源、徐继畬等，在他们介绍西方史地的译述和编撰的书籍中，就已经把西方的议会制度介绍性地输入到中国来了。后来从六十年代至九十年代间许多出使日记或杂记中也常有这类的介绍，另外于此一时期来华的传教士也是介绍和传播的媒介。不过这仅仅是介绍而已。虽然四十年代的梁廷枏、魏源和六十年代的冯桂芬等都曾对西方议会制度发生过赞羡，但是

一直要到七、八十年代的改革派变法思想家，才明确地提出了中国应实行西方议会制度的主张。郑观应就是这个时期代表性的思想家。和他同时而稍早的有王韬、薛福成等，和他同时而稍晚的有陈炽、何启和胡礼垣等，都提出了大体类似的主张，就是以英国的议会制度和君宪政体为师法的典范。下面就看看郑观应在这方面的主张。

郑观应是第一个明确主张在中国建立议会制度的改革派思想家。凡此都表现于他的著作《盛世危言》一书中。如前所述，《盛世危言》并非成于一时，乃是郑氏三十余年留心时务的结晶。在同治十年（一八七一年）的《易言》中，郑观应已经主张在中国建立议会制度了。在郑氏看来，中国在夏、商、周三代时就有“议政”的事存在了。据他的考究，三代时的制度，列国若有政事，君卿大夫会议于殿廷，士民搢绅会议于学校。所以孟子说：左右大夫的话不可尽信，要看看全国人民的意思，才能决定。可惜后世的人忽而不察，说什么“天下有道，庶人不议”。因此政事的举废，法令的更张，皆由在上位的人决定实行，就是士绅耆宿有好的意见，也无从向政府表达。于是在上位的人以事权所属，不管人民的意见；在下位的人，也以权势地位悬殊，隐情不能上告。于是有利于在上位的人，就不利于在下位的人；便利在下位的人，就不便于在上位的人。终于造成“情谊相隔，好恶各殊”的现象。这又怎能使国家施政完全本于大公，和人民舆情完全归于和协呢？可是欧西各国就不是这样的，他们在京城设有上下议政院，上院以宗室勋戚大员充任，下院以绅耆士商而才优望重的人充任。国家有事，先使下议院会议决定，然后送达上院，上院议定，奏请国王，假使两院所议一致，就由君主决定从违取舍，倘两院意见不一致，就下令停止不议，或者复议以后再决定取舍。因此欧西各国的政治，是举国上下都熟悉的，这是为了使上下意愿相通，期望施政能致于至善。所以就“议政”一事来说，郑观应以为西方的议政院和我国三代的法度是相符的。所以他希望中国能上效三代遗风，下仿泰西良法，体察民情，博采众议，使上下没有扞格的忧虞。我国三代是否曾有过类似西方议会议政的事，不能没有疑问，但是郑观应在《易言》中已主张采取西方议会制度，则是不容怀疑的。

郑观应虽然于同治十年（一八七一年）已主张实行西方议政院的制度，可是他对西方议会制度的认识到光绪十年（一八八四年）写《盛世危言》时，思想才达于成熟。此书思想内容，为光绪十年他南游南洋诸地时接受某些外人影响而形成。他在《南游日记》中，曾记载船主丹麦人对他说："欧洲各国有君主、民主、君民共主的分别，均立议政院，上下情通，果欲仿行，必须遵照新章，才有实际效果。"又在《南游日记》中，他记载一位英国军官也向他提出了"设议院，以达上下之情；立学堂，以养文武之才"的建议。郑观应根据他们的建设，扩大《易言》一书的内容，经过相当时期的思考之后，写成了《盛世危言》。

《盛世危言》初印于光绪十八年（一八九二年）。在此书中，他除了主张继续在军事、技艺、财经、科学方面学习西人的长处之外，他更进一步主张在政法制度上学习西人的长处。就后者来说，他特别提出设议院和立学校两点。郑氏所希望的政体是一种君民平权的政治（即君主立宪政体）。他说五大洲，有君主之国，有民主之国，有君民共主之国（君主立宪）。君主国权偏于上，民主国权偏于下，君民共主国权得其平。又说君民共主国，政出议院，公是公非，朝野一心，君民同体，是最好的政体。郑观应主张实行君主立宪是非常明显的。实行君主立宪政治有两个要件：一是立宪法，一是开议院。就立宪法来说，郑观应主张应采中国成法，再参酌西法来制定。就开议院来说，这就是郑观应论政法改革的中心论题。郑观应既以君主立宪为政治理想，所以不以俄国和土耳其的君主专制政治为是，也不以美国和法国的民主共和政治为尚。他在《盛世危言》书中攻击俄、土专制政治的弊端已多到不胜枚举，至于他对美、法的共和政治，他说美国议院民权太重，法国议院不免叫嚣之风，只有英、德两国议院制度，才是适中经久的制度。特别是以英国的议会政治为楷模。他所说的君民共主，就是英国的君主立宪政治。

因为郑观应要求设立议会，自然也提出了民选议员的主张。他说国家盛衰在于是否能得人才，而是否能得贤能的人才，就在于选举了。在郑观应看来，经众人选举出来的才是贤能的人才。他强调享有议员选举权的人，必须具备有财产，善读书和负名望三个条件。

郑观应虽然主张建立议院制度，但是他依然认为：虽然凡事由上下议院议定，仍然应奏请君上裁定。他甚至曾以国民的智慧不够为理由，主张延缓建立议会制度的日期。他说我国学校尚未振兴，日报仅有数处，公举议会之法，在今日尚不可实施。因为议会是集合众议以决定应做之事的地方，而不是聚众而哗嚣起哄的地方，必须人民都具有智慧，然后选出的议员才是贤能的人，议员贤能，然后议论措施才能有真是非，否则也不过是徒然制造混乱而已。所以最初郑观应主张，要开议院，必定要先广开学校。他这种言论，对后来康有为、梁启超等改革派变法论者发生了很大的影响。然而开学校、兴民智，并不是可以一蹴而几的，若议院之设，必待教育普及以后，那么君主立宪政治，真不知何日才能实现了。由于时势的迫蹙，议院的设立实不能等待学校普及以后，所以他进而主张“先设议院，并开学校”，由权变以出奇致胜。总之，在甲午之役（一八九四年）以前，郑观应对西方议会制度，和英国的君宪政体的认识是最明确的，态度是最坚定的。

八、郑观应改革变法思想的影响

如果就晚清改革变法思想整体演化过程的观点来检讨郑观应思想的影响，他是十九世纪七、八十年代改革变法论的中心人物之一，前承龚自珍、魏源、冯桂芬的影响，向后则启迪了九十年代康有为、梁启超等变法论者。虽然我们在康、梁等人的年谱和著作中，找不到郑观应或《盛世危言》影响的直接痕迹，但是我们只要比较郑观应和康、梁等人的变法主张，不论是对庶政改革，经济制度以及君宪政体等问题的态度，就可以看到郑观应思想的影响。而且梁启超所列的《西学书目表》，就明白地把《盛世危言》列进去了，可见梁启超认为《盛世危言》是了解西学的必读书籍。所以我们可以相信它是晚清知识分子治西学的必备参考书。

光绪皇帝曾经读过《盛世危言》，虽然我们不知道这部书对他发生了怎样的影响。接着由译署印刷分送给政府官员阅读，该书的影响范围也就随之而扩大。光绪十八年（一八九二年）初刻本问世，流传日广，在清季思想界的影响就更为广泛了。自科举考试要考时务策论，《盛世危言》因而成为当时应考的举子或想通晓时事洋务的人，必不可少的读物了。这从晚清一本小说《官场维新记》中，可以得到更有力的证明。这本书的写成，应该不会晚于光绪三十年（一九〇四年）。自光绪二十七年（一九〇一年）《辛丑和约》签订以后，慈禧太后为收拾人心，宣示变法，举办新政（假维新）。这本小说就在讽刺许多投机分子，藉维新之名，以达个人升官发财的目的。这般人既想假借维新之名以图个人的私利，自不能不于新法新政的内容，先作一番研究，以作欺世盗名的本钱。这本小说的主人翁袁某，就是这一类的人。他向一位曾经游学日本的朋友请教，这位曾游学日本的留学生，就送给他几本介绍新法新政和外洋人情风土的书籍，而《盛世危言》正是其中的一本。这本小说的作者是谁？不得而知。虽然书中的人物多为作者所杜撰，但是书中故事的时代背景，则完全与史实符合。而且这位佚名的作者，就曾熟读过《盛世危言》。他也认为这本书是维新分子（真的与假的）必读之书。《盛世危言》流传之广，影响之深，由此可见一斑了。

参考书目

《救时揭要》，郑观应著，未得见。

《易言》，郑观应著，二卷，光绪六年（一八八〇年）中华印务局本。此本之微卷藏于哈佛大学燕京图书馆。

《增订盛世危言正续编》，郑观应著，九卷，光绪二十年（一八九四年）刊。台北，学术出版社影印，分装二册，一九六五年十一月出版。

《盛世危言增订新编》，郑观应著，八卷，光绪二十六年（一九〇〇年）刊。台北，学生书局影印，分装二册，一九六五年十一月初版。

《南游日记》，郑观应著，稿本。台北，学生书局影印，一册，一九六七年十月影印初版。

《盛世危言后编》，郑观应著，十五卷，宣统元年（一九〇九年）刊本。台北，大通书局影印，分装三册。

《海行日记》，郑观应著，未得见。

《陶斋志果》，郑观应著，八卷，光绪二十六年（一九〇〇年），上海，著易堂书局印。上下二册。

《因果集证》，郑观应著，四卷，未得见。

《罗浮待鹤山人诗草》，郑观应著，二卷，未得见。

《郑观应生平及其思想》（重印《盛世危言》缘起），胡秋原著，台北，学术出版社影印《增订盛世危言正续编》卷首，页一——一二，一九六五年十一月出版。

《〈盛世危言〉的作者——郑观应》，孙会文著，《中国历史学会史学集刊》第二期，页一三九——八三，一九七〇年四月台北出版。

《晚清前期“变法”论者对西方议会制度的态度和“君主立宪”主张的形成》，孙会文著，《“国立”编译馆馆刊》第三卷第二期，页一四七——八八，一九七四年十二月台北出版。

《郑观应〈易言〉——光绪初年之变法思想》，刘广京著，《清华学报》八卷，第一、二期合刊，台北，一九七〇年八月。

胡礼垣

李金强　著

目　录

一、绪论

十九世纪中国思想界自西力东渐后出现大变。期间甲午战争（公元一八九四——一八九五年）前后涌现一批倡导“变法”的思想家，主张借助欧西政教对传统中国体制进行改革；其时清廷由盛转衰，兼且欧西列强相继入侵，国家主权屡受侵夺，处于危机状态，部分觉醒的朝野官绅，起而倡议学效西法，拯救时弊，追求国家富强，此即清季变法家的“终极关怀”；而报导欧西列国富强的“西学”，逐渐风靡，时倡行变革者，遂产生迎、拒、折衷不同的论调，而思想的大势则为日趋西化；论者谓此乃中国近代思想史的新思潮、新运动之所由起。

就清季变法家及其思想出现的渊源而论，主要来自沿海沿江省份此一滨海地域。随着一系列不平等条约的签订，上述省份相继开辟通商口岸，而西方外交官、商人、传教士随即联翩而至，西方文物由是传入，出现中西文化交接的新现象，从而使当地文化与思想产生新景观。滨海地域主要包括（1）闽粤及珠江三角洲，（2）上海及其腹地，（3）两湖流域，以及（4）平津走廊。而滨海地域，不但中学荟萃，且受西学激荡，终于成为变法家孳生的摇篮。其中处于闽粤沿岸之香港，于一八四一年为英国所占领，营商辟埠，华洋杂处，逐渐成为中西文化辐辏之地，而本文主角胡礼垣（一八四八——一九一六年），就是自幼成长于香港的变法家，并与当地名人何启（一八五九——一九一四年）合作撰文议论中国政治，由是知名。两人均于香港接受新式教育，吸纳西学新知，目睹英国管治香港的成效；何启且至英国留学，学习西医、法律，对于英国自由贸易与民主政治体制之促成国家富强，印象深刻，了解深入；故二人共同提出的变法主张，识见闳博，议论精要，深受时人注目！

自光绪十三年（一八八七年）起，何、胡二人眼见清政府对外不断失败，应变无方，遂于香港陆续发表政论，合著而成《新政真诠》一书，为同时代关心时事的官绅所重视，从而取得变法家的地位。其中何启的言论地位，日后更受史家注目，地位尤为突出，如美国史家 Lloyd E. Eastman 研究甲午战前的改良主义，认为何、胡著述应归功何启，胡氏只是以中文撰写，表达何氏之主张而已；甚而有学者认为《新政真诠》一书，何启先以英文撰写，再由胡礼垣译为中文，胡氏显然并不重要。此外，何启于清季香港，出任政府公职，参与社会公益活动，为当地政治名人，且创设香港西医书院，时孙中山亦入读该院，与何启建立师生关系，并获其支持革命活动，何氏于近代中国声名由是显赫；此亦何氏于二人合著中居于首要地位的社会因素。

然而就二人共同倡议变法思想的地位而言，胡礼垣之贡献不容忽略。以从属地位贬置之，尤欠公允，此一“错觉”，主要为史家对二人于合著中所扮演的著述角色未尝深入研究所致。

其一，何、胡合著《新政真诠》一书，内文合共九篇；据二人之共同知交黎乙真所言，除首二篇《曾论书后》及《新政论议》为二人“商榷而成”外，其余七篇，主要为胡礼垣自撰，其所以冠以何启之名，乃因其在香港具有政治与社会地位，希望借其名声“以动当道之听”！

其二，就首二篇之著述角色而言，除皆为胡氏手笔外，首篇《曾论书后》，乃译自何启英文著述，然新译文章，正如胡氏所言，不少属于“增以己意”，篇幅增加不少，文中援引孔、孟，以传统儒家民本主义及尚贤理论作为主线，借此谋求开启中国政治改革之重门，可见一斑。次篇《新政论议》则为二人谋求变法的“蓝图”，纲举目张，至为重要，该篇成于甲午战争之际，时胡氏身处日本，眼见日本明治维新，实施君主立宪，以此取胜，感触尤深，其变法思想由是酝酿形成，遂产生从事著述的动机，他说：“予方有所欲言，而何君启乃条列新政要略……邮寄与予，予喜其意之与予合也……”因而成文，何启亦谓胡氏撰文“引伸触类，畅我欲言”，由此可见，胡氏的变法思想，自有其独自创发之一面。

其三，何、胡二人同于香港中央书院（The Central School）接受新式教育，然何启于一八七三年十四岁时前赴英国留学，直至大学毕业后，娶英妇雅丽斯（Alice）为妻返港，实为一洋化之华人，不通中学，不擅中文；而胡氏则相反，除知晓西学，能写极好的英文外，具有中国传统学问的根基，经史娴熟。众所周知，清季变法家必须兼通中西，而后始能表述其变法思想于当时中国智识界，故无胡礼垣执笔奋书，援引经史，借古喻今，畅论变法主张，何启难以知闻于时，并于身后取得中国近代思想史上之一席地位。

其四，胡氏晚年退休，潜心中、西哲理，尤好佛学，期求世界人类和平，独自提出大同思想的主张，有关著述甚多；临终前并将《新政真诠》及其生平著述汇编而成八册之《全集》；其一生的思想俱见于此，而以政治与道德两大范畴的言论，最受推崇，自成一家。

由此观之，中国近代思想史上何、胡合论，以至突出何启的思想地位，无异使吾人忽略以至埋没胡礼垣著述与思想的独创地位及其贡献，本文即就此申论胡礼垣生平著述与思想，借此尝试给予胡氏于中国近代思想史上应有的地位！

二、生平志业

胡礼垣字荣懋，号翼南，又号逍遥游客，由于出身商人阶层，倡论变法，故被视为“爱国买办改良主义者”。于道光二十八年（一八四八年）出生于广东三水县，其父献祥，号敏之，为一与太平天国起事分子有关的商人，故于十九世纪五十年代携同家人，避乱流寓香港，从此定居当地。香港自道光二十一年（一八四一年）开埠以来，在英人擘划之下，逐渐由一荒凉的渔村转变成为繁盛的通商港埠，英国文物政教，逐渐移植当地，其时中国政局动荡，战乱频仍，香港遂成为国内民众相继南下栖身避乱的理想居停地区，国内人力资源不断涌入，终于促使香港经济之勃兴，奠基其成为优越国际港市的地位，胡氏即在此一背景下，随父南移，定居香港。

胡氏早年接受传统儒家教育，十岁起攻读四书五经，擅长于文字，继而参加地方县级童子试，“辄冠其曹”，可惜其后屡试不利，遂决心放弃科举，不循仕途出身，曾追随时就读香港圣保罗书院之伍廷芳学习英文，胡氏中西语文已具良好基础；同治元年（一八六二年），十四岁时，在其父安排下，进入刚成立的香港中央书院（时称大书院）就读，该校为伦敦传道会（London Mission Society）著名传教士及汉学家理雅各布（James Legge, 一八一五——八九七年）所创发，建议香港政府发展官立世俗化教育，加强英语培训，借此培养英才，以应香港发展商业和所需官员，该校于一八六二年正式成立，于一八九四年易名为皇仁书院（Queen's College），二十世纪中、港两地政治名人如孙中山、陈锦涛、王宠惠等均曾就读该校；其教学课程除注意中、英语文教育，需修习传统经史外，并且学习西方格致、几何、代数及史地之学，故胡氏得于传统经史及西学两方面继续“深造”，加以生活在英人管治下具有近代市政设施的香港，耳濡目染，对于西方富强之道，日渐了解；就此而论，香港近代建设的成就，同样成为清季国内著名变法家康有为（一八五八——一九二七年）、梁启超（一八七三——一九二九年）变法思想产生之触媒。

同治九年（一八七〇年）胡氏二十二岁，正式毕业，以成绩优等，获得留校担任教师（pupil teacher），任教中文三年，年薪为十八镑十五先令，在此期间，并于胡父经营之航运公司兼职，并曾多次投考香港政府公务员职位，可惜未能成功，稍后并一度在清季变法家先驱王韬（一八二九——一八九七年）所创办之《循环日报》，担任翻译，由是成为知交，估计王韬对其变法思想之形成，应有一定的影响。由此可见胡氏早年经历，出身商人家庭，幼年接受传统儒家教育，于移居香港后，习染西方文化，继而接受新式教育，获悉西学新知，其后投身社会，从事教育、商业及新闻翻译等工作。具备近代专业知识，此乃胡礼垣成为变法家的先决条件。

进至八〇至九〇年代，为胡氏的壮年时期（一八八〇——一九〇一年，三十二至五十四岁），阅历日广，著述渐行于世。一八八〇年前后，清廷驻美使节陈兰彬及郑藻如均曾慕名邀约胡氏随行出国襄赞，然均为胡氏所婉拒；一八八一年于郑观应（一八四二——一九二二年）所主持的上海电报分局任职翻译，并译《万国电报通例》一书，又与该局唐心存合著《量电浅说》，至一八八五年参加创办《粤报》，该报三年后因经营不善而结束，并翻译《英例全书》，该书对于“西法精义，多所发明”，可惜未受官方注意，然而梁启超却将此书列名于其所编之《西学书目表》，只是误植为何启所译。稍后胡氏开始其人生的另一页，此即南下婆罗洲参加开发及营商。

原来十九世纪初叶，英国乘北婆罗洲内乱之际，潜入发展势力，区内之浡泥、沙劳越及苏禄等地，相继为英人所控制；时香港某英商计划南下婆罗洲发展，邀约胡氏共同前往，进行开发工作，买地建市，此后“数年之间，商贾辐辏，遂成巨埠”，而以胡氏的贡献最多，因而引起苏禄国苏丹的注意，该国为一小国，以出产绿松宝石著称，据罗香林对于此位苏丹的考证，认为其先世原籍福建，姓陈，具有华裔血统，于得悉胡氏干才后，遂遣使邀约会面，至其国，备受礼遇，胡氏提供建设大计，言听计从，据说陈姓苏丹由于年老，且曾有意退位让贤，胡氏闻而大惊，借故离去，重返香港。胡氏南下婆罗洲，拓殖营商，此一“壮年挟策游海邦，让国早已动苏禄”的历史记录，隐然可见其具有治国的干才。回港后于一八八九年，与友人合伙投资，结果失败，至一八九六年且卷入破产官司，幸得好友何启协助诉讼，事件始得平息。

一八九〇年代甲午战争前夕，胡氏受雇于其家族所经营之煤店，由于业务上之关系，于光绪十九年（一八九三年）前赴日本大阪、神户两地工作，先后停留两载，适逢中日两国由于朝鲜问题发生冲突，爆发战争，驻日使臣汪凤藻（一八五一——一九一八年），受命离日返国，参赞以下各官员均随之归国，时留日侨商共推胡氏暂代神户领事职务，直至甲午战事结束后，清廷复遣派使节至日，胡氏始行卸任返港；旅日期间，目睹日本全国君民上下一心，一致对外，战败中国，感触尤深，从而刺激其变法思想的形成，回港后一度出任文学会译员，历时三年，以年事渐高，至五十一岁时辞职退休，归隐泉林，仍然著述不辍，用心考察各国政治得失，常至何启律师楼，与其研究法律，并开始注意中西哲理的探索。

综观八〇至九〇年代的胡礼垣，适值列强扩大对华侵略，由蚕食中国沿边藩属越南、朝鲜等以至于本土境内建立“势力范围”，清廷无力肆应，国势一落千丈，亡国迫近眉睫，智识分子大受刺激，纷纷起而救亡，促使近代中国改革与革命思想与运动的兴起。胡氏亦不例外，关心国事，倡言“新政”；凭借其中西学养，以及开荒拓殖、营商游历、观察世局所累积的经验与心得，对于当前中国的时弊一目了然，其时，何启亦关心中国政情，二人遂结缘于文字，综览时势，提出中国进行改革应该注意的方向及可行之途径，其言听足以使国内官绅为之动容，而胡氏亦凭借此一阶段的“立言”，取得身后之“不朽”名声！

自一九〇一至一九一六年胡氏去世的晚年时期（五十四岁至六十九岁），胡氏绚烂人生渐归平淡，晚年退休生活，主要从事中西哲理的探索，专心研求佛学，偶尔参与社会活动，而以著述终老。

就社会活动而言，于一九〇九年支持港督卢押（Sir Frederick Lugurd）的建议，并由何启推动，进行创设香港大学的捐献活动，终于促成一九一二年香港大学的诞生。一九一〇年支持香港名人关心焉、陈宝东、陈子裘三人所发起之“剪发不易服会”的创设，为一重振汉族的政治与社会活动；及至武昌起义成功，建立中华民国，胡氏上书孙中山，表示拥护共和，并提出消兵弭战，广营工商以及促进大同的建议，并获孙氏嘉许。

就其著述而言，出现明显的分水岭，由前此倡言“新政”之改革政论，转而以诗文形式撰写道德哲理文字，并且揭橥大同思想，期待世界和平；故论者谓其著述内容，由中年“以政治为主”转向晚年“以道德为主”，而以鼓吹“大同至治”为其依归；一九一四年，何启去世，胡氏撰写《灵魂不死》一文，悼念亡友，此道德文字的具体例子。一九一五年，胡氏开始整理其生平著述，重新编辑，准备付印，身体突然不适，而疾病发作，翌年十月二日，得噩梦，自知已离死期不远，临终前托付友人田浦源出版全集事宜，至十月十四日，终于不治逝世，享年六十九岁，葬于香港加路连山；而其生平著述——《胡翼南先生全集》亦于去世后四年，终于出版行世，而胡礼垣的著述与思想亦由是得以流传，而为世人所知悉。

三、著作导读

《胡翼南先生全集》，全书共六十卷，合计二十七万余字。集内包括《新政真诠》二十二卷，《梨园娱老集》十二卷，《诗集辑览》十一卷，《文集汇钞》九卷，《宗教略义》二卷，《金刚驭世》二卷，及《书札》二卷。就胡氏一生的著述而言，尚有早年未完成的《天人一贯》，以及已翻译出版的《英例全书》，均未收入全集，恐已散失；此外，并曾翻译《万国电报通例》与合撰《量电浅说》两书，乃与电报应用相关知识之书籍，又据黎乙真所言，尚译有英文万国公法律及律例等二百余万字，皆未刊印；然胡氏一生的言论与思想，大抵可由《全集》获得了解，该集最后由其子胡垣升于一九二〇年刊行，并由吴道镕（一八五二——九三六年）题字，此即香港"胡氏书斋版"；及至一九八三年胡礼垣之孙百全、百熙兄弟，二人均为香港名贾闻人，以其先祖的学说，深值发扬，从香港大学图书馆借出原版全集，重新印行，以广流通，书分八册，增添胡百熙、黄丽松、薛寿生及李福兆四序，为现时可见之最新版本。

上列胡氏著述，以《新政真诠》倡论变法，最受时人注目；而《梨园娱老集》则为其晚年个人述志之作，鼓吹大同思想，以诗、文形式表达，胡氏最望流传；然而《新政真诠》为胡礼垣与何启二人鼓动中国变法的言论，且曾单独成书出版，为二人于清季得享盛名的著述，故以下对该书出版经过、影响及内容，分别作出说明。

《新政真诠》一书的著述，起自何启发表“China: The Sleep and the Awakening, a Reply to Marquis Tseng”一文，该文刊于香港报纸 *China Mail*，主要批评曾纪泽对于当前中国改革之乐观观察，从而提出应以内政改革为首务。继由胡礼垣将何文扩充、译为《书曾袭侯“先睡后醒论后”》（后改题为《曾论书后》）；甲午战争期间，感于时局，二人再次合作发表《中国宜改革新政论议》（后改题为《新政论议》），并于一八九五年将二文合刊印成《新政论议》（香港文裕堂校刊本，一八九五年）一小书，初版随即售罄，开始知名国内，此书尚有一八九六年上海鸿文书局石印本，加附《洋务新书》及许渠钊《中国振兴时务论》；此后胡氏相继撰写《新政始基》（一八九八年）、《书保国会第一集演说后》（后改题为《康说书后》）（一八九八年）、《新政安行》（一八九八年）、《劝学篇书后》（一八九九年）、《新政变通》（一八九九年），分别登诸日报，至一九〇一年，胡氏计划结集出版，继而撰写《前总序》（一八九九年）及《后总序》（一九〇〇年）两篇长序，合计前后发表文章九篇，于香港初次校印成书出版，并由与孙中山“平生风谊兼师友”的伦敦传道会长老区凤墀（一八四七——一九一四年）为该书题名，是为《新政真诠》。其后英敛之分别于一九〇一及一九〇二年在上海两次校印该书，其一为上海格致新报馆版，另一则为上海广益书局版，分别由“著易堂”及“吴云记”两厂印刷，该书此后一纸风行，并出现盗印本如《新政六编》等书。至一九九四年，中国大陆出版由张岱年主编的《中国启蒙思想文库》，该文库重刊清季启蒙先驱者著述，而《新政真诠》一书，即由郑大华据一九〇二年上海广益书局版重新校点，收入该文库出版，由此可见该书在中国近代思想史上的地位。

事实上《新政真诠》成书前各文，除由原作者邮寄清政府“当道诸公”谋求“言动公卿”外；在国内智识界，已经广为流通，为时贤所知悉，清季变法家及各种“经世文编”的主编，均表重视，如胡礼垣所译之《英例全书》以及《新政论议》均被梁启超列置于其所编之《西学书目表》（一八九六年），不过误置译作者为何启而已。至于《曾论书后》、《新政论议》则共同收入麦仲华所编《皇朝经世文新编》（瑶林书馆，光绪二十九年）；《曾论书后》又收入陈良倚编《皇朝经世文三编》（宝文书局，光绪二十四年）；《新政始基序》则见于宜今室编《皇朝经济文新编》；《康说书后》及《劝学篇书后》则收入于骕庄编《皇朝蓄艾文编》（上海官书局刊，光绪二十九年），于此可见该书各文受到国内智识分子的重视。此外，该书亦引起日本方面的注意，该国《东邦协会报》译印该书各文，并附加评论，评论员包括大限重信等人，由是知名于海内外，难怪英敛之盛誉该书“足与日月争光，堪为中华生色”。故该书各篇文章的撰写背景与内容，殊有必要稍作说明，借此了解胡氏变法言论与思想形成的历程。

（一）《曾论书后》——光绪十三年（一八八七年）曾国藩长子、驻英、俄、法三国领使曾纪泽，于任满回国前夕，在其参赞马格里爵士（Sir Samuel Halliday Macartney）协助下写成“China, the Sleep and the Awakening”一文，并于*Asiatic Quarterly Review*发表，该文引起国内外关心中国事务者之注意，先后翻译为中文（题为《中国先睡后醒论》）、德文、法文；其内容主要为中国现已购战舰，筑炮台，兴建新式海陆军，整顿海防，刷新外交，保藩邻，防外侮，并进行设机器局，开矿务，建铁路一系列之洋务改革，足证中国“昔睡而今醒”！其中前英国驻华公使阿礼国（Sir Rutherford Alcock）曾于前刊撰文回应，该文认为中国政治及财政改革尤较建立新式海陆军为重要，何启亦随即以Sinensis（华士）笔名发表用英文撰写的长文，评论曾氏一文，已于前述，继而由胡礼垣“取其文而细绎之，阐发之，间亦添以己意”，译写而成本文，发表于香港《华字日报》(一八八七年五月十一日)。全文指出近数十年来中国所以为列强欺凌，“甘作孱王，而为软国者”，原因在于“内政不修，风俗之颓靡也”，认为曾侯所列，整顿海防、兴建新式海陆军等洋务建设，皆属枝节，本末倒置；根本之图在于刷新“内政”，中国既为君主之国，为君者应知保民、利民、取得民心，国力自然厚积，此即“以公平为政，先得民心”，故此当前吏治败坏、司法不分，均属损害民心的弊政，务要更革，须能“任贤能、黜浮伪、核名实、洽君臣”，然后内部和谐，上下一心，国家始能富强，而外侮自然消歇！故提出应以“民政为本、军政为末”的改革主张。

(二)《新政论议》——光绪二十年（一八九四年）中日甲午战争，胡氏因营商关系，先后停留于大阪、神户两地；眼见清廷于战争中，海、陆战事俱败，证实《曾论书后》论点正确，此即清廷推行洋务，着眼军事改革，为舍本逐末之举，而最终难免失败，根本之图，在于政治改革；时胡氏在日本，收到何启自港寄来英文书信，条列“新政要略”，申明中国所须改革的项目，正合其意，故又进而“增以己意”，于一八九五年完成本文，“全文登诸日报，……并点石重刊”，该文内容首先提出改革应“复古帝王执中精一之心传，而行古帝王因时制宜之运量”，以“托古改制”作为先导，而以学习西方（英国为主）的政治、经济体制作为改革的具体方案。改革方案分为两部分，其一为“复古之事”七项，作为“新政之体”，包括起用改革官僚、厚官俸、废捐纳、兴学校、改革科举、推行代议政制，目的在于实施君主立宪的政体；其二为“因时之事”九项，作为“新政之用”，包括兴办铁路、轮船，发展私营工商业，设立警察制度，改革中央行政机关和首设商部，培训新式海陆军，整顿财政，改善市政，以及办报，主要为发展资本主义经济体系。由此可见，《新政论议》一文所陈述的改革，针对时弊，纲张目举、体用兼备，对于西方制度值得仿效者，作了全面性的介绍和具体说明，因而受到国内变法运动者的重视。

（三）《新政始基》——自甲午战争后至光绪二十四年（一八九八年），中国国势每况愈下，时德租胶州湾，列强始行在华划分势力，分割中国，期间胡氏曾一度回国游历，目睹时艰，回港后与何启会晤，相互感慨“叹时事之日非，伤神州之板荡”，深感外力侵迫，洋债高筑，民生凋敝，财用不足。故何启认为当前急务，在于解决财用之困，而理财之法，则为新政改革的“始基”；胡礼垣则进而指出理财与用人关系密切，故“广何君之意，而作是篇”。全文以“理财之法为先，理财之法又以广用贤才为本”作为主旨；故文首讨论新政人才的起用，宜给予重位厚禄，始能收效，其中关系国家命脉的财政改革，更需任用才德兼备的精英。继而探讨理财之法，首在“广开利源”，此即发展工商业、交通等现代经济部门，并指出现行的“官督商办”乃阻碍经济发展的体制，并以筹建铁路作为说明，由于“官督商办”，官员借洋债修筑，借此中饱，百弊丛生，使得利民富国的铁路竟成为丧失利权之企业，令人痛惜；故发展经济，宜改“官督”为“商办”，起用商民，组织公司，合股投资，使私营企业得以发展，谋求由民富以至于国富，如此方能“裕国之源，振民之利”。继而讨论财税改革，着重清查、调整现有各项税款，防止官吏中饱，以及建设新式财政部门，负责中央及地方财政预算编制及收支；最后指出财政改革成败关键有赖于贤才能否任用，作为全文的总结。

（四）《康说书后》——甲午战后，朝野于战败重创之余，深感变法之迫切。时康有为以在野士绅，上书光绪，屡求变法，最受时人注目，终于引发戊戌变政。一八九八年，康氏亲至北京，组织“保国会”，鼓吹变法，并发表《京师保国会第一集演说》一文，胡礼垣读后，对于康氏变法态度与主张颇不以为然，认为康氏一文论点“未能握要，非徒无益，而又有害”，并在何启怂恿下，撰写本文。该文首先论述清廷中兴名臣曾国藩、左宗棠、彭玉麟、李鸿章等进行洋务改革，最终失败，其因乃官绅士大夫持骄傲满盈之气，不能谦虚戒慎，至对外情了解不足，自难掌握西法，振兴中国。康有为的演说，亦有此一毛病，进而批评康说，要点有三：

其一，康氏比较中西政教异同，提出泰西富强，其立国之法，与儒家经义的“古法”相合，故中学应为变法所本；胡氏则持反调，指出八股、经义适足阻碍变法，此乃古今情势不同，且华人古法拙，而西人新法善，必须“力习西学”，而应以英国的富强作为学习对象，从而否定“中学为体，西学为用”之说。

其二，康氏提出外力入侵，吾国将如印度、缅甸、安南、波兰等沦为次等国民而受凌辱；并以香港为例，说明香港华人具有成就者皆以任职买办为荣，然买办需要仰视英国大班的颜色，且英人管治下，只有两名华人出任议员（时何启为其中一人），可见英人对华民的歧视。胡氏则谓英人于香港开埠后，逐渐移植英国优良制度，如设学校，分科授业，使香港华人学有专精，又建立“三权分立”的政治制度，华人且获委任行政、司法、立法机关的公职；故香港华人未受歧视，而英国在香港推行之“新政”，日见成效，显然值得学习，此点无疑暗示，香港为中国改革学习西方文化的窗口。

其三，批评康氏所提出变法救时需由具有义愤及热血的士大夫推动之论点。认为“非必尽出于士大夫”阶层，至于推动改革的社会基础，以日本明治维新为例，乃由其初“士农工商”改为“商农工士”，而后风气始开，商人尤为重要，此中国所需学习者。并主张仿效英国行君主立宪，使国家“权操诸民”，而后始有“尧舜之世”的出现。

最后，胡氏认为康有为对西法了解不足，并于文末“当仁不让”

地指出救中国之良方，宜读其所著的《新政论议》及《新政始基》两文。

（五）《新政安行》——光绪二十四年（一八九八年）胡氏写成《康说书后》不及两月，康有为在光绪支持下，推行变法维新，可惜由于慈禧后党的反对，前后仅得百日，而逆转成为政变，史称“百日维新”。身处香港的胡礼垣及何启，两人均忧心时局，胡氏认为政变原因在于新、旧两派植党营私，进行权力斗争所致；时旧党于政变后把持政局，变法中止；唯胡、何二人坚信变法“为救中国之药”，随即由胡氏撰写本文，继续鼓吹维新，并提供推动“新政”可行的途径，其要点均取之于《新政论议》及《新政始基》两文；鉴于康梁维新，结果与旧派冲突，形成政变，认为施行新政，不要一意孤行，操之过急，务须“理必推以至平，情必求以至近，道必行乎至顺，量必报乎至公”，此“平理、近情、顺道、公量”四大原则作为变政的“心理建设”；而最终则归依“欲以民之心为心”的“民本”或“民主”的主张。胡氏并以日本明治维新初期，明治天皇及皇室关怀民瘼的史实，说明维新成功在于“亲民”；其次覆述《新政论议》中“复古”“因时”的十六项改革要目，并重申《新政始基》关于理财之法，此即设立财政专司，以及重估和调整全国财税体系，增加收入，继而指出实施新政尚需注意下列各项：

其一，俄、日两国改革之始，均“设局办事”，此即成立新行政部门，推动“新政”，新部门包括内政、外务、刑务、户务、教务、农商及邮政等部门；日俄两国并派遣人才出国留学，学习西学，回国后，加以重用，授以实任，参与推动新政，堪值师法。

其二，裁撤老兵、冗官，指出君主任用官员，应依其才而给职，并以其表现而升迁。

其三，推行新政有赖人才，而学校为人才之所自出；今学校科举以经义、八股为主，不重泰西实学，包括外交、财政、军事、格致等专业知识，故此建议学校宜采分科，进行专业训练，如设神科、医科、律科等，借此培训专业人才，参与新政。

其四，基督教为西方文化、政治、教育之所本，且基督教教会努力从事社会慈善及教育事业的兴办，实为地方之福，而基督教教义“无一不与儒者之道相为表里”，故宜接纳西教，不宜“闹教”。胡氏明确指出学习西法亦必须同时接受西教，显然在胡氏心目中，西学亦自有其体用及本末。

（六）《劝学篇书后》——湖广总督张之洞（一八三七——一九〇九年）自中法越南战争后，推广洋务建设，主持湖北“新政”，开办铁厂、织局，修筑铁路，兴建学堂，派遣游学，筹建新军，声望最为卓著，于一八九八年，正当戊戌变法如火如荼进行之际，于是年五月发表《劝学篇》一书，大受清廷赏识，谕旨通令刊印，分发全国士子学习，估计印数多达二百万册，并先后译为英、法文出版，该书由是遍传海内外；全书共分内外两篇；内篇计九节，包括《同心》、《教忠》、《明纲》、《知类》、《宗经》、《循序》、《守约》、《去毒》，所言皆“求仁之事”，旨在“务本以正人心”；外篇共十五节，包括《益智》、《游学》、《设学》、《学制》、《广译》、《阅报》、《变法》、《变科举》、《农工商业》、《兵学》、《矿学》、《铁路》、《会通》、《非弭兵》、《非攻教》，皆“求智求勇之事”，目的在“务通以开风气”。合计二十四节，四万余字，乃张氏因应世变，谋求于戊戌运动期间所出现的中西新旧思想对立冲突中，找寻一折衷路向，为中国改革提供新出路。就内外篇的内容观之，内篇以儒家纲常为本，肯定君主体制，排斥西方民权思想；外篇以借游学、兴学、译书、办报，推广与吸纳西学、西艺，促使国家富强，从而提出“中学为体，西学为用”的变革理论，影响深远；然而胡氏对于张之洞的理论认为“其论则非，不特无益于时，然且大累于世”，认为书内所论，阻碍新政推行，遂按索其全书内容及要点，逐篇批驳，“节节辩之”，其中《正权篇》针对张之洞反对“兴民权”、“设议院”，批驳尤多，置于本文之末，是为《劝学篇书后》成文的始末。

全文批评《劝学篇》，重点有二，其一，批判内篇所强调崇儒、忠君、卫道，肯定儒家纲常以忠孝维系政权的主张，从而否定西方“民权论”，认为“民权之说，无一益而有百害”；胡氏遂于篇中缕述西方自由民主思想的本源、本质，以及设议院、行代议政制的优点，故复民权、设议院，必然能导致君民一体而同心，致国家于富强的地步，实为立国之本。

其二，张氏于外篇强调采纳学习西方学术教育、经济、科技的建议，认为此乃无视当前政治体制的百病丛生。胡氏直截了当提出必须开放政权，对原有政治、行政、财政及经济制度进行全面更张，此即设议院、行选举、习西学、去官督、设议员、核进支、行厚给等一系列革新政纲，上述所开列各项要目，才是改革之命脉所在。胡氏显然谋求将西方（以英国为主）的政治、经济制度全面性移植于中国。

（七）《新政变通》——前述六篇建议改革的“新政”言论，至光绪二十七年（一九〇一年）胡氏决定结集成书出版，是为《新政真诠》。于一八九九年冬出版前夕，胡氏为求国人“以明新政之终于必行，而勿虑其不行”，遂撰写本文，反复讨论“新政”具体实施的方案。全文以定义“新政”作为起始，说明新政乃“拨乱返治之计，起衰振弊之谋，扶中拒外之方，济世安民之法”，然而当前国内关于解救中国危困的五种“维新”成说，皆不足取法。至于五种成说内容，列述如次：

其一，列强入侵练兵自强说。处于列国争衡之世，中国积弱而受列强之侵略，又无力战胜，其应变之道在于“练吾甲兵，添吾拱卫”；而对列强割地租借的要求，透过谈判途径“其可者与之，其不可者拒之”，等待时机再行收回。

其二，发展农工务本说。西方国家的富强，由于发展商业，如葡萄牙、西班牙、英国、美国等，相继从事兴商而致富强，英国尤为个中翘楚，致力国际贸易，其后法、德、俄、意、日各国追随学习；然而中国地大物博，资源丰富，只须维持旧有体制，注意农业及工业生产，修文偃武，国祚自能延长，故无须发展商业。

其三，"汰除老物"，起用新人说。在列强环伺下，中国难以维新，然更重要者为位居要津皆老耄无能，庸臣当道，导致君民隔阂，内政不修，故必须"汰除老物"，引用具有格致、外语等专业智识的新人任事，进行改革，庶几大业可成。

其四，反满革命说。认为中国受敌国的欺凌，主要由于清政府管治不良所导致，如刑罚惨酷；出口关税重于入口，故做成商困；用人不公，以致"非贿不行，非亲不与"；由是大失民心，因此为求救民于水深火热之中，倡行革命，取代清室，此为革命救国论。

其五，开启民智说。中国之弱由于人民皆多"不识字"，补救办法在于发展教育与文化，兴办学校，翻译西书，借此以开民智。

胡氏随即于文中，逐点批驳，认为上述五种"维新"方案，皆属于枝节之论，而大多不可实行，进而重申其前述各篇关于施行"新政"的精神与要点，提出兴民权、立议院、习西学、发展工商业、"联群去党"团结国民力量等，仍为改革之重要项目。最后胡氏创议利用"批赁之法"，认为在当前外人侵夺主权危局下，此乃施行新政的最佳方法，为全文症结之所在，胡氏亦明确表示，此为撰写《新政变通》一文的最终目的。所谓"批赁之法"乃政府将十八省赁出，交由各省之民，自行承批，实施地方分治，每年向中央缴纳较现时多一、两倍的贡税，先由地方推行新政富强起来，而后推广至全国，促成新政的实现。

胡氏于清季外力入侵下，先后完成上述七篇倡议中国"行新政"、进行改革及申论改革之道的时论后，遂计划结集出书，故随即分别撰写《前总序》及《后总序》两序文，说明其著书原委及其所主张新政的扼要内容，并于冗长的《后总序》中，提出省自治及期盼由地方督抚推行新政，借此挽救庚子拳变后中国濒临亡国边缘的危局，爱国之情，溢于言表。一九〇一年，清廷经历八国联军之役后，痛定思痛，朝廷终于颁谕施行新政，是为晚清最后十年的改革，分别于政治、军事、财经、教育、司法各方面移植西方的体制，而胡礼垣所倡议全面性学习西方制度的新政主张，最终受到重视，并见实现。

四、思想缘起

胡礼垣著述与思想的产生，乃与中国近世大变的时代背景以及其个人学习与生活环境有关。

就胡氏时代背景而言，随着清季外力不断入侵，对外战败，割地赔款，开口通商，国家深受重创，国内官绅即在此一背景下，于一八六〇年代后相继推动洋务建设以及变法维新，谋求借助西方之科技及制度进行改革，藉以应付外患内忧所引发出的一连串国家与社会危机，然而均告失败；列强入侵如故，甲午战败，创伤尤深，地方动乱如常，民变教乱，此起彼伏，国家衰颓，社会残破，如何起衰振疲，济世安民，目睹时艰，变法已成为时代共同之要求，此即胡礼垣心中念兹在兹所思虑者。胡氏观察国内所进行的一系列改革，均未见成效，至为不满。胡氏首先从学习态度上，批评国内官绅模仿西法、怀有“骄傲满盈”、未能“谦虚戒慎”地学习的毛病，继而在其所著《前总序》中，一针见血地评骘国内衮衮诸公所倡议改革的言论与活动，均未能“提纲挈领”、“底蕴尽窥”。换言之，国内改革者所倡议及进行的改革，其方向、项目与方法均未见周全与完备。胡氏于《新政变通》一文中，批评国内流行的五种“维新”成说的改革方案，即为显例；并且先后对倡导改革的著名官绅进行点名批判，包括于翻译何启的《曾论书后》，批评驻英使臣曾纪泽所谓中国觉醒，在于整军经武御外此一方向的错失，并倡言内政改革以及争取民心最为重要；撰写《康说书后》，指评康有为的变法，强调儒家经义，宗经泥古，而不明由古至今已有几许“进化”递嬗的演变，贬其对于西法认识不足；继而刊印《劝学篇书后》，反对湖广总督张之洞的“中学为体，西学为用”，及其抱守儒术经世治国的主张，倡论君权之落后，从而说明兴民权、设议院达致国家富强的想望。针对上述三篇《书后》，据胡氏所言，目的在于“舍旧”，唯其能舍旧，而后始能“图新”，而胡氏图新，即为其所构思改革中国、达致富强蓝图的“新政”，此即《新政论议》、《新政始基》、《新政安行》、《新政变通》各篇言论之所由出。

就胡氏学习与生活环境而言，正如前章的生平志业所述，胡氏成长于中西文化交汇的香港，幼读经史，青少年时于中央书院接受新式教育，修习中文，研读英文，知通儒家经史，学会西洋史地与格致，深受西学熏陶；毕业后从事教育、翻译与新闻工作，并且行商走埠，识见日广，于此期间，又与留学英伦，接受西方医学、法律专业训练，得以目睹十九世纪英国维多利亚王朝政教鼎盛的何启成为知交同道，其“新政”观念不少得自何启的启发。此外，胡氏又与西教士李提摩太（Timothy Richard，一八四五——一九一九年）、天主教闻人英敛之，以及王韬、郑观应、严复、孙中山等著名变法家与革命家相过从，其改革智识与思想，由是日渐累积而臻成熟，以至形成体系。此外，胡氏一生，大部分时间以香港为家，因而得以目睹英国政教于其殖民地植根发芽、欣欣向荣的成功景象；又于甲午战争前夕，营商日本阪、神区，复见明治天皇，君臣协力维新，建立君宪政体，从而开展出君民一体“造国”的新兴气象；反顾神州大地，蒿目时艰，大清帝国江河日下，且“君暗、臣佞、政散、民流”，王朝天下面临解体，国家由治而乱，至为情伤，显然由儒家意识形态所缔造的君主政体，已然不足适应新时代转变的要求，旧有体制无疑已经千疮百孔，而其所亲历及体验的香港英式殖民地管治、英国自由宪政，以及日本明治维新三者所建立的“新体制”，分别呈现出“君明、臣良、民康、物阜”的政治新景观；港、英、日三地优越的体制，无疑值得当前中国改革作为借鉴，此即胡礼垣改革中国“新政”方案之所本！

其一，香港英式殖民地管治体制的成就，主要为教育与政治制度两方面。就教育而言，设立新式学校，分科讲授，包括文理、地图、算数、国史、文章、诗词、古今方言、电学、光学、声学、化学、重学、音乐、丹青、绘图等；而高等学校，则称为书院，在学考试，每年二次，公开考试，由英国伦敦贡院主持，每年一次，考试合格，给予凭照；各项专业如医学、律学、丈量、驾驶、机器等，亦需参与专业资格考试，取得凭照，始能就业；无论政府官员，或从事商业，以至其他行业，均以专才为要；相对而言，其时中国科举考试，只考文字，且有名额的限制，落第者占多数，自然难以人尽其才。就政治而言，始设三权分立的管治组织，行政归于总督及其辖下僚属；立法则成立“半由官举、半由民举”的议政局，“其权几与总督等”；司法则设立“陪审员制度”，务使审判公正，维持司法的独立。此外，香港设埠，推动商业，在社会上具有地位者皆行商买办，此辈不但促进经济发展，而且每每热心社会公益，如办医院，立善社，行义举，借此取得其应有的社会地位，此与国内社会领袖，乃以科举考试出身或捐官买爵而成的地方士绅，自然有所不同。

其二，英国自由宪政体制的优越性。英国以自由民权立国，其国家所重视者为民主、自由贸易、工业发展以及宪政，此即英国于十九至二十世纪初得以建立世界霸权的主因。英国并由建立君主立宪及工商业化达致国家富强，举世瞩目；身处殖民地香港的胡氏，对于英国政教，尤为清楚与仰慕，故称其“国为君主，独重民权，则是立国者以有君为荣，利民者以通商为要也”，他毫不迟疑地说：“今之英国，其足为中国之法哉！”对于英国政制与经济的完善，再三致意，其中尤以英国君主立宪的代议政制，所论最为详尽。就英国政府组织而言，说明行使立法权的两院国会组织体制、议事程序，以至上院议员由贵族世袭，下院议员由人民选举，有关选区名额、规例均一一陈述；至于行政权方面，则由两院推任首相、组织内阁，施政须经两院同意，从而说明英国民主政治行政、立法分权的优越性；盛称英国政制“愈推愈广，愈进愈精，以至今日，其盛未艾”。而英国官僚制度，除能专业分工，特别重视厚给官俸，故此政治清明，效率极高，与中国官场比照，高下立见，其中厚俸，尤足为中国借鉴，指出英国首相年薪十万，海、陆军“总统”则为四万五千元，驻华公使五万元，殖民地总督，以香港为例，年薪三万二千元，应酬款项一万元，胡氏并进而比较中港两地文官俸给的差距，指出香港一地，未及中国一县之广，而中国知县的廉俸及县幕支出亦不过一千数百余两，难与港督相比；胡氏对于中国官场由于俸薄所导致的贪污腐化，最为深恶痛绝，故此屡次申论厚给官俸，为解决及断绝贪污的最佳途径，此点无疑深受英国官僚制度高薪廉能影响所致！此外，英国对于庞大海外殖民地包括加拿大、澳洲、印度等的管治，均能化私为公，使“中央”与“地方”的关系尽量和洽，此乃给予若干自治权之故也，胡氏于一九〇〇年后倡议中国施行省自治，由督抚推动新政谋取富强，此一“以分为合”的“地方自治”政治理念，显然胎源于此。最后胡氏对于英国富强的观察，认为兴起于通商，故国会议员多选自商人，而国家政令大多有利于商业的活动，又推行公平税则，促进贸易发展，故英国“商务之雄为天下甲”。此即其重商观念之所本。英国于民丰物阜之余，更广立学校，普及教育，教化日善，文化发达，英国的富强，其来有自。

其三，日本明治维新的成功。胡氏于一八九三至一八九五年间营商日本，由是得见其时日本明治维新的新政次第推行，留下极为深刻的印象，期间日本发展经济成就尤为骄人，首重商人阶层，将传统“士农工商”的社会基础，改为强调“商农工士”，信托商人阶层参与推动维新；并且重视新式交通事业的建设——“铁路广”、“轮船密”，据胡氏于《新政论议》一文所作之统计，指出日本铁路一万五千余里，中国则约五百余里，日本较之中国，长达三百倍；日本远洋轮船约为一百七十，中国则未及五十，内河小轮，日本则百数十，中国则几于无，故轮船多于中国十倍，且十余年间“国内机器之厂林立，出口之货充盈”。由是经济起飞。就军事而言，谓其兵工业“枪炮各事，尤能独出乎心裁”，而其陆军兵制已见多元化专业，此即“日本之兵，役夫随行；一人当兵，二人为役”，后勤补给自成系统；而最重要则为政治上的改革，行君宪，设议院，广开言路，君民一体，上下一心；上述日本明治维新的经济、军事、政治改革，其成效见之于中日甲午一战，日胜中败，胡氏亲身目睹此一转变，最为感慨；据其观察，日本之所以制胜，除明治天皇本人亲民，关心民瘼，励精图治外，主要为设议院，兴民权，君民一体，导致战争中君主、皇室、军队与人民上下团结，一致对外，胡氏因而断言，日本设议院，由此全国“合四千万人为一人”；而中国不设议院，则“四万万人散为一人”，故中国即以一人与日本四千万人对敌，胜败立见，故此行君宪，设议院，其成效于此最为明显不过。而经济与军事的改革，促使日军借助铁路、轮船交通利器，迅速运兵战场，并且日本训练之新式军队，单兵专精，后勤完善，使日军能于战场上处处居于主动和优势，自然能够取得最后的胜利。由此可见，日本维新，仿行西法，习西学；政治上行君宪，设议院；经济上发展铁路、轮船，兴建工厂；一举而击败崇君主，行旧学，劝农耕，“大而无当”的清王朝，终于完成其“近代化”的初步进程，得以置身强国之林。胡礼垣眼观日本之胜利，举国欣喜若狂，其内心之思潮起伏，自属难免，而其对中国行新政以致富强的热切渴求，有增无减，不能自已，此点当为吾人所能体会。

综上可见，香港、英国、日本三地所推行的“新政”模式，均见其富强之成效，其中英日两国的先进经验，弥足珍贵，故胡氏谓“欧洲新政，英国为祖；亚洲新政，日本为先”，宜乎中国学习，而英日两国之新政，要而言之，不外乎实施君主立宪政体，以及推行资本主义的经济活动，此即清季所有变法家共通的核心思想，而胡氏亦毫不例外，唯其识见更为具体与周详，此点当与其侨居海外，具有密切关系。

及至二十世纪初叶，由于西方列强于亚、非洲大事拓殖扩张，互争殖民，建立国威，发生利益冲突，以至合纵连横，结盟对立，互相仇杀，终于爆发第一次世界大战，工业时代发明之犀利武器，如枪炮、坦克、飞机、潜艇，促成杀戮战场的出现，生灵涂炭，时胡氏晚年退休，默察时局，顿生悲悯之情，其思想由是一变；胡氏既伤痛中国的衰弱，人为刀俎，我为鱼肉，又感怀世局的纷乱，列国交攻，强者生存，故此专研中西哲理及宗教信仰，藉以安心立命，从而产生大同思想，谋求人类世界和平，其思想遂由政治转入道德，另立新境界。而胡氏一生的思想，亦由关心祖国而进入胸怀世界，此即其所谓“予之志为环球，而首在中国”。

五、思想内容

综观胡礼垣思想，从其著述中可见具有政治、经济、教育及哲理四方面的内容，其中前三者俱见于《新政真诠》一书，何启与胡氏同属此一著述与思想的“合伙人”，然而正如本文先前所强调，《新政真诠》一书主要由胡氏亲笔撰述以至于成书出版，若无胡氏的中西学养，以及中文写作能力，何启恐怕难于其时中文言论界获得知名，而于日后中国近代思想史上取得一席的地位。进而就何、胡变法思想“内在脉络”稍作分析，即知胡氏具有主导的角色，二人变法言论与思想的共同提出，当始于《曾论书后》及《新政论议》的翻译及商榷成文，然而胡氏于首文即以儒家民本主义及尚贤理论，作为开启改革大门之钥，而于次文，由于营商日本，亲自感受甲午战争中国战败的屈辱，从而引用英、日先进经验，作为新政方案理想模式的范例，其变法思想，自行酝酿，不属何启；及至《新政始基》的撰写，注重理财，然胡氏主张“理财以广用贤才为本”，自具创识，亦为前此尚贤理论的一脉相承；至《新政安行》标明《自序》以下各篇，当为其个人的著述，批康（有为）批张（之洞），引经据史，体察古今中外之得失，自具规模，已见其不凡之卓识，并在一九〇〇年庚子拳乱后，综论治乱，指出清廷对外失败，未能“审乎势，而平乎气”，对帝国主义强势未能细察，而以放纵拳民不平之气，杀戮外人而招致辛丑奇祸，令人痛心，阻延新政的施行，从而提出以省自治，交由督抚推行新政的建议，由此可见《新政真诠》一书中，九篇文章，皆见胡礼垣变法思想的创发，其主体生命，跃然于字里行间，自成一家言。此外，胡氏于十九世纪至二十世纪之交，潜心中西哲学与宗教，默察世运的逆转，惊惧一次世界大战现代战争破坏力之可怖，提出世界大同的“乌托邦”理念。故此，就前者胡氏变法思想而言，已非全属何启之所有，且逐渐演变成为胡氏个人思想的体系，而后者哲理情怀、大同之思，更为胡氏所独具；而胡氏于大同思想的创发及理论，近日亦为史家所首肯；由此可见，胡礼垣于中国近代思想史上所发表的言论，显然可以自成一家。就此而论，何胡“合伙”的变法言论，何启虽然首倡，然而只提供变法思想的部分架构，整个思想“殿堂”仍由胡礼垣一手营建，史家于中国近代思想人物中崇何抑胡，显然有其疏忽与不公之处！以下论述胡礼垣的思想内容。

1. 政治方面——自由民权说

十九世纪为清朝治乱兴衰转变的关键时刻。在两次鸦片战争及太平天国之乱后，朝野始谋求革新以应变，此即自强运动倡行“师夷长技以制夷”，讲求模仿西艺，强化国防，抵御外侮，此曾纪泽中国先睡后醒之言论所据，而何启、胡礼垣二人即由此起而共论其失，断言中国当前问题不在于国防外交的建设，而在于修明内政，认为应以政治层面的改革作为优先。其时内政败坏，以吏治最为严重，主要为官吏无能与贪污，以贿赂、乾没、陋规为事，且司法律令不公、滥刑枉法，因而大失民心；胡氏遂揭橥保民、利民的民本思想作为立国之根本，而以整饬吏治，务在得人，作为因应的对策，显然，此为具有传统经史素养的胡礼垣，寻求借助儒家民本思想与尚贤理论，刺激时贤对于当前政治流弊的关注，以及开启政治改革的大门，从而提出其澄清吏治的方案，包括（1）起用熟悉新政的人才，亦可任用洋人，以其为行西法的“熟手”；废科举，弃用八股经义之士，废捐纳，止绝滥进之徒；进而设立新式学校，分科讲授，培训专才。（2）官员俸薄受贿为贪污的根源，故必须提高官员俸禄，高薪养廉，且可吸引相关人才，求仕从公。（3）注重司法改革，参酌中外法令，西方法律尤需采纳，胡氏即曾译有《英例全书》以供参考，建议设立陪审员及律师制度，谋求司法宪制公正。

甲午战后，目睹日本取法英国君主立宪政体而走上富强地步，胡氏深信英、日两国实行此一“重民权”的宪政模式，为当前中国改革所必须依循的根本路向，从而提出其政体改革的要求，并由中、西政治史的比较中，说明英式君主立宪的“先进性”及其制度的运作；现将胡氏政体改革言论，列述如次：

其一，批评中国君主制度的流弊。谓自秦始皇统一六国，废封建，行郡县，建立君主制度，此后施行两千年，直至清代，认为君主制度乃“无道之法”，因为“君臣之间各能自便其私计”，这一以私为政的制度，自然难望其长治久安。

其二，中西民权演进史例的提示，指出中国民权早已盛行于号称“治世”的三代。近世民权创始于英、法两国，自法国拿破仑以武力推行民权，盛行欧陆，海禁大开，自西徂东，继之者为日本，并谓尧舜三代之隆，与泰西富强之本，皆由于重民权之故也。

其三，阐释西方自由民权思想。胡氏于《劝学篇书后》批评张之洞保持儒家“三纲说”的错谬，指出此非孔孟之言，乃汉儒、宋儒为君权合法化的解说，直斥“三纲说”有违人道，从而为西方自由民权学说铺路，此说乃天赋人以性命，并给予自顾性命之权、保其身家之权，以及使人有“率性”的自由，此即所谓天赋生命、财产与自由的权利；而成于人则为具有“自主之权”，胡氏由是将西方十八世纪自由主义及天赋人权论引入其“复民权”的变法言论中，促使民众对政治权利的觉醒，然而上述自由人权为一抽象的理念，不能自行，故需落实于民权的行使，如此则有赖于制度的设立及运作，此即君主立宪代议政制之所由生。

其四，西方君主立宪代议政制的建立。胡氏以复民权、伸民志作为引入西方民主政治的口号，然而中国历经两千年君主制度后，其国民性已转趋温和与被动，故“欲复民权，须由君上”，遂主张政体的改革宜行“君民共治”的君主立宪政体，而以英国虚君立宪政体最为理想，并主张效法英国设议院，立议员，行内阁官制，以及实施地方自治等制度。

关于立议院，设议员，胡氏提出设立省、府、县三级地方议会，分别由当地的进士、举人及秀才中选任议员，任期三年；而县级议员须具秀才资格，由该县年满二十岁读书明理的男性“公举”；而府级议员须具举人资格，由当地的秀才公举产生；省级议员须具进士资格，由当地举人公举产生；各省议员每年于首都集会一次，议决国政，并于全国分设四都会，议员集会，议决各省省政。

关于设立内阁官制，君主虽为国家元首，然其行政权则交由官员行使，议设内阁官制，设宰相一人，下设八部，由原有中枢吏、户、礼、兵、刑、工六部重整增添而成；吏、礼两部合为内部（内政部）；维持兵、刑、工、户四部；增添商部、学部及外部（外交部）合为八部，各有专司，而以商部列为第一，学部列为第二，以发展经济为首要，以培养人才为跟进，谋求富国。而内阁宰相及八部之长，均由各省议员提名，而由宰相亲自选任部长，任期均为三年，由天子任免，定其去留，而国家事务则由议员议决政令，再交由负责行政的内阁执行。

关于地方自治，胡氏于庚子拳变后，于《新政变通》提出“批赁之法”，为其地方自治思想的萌发。此法乃由中央将十八省之地出租，任由各省承批；或各省愿意承批其地，则向国家租取；订立章程，规定年限；由督抚负责各省的承批，至府、州、县则设立议员，自理政事，而各省则须向中央上贡赋税，并需酌量增收一至二倍不等，使中央财税收入增加，解决财困；就政权分配而言，中央负责“军政”，而地方则负责“民政”，各得其所，并借此防止外人对国土及国家利权的“窥伺”和“觊觎”。胡氏此一“批赁之法”显然源出近世商业专利批发经营的概念，借此谋求各省自行分治，首先自立，而后使国家亦由此自立。胡氏稍后又于《后总序》中重申地方自治的政治理念，明言各省实行省自治，由督抚负责推动新政，达成富强的目标，并以德国及美国的“邦联体制”作为日后中央与地方权力重整的模式，由此可见，此乃将“中央集权”改为“地方分权”的政治建议。至此，胡氏借助西方民主政治改革中国政体的新政蓝图，益臻完备。

综上可见，胡氏以澄清吏治作为其政治改革的起点，最终谋求行代议政制、成立民选议会取代传统君权，作为长治久安的办法，从而产生民主政治下的新官僚制度，使君主时代的官僚专制所形成的政治流弊，一扫而空，并且借着政权的开放，使君、官、民的关系重新整合而达致国家的富强。

2. 财经方面——工商经济与理财专司

甲午一役，清廷战败，割地赔款，对外举债，中国财用极为紧迫，故对内加厘加捐，开征新税，以至发行名曰“昭信股票”的国债，苛税重剥，民生益困，且国内商贸不前，生产困顿，面对上述的财经危机，如何裕国课以足财用，即为胡氏于甲午战后最所关怀者，其方法乃对经济与财政进行改革。

就经济改革而言，胡氏在民本思想主导下，强调爱民，而爱民则以富民为先，而富民之道，则在兴商，认为一国兴亡与商业经济具有密切关系，提出重商主义，一反传统“重农轻商”的观念，此乃受到英国商业冠绝寰宇称雄于世的影响。其要点在于重视商人地位，认为振兴中国首在商民，十万豪商胜过百万劲卒，宜选拔商人出任新设议院的议员，并指出日本明治维新亦重视商人。其次，主张发展私人民间企业，建议政府推行奖励、扶助工商业的政策，包括（1）给予成功工商企业及技术发明者“功牌”，后者并给予专利；（2）成立商部，聘请国内外华商为“部员”，推动工商业投资及留意保护华商；（3）废除种种阻碍私营工商业的限制，如废除厘金，实施保护关税政策，促成国内产品营销；而最重要则为（4）终止“官督商办”，盖官督则与民争利，且官僚容易藉权假公济私，抽取公款，中饱私囊，唯有商办始能确保私营工商企业的经营，并可引入“洋股”，吸纳外资及技术，近代工商业始有发展机会，甚具卓见。最后，对于工商业的发展，胡氏认为应优先发展铁路与轮船两种新交通，原因乃“铁路一到则成都成邑”，促进区域经济的发展；而广设轮船，发展远洋及内河水运，则可带动商业的发达；且中国物资丰富，政府宜协助民间发展农、牧、工、矿等生产事业，刺激全体经济的“起飞”，达成“庶物繁昌，民财必阜”，民富则自然国富，此因财税收入充裕。显然十九世纪英国自由经济及工业化导致民富国强的先例，无疑为胡氏最为期盼的经济改革。

就财政改革而言，指出当前国家财税，毫无盈余，原因在于官吏层级中饱，故有必要整理现有税制，其法首先清查与调整国家税中的地税、盐课，并将土药、常关、厘金三种税项并入洋关合而征收，至于各种杂项饷捐如差饷、牌照饷项等亦须整理，借此增加税收。其次，成立理财专司，负责中央与地方的税收。其一，地方税则由城乡的地方官及绅耆自设“善后局”或“公务局”，负责征收地方房屋租项及各种饷项，并将所得税款应用于当地治安、福利、医疗、教育等各种地方事务的开支上，借此利民、便民；其二，于国家税方面，则由户部专责全国财政的“总司”，编制全国财政预算，公布年度收支账项，并于各省分别成立地方层级的“库务司署”，负责本省及各级行政单位的财政预算及各项收支；其三，全国各地收得的国家税项，另设“国家银行”，负责税款的汇寄，不再交由地方督抚胥吏等“理民之官”经手，避免中饱，上述新设财政专司等各机关，皆源于西方国家之制度，故倡行之始，必须起用洋人，借其专才，协助办理，借此掌握西方财政体制的运作，若能实行，则国富在望，而外侮自然可除。

3. 教育与学术——力求西学

清代行科举制度以选拔官员，而以八股、经义作为考试内容，故其教育即以文字、经学两者为士子勤习的知识，是为科举选官的教育，而所培训和选拔出来的人才，胡氏认为大多属于“浮学不能用世”，而选任为官后则因俸薄而多不法，认为科举取士，流弊甚多；其时西力东渐，国人始悉西方列国富强自有其“法度”，如何学习西国的法度，此即西学之所由生；胡氏前所主张政治行君宪，经济重工商，在在需要专业人才，而旧有科举选官教育的出身者自然难以符合其要求，故此胡氏一针见血地指出“八股经义之法”，以及“科第用人之法”均须废除，而其相应改良之道，则在于教育上“力求西学”。

至一八九八年康有为、张之洞相继倡导变法，康有为以为西方立国富强的本末，皆与儒家经义相合，故经义为变法的根据；而张之洞则以“中学为体，西学为用”作为变法的宗旨，对于传统中国学术采取肯定，并在此一前提下吸纳西学，胡氏认为康、张之论，皆足以混淆视听，影响变法，遂提出其对中学、西学崇尚及学习的论辩。

胡氏首先批评康氏崇尚儒家经义，可以治事，谋求通经致用此一“宗经”思想属于“泥古”的变法观点，不知世局已然变化，新事物不断涌现，“宗经”无疑与时代脱节，并指康氏变法既“欲学泰西之富强，而于其所以致此之由，则全然不问”，继而又指出古今制度，因时代不同而有差别，经书所载的古事，未必适合当前变法所需，退一步而言即使“学古非不可以通今”，但为何不“以今通今”，所谓“以今通今”，即学习同时代的西学，此乃当今科学文明进化的成果，胡氏“厚今薄古”，至为明显，而西学既为西方富强之所本，从而点出“中学为体，西学为用”、“中学为本，西学为末”理论的错失，故此欲行变法，当前急务，须以西学为本，而学校教育则需以西学为主。

至于张之洞“中体西用”的理论，胡氏继续批判，谓其于《劝学篇》所提出的“中学为内学，西学为外学”，“中学治身心，西学应世事”，皆属不当，认为学术“无其内，安得有其外”，中学、西学不能以内外、体用，将其划分为二，盖各自有本末、体用，即西学本身有体有用，有本有末，故此学习西学，抱持内“旧”而外“新”，难以把握西学的本质及精义；且就学习历程而言，由通中学而再兼识西学，旷日弥久，而新政改革为当务之急，难以久待，由此可见，着重中学将会阻碍对西学的学习，而富强的期盼，也许遥遥无期，既然西学为富强之本，自应“力求西学”。

胡氏随即从中西学术比较中透露西学的范畴，他说中国之学，除文字艰深难学外，经史诗赋皆为虚学，不能治世，然而不可完全废除，此乃“国粹”，为民族文化的精华，“坚致精莹，其光莫掩”；而西学则为实学，为用世之学，并将“百数十种”西学简化分类为天学、地学、人学。天学即神科，包括神学、数学；地学即医科，包括工艺及自然科学；人学即律科，包括人文与社会科学。皆专门之学，难以兼通。上述学术分类显然不甚精确，然而胡氏已经能够体认近世智识专业分工的特质。而学习西学之道，则为广设学堂，先学中文作为基础，继而分科学习理、工、医、农、矿及军事等专门学科，聘请留学生或外人为教师，实行西法教学，修习完毕后，参加考试，合格者颁发凭照（文凭），不限名额，借此培养实学的专才，此批学堂出身人才均可出任政府公职，或从事各行各业的工作，此即建立近代新式教育培训专业智识分子的教育改革论。

4. 哲理——大同思想

传统中国儒家于战国秦汉之交，依托孔子撰写《礼运大同篇》，描绘“天下为公”的自由、平等、安和、康乐的完美社会，成为历代智识分子于乱世时憧憬的乌托邦。清季变法家面对内忧外患以及中国“天朝”解体所带来政治与文化失败的挫伤，对于现世多具不满的情怀，遂起而倡议模仿西法，追求国家富强，藉以济世安民，并在吸纳西方文化，反思中国传统，探索国家与社会治平之道的过程中，期求治世，逐渐衍生出大同思想，建构未来“治世”的新社会模式与其想望，胡礼垣即为其中一位，然而不如康有为撰写《大同书》之熟为人知。

胡氏大同思想，据其自述，起始于一八六〇年代初自撰《天人一贯》，并谓该书将中外古今宗教、儒术、治学、法学等融冶于一炉，“剖析人我同源之理”，遂揭橥大同思想，然此书并未完成，此后，胡氏转而鼓吹变法，其视线遂集中于政治领域。直至二十世纪初叶，眼见全球盛行国家主义，各国殖民通商，持天演论而行弱肉强食，又崇尚武力的铁血主义，由是交相攻伐，恃强凌弱，其间中国积弱，尤为侵凌对象，于一九〇五年卷入日俄战争，以及中美工约风潮，国家危机日深，如何保存中国以至挽救世道，胡氏遂产生民胞物与的精神，其思想由是回归早年所抱持的大同思想信念，故论者谓胡氏思想遂由鼓吹变法“经世”的国家主义，转入鼓吹大同“救世”的世界主义。及至第一次世界大战爆发，眼见战争浩劫，生灵涂炭，大同永治信念，益形坚定，故其晚年遂以倡论大同作为一生思想结穴归宿之处。

就胡氏所鼓吹的大同思想而言，综摄中外古今文化智识，以及世界三大宗教——回教、佛教及基督教的教义信仰，面对故国“乱局”与寰宇“乱世”所出现的争权夺利与东西文化殊异的“难局”，胡氏所构想的大同治世，以一“破专制”，二“箴自由”作为其起步，而继以缔结国际和平为最终理想。所谓“破专制”，在于取消“君主专制”及“环球专制”，后者为大国强国欺凌小国弱国的霸权“专制”，倡议各国行“共和之宪”，取代君主与环球的专制，合万国为共和，共同达至世界的统一与和平；而“箴自由”则谋求建立自由平等的价值系统，最终使天下各国“融其畛域，忘其形色”，而以自由为主，彼此相爱相亲，进入“大同至治”。而此一理想社会的最终出现，则在于各国共同遵行“弭兵”非战的和平理想，以及建立国际和平制度，此即各国修文偃武，只凭公理而行，唯以道德相尚，废除海、陆军备，将军队改为巡警，负责维持地方治安，保护商旅，军费则用于发展工商经济，成立国际和平组织，负责国际仲裁，最终建立国际政府，藉以达成天下一家，大同至治的盛世。

六、结论

清季滨海地域为外力冲击以及中西文化交流荟萃之地，由是人才辈出，其中尤以鼓吹变法的思想家最为瞩目，盖属时代之先知先觉者。而出身于香港的何启与胡礼垣即属于此一精英群体。二人合著《新政真诠》一书，倡言变法，高举兴复民权的大旗，主张政治行君宪，经济务商贸，志在师法英、日两国的富强，由是知名。然而何、胡二人合著的变法言论，史家每多以为出自何启，然而根据本文对于《新政真诠》一书著述角色的初步研究，发现何启于何、胡合著"集体研究"成果"生产"过程中，只扮演部分著述架构之提供者，而其整体撰写以及思想"殿堂"皆由胡礼垣一手营建。故此，胡氏实为《新政真诠》一书之重要贡献者。就此而论，胡氏幼读经史，已具中学根基，于香港中央书院接受具备中、西课程的新式教育，由是博通西学；其后出任教师、电报局翻译，从事新闻工作，以至营商走埠，以香港为家，南至婆罗洲，北至日本，往返内地，见闻益广，对于世局自有其洞烛之睿智，期间又与亲历英国富强盛世之何启结为知交同道，与同时代著名变法家王韬、郑观应、严复等人濡沫相知，由是得以挥墨成卷，倡论变法，志切大同，由关怀祖国以至放眼世界，由经世而救世，其言论学博中西，志节不凡，思想精深，自成一家。胡氏生前曾以诸葛武侯"淡泊以明志，宁静以致远"作为自况，只求"立言"名世。反观其至友何启，任议员，创医院，设医校，筹办香港大学，支持孙中山革命，叱咤风云于香江，早已“立功”名垂史册，今本文再次重申胡礼垣“立言”之不朽，当为何氏泉下颔首认可！

进而论述胡氏于中国近代思想史上之地位，值得吾人注意者，共有三方面。

其一，时贤对于胡礼垣著述与思想之肯定。胡氏言论主要为鼓吹取法西方的改革思想，以及民胞物与的大同思想，均受同时代革命家与改革家之重视；孙中山谓读其著述，而生“崇论闳议，钦服无已”之感，并推许其大同主张为“婆心济世，……敢不勉旃”。孙氏提倡民族主义进而强调大同之治，其思想渊源与胡氏不无关系；而近世著名思想家、翻译家严复则认为胡氏为“当世有心人”，读其《新政真诠》，则“洒然异之”，对其《梨园娱老集》，尤多赞语，谓其“借乐府之新词，为文明之前马”，集中诗、文，写景抒情，俱臻至境，读之则有“棒喝指引之功”，进而推介其大同思想为“见极之谈，一往破的”。对胡氏堪称推崇备至；而新加坡富商邱菽园素主改革，支持康、梁保皇维新，创办《天南新报》，为南洋改革派言论之喉舌，亦盛称《梨园娱老集》一书“命意之新，立言之善，录事之博，取裁之正，各尽所长，已极才人之能事”！并对胡氏“关心国粹，扶持诗教，箴贬时俗，传播大同”之言教，大加肯定与称许。胡、邱二人，身处南天海角，惺惺相惜，溢于言表！最后尚须一提者为创办《大公报》天主教名人英敛之，对《新政真诠》一书，推许尤力，誉之为“生面别开，匠心独运”，令其“五体投地”，故为该书于上海重新校印出版，借此推广。综上可见，胡礼垣之著述及其思想，深受时贤所推崇，其于近代中国思想史之地位，当无庸置疑。

其二，为出身殖民地之改革型思想家。香港地处边陲，至一八四〇年代成为英国殖民地后，英国政教移植本地，成为中西文化交汇之处，时清政府对外交涉频仍，而屡遭挫败，朝野反省，不得不向西方追求“富强”之真理，谋求国家之现代化，藉以振颓起衰；香港既为近世西方霸权英国管治之地，西方先进事物，首先引入，以教育为例，早于一八六二年，即成立以英语教学为主的“中央书院”，招收香港华人就读，众所周知，其时掌握西方事物，尤赖英语之通晓；而由香港殖民地教育下，培养出来的一批掌握英语而了解西方事物之华人精英，身处清季民国大时代变动中，未忘祖国，并且相继流露关心国事之情怀，均思回馈祖国，其类型包括“改革型”思想家之胡礼垣、何启；“革命救国型”之孙中山；以及众多服务于清末民国政府之“技术官僚型”，包括陈锦涛、王宠佑、王宠惠、伍廷芳、梁诚、梁敦彦、张煜全、罗泮辉、谢恩隆等人，此即论者所谓“香港英才为中用”。而胡礼垣即凭借其中西学识，纵论时局，向中国提供学习西方之富强蓝图，由是以殖民地华人精英而取得近代中国思想史上“改革家”之地位，亦从而使香港与近代中国成为“生命共同体”的思想推动者之一。

其三，商人阶层思想家之诞生。商人于传统中国政治、社会与思想领域，素无地位，于中国政治及思想史上出身商人之人物，寥寥可数，较著者为吕不韦、桑弘羊而已；此皆因秦汉以来推行“重农轻商”政策，对于商人阶层实施贬抑措施所造成。然而抑商贱商，固为历代政府之国策，然据近人研究，处于末民之商人，却每每凭借其能力与财富，长袖善舞，结交官府，跻身仕宦之林，以至由其子弟参与科举考试任官，借此开拓其于政治及社会之活动空间；及至明清，商人地位更见跃升，据余英时之研究，其时商业大盛，从商机会日增，兼且科举名额有限，仕途自然壅塞，故弃儒就商者众；且营商成功者，亦可以捐纳入仕，于地方成为绅商，自具势力，故商人日见抬头，至清代遂有归庄（一六一三—一六七三年）提出士不如商的说法。

就思想史而言，历来皆由儒士扮演主角，盖此辈为社会领导阶层，而求学立心立命，在于“为往圣继绝学，为万世开太平”；而商人阶层既为末民，终日贱买贵卖，所关心者为铢锱必计之生息事业，自难产生思想家。然至晚近，西力东渐，新式工商企业之组织与技术，精密细致，而近世华商于中西贸易扮演桥梁角色，由是得悉西方工商业体制与技术，时值西力冲击，朝野均以工商为富强之所本，商人熟悉西方事物，自具新经验与卓识，从而发为文字，倡导改革，主张商战，其中尤以郑观应及胡礼垣，即为个中两位代表。胡礼垣一生事业，以营商为主，其改革思想养分即本源自殖民地香港以及从商接触西方新事物所致，遂成为出身商人阶层之思想家，至此，近代中国商人阶层不但于政治及社会地位日见攀升，且于思想领域亦出现了“资产阶级发言人”，而胡礼垣之著述与言论，无疑说明了中国商人阶层思想家已然产生，抑且透露近代中国社会士商易位此一社会变迁之重大消息。

参考书目

《胡翼南先生全集》，胡礼垣，香港，一九八三年，八册。

《新政真诠》，何启、胡礼垣著，郑大华点校，沈阳，辽宁人民出版社，一九九四年。

《晚清政治思想史论》，王尔敏，台北，学生书局，一九六九年。

《中国近代思想史论》，王尔敏，台北，华世出版社，一九七七年。

《晚清变法思想论丛》，汪荣祖，台北，联经出版事业公司，一九八三年。
《中国近代改良主义思想》，胡滨，北京，中华书局，一九六四年。
《中国近代思想史论》，李泽厚，北京，人民出版社，一九五八年。
《中国政治思想史》，萧公权，台北，中国文化大学，一九八〇年，下册。
《晚清政治思想研究》，小野川秀美著，林明德、黄福庆合译，台北，时报文化出版有限公司，一九八二年。
《张之洞的外交政策》，李国祁，台北，中研院近代史研究所，一九七〇年。
《香港与近代中国》，霍启昌，香港，商务印书馆，一九九二年。
《香港早期教育发展史》，方美贤，香港，中国学社，一九七五年。
余英时：《中国近世宗教伦理与商人精神》，《中国思想传统的现代诠释》，台北，联经出版事业公司，一九八七年。
李陈顺妍：《晚清重商主义运动》，《中研院近代史研究所集刊》，三期上，一九七二年。
任继愈：《何启、胡礼垣的改良主义思想》，《中国近代思想史论文集》，上海，人民出版社，一九五八年。
方豪：《清末维新政论家：何启与胡礼垣》，《方豪六十自定稿》，台北，学生书局，一九六九年，下册。
丁宝兰：《胡礼垣、何启评传》，《岭南历代思想家评传》，广东，人民出版社，一九八五年。
叶仁昌：《清末官僚改革论——何启与胡礼垣的个案研究》，《“国立”中兴大学法商学报》，二十八期，一九九三年。《传统的批判与转化——何启与胡礼垣的合理性与实用主义》——同上刊，三十期，一九九四年。
关国煊：《胡礼垣》，《传记文学》，五十卷一期。

小野川秀美：《何启、胡礼垣的新政论议》，《石滨先生古稀纪念东洋学论丛》，大阪，一九五八年。

渡边哲弘：《何启、胡礼垣的新政论》，《立命馆文丛》，一九七号，一九六一年。

G.H. Chao: *The Life and Times of sir Kai Ho Kai*（Hong Kong, The Chinese University Press, 1981）

Tsai Jung–Fong:

Comprador Idealogists in Modern China: Ho Kai（*Ho chi, 1859—1914*）*& Hu Li–Yuan* (*1847—1916*)（Ph Dissertation, University of California, Los Angeles, 1975）

Hong Kong in Chinese History: *Community and Social Unrest in the British Colony, 1842—1913*（New York, Columbia University Press, 1993）

The Predicament of the Comprador Idealogists:He Qi（Ho Kai, 1859—1914）and Hu Liyuan（1847—1916）, *Modern China,* vol.7, NO.2（1981）

Chiu Ling–Yeong: Debate on National Salvation: Ho Kai Versus Tseng Cli–tse, *Journal of the Hong Kong Branch of the Royal Asiatic Society*, vol.2（1972）

Lloyd E. Eastman: Political Reformism in China Before the Sino–Japanese War, *Journal of Asia Studies*, vol. xxvii: NO.4（1968）

严复

郭正昭　著

目　录

一、引言

在中国近代思想史上，严复无疑是一位伟大的宗师。他在清末译介了十九世纪西洋的重要名著，开启了那个时代国人对西学，尤其是西洋伦理、民主与科学思潮的基本认识，对民国以后中国社会文化的变迁和发展，产生了极其深远的影响。

严复生平横跨了十九世纪下半叶及二十世纪初叶，身当中国文化大传统面临极严重的挑战，而西学开始大量东渐之际。他旧学根底既深厚，又富有探取新知、追求富强的强烈志趣和高远的智谋。这样一位在新旧中西相互激荡的错综复杂处境中奋斗了一生的智者，内心所潜存的矛盾与痛苦，仿佛远超越了那些有形的译述和注解的精细的学术工作所能涵盖或代表的界域。

关于这位哲人的传记，直到目前为止，已出版而比较完整且深刻的著作，首推周振甫的《严复思想述评》，王栻的《严复传》及史华滋（Benjamin Schwartz）的《寻求富强——严复与西方》（*In Search of Wealth and Power – Yen Fu and the West*）。其中史氏就西方社会文化的思想背景，深刻地、精密地探析了严复的思想本质，尤为最成功的经典之作。这三本传记的作者各代表一种世代，一种角度，一种极限。如今在台湾成长的新世代，是否也应该根据前人的著述，更重要的是根据这半个世纪以上的动乱岁月的历史所孕育的经验和心灵感触，来写一篇，甚或一部更完整而赋有历史新生命的

《严复传》，使新生一代能从容而亲切地重温上一代智者的言行，不致重蹈挫折的轨迹，未来中国的希望，或许就寄托于此了。

二、少年生涯

严复，初名体乾，入马江船政学堂，易名宗光，字又陵，又字几道，登仕始改严复。晚号：愈壄老人，别署：天演宗哲学家，又别号尊疑尺盦。一八五四年一月八日（清咸丰三年十二月初十日），生于福建侯官（今闽侯县）。一九二一年九月二十七日病殁于闽侯。（参见吴相湘《天演宗哲学家——严复》，《民国百人传》第一册，传记文学社出版）

福建省闽侯县的阳崎乡，靠着一条大江。左右回抱着玉屏山、李家山、楞严山等许多高地，中部都是平坦的田野，因此有一条河道自然地把这块地方划分作两部分，叫做上崎、下崎。在上崎的河边上，一面是苍翠的森林，一面是错综的田野，中间居住了许多人家，那里的人家只有“严”、“陈”两族。（见《石遗室诗话》卷五。燕京大学《社会学界》，林耀华《严复社会思想》。周振甫《严复思想评述》页一）严复自幼便在这样的一个环境中成长起来。

严复的家庭是世代读书的，所以他七岁时就上学，到了十一岁，他的父亲严志范（振先）特地请了一位同乡黄少岩到家里来教读。少岩是福建省里一位有名的学者，他研究学问，对于当时所推重的考据的汉学，以及所轻视的研究哲理的宋学，都同样着重。他的教学又很认真。那时严家与人合租一屋，他们住在楼上，每逢夜间楼下演戏，黄少岩便要命严复去睡觉，等到演好了，再叫起来读书。在这样严格的督促之下，严复对于中国的经书便树立了相当深厚的根基了，懂得所谓家学，对每一部经书各有不同的解释。课余之暇，黄少岩喜欢给他讲宋、元、明三朝学者的学问行谊，使一个十二、三岁的小孩子，能够耳熟能详。（见陈宝琛《清故资政大夫海军协都统严君墓志铭》。林耀华《严复社会思想》）

到了同治五年（一八六六年）时，他只有十四岁，父亲就死了，于是他所受的启蒙的中国学术教育暂时告一段落。这年（一八六七年，同治六年）冬天，严复的同乡沈葆桢巡抚正在创办福州造船厂，附设了一个海军学校——求是堂艺局（即后来的福州船政学堂），已开始招考“少年聪颖子弟”，闽广一带不少孩子都去投考。自然，这班孩子都不是达官贵人家的阔少爷，因为当时的阔少爷都要走科举“正路”，要从秀才、举人、进士、翰林，平步而至公卿的。只有家道比较贫困的人家，才送子弟上这种学校。这虽非正途出身，但能解决一些经济问题。因为，根据学堂的章程：凡录取的学生，伙食费全免，另外还每月给银四两，贴补家庭费用；三个月考试一次，成绩列一等的，可领赏银十元，五年毕业后还可优给薪水录用，“照外国监工船主辛工银发给”。（见《船政奏议汇编》卷二《左宗棠详议创设船政章程折》，又见王栻《严复传》页一）

严复的父亲严志范，原是乡里间的一位儒匠，母亲是一个“布衣”的女儿，家道本不宽裕，父亲去世后，家里剩下母亲，两个妹妹，和他自己，一共四个人，一家生计，就只能依靠母亲做女红勉强维持了。严复就是在这样困苦的情况下，去投考这个海军学堂的。当时考试的题目是一篇作文：“大孝终身慕父母论”，由沈葆桢亲自命题阅卷。那时严复正逢家道中落，又遭丧父之痛，境况非常凄苦，有感于怀，以他的国学造诣，发为文辞，自然文情并茂了。沈葆桢深识其才，把他取列第一。那时他的名字，已从“体乾”，改为“宗光”，字“又陵”了。（见《大公报》王栻、张荫麟《严复》）严复在后来题《周养庵篝灯纺绩图诗》里，曾描述当时的境况：

我生十四龄，阿父即见背。
家贫剩荚券，赙钱不充债。
陟冈兄则无，同谷歌有妹。
慈母于此时，十指作耕耒。
上掩先人骼，下抚儿女大。
富贵生死间，饱阅亲知态。
门户支已难，往往遭无赖。
五更寡妇哭，闻者慸心肺。

福州船厂是一八六六年（同治五年）由闽浙总督左宗棠创办的。但没有几个月，清政府又调他到陕甘去镇压回民之乱，船厂的工作，就交给了洋务派的另一个著名人物沈葆桢。这个造船厂的主要目的，固然是在制造兵轮，但另有一个目的，就是要培养人才。所以船厂之中，又附设船政学堂（原名“求是堂艺局”）。所要培养的人才分两种：第一种是“造船”的，希望他们作“良工”；第二种是“驭船”的，希望他们作“良将”。据说，当时造船的学问，以法兰西为最好，所以学造船的，必读法文及法文书中的造船学问；驭船的学问，则以英国为最好，所以学驭船的，必须读英文及英文书中的驭船学问。法文班称为“前学堂”，英文班称为“后学堂”。严复进的是“后学堂”——学习英文与驭船术。

一八六七年春初，严复到了福州城南的一所古老的定光寺——艺局的临时校舍——和百多个少年一同开始学习西学了。校中功课，除了英文外，有算术、几何、代数、解析几何、割锥、平三角、弧三角、代积微、动静重学、水重学、电磁学、光学、音学、热学、化学、地质学、天文学、航海学等，（严璩《侯官严先生年谱》）都是用英文教的，教员也都是外国人，其他还有策论、《孝经》和《圣谕广训》。但主要的还是接受新式的海军知识和训练。这与当时一般读书人所承受的教育完全两样，与严复自己过去所受邑中宿儒的四书五经，也全不相同。他十四岁时又结了婚。（严璩《侯官严先生年谱》）我们可以想见，一个传统式老成持重的少年，进入一个崭新的西化的学习环境，结果将孕育出什么样中西合璧的杰出人才。

严复在福州船政学堂苦学五年，于十九岁时毕业（据当时上海《字林西报》刊载，事实上，一八六七年入学时，计有一〇五名学生，其后死六人，六十人因故退学。一八七三年底只有三十九人在籍，且仅有十四人完成堂课船课，严复又居此十四人中之前茅，主修驾驶管轮，其难能可贵如此）。关于严复这五年的学生生活，我们找不到别的材料，我们只找到他自己五十年后的一段简短的回忆：

> 不佞年十有五，则应募为海军生，当是时，马江船局司空草创未就，借城南定光寺为学舍，同学仅百人，学旁行书算，其中晨夜伊毗之声，与梵呗相答，……回首前尘，塔影山光，时犹呈现于吾梦寐间也，已而移居马江之后学堂。（池仲佑《海军大事记》中严复所作弁言）

这样读了五年，十九岁毕业于船政学堂，以最优等毕业，遂被派到军舰上实习。起先在建威号船上，曾南至新加坡、槟榔屿等地，北至直隶湾、辽东湾等地。第二年，福州船厂自己制造扬武等五兵船，严复又改派在扬武舰上，“巡历黄海及日本各地”。这个时候，“日本亦始创海军，扬武至长崎、横滨各地，聚观者至数万人”。过了两年，即一八七四年，日本阴图侵略台湾，严复曾随沈葆桢到台湾，“测量台东各海口，并调查当时军事情形，计月余日而竣事”。（见池仲佑《海军大事记》及严璩《侯官严先生年谱》）

扬武号船长德勒塞服务了三年要辞职回去时，临别赠言给严复，说道：“君今日于海军学术，已卒业矣。不佞即将西归，彼此相处积年，临别惘然，不能无一言为赠。盖学问一事，并不以卒业为终点；学子虽已入世治事，此后自行求学之日方长。君如不自足自封，则新知无尽，望诸君共勉之，此不特海军一业为然也。”严复听了这几句话，非常感动。（《严几道年谱》）

一八七三年秋天，船政大臣沈葆桢奏请派遣船政学堂优良毕业生赴欧洲深造。总理衙门援据派送幼童赴美前例议准。但因经费没有着落，而不久日本又构衅台湾番社，此事便延缓了三年才实现。严复在军舰上实习和工作了五年，就被遣派到英国留学去了。

三、留学英伦

清政府曾于一八七二年（同治十一年），开始派遣一批学生到美国留学，每年三十名，四年中共派去一百二十名。这批学生中，后来有成为著名工程师的，如詹天佑；也有成为著名官僚的，如梁敦彦、唐绍仪、伍廷芳。至于严复，则是清政府所派遣的第二批留学生。这一批学生都是福州船政学堂出来的，他们不到美国而到欧洲；回国以后，他们也都在海军方面工作。甲午战争中几艘主要军舰的管带（舰长），如刘步蟾、林泰曾、方伯谦、林永升、叶祖珪、萨镇冰等，都是这次与严复同批出国留学的。

船政学堂本不预备选送学生到外国去留学，后来李鸿章、沈葆桢等觉得洋员都将期满回国，而中国的工匠还不能替代洋员支持这个局面，认为他们只能“就已成之绪而熟之，断不能拓未竟之绪而积之”，所以李鸿章、沈葆桢等主张将从前已经毕业的学生，选送到外国去深造。他们向清廷奏议说：

臣窃以为，欲日起而有功，在循序而渐进。将窥其精微之奥，宜置之庄岳之间。前学堂习法国语言文字者也，当选其学生之天资颖异，学有根底者，仍赴法国，深究其造船之方，及其推陈出新之理；后学堂习英国语言文字者也，当选其学生天资颖异，学有根底者，仍赴英国，深究其驭船之方，及其练兵制胜之理。速则三年，迟则五年，必事半而功倍，盖已升堂者求其入室，异于不得其门者矣。（见《船政奏议汇编》卷九，同治十二年十月十八日沈葆桢《船工将竣谨筹善后事宜折》）

一八七七年三月（光绪三年二月）严复等三十余人，搭乘官轮“济安”号离开福州前往香港。四月五日又登轮离开香港，分别前往英国和法国。（《船政奏议汇编》卷九，同治十二年十月十八日沈葆桢《船工将竣谨筹善后事宜折》中载有这三十多人的详细名单。折中说：“华监督道员李凤苞，暨洋督日意格（法人），于二月十七日带同随员马建忠，文案陈季同，翻译罗丰禄，制造学生郑清廉、罗臻禄、李寿田、吴德章、梁炳年、陈林璋、池员铨、杨廉臣、林日章、张金生、林怡游、林庆昇，艺徒裘国安、陈可会、郭瑞珪、刘懋勋，驾驶学生刘步蟾、林泰曾、蒋超英、方伯谦、严宗光（即严复）、何心川、林永升、叶祖珪、萨镇冰、黄建勋、江懋祉、林颖启等，乘坐本厂济安轮船开赴香港。”）

一八七七年三月严复赴欧后，先被派到朴资茅斯（Portsmouth）大学院肄业，后来又转入格林威治（Greenwich）海军大学（Royal Naval College），其间曾赴法国游历。在该校进修的主要课程有：数理、高等算学、气象、化学、物理、驾驶、海军战术、海战公法、镕炼枪炮和营垒等。在这段留学期间有两件事特别值得注意。其一：严复的成绩表现，虽然“考课屡列优等”，但比较其他同学，并不杰出。（见《船政奏议汇编》卷十八，光绪六年十二月十八日黎兆棠折；又见严璩《侯官严先生年谱》，及陈宝琛《清故资政大夫海军协都统严君墓志铭》。在船政学堂求学时，据《船政奏议汇编》对各人的评语说：“其驾驶心细胆大者，则为粤童张成、吕瀚为之冠，其精于算法量天尺之学者，则闽童刘步蟾、林泰曾、蒋超英为之冠。”留欧时期，则刘步蟾、林泰曾二人成绩特著，而蒋超英“所造独深”。严复虽然也有“考课屡列优等”之语，但同时出去的艺徒如郭瑞珪、刘懋勋、裘国安等也均列优等，“浦削合考”，郑清廉且得第一名，故一般人说严复在英国时，考试常列第一，陈宝琛《清故资政大夫海军协都统严君墓志铭》也说：“是时日本亦始遣人留学西洋，君试辄最”恐怕是没有根据的。）另一点是，与严复一同到英国学海军驾驭术，预备他日做“良将”的十二名留学生中，都曾在军舰上实习，唯独严复一人例外，从来没有到军舰实习过。综合上述两点，至少显示了严复当时所怀抱的志趣，已经不为“良将”的人生境界自限了。他的思想显然已超越了洋务运动所标榜的练兵自强的说法，进一步努力摸索，研究可使中国复兴的根本道路了（王蘧常著《严几道年谱》于其留英情形非常简略。此据包遵彭《清季海军教育史》页六二、六三。包书指出：“后学堂驾驶管轮学生在英国进修情形，一如前学堂学生，一般书籍记载甚少，海军部旧档存有梁同怿所著《马江海军学校》抄稿，为唯一记载较详而具系统者。”又参见 Knight Biggerstaff：*The Earliest Modern Government Schools in China*, pp. 233–4）。吴相湘在其《天演宗哲学家——严复》一文评论此事说：“历来论者均以严留英回国后未展所长，不知最初之因材施教计划，严实用得其所。译述西洋名著，对国家之贡献，更出意想之外。而同时留学归来之刘步蟾、林泰曾、方伯谦等，于甲午战争时身败名裂。萨镇冰较幸运且长寿，民国时任海军总司令，然其成就贡献比较严复实不可同日而语。”又说：“严复在第一届留英海军学生中之被如此特别安排，显示当局针对严之个性特长学识，因材施教，使其注重理论。乃有计划地培植，使其成为教育后进之领导人才。严复后来对国家服务方向即决定于此。而其对国家之贡献，实远超过最初计划。”均为公允卓辟的史论。（见《民国百人传》第一册，页三三七、三五三）

严复在留英期间，不斤斤于学业课程之间，而居伦敦者且二稔，于英国法度，尤加意广泛深刻地观察，留意西方的社会组织与政治制度。例如：他曾到过英国法庭，“观其听狱，归邸数日，如有所失”，认为这就是“英国与诸欧之所以富强”的原因。（见孟德斯鸠《法意》卷十一，《严译名著丛刊》五，页八）因为他们不仅“司法析狱之有术”，还有“辩护之律师，有公听之助理，抵暇蹈隙，曲证旁搜，盖数听之余，其狱之情，靡不得者”。又如他看到英国城市，治理得井井有条，认为“莫不极治缮葺完，一言以蔽之，无往非精神之所贯注”；这两件事都是民治活动的功劳，因为有“议院代表之制，地方自治之规”，所以能“和同为治”，“合亿兆之私以为公”了。而反观中国当时的贫困与积弱，推其原因，是由于专制政治不许人民参加政治，“谋国者，以铃制其民之私便，必使之无所得为于其间，乃转授权于莫知谁何，视此如传舍之人，使主其地”，这样的社会自然公理不申，上下乖离了。他认为中国人民都是“苦力”，而西洋人民都是“爱国者”，“夫率苦力以与爱国者战，断断无胜理也”。（见《严几道文钞》页八四）他甚至以生理学的眼光，比较英法人民身材的长短，以及在学时不婚娶等事实，认为“东方婚嫁太早之俗，乃不可以不更，男子三十，女子二十，实至当之礼法，诚当以令复之，不独有以救弊，亦稍已过庶之祸”。可以想见他观察之精细与关切层面之广了。

从时代背景看，严复的感触自非偶然的，严复留学英伦那段时期，正是十九世纪七十年代，维多利亚王朝声名文物鼎盛，恰与腐败清廷的落伍局面，成了一个很强烈的对照。严复身历其境，渐渐感受到这种社会组织与政治制度的背后，自有其文化思想的基础，因此，他乃更进而研读了当时流行于西方的许多哲理性著作。我们可以想象到，严复所最倾心的，以后又在他的著作中常常提到，或亲自翻译他们著作的，如亚当斯密、孟德斯鸠、卢梭、边沁、穆勒、达尔文、赫胥黎、斯宾塞等人，严复大概都已开始评阅他们的著作了。但是对严复及其同时代中国人来说，特别值得注意的思想界大师是生物学家达尔文。当严复留学英伦时，正是达尔文的《物种原始论》出版了二十年之后。这种生物演化的科学原理，经“社会达尔文主义”学派的始祖斯宾塞推衍为一种极富笼罩力的社会决定论。这一思潮不仅震撼着当时欧洲的学术界，且更进而支配了二十世纪初年中国社会文化运动达三十年之久。这是本文另一章所要侧重描述和分析的。

严复对当时西方政治社会的深锐的观感，以及他研读自然科学与社会科学名著的一些哲理性见解，曾坦诚向一位开明的长者剖析了他的看法，而博得了这位长者的惊奇与赏识。这位开明的长者便是清政府第一任驻英公使郭嵩焘。郭嵩焘是一向自命为最了解世界大势的洋务派进步人物，但对于严复的才华识见却很折服，引为忘年交。每逢假日或公余之暇，严复常到使馆与他“论析中西学术政制之异同，往往日夜不休”。他们之间的对话是极其直率坦诚的，严复曾就旁观英国法庭审判讼案的感想告诉郭嵩焘说："英国与诸欧之所以富强，公理日伸，其端在此一事。"（《法意》十一卷按语）后来，郭嵩焘还写信给他的朋友说："出使兹邦，唯严君能胜其任，如某者，不识西文，不知世界大势，何足以当此。"（《严几道年谱》页七，并陈墓志）长者对他的鼓舞和推崇，也许对严复后来写政论的动机，有很深刻的启迪和影响。《严几道年谱》根据陈墓志，有一段错误的记载，为后人广泛附会，故特予此稍加澄清。年谱"光绪三年……先生二十五岁"一条："是时日本亦始遣人留学西洋。伊藤博文、大限重信之伦皆其选，君试辄最……"据此，历来论者多以严复与伊藤博文同学于英国云云，实大错误。吴相湘曾在《天演宗哲学家——严复》一文中，考订此事。查伊藤初次游学英国在一八六三年九月二十三日至一八六四年三月。严复留英则为一八七七年至一八七九年。两人留英时间差距约十四年。又按光绪二十二年（一八九七年）三月，船政大臣边宝泉奏疏有云："日本现在执政大臣，多与我第一届出洋学生同堂肄业。岂中国学生资质尽在人下哉？盖用之则奋发有为，人人有自请自献之思，不用则日就颓落，人人有自暴自弃之境。"其时严复担任天津水师堂总办已有十余年，正以政议时评震动朝野，是边宝泉应别有所指，且其所谓"多与"更显非指特定之一人。此文要可谓有关传说之最早渊源。而严逝世后，林纾撰诔辞有"彼东人之所谓元勋者，君实与此辈同学"。陈宝琛撰《墓志铭》，又有"是时日本亦将派人留学西洋，（严）君每试皆最，同学叹服。……而日本同学归者皆用事"。亦均未指明伊藤，而好事之徒竟糅合"执政大臣"、"元勋"等普通名词，为伊藤一人专属名词，历史传说经层层堆积而讹传，此为一好例。

四、献身海军教育

公元一八七九年六月（光绪五年五月）严复自英伦学成归国（据年谱有一段传闻记载，严复“归国途中，风雨夜至，波浪滔天，船将坏，逼近一岛，遂与数人跃入海浮沉，久之，始达于岛。岛固无人，恐为鸟兽所袭，发手枪以警之，适有他船过闻枪声，知有人在，移舟救之，始免于难”。见《近五十年见闻录》）。当时船政大臣吴赞诚即聘他为马江船政学堂教习。第二年，即一八八〇年（光绪六年），李鸿章在天津另外创办了一个海军学校——北洋水师学堂，调任严复为总教习（教务长）。自此，严复就在这里任事达二十年之久，直到一九〇〇年（光绪二十六年）义和团运动发生，他才脱离了这个学校，也才正式结束了献身海军教育的生涯。在这漫长的二十年间，严复的心路历程经过了不少波折。

初任北洋水师学堂总教习的头几年，仿佛对西洋的学术尚抱持着浓厚的兴趣，用功很勤。一八八一年（光绪七年）他读了英人斯宾塞（Herbert Spencer）的《群学肄言》（*Study of Sociology*），对社会达尔文主义学派的精义，有进一步的了解，后来在《群学肄言》译余赘语中，他写下了一段深刻的感言：

“不佞读此在光绪七、八之交，辄叹得未曾有。尝言生平独往偏至之论，及此始悟其非，以为其书实兼《大学》、《中庸》精义而出之以翔实，以格致诚正为治平根本矣。每持一义，又必使之无过不及之差，于近世新旧两家学者，尤为对病之药，虽引喻发挥，繁富吊诡，顾按脉寻流，其义未尝晦也。其《缮性》（Discipline）以下三篇，真西学正法眼藏，智育之业，舍此莫由。斯宾塞氏此书，正不仅为群学导先路也。”又在《天演论》导言十三按语中说：“其后译斯宾塞《群谊篇》、柏捷特（Bagehot Walter）《格致治平相关论》（*Physics and Politics*）两书，以飨学者，阐发人道始群之理。”

就私人关系论，在洋务派的领导人物中，严复与沈葆桢的关系应该最密切。因为福州船厂是左宗棠、沈葆桢所创办的；也因为沈葆桢的激赏，严复才成为船政学堂第一届的第一名录取生；也因为沈葆桢和李鸿章的会奏，严复这一批人才能到欧洲留学。光绪初年，沈葆桢的政治势力很大，他凭借两江总督的地位，努力扩充南洋的海军，俨然与李鸿章的北洋海军分庭抗衡。就这个形势发展下去，严复及一部分杰出的船政学堂的留欧学生，是会网罗在沈葆桢的势力之下，而有很好的政治前途与发展的。但是机遇凑巧，严复刚回国不到几个月，即一八七九年（光绪五年）冬天，沈葆桢就去世了。（见《清史稿·列传》卷二〇〇《沈葆桢传》）全部海军势力就逐渐集中在北洋大臣李鸿章的掌握中。严复也就在这种形势转变之下，与李鸿章发生了长期的主属关系。

北洋水师学堂与福州船政学堂的性质，略有不同。福州船政学堂是造船与驾驶两科并重的，也就是工科与海军的混合学校，而北洋水师学堂则专重驾驶，是一个较纯粹的海军学校。北洋水师学堂设在天津城东八里，机器制造局的旁边，校舍甚具规模，“堂室宏敞整齐，不下一百余椽。楼台掩映，花木参差，藏修游息之所，无一不备。另有观星台一座，以备学习天文者登高测望”。（见张焘《津门杂记》中卷，光绪十年刊本，页一九）这是李鸿章培养北洋系海军人才的地方。

严复在北洋水师学堂的职位是总教习（教务长），但事实上他却担负了总办（校长）的责任。因为总办按照惯例，由候补道等级的官僚充任，而严复当时的资格仅是武职的都司，所以担任总办的是吴仲翔而不是严复。一方面，又受了派阀的影响，不为李鸿章所器重，遂想借科举的老路博取功名，参与政治。因此他曾两应福建乡试（光绪十一年和十九年），两应顺天乡试（光绪十四年和十五年），但都失败了，可以想见他当时心境的苦闷与失望。（见严谱和陈墓志）后来他有答郑孝胥的《解嘲诗》，生动地描写当时对科考的心情说：

少日贱又贱，身世随所遇。与官充水手，自审非其脚。
不祥固金性，时时冶中跃。每逢高轩过，气欲偃溟渤。
慑然为之下，肩耸足自躩。窃问客何操，乃尔势旁魄？
咸云“科目人，转瞬即台阁；不者亦清流，师友动寥廓”。
忽而大动心，男儿宜此若。私携媲皇坟，背人事钻灼。
更买国子生，秋场期有获。谁知不量分，铅刀无一割。

至一八八九年，他才报捐同知，以知府选用，而升任为北洋水师学堂的会办（副校长）。第二年升任总办（校长）。再过两年，因海军保案，他又从选用知府升到选用道员。（见严璩《侯官严先生年谱》）这个四品官衔，是严复终其一生，在传统中国官僚阶层中，所升迁的最高地位了。

但是严复对他自己的处境和地位，并不觉得满意。一方面，他对李鸿章的拔擢缺乏知遇之情，时有“不预机要，奉职而已”的感慨。另一方面，他不相信李鸿章所举办的这些洋务事业可以救中国，可以使中国复兴。海军的建设，就是一个最明显的例子。有一次，当时海关总税务司英人赫德曾有一席批评的话，严复便深违其言。赫德说：“海军之于人国，譬犹树之有花。必其根干枝条，坚实繁茂，而与风月水土有相得之宜，而后花现焉。因花而实，树之年寿，亦以弥长。今之贵国海军，其不满于吾子之意者众矣，然必当于根本处求之，徒苛责于海军无益也。”（见池仲佑《海军大事记》中严复所作《弁言》）

严复深知赫德之言背后所隐藏的道理。他一心希望中国独立富强。他看到当时的所谓洋务，只是充满了官场的腐朽习气，而东方岛国的日本，自明治维新以来，却日益强盛，且进侵台湾，吞灭琉球。他就常常痛心地宣扬，如果这样下去，再过三十年，中国领土与“藩属”将被吞灭殆尽，那时候中国就要像老牛一样，让外国侵略者牵着鼻子走了。这种激越的爱国言论，自然开罪了当道的李鸿章，两人的关系便越疏远了。（见陈宝琛《清故资政大夫海军协都统严君墓志铭》）严复在家书中对自己当时的处境，有一段痛苦的描写：

“自来津以后，诸事虽无不佳，亦无甚好处，公事仍有人掣肘，不得自在施行。至于上司当今作官，须得内有门马，外有交游，又须钱钞应酬，广通声气，兄（严复自称）则三者无一焉，何怪仕宦之不达乎？置之不足道也。”（见严群先生（严复侄孙）家藏书札《与堂弟观澜书》）又林耀华《严复社会思想》（载燕京大学《社会学界》第七卷）云：“李鸿章初甚器重先生，尝示意其执贽称弟子，而先生勿屑也。”

严复在北洋海军系统中，抑郁不得志，就想凭借他个人的才力，企图另谋发展。在中法战争后，甲午战争前的十年间，严复另谋发展的主要动向之一，就是想抛开军界，而由科举出身。但是他的奋斗是失败了。另一个动向就是走进企业界。他曾与王慈劭投资创办河南修武县的煤矿，资本万数千，严复约占其半。（见严群先生家藏书札）但是在轻商主义的传统根深蒂固的社会里，这种小型企业，并不能帮助他的政治活动。他也曾听说：张之洞对他“颇有知己之言”，就想舍北就南，“冀或乘时建树”。（见严群先生家藏书札）但是这件事也没有成功。即使张之洞网罗了严复，在那种洋务派的官僚系统的结构里，严复也是不可能施展抱负的。这样长久的屈抑不伸，渐渐使他走上了疏离与抗议之途。到了一八九四年（光绪二十年），他对英法联军战役的感言，几乎不幸而应验。甲午中日战争爆发，中国海陆军均遭惨败，而海军居然在四小时内毁于一旦。这种形势的重大变化，有如一声巨雷之响，使严复从科场的梦想中惊醒过来，严复在寄给长子的家书中，很痛切地说："大家不知当年打长毛捻匪诸公，系以贼法子平贼，无论不足以当西洋节制之师，即东洋得其绪余，业已欺我有余。中国今日之事，正坐平日学问之非，与士大夫心术之坏。由今之道，无变今之俗，虽管葛重生，亦无能为力也。"严复遂决心以撰写论文、翻译西书、介绍新知来警醒国人。通过文字言论的鼓吹，宣扬他的维新主义的改革主张，他的生命史，从此迈向了一个学术救国的崭新阶段了。

五、四篇警世论文

严复生平最重要的一个阶段，是在甲午战后，戊戌政变前的三年间（一八九五——一八九八年）。在这一阶段中，他是维新运动的一个最杰出的思想家和言论家。一八九五年三月，他受了甲午战争失败的刺激，在天津《直报》撰刊多篇专论：《论世变之亟》、《原强》、《救亡决论》、《辟韩》，分析内外情势，比较中西文明，就充满了危机哲学的语调。第一篇《论世变之亟》是一篇批判性很强烈的文章，攻击了所有顽固守旧的主张，提出了他维新思想的引论。他强调历史发展的规律，即所谓“运会”。他说“运会既成，虽圣人无所为力”。圣人的作用只在“知运会之所由趋，而逆睹其流极……裁成辅相，而置天下于至安”。他开宗明义就指出中国处境的危急：“今日之世变，盖自秦以来，未有若斯之亟也”，“我四千年文物声明，已涣然有不终日之虑”，“我国人不虚心以求知西方真相，徒塞一己之聪明以自欺”。他相信这种世变、这种运会，是“自秦以来，未有若斯之亟”，是“天地已发之机”，不是人为力量可以阻挡的，而只能在承认这个形势的基础上，讲求救国自强之道。他抨击嘲讽守旧派故步自封的、一厢情愿的思想，妄图把中国自我孤立起来，“使至于今，吾为吾治，而跨海之汽舟不来，缩地之飞车不至，则神洲之众，老死不与异族相往来，富者常享其富，贫者常安其贫”……严复指斥了这种孤立思想的谬误：

“夫士生今日，不睹西洋富强之效者，无目者也；谓不讲富强，而中国自可以安，谓不用西洋之术，而富强可以自致，谓用西洋之术，无俟于通达时务之真人才，皆非狂易丧心之人不为此。然则印累绶若之徒，其必矫尾历角，而与天地之机为难者，其用心盖可见矣。”严复在《论世变之亟》里，更进而剖析中西社会文化的差异，提出一个比较的观点，而归结到“自由论”的阐释：

西方不外于学术则黜伪而崇真，于刑政则屈私以为公而已。斯二者，中国理道初无异也。顾彼行之而常通，吾行之而常病者，则自由与不自由异耳。夫自由一言，真中国历古圣贤之所深畏，而从未尝立以为教者也。西人之言曰：唯天生民，各具赋畀，得自由者，乃为全受，故人人各得自由，国国各得自由，第务令无相侵损而已。而且，中国理道与西法最相似的，曰恕、曰絜矩。然谓之相似则可，谓之真同则大不可也。何则？中国恕与絜矩，专以待人及物而言，而西人自由，则于及物之中，而实寓所以存我者也。自由既异，于是群异丛然而生。粗举一二言之，则如中国最重三纲，而西人首明平等；中国亲亲，而西人尚贤；中国以孝治天下，而西人以公治天下；中国尊王，而西人隆民；中国贵一道同风，而西人喜党居而州处；中国多忌讳，西人众议评。其于财政也：中国重节流，而西人重开源；中国追淳朴，而西人求欢虞。其接物也：中国美谦屈，而西人务发舒；中国尚节文，而西人乐简易。其于为学也：中国夸多识，而西人尊新知。其于祸灾也：中国委天数，而西人恃人力。

从价值观念看来，严复在这篇论文里所提供的，简直是一张中西文明优劣的对照表了。而他如此大胆颂扬“自由”，对“自由”一词赋予那么重要的定义，对当时的中国人更有石破天惊之感。

严复提出了中西文明比较观，为他的危机论的新思想作了一个引论之后，进一步写成并发表了《原强》，全面提出了他自己的救国理论。他在这篇近代中国思想史上具有划时代重要性的文献里，阐释了四个精辟的论点：

（1）他根据英国斯宾塞（H. Spencer）的学说，认为一个国家的强弱存亡，决定于那个国家国民的“血气体力之强”、“聪明智虑之强”、“德行仁义之强”，“是以西洋观化言治之家，莫不以民力、民智、民德三者，断民种之高下，未有三者备而民生不优，亦未有三者备而国威不奋者也”。这篇论文，一开头就先赞叹达尔文的贡献，说自从一八五九年，达氏的《物种原始》出版后，“欧美二洲，几于家有其书，而泰西之学术政教，一时斐变”。从生物学的达尔文主义，推及社会学的达尔文主义，他推崇社会达尔文主义学派的宗师斯宾塞，认为他的功绩，就在于能以达尔文生物科学中所发明的进化原理，普遍应用于宇宙万物，特别应用于社会科学。他认为斯宾塞“宗天演之术，……谛通天地人禽兽昆虫草木以为言，以求其会通之理。始于一气，演成万物，继乃论生学心学之理，而要其归于群学（社会学）焉，夫亦可谓美备也已！”因此他就提出斯宾塞所说国家强弱存亡的三大标准 :“体力”、“智虑”、“德行”。这是社会达尔文主义所塑造的富强观的雏形，也是西方演化论经系统介绍而输入中国的肇始。

（2）严复在《原强》里，提出了他的危机哲学的观点。他即运用“智”、“德”、“力”三个标准，来考察当时中国危亡的处境。他揭示了当时国防的溃弱、官场的腐败和人才的凋零 : 在外的将士，则“将不素学，士不素练，器不素储，一旦有急……曳兵而走，转以奉敌”。官僚阶层方面则“人各顾私，……于时事大势，瞢未有所知。……其不肖者，且窃幸事之纠纷，得以因缘为利”。更严重的是，在专制政体的束缚之下，民间人才也凋零寂灭了，“乃吾转而求之草野闲巷之间，则又消乏雕亡，存一二于千万之中，意谓同无，何莫不可！”这样长久持续下去，则“岁月悠悠，四邻眈眈，恐未及有为，已先作印度、波兰之续。……呜呼！吾辈一身不足惜，如吾子孙与四百兆之人种何！”这幅中国文明没落衰亡的历史图像，为严复的危机论提供了一个深刻有说服力的背景。

（3）严复探讨了中国危机的迫切，进而提出了他的维新主义的救国主张。他认为中国自救之道，必须是改革式和渐进式的，切不可操之过急。他一再引申斯宾塞的话，以为“民之可化，至于无穷，唯不可期之以骤”，相信要谋求国家的富强，必须“相其宜，动其机，培其本根，卫其成长，则其效乃不期而自立”。严复站在温和型的改良主义的立场，显明地拒斥了当时比较激进的社会主义的革命的政治主张。严复知道西洋各国虽然号称富强，但社会上贫富悬殊，所以西洋近代有“均贫富之党起，毁君臣之议兴”的社会主义的革命运动。严复认为这种政治主张是不正确的，因为“此之为患，又非西洋言理财讲群学者之所不知也。彼固合数国之贤者，聚千百人智虑而图之，而卒苦于无术。盖欲救当前之弊，其事存乎人心风俗之间。夫欲贵贱贫富之均平，必其民皆贤而少不肖者，皆智而无其愚而后可。否则今日取一国之财而悉均之，而明日之不齐又见矣”。严复在这里强调“人心风俗”的重要，为以后翻译阐释赫胥黎（T. Huxley）的《演化与伦理》（*Evolution and Ethics*），亦即《天演论》一书的写作，做了基本的铺路工作，晚年更衍化为儒家伦理哲学的再肯定，自有其思想脉络可寻。严复即以“伦理道德”与“聪明知识”为前题，遂反对中国骤然实行均贫富的政治。他总结地说：“是故国之强弱贫富治乱者，其民力、民智、民德三者之证验也。必三者既立，而后其政法从之。”这个基本观点，可以说相当唯心，而且是反唯物的。

（4）最后，严复在《原强》里，提出了救国的根本方案和具体办法：“今日要政统于三端：一曰鼓民力，二曰开民智，三曰新民德。”

所谓“鼓民力”，就是禁止鸦片与禁止缠足。所谓“开民智”，最主要的是废除八股，提倡西学。他认为中西教育学术的根本差异在于西洋则“先物理而后文词，重达用而薄藻饰，且其教子弟也，尤必使自竭其耳目，自致其心思，贵自得而贱因人，喜善疑而慎信古”。所以他引赫胥黎的话说：“读书得智，是第二手事，唯能以宇宙为我之简编，民物为我文字者，斯真学耳。”至于中国的学术教育呢？“中土之学，必求古训，古人之非，既不能明，即古人之是，亦不知其所以是。记诵词章既已误，训诂注疏又甚拘。江河日下，以至于今日。经义八股，则适足以破坏人才，复何民智之开之与有耶？”因此，他坚决主张要讲西学，废科举：“欲开民智，非讲西学不可；欲讲实学，非另立选举之法，别开用人之途，而废八股试帖策论制科不可。”至于“新民德”，严复认为最主要的办法是创立议院。他分析中国人自私的根源，在于专制政体下，皇帝一向把人民当奴隶。他说："诸君亦尝循其本，而为求其所以然之故欤？盖自秦以降，为治虽有宽苛之异，而大抵皆以奴虏待吾民。""夫上既以奴虏待民，则民亦可以奴虏自待。夫奴虏之于主人，特形劫势禁，无可如何已耳，非心悦诚服，有爱于其国与主，而共保之也。"反观西洋的民主制度，议院是平等精神的象征。法令由议院制订，官吏由人民推举，因此，人民遵守政府法令，也就是"各奉其自主之约"，"出赋以庀工，无异自营其田宅。趋死以杀敌，无异自卫其室家"。他主张"设议院于京师，而令天下各公举其守宰。"有了这样健全的议会和选举制度，那么"民之忠爱"、"地利之尽"、"道里之辟"、"商务之兴"以及"民各束身自好，而争濯磨于善"，都可以借此自然地发展起来、表现出来了。这个道理，虽"圣人复起，不易吾言矣！"

上述我们简要地介绍了严复在《原强》一文中，所发挥的全面的维新理论。他的基本观点是改良主义的，要复兴中国必须培养民力、民智、民德。而具体的方案不外禁止鸦片与禁止缠足；废除八股而提倡西学；废除专制独裁，而实行君主立宪的议会选举制度。

关于废除八股科举制度的主张，严复在《救亡决论》中，有更透澈的发挥和阐释。他很深刻地指陈了八股取士的危害性和提倡西学的必要性，并强调变法之不可缓。"天下理之最明，而势所必至者，如今日中国不变法，则必亡而已。然则变何先？曰：莫亟于废八股。"他进一步描述了八股考试制度的种种毒害，然后下结论说："然则救亡之道当如何？曰：痛除八股，而大讲西学，……东海可以回流，吾言必不可易也。"重申了他"开民智"必先废科举、讲西学的主张。

严复又在《辟韩》一文里，充分阐扬了他的"新民德"一方面的救国见解。这篇文章的主题，就是反驳韩愈所作《原道》中的专制思想，而发挥了西方十九世纪自由主义启蒙思想的民主理论。他先引韩愈《原道》中主张专制政治的典型理论。韩愈说：

君者，出令者也；臣者，行君之令而致之民者也；民者，出粟米麻丝，作器皿，通货财以事其上者也。君不出令，则失其所以为君，臣不行君之令，而致之民，则失其所以为臣，民不出粟米麻丝，作器皿，通货财以事其上，则诛。

严复认为韩愈的社会政治理论是错误的，而孟子所说："民为贵，社稷次之，君为轻"的话才是正确的。严复肯定孟子的观念是"古今之通义"，而韩愈却只"知有一人，而不知有亿兆"人民。严复进一步指出中国政治文化中的反专制的民主传统。他援引老子所说的："窃钩者诛，窃国者侯"的事实，"自秦以来，为中国之君者，皆其尤强梗者也，最能欺夺者也"。这些强梗的窃国大盗，正应该打倒，怎能像韩愈一样，"使安坐而出其唯所欲为之令"，还振振有词地说什么这就是"天之意，道之原"。难道"天之意固如是乎"？"道之原固如是乎"？

严复驳斥了韩愈的《原道》，进一步便积极地提出了他的民主政治的理论。他的基本架构是《民约论》的，认为正因社会上"有其相欺，有其相夺，有其强梗，有其患害"，而一般人民却忙于生产劳动，势不能兼顾，于是一般人民就会很自然地根据"通功易事"的原则，"择其公且贤者，立而为之君"。这意义就是要阐明："吾耕矣织矣工矣贾矣，又使吾分其所得于耕织工贾者，以食子给子之为利广而事治也！"依照严复的观点看来，这就是国家之所以发生，国君之所以需要的理论根据。这种类似《民约论》的学说，并不是十八世纪的法国才勃兴的，其实在西洋，在中国政治文化思想的脉络中，都可以追溯到某些根源。《辟韩》说起来是一篇很激烈的文章，特别在那个启蒙时代里，显得非常突出。这篇文章发表了两个月以后，张之洞就教屠守仁作了一篇《辨辟韩书》，在《时务报》发表，痛骂严复说："今辟韩者溺于异学，纯任胸臆，义理则以是为非，文辞则以辞害意，乖戾矛盾之端，不胜枚举。"据说严复当时传闻将罹不测之祸，经人多方疏解才安然无事。可以想见这一篇文章的汹涌激荡，而一种新思想、新议论要在一个旧社会取得响应支持，是如何艰难了。

以上就是严复在一八九五年（光绪二十一年）所发表四篇政治思想的论文——《论世变之亟》、《原强》、《救亡决论》、《辟韩》的主要内容。他强烈地要求通过创立议院与提倡西学的方法，来挽救中国的危亡。他希望中国从改革的过程中建立起一个十九世纪自由主义的开明的君主立宪国家。在四篇论文中，以《原强》最重要，因为在该文中，严复全面地提出了自己的救国理论，已如上述。后来严复又有《原强续篇》发表（按：《原强续篇》，一向未被人注意。因为严复修改载于《直报》的《原强》时，将这篇约二千余字的文字全部删掉了。《原强》发表于一八九五年三月初，谈的是自强变法的理论观念。当时清政府派遣北洋大臣李鸿章到日本求和，准备接受马关和约的条款。消息传来，举国震惊，舆论哗然。严复痛感国亡无日，形势危急，乃于三月二十九日发表了《原强续篇》，呼吁继续抗战，反对签署对日和约），是一个很激烈的主战派。在这篇《原强》的续篇中，严复痛斥李鸿章的主和政策，认为"'和'之一言，其贻误天下，可谓罄竹难书矣！""今日北洋之靡烂，皆可于'和'之一字推其原"。严复很坚决地主张抗战到底，他说："今日之事，舍战固无可言！""唯有与战相终始，万万不可求和，盖和则终亡，而战可期渐振。"严复分析了当时中日双方的客观形势，认为日本方面，表面上虽然胜利了，统治者狂妄嚣张，但实际上则战争中消耗严重，国力空虚，人民终会感到战祸的惨痛，起来反抗。而中国方面则"民心日辑合，民气日盈"。严复分析了和战的利害得失之后，认为当前除抗战之外，别无他途可循。他要求全国同胞有长期抗战的决心，“十年、二十年”，最后一定可以击败侵略者。严复这些爱国主张，终于在几近半个世纪以后的历史壮烈的发展中实现了。

从思想史的视野看来，更值得注意的一点是，《原强》这篇文章，系统地提出了一个演化论的思想基础。他开宗明义就介绍并赞扬达尔文的学说和他的伟大贡献：“今之扼腕奋矜，讲西学，谈洋务者，亦知近五十年来，西人所孜孜勤求，近之可以保身治生，远之可以经国利民之一大事乎？达尔文者，英之讲动植之学者也。承其家学，少之时周历寰瀛，凡殊品诡质之草木禽鱼，裒集甚富，穷积眇虑，垂数十年，而著一书曰《物种探原》。自其书出，欧美二洲，几于家有其书，而泰西之学术政教，一时斐变。”基于这样深切的认识，严复便决心要系统化地介绍达尔文生物演化论的思想，他首先便选择了赫胥黎的《天演论》。

六、严复译赫胥黎《天演论》

光绪二十一至二十四年（一八九五—一八九八年）间，严复所陆续发表的论文，使他成为全国注目的人物，但当时影响最大，而使他最负盛名的，还是他所翻译的一本书——《天演论》。《天演论》原书名《演化与伦理》（*Evolution and Ethics*），是英国生物学家赫胥黎（T. Huxley）的论文集。严复选译其中前二篇，简称为《天演论》。可以说，进化论之系统地输入中国，是从严复开始的。严复二十多岁留学英国之时，达尔文的进化论已经盛极一时，并且那时候达尔文、赫胥黎等都健在，严复当时对于进化论早已倾服笃信，回国以后，更是不断钻研；这样，进化论就成为严复全部哲学思想及政治思想的基石。这在上面所说《原强》一文中，已可看出清晰的轮廓了。

不难了解，严复之翻译《天演论》是有他实际的政治意义的。他的目的，就是要运用进化论所谓"物竞天择，适者生存"的基本原理，向全国人士敲起国家危亡的警钟。这本书是在甲午战争失败的刺激下翻译的，初稿至迟于一八九五年完成，可能还在一八九四年，当时曾有人将他的初稿私自印行，以后修改稿曾在《国闻报》陆续发表，但直至一八九八年四月（光绪二十四年三月），《天演论》才正式出版。这部译稿曾得到当日桐城派著名文学家吴汝纶的鼓励与赞赏，吴汝纶对《天演论》的倾倒之情，可以从下面一封信里看出：

得惠书并大著《天演论》，虽刘先主之得荆州，不足为喻，比经手录副本，秘之枕中。盖自中土翻译西书以来，无此宏制，匪直天演之学，在中国为初凿鸿蒙，亦缘自来译手，无此高文雄笔也。

又说：

前读《天演论》，以赫胥黎氏名理，得吾公雄笔，合为大海东西奇绝之文，爱不忍释，老懒不复甄录文字，独此书则亲笔细字，录副袭藏，足以知鄙人之于此文，倾倒至矣！

吴汝纶还为他斟酌文句，出版时还为他制作序文。序中认为

“文如几道，可与言译书矣！”又以为“自吾国之译西书，未有能及严子者也”。严复对于古文的造诣之深，及吴汝纶等的赞扬宣传，都使《天演论》在当时知识分子间，发生更大的影响。

赫胥黎的基本论点是：生物不是自古不变的，生物发展的基本现象是，“使生生者各肖其所生，而又代趋于微异”。为什么有这样的进化现象呢？其原因就是物竞与天择。什么叫做物竞与天择呢？物竞者，物争自存也，以一物与物物争，或存或亡，而其效则归于天择。……斯宾塞曰：天择者，存其最宜者也，这样，“一争一择，而变化之事出矣！”

赫胥黎又认为这种生物的发展规律，同样可以用来解释社会现象，他认为“小之极于跂行倒生，大之放乎日星天地。隐之则神思智识之所以圣狂，显之则政俗文章之所以沿革；言其要道，皆可以一言蔽之，曰天演而已！”严复完全相信赫胥黎这个主要论点，在《天演论》每篇译完之后，常加按语，发表自己的意见，按语之长，往往超过译文。严复认为种族与种族之间，国家与国家之间，也是一个大竞争的局面。在竞争中，谁最强横有力，谁就是优胜者，谁就能生存，否则就是灭亡。照他说来，欧洲国家之所以能够侵略中国，就是因为他们能不断自强，不断提高“德、智、力”以争胜；美洲澳洲本土居民之所以日衰，就是因为他们“浑浑噩噩”。因此中国人别再妄自尊大，谈什么“夷夏之辨”了，要老老实实地承认：侵略中国的，正是“优者”，被侵略的中国，正是“劣者”，在国际生存竞争中，中国正处在亡国灭种的严重关头，我们应该何去何从呢？愿意做亡国奴呢？还是愿意力争自己的生存呢？我们应该有所抉择了。他感慨万千地说：

嗟夫！物之生乳者至多，存者至寡，存亡之间，间不容发。其种愈下，其存弥难，此不仅物然而已，美、澳二洲，其中土人日益萧瑟，此岂必虔割朘削之而后然哉？资生之物所加多者有限，有术者既多取之而丰，无具者自少取焉而啬，丰者近昌，啬者邻灭，此洞识知微之士，所为惊心动魄。于保群进化之图，而知徒高睨大谈于夷夏轩轾之间者，为深无益于事实也。

严复《天演论》出版后，立刻轰动一时，在社会上发生巨大的影响，不仅像吴汝纶这样典型的士大夫，看见了《天演论》会欣赏其议论之精，文辞之美，简直如“刘先主之得荆州”；就是当日维新派的许多重要人物，也对它称叹不已。在《谭嗣同全集》中，虽然我们找不到他对于《天演论》的观感，但是，我们知道谭嗣同是非常钦佩严复的。当他初次看到《时务报》上所载的《辟韩》时，就曾写信给朋友说，这篇文章“好极，好极”，能写这样好文章的，“意者其为严又陵（复）乎”？可想而知；谭嗣同不会不注意严复这一译著的。梁启超更一直钦佩严复，他还是最早读《天演论》译稿的一个人，《天演论》还没有出版，他就加以宣传，并根据《天演论》做文章了。就是康有为，一向是目空一切的，但从梁启超处看到《天演论》译稿后，亦谓“眼中未见此等人”，承认严复是“译《天演论》，为中国西学第一者也”。至如夏曾佑，更是“佩钦至不可言喻”。所以，《天演论》在未正式出版之前，就已誉满于主张维新的士大夫之间，及至光绪二十四年（一八九八年）出版以后，其影响于社会，就更深远了。当时，小学教师往往拿这本书作课堂教本，中学教师往往拿“物竞天择，适者生存”做作文题目，青年们也往往不顾长辈的反对，偷偷地看《天演论》。事实上，不上几年，《天演论》便成为一般救国人士的理论根据，而“物竞天择，适者生存”等等名词，也成为社会上最流行的口头禅了。许多人还将这些名词作为他们自己或子女的名字。胡适是一个典型的例子，他在《四十自述》中，对这段心路历程有很生动的描述：

《天演论》出版之后，不上几年，便风行到全国，竟做了中学生的读物了。读这书的人，很少能了解赫胥黎在科学史和思想史上的贡献。他们能了解的只是那“优胜劣败，适者生存”的公式在国际政治上的意义。在中国屡次战败之后，在庚子辛丑大耻辱之后，这个“优胜劣败，适者生存”的公式，确是一种当头棒喝，给了无数人一种绝大的刺激。几年之中，这种思想像野火一样，延烧着许多少年的心和血。“天演”、“物竞”、“淘汰”、“天择”等等术语，都渐渐成了报纸文章的熟语，渐渐成了一班爱国志士的“口头禅”。还有许多人爱用这种名词做自己或儿女的名字，陈炯明不是号竞存吗？我有两个同学，一个叫孙竞存，一个叫杨天择。我的名字也是这种风气底下的纪念品。

胡适这段随感录是很有代表性的，因为当时许多知识分子，都经验了相仿佛的心路历程，这在数据上到处可以覆案。可以说，《天演论》是二十世纪启蒙中国青年的文学实录了。

为什么这本书能这样风行一时，能这样得到巨大的社会影响呢？我们知道，在《天演论》出版以前，当日大家所接触到的西学书籍，只是江南制造局所翻译的浅近的科技著作，以及广学会传教士们所出版的一些译著，这些当然不能满足人们追求新知的要求，《天演论》可以说是中国近代史上第一部深入西方文化而有学术价值的译著。同时，赫胥黎不仅是当日一位杰出的科学家，并且还是一位极好的散文家，再加上严复的雅驯古文及其翻译时审慎的态度，都使本书在当日所谓高等的读书人中间，具有更大的说服力量，能够得到更广泛的传播。但《天演论》所以风行一时，最主要的原因还是因为当时险恶的政治形势。第一次鸦片战争、第二次鸦片战争（英法联军之役）、中法战争，特别是甲午战争的失败，已使人感觉到国家的前途危机重重；《天演论》出版的那一年——光绪二十四年（一八九八年），又正是瓜分危机最严重的时候，德国、俄国、英国、法国、日本等帝国主义国家，都在掠夺势力范围，要求租借地与筑路权，中国的锦绣河山快要被他们瓜分了，每一个爱国的中国人，都要发出这么一个问题：中国真的要亡国么？还是仍旧可以奋发图强呢？《天演论》就是要回答这个问题的。《天演论》告诉人们：中国真是危机重重，因为侵略中国的国家，无论在德、智、力哪一方面，都要比中国强，根据《天演论》中"优胜劣败"的规律，中国将要灭亡了！但是《天演论》又告诉人们（这正是赫胥黎不同于斯宾塞处）：人的努力，可以"与天争胜"而终"胜天"，只要人治日新，国家就可永存，种族就可以不坠。严复借着《天演论》的翻译而呼吁：只要发愤，变法自强，中国仍旧可以得救，存亡死生，其权仍旧操之于我！《天演论》就这样，在民族危机中充任了警钟的作用。这是它所以风行全国的最主要的原因。这一点，我们在另一节将有进一步的申论。

根据史华滋教授的解析，斯宾塞诠释的达尔文进化理论，在西方的思想界，可说是最具革命性；而严复所欲引进中国的，也是这种观念。至于《物种原始》（*Origin of Species*），严复并不热衷介绍，因其未能切合时宜。在达尔文的理论中，严复所关心的，乃是人类行为；生物学方面，他并不重视。

严复的愿望就是翻译斯宾塞的著作，但是在《天演论》的按语中，他表示："斯宾塞其书之深广，实难得其津涯，遑言译之。"光绪二十三年，他在《国闻报》译《群学肄言》两个章节，但对斯氏《第一原理》（*First Principles*）及其他著作却认为无法胜任；不过当务之急，乃是将其诠释达尔文主义的理论翻译出来。

对于赫胥黎的《天演论》，严复注重的并不仅是"其中所论，与吾古人有甚合者"，而且也是"自强保种之事"；"自强保种"可以说是他译《天演论》的主因，也是年轻人热烈关切的问题。大家必须熟知社会达尔文主义，至于达尔文主义的基本理论是否与古人相合，则无关宏旨。

不过却有一个似是而非的问题存在，赫胥黎的《天演论》并非阐扬社会达尔文主义的，反倒是攻击社会达尔文主义的，也就是反对十九世纪末盛行于英美的斯宾塞的正统理论。一般人以为赫氏赞同并且诠释达尔文主义，实际上是错误的。赫氏强调的是人类伦理观，而不是进化伦理观。《天演论》的正名应该是《演化与伦理》（*Evolution and Ethics*），而非如严复所译，只是演化（On Evolution）一词。赫氏虽然提倡自然主义，但强调“伦理并非出自自然”，因此斯宾塞轻率认定的宇宙观，他并不赞同。他反对佛教“弃世”与禁欲的作为，但也不是提倡旺盛的生命力及生生不息的宇宙观。我们知道，进化论中也包涵了逆转的说法，这就是“退化的现象，由复杂趋于简单”。《天演论》一直强调“社会的进展并非宇宙的过程，而是伦理的过程。……社会伦理的进展并非模仿宇宙的过程，亦非规避，而是与之抗衡”。从这里我们可以看出，严复亟于从达尔文的宇宙观寻求人类行为的准则，他积极的态度不同于赫胥黎悲恻的理论，同时严复寻求富强的信念，也不是赫胥黎只是著书立说所可比拟。

既然观点不同，那么严复何以译《天演论》呢？在《天演论》中，赫胥黎曾简洁、清晰甚至以带有诗味的语气叙述达尔文主义的观念，但他并非解释人类社会进化的事实，而是说明自然的过程。他详尽地描述人类的变化，以及“在屋内观窗外大地景色”的自然演变历史，这种锐利的观察，科学工作有时无法传神，而这些事迹，更令严复撰文评述马尔萨斯（Malthus）的《人口论》。既然赫氏对人类的兴趣甚于宇宙的进化，因此他将人类思想的历史加以分类，包括苏格拉底直到今日的进化论史，以及东方（尤其指佛教）和古希腊对人类生命观的争论；人类对罪恶与痛苦的态度，也包括在不同文化中。苏格拉底时代的人民以及古印度人都相信痛苦是与生俱来的，因此希腊人认为生命应该极度求欢乐，可是后来的禁欲派却以冷漠的态度求内心的宁静；而印度人认为痛苦是一种高度文化的表征，因此反对进化论。佛教的教义是由婆罗门教演绎而来，认为物相只不过是“知、情、意、思”的幻境。这些到最后却导致巴克莱（Berkeley）及西方理想哲学讨论的范畴。

这种种说法虽然纷纭多歧，不过严复认为这正是人类智慧的表现，也表示文化的共通性。关于这些问题，严复并未涉及佛教，不过佛教的思想已被溶入古希腊各种学派以及茱迪亚（Judea）和现代西方的理论里。赫胥黎引证巴克莱的观念，使得严复有机会研究苏格拉底以来西方哲学的认识论，而《天演论》一书，更使得严复去探讨人类种族的问题。总之，《天演论》令中国知识分子察觉，中国人和野蛮人实无差异，乃出同一种源。

史华滋教授又认为：赫胥黎不赞同斯宾塞的理论，严复则恰好相反，并且一直为斯氏辩护。在着手译《天演论》时，严复已经了解这本书的意旨，不过在序言中，他还是忠实叙述赫氏反对斯宾塞“任天为治”的观念。严复始终赞扬斯宾塞，因此《天演论》的译文中包涵了两个主题——一方面是赫胥黎的观点，一方面以斯宾塞的理论来驳斥赫胥黎。

那么，主要主题是什么呢？赫胥黎反对斯宾塞将宇宙进化的理论运用在政治与社会的问题上。可是从两层意义来看，赫氏的人道伦理观显然不如斯氏的进化伦理观真确。其一：在专制国家里，社会乃是由其具有超凡智慧的社会专家所治理，他们有系统并且谨慎地运用令人类社会发展的法则，此乃势之所趋，无足为奇。其二：斯宾塞者流咸认为进化乃是自然界不争之事实，而人世的仪节，乃是人类的一种园艺工作，和宇宙发展过程并不相悖。同时，“狂热个人主义”派也反对赫氏的论点，他们以进化的伦理观表示人类应该漠视他人的痛苦。赫胥黎强调“社会的进展并非宇宙的过程，而是伦理的过程，人类的园艺工作与道德行为亦不可以宇宙的过程来衡量。若谓这种见解在逻辑上讲不通，那么可能逻辑本身就是错误。……文明的历史，乃是在寰宇内建造一物相的世界”。而唯有实践他的理论，人类才有能力防止宇宙超道德之无政府的产生。

根据史华滋教授的结论，严复反对赫氏的见解，在宗教、形而上、伦理、社会或政治上表露无遗；不管其态度是维护传统或反传统，他终究是赞同斯宾塞的理论。

在宗教上，严复并不信仰基督教，而他崇拜的西方思想家亦皆非基督徒，不过在《天演论》中，他却谈到老庄、佛教，以及印度梵语的奥谛。李约瑟认为道教皆虚幻之言，与印度宗教不可相提并论，严复不以为然。他表示佛道或宋理学的义理与斯宾塞的“不可知论”（Unknowable）相通，亦即是他本身所谓的“不可思议”。斯宾塞认为世上一切复杂、异种、有组织的事物皆来自“不可知”，老子也表示“万物”皆源于“无”。虽然“不可知”并非人类的理智与语言所可触及，老庄和释迦牟尼也表示“奥谛”（Ultimate）乃不可说，《道德经》开宗明义亦谓：“道可道，非常道。”但严复还是积极地去探索奥义的所在。事实上，“奥谛”之不可说与不可知，已成为今日神秘文学的特征。

斯宾塞既倡“不可知论”，表示他已穷尽事物的奥理，因此否认一切的“可知论”；严复虽然提出“不可思议”，但其观点和斯氏不同。他认为斯氏之“不可知”即是佛教之“涅槃”，梵语之“婆罗门”和宋理学的“万物本体”，达到真正的宗教意境。“世人不知，以谓佛道若究竟灭绝空无，则亦有何足慕；而智者则知，由无常以入常存，由烦恼而归极乐”。严复认为“不可思议”的观念会产生宁谧与慰藉的心情，亦正是他汲取西方思想的一个准则。此时严复有两种态度，一方面积极寻求国家富强，提倡物力论和自信心以及鼓民力、开民智、新民德；一方面表示外在物界皆为幻想，而从烦恼中寻求慰藉。严复认为尽管外在世界在进化，“不可知”仍然是人类生、老、病、死种种忧患中，心灵上的唯一寄托。

严复对佛学的兴趣，并非基于个人的好奇。在他同时代的人物，像康有为、谭嗣同、梁启超、章太炎及王国维等，皆对佛学感兴趣，虽然彼此动机各不相同，不过似乎有一种动力在驱使他们寻找儒学之外的立论，用以维系社会伦理的准则。

赫胥黎反对秩序调谐的宇宙观，严复并不赞同，而他的宇宙观，则基于两种认识，自神秘一方面看来，则景仰“奥谛”；自动态一方面看来，则承认进化论。如同斯宾塞，他认为上述这两种认识，并没有逾越事物的组织结构。

赫胥黎的宇宙观，乃是基于伦理的立场，他认为宇宙完全是漠视生灵万物；同时他也反对传统的基督教，表示基督教的伦理观（或是《圣经》的伦理观）应该重视个人的价值。同样是人，不应该有适者与不适者之分，而这点正是他反对斯宾塞的理由。

严复以奥秘的泛神论及人群的社会达尔文主义，反对赫胥黎这种似是而非的论点。赫氏表示“宇宙漠视生灵万物”，似乎与老子“天地不仁，以万物为刍狗”的观点相通。但十九世纪西方之人道主义者，并没有因此而反宇宙，同时，“老子所谓不仁，非不仁也，出乎仁不仁之数，而不可以仁论也”。老子之恻隐之心并非悲观，而是欢喜，盖道家皆欲与“道”结合，而不愿随万物幻灭——而前者正是造万物之源。倘若个人的生存并不具任何价值，那么赫氏的反对“不可知论”显然不能成立，因此严复不同意赫氏的“小宇宙的质点可反应大宇宙的缺失”的论调。总之，斯宾塞的“不可知论”乃是宗教与科学的泉源，从科学的立场来看，它可以解释人群社会之达尔文“进化伦理观”。

严复也反对赫胥黎把宇宙与人类发展过程并置的观念，他表示“其谓群道由人心善相感而立，则有倒果为因之病。盖人之由散入群，原为安利，其始正与禽兽下生等耳，初非由感通而立也。夫既以群为安利，则天演之事，将使能群者存，不善群者灭。善群者何？善相感通者是。然则善相感通之德，乃天择以后之事，非其始之即如是也。其始岂无不善相感通者，经物竞之烈，亡矣！赫胥黎执其末以齐其本，此其言群理，所以不若斯宾塞氏之密也”。

斯宾塞表示，除善相感通外，自我完成（self-assertion，严复译为“自营”）也是人类进化的一个要素。赫胥黎虽然承认这是人类经济生活必然的事实，不过他认为此乃兽性的行为，必须以社会伦理的力量加以控制。严复同意斯宾塞的论点，并且表示以社会道德结合群众和个人发挥潜能以求利，也是人类进化必然的现象。故严复并没有以进化论来反对社会进展的现象，而是以社会存在的事实来确证进化论。

不管是赫胥黎或斯宾塞，其对宇宙发展过程与人类发展过程的观点，皆曾引起严复探讨的兴趣，同时也令他回顾中国哲学思想上常争论的一些问题——难道荀子和孟子并未探及赫氏或斯氏的观念？赫胥黎认为人类想要在宇宙间建立一个高超的伦理道德标准是徒劳无功的，这种观点颇似荀子与柳宗元的论调。荀子认为宇宙并无道德存在，柳宗元也表示人类文化完全是“人工”文化，造作不自然，亦即是“伪”文化，也是赫胥黎所谓的“艺术”文化。严复曾谓：“前篇皆以尚利为天行，尚德为人治，争且乱则天胜，安且治则人胜。此其说与唐刘（禹锡）柳（宗元）诸家天伦之言合，而与宋以来儒者，以理属天，以欲属人者，致相反矣。大抵中外古今，言理者不出二家，一出于教，一出于学。教则以公理属天，私欲属人，学则以尚力为天行，尚德为人治。”而赫胥黎的态度乃是“以理属天，尚德为人治”。

显然此时严复欲寻求一种人类思想的共通性，以代替东西文化的二分法，其态度固然必须就事论事，同时也不可存有“东西方思想家遇到同样的问题会产生同样的观念及运用同样的方法”的构想。严复以大家熟悉的事物来解释大家不熟悉的事物，其动机可能带有教育性，因他以特殊的文体表达，即周、宋两代思想上各种派别的词汇。同时，严复表示思想的共通性不因时空或文化背景不同而有差异，因此他认为赫胥黎没有理由赞同荀子、柳宗元而反对斯宾塞、老子及朱熹。

东西方皆有同样的问题产生：人类生存的价值应顺应宇宙的法则，还是横逆之？严复对西方的情况非常了解，以斯宾塞为例，其伦理观十分新颖，如同老子和朱熹，完全以宇宙为基准。他认为宇宙包涵了“意志力”及“自我完成”的现象，并且实现在人世上。宋代理学家（或西方之禁欲者）咸认宇宙表现的，乃是一种否定的（negative）、抑制的（inhibitory）伦理观。荀子和赫胥黎不承认宇宙和伦理有什么关系，因为宇宙本身并非是一种道德；斯宾塞则认为即使宇宙将“自我完成”与“自利”制限在理性的范畴，其伦理观亦是表露无遗。

严复服膺斯宾塞宗教、伦理、社会和政治上的论点，同时也极钦佩其在学术上的成就，因其学说自成一种体系，完密无缺。他也表示斯氏的学说可以解释任何物相，“以天演自然言化，著书造论，贯天地人而一理之”。此理可运用在“农商工兵语言文学之间”。斯宾塞认为一切事物皆“始简易而终杂糅”，从星象至国事，莫不如此。严复了解其综合哲学之奥义，因此说：“苟善悟者深思而自得之，亦一乐也。”同时严复对其一元宇宙论亦深信不疑，以此作为救时弊及观物相的准则；赫胥黎的观点与此相格，自然为严复所驳斥了。

总之，史华滋教授认为，严复以《天演论》一书来阐释斯宾塞的进化哲学，而赫胥黎的观点仅是用以对照而已。在此书中，严复亦陈述其宗教、形上学及伦理观，尤其对社会达尔文主义，剖析得更是淋漓尽致。虽然这些论点并没有叙述革命的价值，不过一般中国学子已能领略到社会达尔文主义的意旨了。

七、亚当斯密的《原富》

《原富》原名 *An Inquiry into Nature and Causes of the Wealth of Nations*，或译作《国富论》，为英国经济学家亚当斯密（Adam Smith, 1723—1790）所著，是十九世纪经济学的经典著作。原书出版于一七七六年，戊戌变法的前一年（即一八九七年，光绪二十三年），严复便着手翻译此书，至一八九八年（光绪二十四年）译成五册，但还不及半部，曾寄交吴汝纶，请他校阅。吴汝纶回信说："斯密氏《计学》稿一册。敬读一过，望连成之。"这是春间的信。秋间又给他的信道："惠书并斯密氏《计学》四册，一一读悉。斯密原书，理趣甚奥衍，思如芭蕉，智如泉涌，盖非一览得其深处。执事雄笔，真足状难显之情，又时时纠其违失，其言皆于时局痛下针砭，无空发之议，此真济世之奇构。"一八九九年（光绪二十五年），又续成四册，吴汝纶的信说："惠示并新译《计学》四册……谨力疾拜读一过，于此书深微，未敢云于少得，所妄加检校者，不过字句间眇小得失。"一九〇〇年四、五月间（光绪二十六年三、四月间），又续成《原富》五册，并寄请吴汝纶作序。吴汝纶说："下走老朽健忘，所读各册，已不能省记，此五册始终未一寓目，后稿更属茫然。"直到年底，《原富》翻译稿才全部脱手。一九〇一年（光绪二十七年），严复将首二篇交上海南洋公学译书院出版，至一九〇二年十月（光绪二十八年九月），全书出版（共五篇）。《原富》与《天演论》不同，译笔比较严谨。"虽于全篇文理，不能不融合贯通为之，然于辞义之间，无所颠倒附益"。

当《原富》首二篇出版时，梁启超即在《新民丛报》上加以推荐，认为"严氏于中学西学，皆为我国第一流人物，此书复经数年之心力，屡易其稿，然后出世，其精美更何待言！"但是，他对于译文的深奥难解，表示不满："吾辈所犹有憾者，其文章太务渊雅，刻意摹仿先秦文体，非多读古书之人，一翻殆难索解。夫文界之宜革命久矣！欧美日本诸国文体之变化，常与其文明程度成正比例……况此等学理邃赜之书，非以流畅锐达之笔行之，安能使学童受其益乎？著译之业，将以播文明思想于国民也，非为藏山不朽之名誉也。文人结习，吾不能为贤者讳矣！"梁启超的批评并没有错，但严复却替自己辩护，认为"若徒为近俗之词，以便市井乡僻之不学，此于文界，乃所谓陵迟，非革命也"，并且"不佞之所从事者，学理邃赜之书也，非以饷学童而望其受益也，吾译正以待中国多读古书之人"。

严复很了解循经济途径寻求国家富强的重要性，当他在英国求学的时候，就细心观察他们政府的组织制度，认为有良好的组织制度，国家才能致富，并且由富而致强。同时，在斯宾塞的综合哲学里，经济也占了相当重要的地位。斯氏认为，"工业时期"乃是人类进化的最高峰，而此时的经济结构必须与正统的经济学家的理论相配合。工业时期的企业家注重的乃是个人潜能的发挥，严复所以反对儒学过于消滞人力，其主要原因正是如此。此时严复一方面受斯宾塞理论的影响，一方面鉴于英国富强的事实，于是乃转而研究造成这种力量的始祖——亚当斯密。在《原强》一文中，严复曾说："东土之人见西国今日之财利，其隐赈流溢如是，每疑之而不信，迨亲见而信矣，又莫测其所以然；及观其治生理财之多术，然后管其悉归功于亚当斯密之一书。"赫胥黎不同意人类生活应该求"自利"，但严复极力维护"自利"的观念，表示"晚近欧洲富强之效，识者皆归功于计学。计学者首于亚当斯密氏者也，其中亦有最大公例焉，曰大利所存，必其两益"。

在《译事例言》中，严复讲耶方斯（Jevons）、马夏律（Alfred Marshall）乃引经济学渐入演绎，而亚当斯密则以归纳发展其经济理论，这完全是就穆勒的自然进化观点而言。"此二百年来，计学之大进步也。故计学欲窥全貌，于斯密《原富》而外，若穆勒、倭克尔（Francis Amasa Walker）、马夏律三家之作，皆宜翻译"。《原富》内容乃是经济学的基本理论，而非总评或论断，所以严复优先加以翻译。不过严复在按语中表示亚当斯密以后的经济情况曾有很大的变动，其理论有些已不合时宜，理嘉图（David Ricardo）、穆勒、罗庚斯（Rogers）就曾加以改进，但尽管情况变动，亚当斯密还不愧是一位大家。严复一方面介绍理嘉图的"地租论"（theory of rent），一方面也介绍"劳动价值论"，而翻译《原富》及加上自己的按语，除亚当斯密外，至少也表达了马夏律的正统经济发展观。

严复翻译《原富》，其目的也是借此以寻求国家的富强，但这种观点如何与亚当斯密的个体经济论相配合？亚当斯密反对护商主义，然而护商却是导致国家经济成长的主要方策。海克斯特（Eli Heckscher）曾著书表示"护商乃以增进国家利益为目的"，"护商乃是用以巩固经济政策"。这种观点应该与严复致国富强的目的相一致，那么严复推崇亚当斯密，又是什么道理呢？

亚当斯密认为，所谓"团体"（society）乃指构成社会的群众而言，那么团体的利益即是个人的利益，若谓社会（a society）则是总体名词，须以国家的立场为出发点，故社会、国族（nation）、国家（country）意义相通。亚当斯密将书名称为《计学》，或将其中一章称为《论邑业兴而野业转进之理》（How the Commerce of the Towns Contributed to the Improvement of the Country），其理由亦是基于此。不过在严复的译文里，都将亚当斯密对“团体”、“社会”、“国家”或“公利”的观点统合为“国家利益”的观点。

严复并非否认个人的利益，但认为群体、国家的利益应该重于一切。亚当斯密认为“国富”乃是社会群体所创造出来的财富；严复表示“国富”乃一总合名词，包括国家的财富与权力，而国家以此力量在强权如林的世界所提倡，以及实施在维多利亚时代英国的经济自由论，乃是致国富强的良方，亦即强调发挥个人的潜能。

在《原富》的按语中，严复不惮其烦地阐释这个观点。《原富》最后一章《论国债》中，有一段谈论到投资国债的问题。亚当斯密表示，人民投资国债而政府以岁入偿还的方式，只有在商业与生产达到相当程度的社会才可实现，而战争是造成投资增加的主要因素。不过“永久的投资”会造成国家经济的崩溃，很多国家因此而导致“贫瘠与孤立”，但英国却免于此难。亚当斯密解释此乃“英人以节省储蓄的方法弥补英政府浪费于社会上的资金，因此在战后，其农业繁盛，生产突飞猛进，终而偿还债务。这种事实，在一世纪前几乎没有人会相信”。尽管如此，亚当斯密却信持另一想法，他认为过额投资终将会毁灭英国。

严复感到惊讶的，乃是英国能够偿还其国债，同时亦能增进其财富。亚当斯密于此有一精辟的解释，严复亦谓：“顾英债虽多，而国终以富强者……凡物皆有其所以然之故。……英国自斯密氏之世以来，其所以富强之政策众矣，格致之学明于理，汽电之机达于用，君相明智，而所行日行。然自其最有关系者言之，则采是书之言……于是除护商之大梗，而用自由无沮之通商。”简单地说，英国的行径，乃是以发展人民的潜能为宗旨。虽然在亚当斯密时代盛行护商政策，但其后已转变为自由通商了。

“而中国固如何乎？甲午庚子两战以来，国债之加者不知凡几，而其财又皆贷之于外国”。同时，人民的潜能亦尚受压制。观诸中国历史，人民之经济观及经济活动尚停留在静态的阶段，因此，国债增加或税收加重，都会导致社会经济的分崩离析。只要人民发挥能力以从事生产，国家定不虞贫弱。这种观点，严复在《亚当斯密传》中阐释无遗。他说：“英国债之积已多……顾英国负虽重，而盖藏则丰。至今之日，其宜贫弱而反富强者，夫非制镇廓门，任民自由之效欤？”

亚当斯密以十八世纪军事费用为例，指出财富的重要性。虽然严复认为由此会增加国家的负担，但若无财富，国家无以强盛。“欧洲武备之贵，以斯密氏之世持较今日，殆蔑如也。……自乾嘉以来，欧洲民权忽伸，庶业猛进。说者谓百年所得，不啻古之千年，非妄诞也。……大抵继今以往，国之强弱，必以庶富为重，而欲国之富，非民智之开，理财之善，必无由也”。中国欲成为富庶之国，一方面要革除保守无为之习，一方面（如亚当斯密所说）人民必须积极从事经济活动，发挥其经济能力。

史华滋教授指出，若谓《原富》之译文有些曲解原文，关键在于严复过于强调自己的观点，例如亚当斯密表示个人求自利乃为“群祉”，严复就改写为致国富强。在译文按语中，严复虽然一直强调民生之利，但终究还是以国家为重。尽管如此，两者注重自由经济的观念则是相互一致。虽然严复能够将亚当斯密的理论改写为自己的观点，但有些问题还是困扰着他，主要在于个人求自利的态度与中国儒学的道统观不合。从儒学的观点来看，亚当斯密的经济观比斯宾塞的形上论更具破坏性。

不过在儒学的政经理论里，却表示政府不得干涉工商业，即强调自由放任主义。商人可以从事自由买卖，政府如果干预，就违反商业道德。在一八九〇年代，中国一些文人已能改变传统儒学的观念，而将眼光着重在国家上面，其目的无非是致国富强，例如李鸿章、张之洞等，可是他们还是反对个人求自利的态度，亦即尚维持着“士为首，商为轻”的观念。不过吴汝纶却能提出问题的关键所在：“然而不痛改讳言利之习，不力破重农抑商之故见，则财且遗弃于不知。……以利为讳，则无理财之学。”

严复当然也注意到这个问题，并且试图加以调和，因此再求诸亚当斯密的理论。这次严复是从其《德性论》（*The Theory of Moral Sentiments*）一书中求得答案，而非《原富》。“《德性论》言俗之所以成，其与同时哲学家异者，诸家言群道起于自营，《德性论》谓起于人心之相感”。斯宾塞和赫胥黎亦受《德性论》影响，赫胥黎曾在《天演论》中申论这个观点。斯宾塞也表示“利己心”乃是造成社会团结与相感的主要因素，严复亦深有同感；而严复从穆勒的观点更深信自利与相感或“恕”能够互存。边沁认为一切事物皆出于自利，亚当斯密则表示“义”与“利”可以相辅相成。严复谓：“然而犹有以斯密氏此书为纯于功利之说者，以谓如计学家言，则人道计赢亏，将无往而不出于喻利，驯致其效，天理将已，此言厉矣。独不知科学之事，主于所明之诚妄而已，其合于仁义与否，非所容心也。且其所言者计也，固将非计不言，抑非曰人道正于为计，乃已足也。从而尤之，此何异读兵谋之书，而訾其伐国；睹针砭之论，而怪其伤人乎？”

严复指出，世界诸国对于自利与非自利之说，皆各执一词，不独中国为然；即“义利”的观念只有古今不同，而无东西方的差异。“而治化之所难进者，分义利为二者害之也。孟子曰：亦有仁义而已矣，何必曰利；董生曰：正谊不谋利，明道不计功。泰东西之旧教，莫不分义利为二涂，此其用意至美，然而于化于道皆浅，机率天下祸仁义矣！”严复表示自利之说在西方已渐次受到重视，中国要迈向自利说的境界，首先必须接受进化论：即一方面提倡自利的观念，一方面发展人民的潜力。

因此，“义”与“利”本不可区分。“自天演学兴，而后非谊不利非道无功之理，洞若观火，而计学之论，为之先声媒。斯密之言，其一事耳，尝谓天下有浅夫，有昏子，而无真小人，何则？小人之见，不出乎利，然使其观长久真实之利，则不与君子同术焉，固不可矣！……故天演之道，不以浅夫昏子之利为利，亦不以溪刻自敦滥施妄与者之义为义”。这种立论与韦伯（Weber）之“新教及其论理观”（Protest and Ethics）相似。亚当密斯和斯宾塞也表示自利不能太具实利的观点，必须有高尚的节操辅助方才可行。如上所述，真正的自利确能引人奋发向上而导致富强，但在中国，由于官僚贪污苟利，而且不从事生产，故自利之说无由产生。在西方，不管自利抑或利人，其利益皆以国家目的为归皈；而在中国，由于小我之义的倡导以及士大夫私欲心的横行，社会因而暗弱不振了。这是严复藉亚当斯密的经济观点，对中国社会的现状所提出的针砭了。

八、斯宾塞的《群学肄言》

《群学肄言》原名 *The Study of Sociology*，即《社会学之研究》，为英国“社会达尔文主义”（Social Darwinism）的大师斯宾塞（Herbert Spencer, 1820—1903）所著，原书出版于一八七三年。

斯宾塞生平的重要著作是《综合哲学》一书，《群学肄言》则为入门之作。严复初读此书，在“光绪六、七年之交”（一八八〇一一八八一年），那时他才二十九岁。回国之后不久，他大为倾服，“辄叹得未曾有”。一八九七年（光绪二十三年），严复“为国闻报社成其前二篇”（按全书共十六章），即《砭愚篇》与《倡学篇》，总二篇而名《劝学篇》。以后“事会错迕，遂以中辍，辛丑乱后，赓续前译”，于一九〇一至一九〇二年（光绪二十七一八年）陆续译完，至一九〇三年（光绪二十九年），始将全稿交上海文明编译书局出版。

严复在一八八一年初读英人斯宾塞之《群学肄言》（*The Study of Sociology*），史华滋教授认为这本书对严复以后的思想影响很大。我们现在且推究其原因。

《群学肄言》是斯宾塞在一八七二年应其美国弟子优曼教授（Professor Youmans）之邀而著，但不能代表他社会学思想的体系。他主要的思想，在《社会学原理》（*Principles of Sociology*）一书中已表露无遗。不过《群学肄言》确实是一个研究社会学的导引，从情感、伦理以及学术的方针着手，但内容可能稍过于主观。

《群学肄言》反映出斯宾塞的进化观，严复虽然赞叹《群学肄言》，但并非全盘接受，因他在英国也念过达尔文的进化论以及斯宾塞的其他著作。严复认为《群学肄言》兼《大学》《中庸》精义，而出之以翔实，以格致诚正为治平根本，这与《大学》中“欲正其心者先诚其意，欲诚其意者先致其知，致知在格物”不谋而合，而严复着重在“诚意”与“致知”两项。但总括而言，各项必须循次有序，相辅相成。

严复对中国传统文化的见解，笔者将在下文撰述，在此不多赘言。一般中国知识分子对西学的观念，似乎只着重在伦理的范畴，严复除了四书外，也受了斯宾塞理论的影响。严复读了《群学肄言》，尝言“生平好为独往偏至之论，及此始悟其非”。斯宾塞理论的根底，并不在重蹈古贤的言论，而是阐释西学“诚意”之道；严复在中国及英国学得的知识，也不是为实用之途，乃是求得真理，而两者的方针，皆归向于“中庸”。《群学肄言》乃是西学中用以“治国平天下”之圭臬，“以学术、诚意和正直为其磐石”。严复谓其《缮性》（Discipline）以下三篇，“真西学正法眼藏，智育之业，为群学导先路”。斯宾塞在群学之后又加注语，谓群学乃是将正德、利用、厚生三者之业融合于一贯。

严复译《群学肄言》之目的有二，其一乃是以哲学思想作为科学训练的基础，其二则以此为“治平”的准则。在《原强》一文中，严复谓：“斯宾塞者，宗天演之术以阐人伦治化之事，又用近今格致之理术，以致修齐治平之境。”

不过以中国的论点来看斯宾塞的思想，可能会过于以偏概全。斯氏的理论不须知识分子付诸行动，而是以一超然的立场观看社会的进化。他认为社会乃是一个有机体，其发展应该是自由地实行了演化的方式，以英国和美国的社会为然。这种论点，乃是针对工业社会的政治家和改革者而言，一般的民众倒是次要。他表示社会科学不是教导社会应该是如何的模式，而是认清社会的进化乃是依自然的方式发展。

对严复而言，社会科学应该还有改变社会的功用——使其达到富强的地步，英国即是以斯宾塞的理论而致富，虽然斯氏本身并未察觉。不过严复也认为理论本身并不能发挥作用，而要以科学的态度去实现。严复和斯宾塞的论点虽然不同，但在甲午之前，严复探求西方“富强”之道时，发现其和斯宾塞的理论有莫大的关系。

我们知道，严复极其推崇斯宾塞，斯氏提倡宇宙绝对论，并且认为自然乃是无尽的仓库，储藏能源和力量，以各种不同、复杂的形式呈现出来。同时斯氏也阐释达尔文的进化机械论，以生物演化的观点分析社会结构，并且对自由主义有其独到的见解。严复了解这些观念，一方面来自斯宾塞，一方面亦得自当时英国的社会，两者互为因果。不过斯宾塞对于英国政府过分干预社会事项，以及亟欲扩充海外殖民地、俨然帝国主义的态度极表不满，认为是“衰落”的现象。严复一心求国家的富强，却未注意及此。

不过严复很赞赏西方“公心”的风气，这乃是自由的表征，亦即是机会平等与自治的现象，简单地说，就是“民德”。西方（尤其是英国）之所以富强，乃是个人发挥潜能，为自身的利益奋斗，从而达到大众的利益，追究其原因，主要是自由、平等与民主克其功。

因此，谈“公心”的西方人就不太了解以儒学为道统的中国，严复也认为中国传统的道德标准已不适合今日的社会。当然两者本质上的立场不同，梁启超曾表示中国人注重人际交往，却忽略了人与社会的关系。中国人为了个人或家庭的利益，有时会不顾国家的利益；而所求的利益，又不能创造社会的财富，此点迥异于西方企业家的行径。同时，一味的尽忠亦不能符合自利的要求。曩时将国家譬喻为身躯，牵一发而动全身，这种观念自甲午战后已渐渐淡薄，大家认为防日即是御国，故中国人忠君的观念自不能和西方“公心”之义相提并论。

若谓西方之“民德”，完全是自利的观念，那也不尽然。人民“求利”之风自比中国人饶富生机，而基督教在社会上更具有教育的功用。严复就一直在思考这个问题，盖即使彼之贫民，求自利外，亦知以国家之益为重，同时，基督教“临之以帝天之严，重之以永生之福，人无论王侯君公，降以至于穷民无告，自教而观之，则皆为天之赤子。而平等之义以明，平等义明，故其民知自重而有所劝于为善”。况且“上帝临汝，勿贰尔心，相在尔室”，因此“西洋子民，但使信教诚深，则夕朝惕乾，与大人君子无所异”。故“民之心有所主，而其为教有常”，大家甚至发挥所长，愿意为国捐躯。

因此，在社会教育上，基督教的功用比较中国儒学尤大，除平等之义外，尚具伦常之效。至于中国，“则姑亦无论学校已废久矣，即使尚存如初，亦不过择凡民之俊秀者而教之。至于穷檐之子，编户之氓，则自襁褓以至成人，未尝闻有孰教之者也”。因此忠孝节义的观念就无法普及民间，究其原因，乃当政者不能鼓民力、开民智、新民德使然，故“公心”不发达，是有其社会文化背景的。

因此，严复认为，只有在自由和开放的风气下，民力、民智、民德才能得到充分的发展，彼此“合群”，同心协力，为社会（国家）的富强而努力，英国可援引为例。

不过斯宾塞的《综合哲学》乃是以个人自由为前题，其“社会有机论”与国家的富强无关宏旨。斯氏认为在良好的社会里，个人的幸福应可免于各种制限与剥榨，所谓民族主义就是一种盲目的爱国心，国家的富强不见得就能保障个人的自由。他将人类的进化划分为两个时期——军国时期（militant stage）与工业时期（industrial stage），而国家正是前者的产物，此时人民为了国家的生存，不惜与外族交战，甚至动用军事的力量，因而造成好战与恐怖的社会，也形成阶级专政的现象。“这种社会结构，就须要全体人民联合，一致对外，为共同的目标奋斗，而不为一己的利益打算”。

但在工业时期，则实行自由贸易，订定契约，以自愿合作的方式代替强制。十九世纪几位思想家——包括马克思和一些正统的经济学者，咸认“国家”将会是历史名词，而民族主义的观念也会日渐消逝，斯宾塞本人也抱这种思想。可是在一八七〇年代，欧陆上及狄斯累利（Disraeli）的保王党会发生斗争，依据社会的进化原则，斯宾塞将此称为是一种“隔代遗传”（atavism）的现象。

可是严复并不关怀斗争时期或工业时期的问题，他就当时西方的情况，着重的乃是君主政体社会与工业民主社会的分野。英国是一个强权的国家，有良好的制度与组织，人民各依所能各从所事，国家乃以臻富强之境。职是之故，严复不相信所谓“衰退”（retrogression）的立论。

但显然严复对斯宾塞的观念有些误解，美国一些学者，例如索姆奈（Sumner）和优曼（Youmans），咸认为斯氏乃经济自由论者与反国家统治者，而中国文人则皆以致国富强为出发点，两者相比，前者自较客观与正确。但有一问题存在，从逻辑的观点来看，斯氏的形上学与社会学，到底是符合他自己的论点还是严复的论点？其综合哲学，应该导致无政府的个人自由，还是国家的富强？

事实上，斯氏的本体论显得很脆弱。他认为个人乃受制于大宇宙的力、数与进化，即大宇宙物理与生物的力量，其本身并不具重要的意义，不过黑格尔（Hegel）的观念刚好和斯氏相反。虽然斯氏强调社会由个人组合，但个人仅是社会组织的一个小细胞而已，它的生存价值，还是决定于社会的进化；“工业时期”的个人较“斗争时期”的个人优越，并非积极的创造性使然，而是如马克思所说，人类已进入一个社会历史的过程（socio–historic process）。

虽然斯宾塞认为个人并不具任何意义可言，但是备有民力、民智、民德的强者却是例外，因为他们是宇宙进化中的佼佼者（ultimate beneficiary），等而下之的弱者仅是用以衬托强者的生存价值；而致强者之道，非自由、政治平等与自治不为功。

斯宾塞曾将社会进化与生物进化相提并论，《社会学原理》即是阐释这种类似性。在生物方面，各器官进化以配合脑力发达为终极目标；在社会方面，则达到以国家的统摄中心为鹄的，可是到最后他却否定了这种说法。他表示：“我不同意仅注重群体的福祉而忽略了个人的幸福，社会是为个人的利益而存在，反是则否；政府存在的价值，完全以人民的意见为依归。”这种观念即表示社会组织没有一个“中心意识”（sensorium），若有，则仅存在于群众个体间。斯宾塞乃是依个人主义为出发点，但却与他社会学的逻辑观相悖。以进化论的观点而言，个人有什么理由不为社会的福祉着想？况且这与“中心意识”又有何关？如果有关系，难道不以社会的“中心意识”为重？

在人际的关系上，只有“黩武时期”才需要一位强而有力的领导者，“工业时期”则否。斯宾塞曾将工业组织比喻为自律消化系统，巴克也表示：“动物的进化是朝着神经组织的健全而进展，而社会有机组织的进化则迈向于营养消化系统……胃就是社会有机组织的末节器官。”

严复比较热衷于生物对比的类似性，于斯宾塞最后的论调或者反国家统制论则不太感兴趣。从本身的理念以及当时客观观察欧洲的情景，严复认为国家的存在乃是社会进化中必然的现象，虽然个体在此进化中也扮演重要的角色，不过国家的目标仍然是最需要关怀的。

严复对十九世纪末欧洲“生存竞争”的情形看不出有任何衰退或隔代遗传的现象，这种竞争，与其说是防止“黩武时期”的重现，毋宁说是个人能力的极度发挥，并且成为理性社会稳定的磐石。斯宾塞曾将社会达尔文主义解释为两种意义：一是群与群的竞争，一是个人在群内的竞争。但这两种竞争不见得必属于两个不同的时期。以欧洲、美国和日本为例，这两种竞争就曾在同一时期发生，彼此产生力量，英国尤为显然，以致造成它在国际间强权的威势。可是，对事实的真相而言，维多利亚风格的观念难道会比中国文人以外物观照内相的见解更真确吗？

史华滋教授认为：严复大部分的思想内容，皆得自斯宾塞，慢慢加以转化、吸收，并以一种新的方式呈现。这是一种曲解，还是一种新的途径，则有待说明的必要（笔者对史氏分析严复思想的见解，不尽赞同，后文将有所指陈）。

九、穆勒的《群己权界论》

在维新运动与庚子拳乱期间，严复的处境可以说非常悲苦，尤其在维新失败后，甚至有人诬控他为保皇党，在这种人权受压榨、自由（尤指思想与言论）受剥削的情况下，严复于是着手翻译穆勒的《群己权界论》（*On Liberty*）。光绪二十九年，严复撰《群己权界论》之《译凡例》，内文曾剀切阐释言论自由："须知言论自繇，只是平实地说实话求真理，一不为古人所欺，二不为权势所屈而已，使真理事实，虽出之雠敌，不可废也；使理谬事诬，虽以君父，不可从也。"而此真理，亦唯有在公正的律法下才可求得，亦即穆勒所谓的观念自由沟通（a free market of ideas）。

严复在《群己权界论》中并没有加上按语，仅于《译者序》和《译凡例》中稍为解释穆勒的观点，不过从《译凡例》和译文（还是以自己的意见为原则）中，我们可以看出他的立论。同时，严复也表示《群己权界论》的原文实在难以用中文表达其真意，因此译文不得不稍加以改写，同时他亦将穆勒的思想以一些警例呈现，我们在译文中可以发现有些警例实在举述得很传真。

严复这种诠释工作，无非是将穆勒的观点溶入斯宾塞的思想结构里。在《译凡例》中，严复就曾提出斯宾塞的看法作为其诠释"自由"的准则。"斯宾塞《伦理学》（*Data of Ethics*）《说公》（Justice in Principle of Ethics）一篇，言人道所以必得自繇者。盖不自繇则善恶功罪，皆非己出，而仅有幸不幸可言，而民德亦无由演进。故唯以自繇，而天择为用，斯郅治有必成之一日”。虽然穆勒也承认自由能够促进民德，但斯宾塞则将自由归结到“适者生存”的范围，亦即认定自由是造成社会进步与富强最有效的工具，工业首脑人物与强者才配拥有自由，自由的目的，乃是用以鼓民力，开民智和新民德。

穆勒在《释思想言论自由》篇中表示，只有思想自由，人的智力才能增进，而严复翻译《群己权界论》的动机，就是基于穆勒这种观念，其《译凡例》所谈的，也完全是思想自由的问题，认为唯有思想自由才能求得真理，“使中国民智民德而有进今之一时，则必自宝爱真理始”。而此真理即是自然与社会科学的真理，思想愈自由，真理愈显明。

整体而言，严复同意穆勒《释思想言论自由》的观点。穆勒，如同亚当斯密，并不是自由主义者，他不仅提倡个人或少数人的福祉，同时也注重大多数人之社会利益。“个人的思想若不得宣抒，只是个人受害而已，假使扩大为群，其剥削程度，无异于残害人种的行为”。

基于穆勒“天禀”（power）的立论，严复乃将“特操”（individuality）溶于斯宾塞“民德”的理论，并且将之导引于国家富强的方向。《群己权界论》第三篇标题原为《特操乃富庶之一要素》（Of Individuality as One of the Elements of Well–Being），严复却译为《释行己自繇明特操为民德之本》。严复并非忽略了“富庶”一词，而是将其改为“民德”。值得一提的是，如果有一章节穆勒强调之异能，严复在译文中就以另外的词汇加以诠释，例如穆勒说：“个人的能力经过有效的培养与训练，社会自然就会发挥其功能并且维护其利益。”“行事不当，虽于他人无损，但令其不快，终将无成。”严复译为：“有国家者，必知扶植如是之秀民，而后为尽其天职。而其种之名贵，其国之盛强，视之。”“行己自繇之屈，非以有损他人之权利也，而以或触其人之忌讳，则于民德无所进也。”同时严复将这一段的大意标为《民小特操其国必衰之理》。穆勒并未言及民德以系国强的问题，他谈到的是人类的高贵与优雅，生命的充沛与多彩多姿以及培养一个优秀的人种以维系人群的关系等事情。严复认为特操可影响三方面——个人、社群与国家，其中以国家为重。

在《群己权界论》中，只有一章节谈到国家利益的问题。在谈到国家不得干涉人民之活动后，穆勒作一总结："人民之利益即是国家之利益……国家为其利益而压制人民，终将发现一事无成。”若要对自由下定义，穆勒这种观念显然太离谱，但却与严复诠释斯宾塞和亚当斯密的理论相一致。因此，严复乃将《群己权界论》改写而溶入达尔文的观点，“以一方之事，国下听其民之自为，夺其权而代其事也。不知处今物竞之世，国之能事，终视其民之能事为等差。乃积其民小己之自繇，以为其国全体之自繇，此其国权之尊，所以无上也”。

如前所述，《群己权界论》译文中警例不少，同时，有很多句子在原文中只是纯粹的叙述，严复却加上自己的诠释，由《译凡例》中可见一斑。他将穆勒、斯宾塞和亚当斯密的观念融合在一起叙述，可是读者对自由的定义还是不了解。穆勒认为自由本身即是目的，严复却以此作为增进“民德民智”甚至为国富强的利器。

严复谓："此译成于庚子前，既脱稿而未删润，嗣而乱作，与群籍俱散失矣。适为西人所得。至癸卯春，邮以见还，乃略加改删，并作序，以之出版行世。”

我们知道，斯宾塞、赫胥黎以及穆勒皆反对革命论，严复也抱着这种观点。他们相信进化论，认为人类的发展应该是长远、缓慢并且累积的，没有一个新时代可以一蹴而就，或与前代完全改弦易辙。从任何角度来看，严复认为中国思想还是非常落后，仍然是宗法军国社会（patriarchal–militant society）。这种社会，斯宾塞和穆勒表示唯有极权专制政府才能统治之，穆勒谓："待野蛮之众，舍专制之治，且无可施；而辨所为之合义与否者，必从其后效而观之，此所谓可与乐成，难与虑始者矣。自繇大道之行也，必其民以自求多福而益休，而事理以平议而益晰者。"穆勒反对天赋人权之说，认为自由乃是人类启蒙不可或缺的要素。

因此严复也表示此时之中国也许不适合共和革命。同时达尔文主义者及功利主义者也反对天赋人权之说。严复曾谓："卢梭《民约》，其开宗明义，谓斯民生而自繇，此语大为后贤所呵。亦为初生小儿，法同禽兽，生死饥饱，权非己操，断断乎不得以自繇论也。……治化天演，程度愈高，其所得以自繇自主之事愈众，由此可知自繇之乐，唯自治力大者能享之。"

严复认为人类并非天生就具有理性与常识，但人类具有能力可以由外在世界学习一切，"果有一民，其力、智、德皆不著，弃之可也"。

光绪二十一年，严复赴伦敦，此时孙中山先生适在英伦，二人交话，严复谓："中国民品之劣，民智之卑，即有改革，害之除于甲者，将见于乙；泯于丙者，将发之于丁。为今之计，唯急从教育上着手，庶几逐渐更新乎。"孙先生曰："俟河之清，人寿几何，君为思想家，鄙人乃执行家也。"孙中山先生认为非革命不可，严复则表示个人应该从所处的立场着想，今世还是清朝时代，倘若清政府有心要改革一切鄙陋，不管是教育、经济、军政组织以及律法等方面，个人应该贡献自身力量以促其成功；如果政府官员本身贪污、舞弊，那么自然就要铲除。于今之势，实应以改革为重。

从严复反对革命的态度以及将《自繇论》改为《群己权界论》的情形看来，显然他和穆勒的观点稍异。同时，鉴于卢梭创天赋人权之说，引起一般盲目无知的年轻人藉自由之名而倡导革命的事实，严复乃强调自由的限制。倘若高度文明的英国也注重自由的制限，遑言落后的中国。我们曾经提过，穆勒已从强调个人的利益转诸社会与国家的利益，那么其自由论（以二十世纪的观点而言）就迥异于斯宾塞的反国家统治论，就教育而言，二者之观点也互相分歧。因此，严复不得不诉诸穆勒而非斯宾塞，盖穆勒亦反对革命者以自由之名而推翻国家。严复认为，中国现今最需要的乃是一强有力的政府，唯有改革弊陋方可致之，若行他法，显然是矫枉过正了。

十、孟德斯鸠的《法意》

严复何时着手译孟德斯鸠之《法意》，我们不得而知，王蘧常谓可能始于光绪二十八年译完《原富》之时。前半部于光绪三十一年即已译毕，但全书直到宣统元年才出版。据周振甫的看法，此时乃是严复“贯东西方之学”的时期。

严复为何译《法意》，我们也不得而知，序文大部分谈及孟氏的生平，涉及严复个人的观点很少。

严复与孟氏咸认英国有一套独立完善的法治，严复于《孟德斯鸠传》中说：“孟氏居伦敦者且二稔，于英之法度尤加意，慨然曰：唯英之民，可谓自繇矣。”在《原富》译文中，严复就曾指出英国之富强，实基于其律法制度之大备。同时，严复亦在按语中表示：“泰东西之政制，有甚异而必不可同者，则刑理一事是已。”他对亚当斯密著作时之律法环境极其娴熟，相信亚当斯密和孟德斯鸠必能使律法制度发挥其功效，倘若更易法律，必能导致社会风气为之丕变。亚当斯密认为一切事物可藉律法而改进，从而防范“自然”经济的流弊，此亦《原富》主旨之一。

同时，严复从孟氏处亦得两个具体化之观念，即西方法律乃“永恒性”和“非人格性”（impersonality），至于中国（儒教），则着重人群之道德。在中国，一切律法乃“以贤治不肖”，“故仁可以为民父母，而暴亦可为豺狼”。在非人格性的律法之下，道德规范乃固定不变；中国即依统治者之情况而异，故律法时常变迁。因此，“贤者之政”与“律治之政”孰优孰劣，乃昭然若揭。严复曾赞扬齐相管仲，谓“春秋思想家能见诸十九世纪而不坠，唯管仲一人耳”。管仲并非自由主义者，但其制法客观且按照一般通则，故能致齐于富强之境。在西方，这种律法就与公心、爱国心以及自由平等相关连。

拿赫胥黎与孟德斯鸠相较，严复认为孟氏以自然决定论和固定之社会逻辑决定论否认中国未来的发展，显然过于武断与不合情理。因此，严复不同意孟氏之谓中国只适合专制政体的论点，盖孟氏之言，不仅否定了中国未来之发展，也讽刺了中国往昔的朝代，从民族意识而言，严复当然期期不以为然。固然孟氏亦有其充分理由，但严复主要反对其观念一方面不符合事实，一方面又不能正确道及传统中国政体错误的核心。

首先，严复认为孟氏不了解中国历史的复杂性。孟氏强调共和的精神在于德性，而专制的精神在于恐怖。他说：“国君之权转诸佞臣之手时，有能力的百姓必揭竿起，而佞臣必以恐怖政策加之，以平弭暴乱。”不过严复反对中国政策完全以恐怖为手段。有些在中国之基督徒说中国政体乃“综合恐怖、荣宠与德性之政策”，孟氏不表同意，他认为：“必须以刑罚处决之人，何荣宠之有？”（孟氏以西人在中国通商者的处境表明此点）同时，孟氏又以雍正杀害教士之例确凿斯言。

严复表示，在中国“夫礼所以待君子，而刑所以威小人”，而西方是“荣宠恐怖，鞭笞棰扑”，故恐怖鞭棰并不独以中国为最，若西方以“荣宠”（honor），中国则以“礼”。“民主者以德者也，君子者以礼者也，专制者以刑者也。礼故重名器，乐荣宠，刑故行督责，主恐怖也”。严复认为，君主与专制中国古已有之，固不待求孟氏。“孟氏此书，所谓专制，固基于恐怖，幸而戴仁君，则有道之立宪也，不幸而遇中主，则为无道之专制。其专制也，君主之制，本可专也；其立宪也，君主之仁，乐有宪也，此不必其为两世（欧亚）也”。凡治之以恐怖为精神者，亦必将曰：“吾奉天而法祖也。”是故，主恐怖抑或主礼，完全依统治者及彼时之情势而定。

孟氏认为有三种政体，严复却认为只有两种，即君主制与民主制。他说：“君主之国权，由一而散于万；民主之国权，由万而汇于一。”专制只不过是对君主制的误解而产生，或谓中国实行专制政体，盖有暴君之故。孟氏谓：“君主制者，君有权而以法治之，即权附之法也。果君无权或仅暂代其权，则庶物不兴，法亦无以立。”严复认为中国即行此制度，则：“上有宵衣旰食之君，下有俯思待旦之臣，所日孳孳者，皆先朝之成宪，其异于孟氏此篇所言者超乎远矣。……故使如孟氏之界说，得有恒旧立法度，而即为立宪，则中国立宪，固已四千余年。”

除此之外，严复亦反对孟氏之天时地利决定论，尤认为孟氏对亚洲天时与地利的看法，更是囿于己见，错误百出。孟氏强调亚洲没有温带，表示“寒带区必定紧连温带区，从土耳其、波斯、蒙古、中国、韩国和日本的地理位置即可看出”。由勤惰立判，强弱攸殊，而弱国为强国乘，成为附属地位。至于温带区之欧洲，“人民相交往来，平等互待”。

严复表示，倘若说中国无温带区，固然错误，盖世界各国处温带区者，亦有未开化之事实；若谓亚洲强大专制帝国之兴起，乃因其地广垠，无山林之蔽，亦属不当。德国属中欧大平原，昔日为各大公国所组成，其之统一，乃是近日之事，为斯达因（Stein）和向豪（Scharnhorst）制法之功，并非地利使然。

严复进而驳斥孟氏天时地利之说，他表示："总之，论二种之强弱，天时地利人为，三者皆有一因之用，不宜置而漏之也。"又说："夫宗教、哲学、文章、艺术皆于人心有至灵之效，使欧民无希腊以导其先，罗马以继其后，又不得耶回诸教纬于其间，吾未见其能有今日也。是故亚洲今日诸种，如支那、如印度，尚不至遂为异种所克灭者，亦以数千年教化。"严复的看法，乃以文化为重，在《社会通诠》的按语中，更是阐释无遗。严复以社会进化论为界说，当然不同意孟氏之静态的自然决定论。

孟氏指出中国之宗教、法度和行为皆混之于"礼教"，严复佩服其洞察力外，亦慨叹不已。在中国，人民之能力不仅受制，对文化的分野也无从辨析，严复说："中国政家，不独于礼法二者不知辨也，且举宗教学术而混之矣。吾闻凡物之天演深者，其分殊繁，则别异晳，而浅者反是，此吾国之事，又何取为例之证者矣。"严复认为这种情况唯有斯宾塞之"宗法社会或可形容，孟氏之专制论则差矣"。盖"支那民（即使圣人）所有事，在各恤其己私，于人类发展，唯有宗法，其外概不知"。是故，"此礼法并非专制，仅锢人类之发展耳"。

孟氏认为贫穷有两种原因，其一乃"人民受到政府的压榨"，其二乃"人民忽视或不了解生活之享受"，严复却不以为然，倘若同意孟氏之分类法，则中国之贫穷将归于第一类。严复认为中国贫穷，百分七十的原因应属于第二类，盖中国乃崇尚节俭与朴实也。不过严复认为中国这种美德观念有加以修改的必要，盖十九世纪提倡的乃是各种事物必须相互流通，因此自由与平等、法度与民主、财富与权力才得以相应衍生。

总之，严复的观点与孟氏《法意》的理论有些出入，他认为民主乃是人类发展的最高峰，人类经过多少次的进化才可达到民主的境界。同时，他也强调自利的重要，认为自制之说已不合时宜，盖今日之世，乃是“法度之治”而非儒学所谓的“贤者之治”了。

十一、甄克思的《社会通诠》

严复译完《法意》以后，紧接着就译甄克思（Edward Jenks）之《社会通诠》（*History of Politics*），推究其原因，乃是为了反对孟德斯鸠静态的理论而起。严复和达尔文及斯宾塞的观点一样，认为人类历史乃是一种动态、积极的进化现象，在时间的潮流上，社会政治制度呈现着有机的成长。因此，一方面为了提倡永恒的、动态的社会发展，一方面为了反对孟氏的理论，严复乃翻译《社会通诠》。

甄克思的论点大部分和斯宾塞相同，只有少部分歧异。他认为人类之进展，乃是由野蛮之“图腾”社会进入“宗法”社会，由“宗法”社会再进入“国家”或“政治”社会，而国家的兴起，乃归功于国防军事之完备。斯宾塞曾谈论“军国时期”与“工业时期”的分野，甄克思并未道及。身为一位政治科学家，甄克思当然关怀政治制度，不过他所注重的，乃是现代“理性化”的国家，而非工业革命。他表示："政治社会者，乃各团体（community）联合成立一主权之机构，一切事为，由此主权机构代之，不必求诸个人之行动。"

甄克思一方面赞扬英国宪法制乃是人类政体中最好的形式；一方面也观察现代国家的各种特征。他对"国家在现代社会中所担当的角色"的看法和斯宾塞不同，认为一个国家的军事组织不可能会因其国家成为工业社会而消逝掉。同时，他以传统的自由观为出发点，表示国家的制度组织应该是自然而成。这种立论，显然是完全误解斯宾塞的观点。盖斯氏认为，工业制度乃基于自由合作，而国家组织，则基于"人为与强制"。

甄克思这种理论反映了二十世纪英国的各种社会思想，而此时斯宾塞之反静态自由论已不太为人所注意。事实上，严复并不注重斯宾塞所谓"军国时期"与"工业时期"的分野。虽然他以斯氏的理论强调个人应该发展潜能，但不了解唯有在国家不干预个人的情况之下，此潜能才能得到发展。因此，对斯宾塞和甄克思理论的区别，他也不能分辨了。

不过《社会通诠》却谈到了严复所注重的社会进化有机体论，因此在译文序言中，严复不惮其烦阐释人类与生物（个人）成长的相似性，表示人种成长即如个体成长，亦须经过"童、少、壮、老"四期。他说："夫天下之群众矣，夷考进化之阶段，莫不始于图腾，继以宗法，而成于国家。"严复和晚期的共党史学家一样，咸认人种必须经过永恒、多重的进化，这在西方历史上已表露无遗，但中国则不然，甚而无法达到。这个问题严复曾提出多次，而此时才正式讨论。

共产党以此问题和帝国主义相提并论，认为中国无法成就历史进化，盖因受西方帝国主义强制干涉的影响，不过严复不以为然。他表示虽然西方帝国主义对中国有影响，然而中国无法成就历史进化，乃因本身贫弱所致。中国为何不适于生存？他在序言中谓：“异哉，吾中国之社会也。夫天下之群众矣，夷考进化之阶段，莫不始于图腾，继以宗法，而成于国家。……此其为序之信，若天之四时，若人身之童少壮老。”

严复认为此乃世变（发展）之迟速问题。西方在封建（宗法社会进入政治社会的过渡时期）前，其变迟，然而于今二百年间，其变速。“乃还观吾中国之历史，本诸可信之载籍，由唐虞以迄于周，中国二千余年，皆封建之时代，而所谓宗法亦于此时最备。其圣人，宗法社会之圣人也，其制度典籍，宗法社会之制度典籍也，物穷必变”。事实上并无认为穷变之象，“自始皇帝起，迹其所为，乃将转宗法之故，以为军国社会者与。而籀其政法，审其风俗，与其秀桀之民所言议思惟者，则犹然一宗法之民而已矣。……乃世变之迁流，在彼则始迟而终骤，在此则始骤而终迟”。

前文当然仅是描述宗法制度的情形，而非解释中国为何不能成就历史进化之原因，不过问题的关键在于宗法制为何能够长期生存在中国社会之中。严复自然不会同意孟德斯鸠地利决定论与专制论的说法，他表示中国在公元前二二一年已实行军国社会制，然而经过两千年的发展，还是不能致富强以抵抗西方之帝国主义，其因也不会浅显到所谓“受西方帝国主义的影响”而已。

从严复的作品中，我们对此问题可以看出端倪。中国长期大一统的局面以及不受异族侵略的事实，已令其自大自满，丧失了更进一步奋斗的能力。严复以文化精神的观点，认为圣人已为宗法社会制定一些规范，而后世子孙萧规曹随。因此中国历史进化乃不兴，由而圣人亦得到万世尊崇的地位。圣人如此，而统治阶层为维护安定与和谐亦禁止社会的进化；然而与此同时，西方则尽一切力量以推演进化。那么东西文化的歧异，自何处开始？严复表示达尔文、亚当斯密、华特（Watt）和斯宾塞乃伟大之文化学家，认为西方真正学术的发展应该自启蒙时期开始，因此东西文化之歧异，应该早于此时。我们从《法意》和《社会通诠》译文的按语中，可以看得出来。

在《社会通诠》一书按语中，我们可以发觉严复对中国社会，维持了乐观的看法。西方能够将国家与民主融合一起，而为今日之富强，中国虽然未实施民主，但难道无法形成强国？甄克思谈及今日之政体，认为联邦政府的力量过于薄弱，他说："国家政府和集权政府皆能激起人民之爱国意识，此乃国家自求生存的首要条件，然则联邦政制则无法致之。"此段叙述即令严复想到种族的问题，他认为中国人还有足以自傲的地方，盖中国人皆源于同种，且人口又众多，"中国人皆为黄族，而其风俗地势，皆使之易为合而难为分"。尽管中国文化有其缺点，但却是这众多人口生活经验之累积，亦不可忽视。严复说："果中国能革除旧俗与陋见，追求民力民智和民德，则骎骎乎驾凌五洲之上。"故百日维新时，严复乃乐观其成，而此亦是他用以自恃寻求富强的准则。

既然严复赞同清朝现代化的改革运动，故凡有阻碍此者，他皆辟斥之。同时，他又发觉甄克思的理论有些与此相悖。所以，他误以为早期革命运动所提倡的排满思想，仅是造成中国更大的混乱，无法助其进化，甚而对中国社会的宗法制是一种忤逆行为——即种族排他主义（tribal exclusivism）。甄克思表示："在一个种族社会中，各民族可依其自己的律法行动。"严复认为这种观念，正是助长汉满民族的分野，他说："中国社会，宗法而兼军国者也，故其言法也，亦以种，不以国。现满人得国几三百年，而满汉种界，厘然犹在。……是以今日党派，虽有新旧之殊，至于民族主义，则不谋而皆合。"因此，严复认为满族若为维护特权而兴改革，固然不该；而汉族以暴力革命，亦属不当。他误认孙中山先生及其他革命者所谓之民族主义，正是用以区分汉满两民族之论调，认为"民族"

之“族”也应该意指“种族”才对。他强调此时中国最需要的，乃是成立一军国，而万民效忠。因此，不管是满族反开化之论抑或革命煽动者之言，皆须祛除，盖两者皆削弱，并且分割种族的意识和思想。严复这种论点引起革命党的反对，因为此观念已不合时宜。胡汉民引述社会达尔文主义的观点，认为满族只是一弱小民族，唯有汉族归统，中国才能强大；章炳麟更愤怒地表示汉人反满，乃是真正的民族主义使然，并非用来反对“种族主义”。

十二、《穆勒名学》

对严复综合哲学的建立而言，《穆勒名学》占有很重要的地位。我们知道，严复对中国学术的贡献极大，而中国贫弱的原因，乃是由于科学不发达，因此严复乃着重科学的训练（即自然科学与人文科学），致中国臻西方诸国富强之境域。牛顿、达尔文、亚当斯密、穆勒和斯宾塞皆曾致力于十九世纪欧洲独创质力说（Promethean dynamism）的建立。在西方，科学革命能够成功，乃是由于精神的力量所使然，而这种精神，即是在良好的律法与政治下所产生的自利心与奋斗心。中国所欠缺的，就是这种科学精神。

光绪三十二年，严复曾在上海青年会演讲政治学，内文强调政治的理论必须含有科学的本质。在中国的古籍中，虽然也曾谈及政治的问题，但不像西方能以科学的眼光视之；同时，政治科学也必须以归纳的方法研读历史法则方可求得。“天生万民，赋予意识，但非良知。民欲求知，则须以归纳法求近身之物”。政治法则乃是由历史事实而来，在这方面，西方思想家贡献尤大。他们以归纳法求得社会政治进化的法则。因此，中国政治家就可直接以演绎法运用这些法则来实现其政治理想，可省却归纳的工夫。倘若无正确的政治科学，就无法用其“术”，“智识不明，方法就不当”。故欲救中国，智识与明术占有同等重要地位。除此之外，尚有一学，名曰逻辑，培根表示“是学为一切法之法，一切学之学”。

严复在拳匪之乱那年就曾开名学会演讲名学，而其翻译《穆勒名学》的动机，实为求得一“逻辑之科学”。光绪二十六年至二十八年，严复一方面翻译《群学肄言》和《法意》，一方面也将《穆勒名学》译完半部，并于光绪三十一年出版。在耶方斯之《名学浅说》序中，严复表示“思欲赓续其后半，乃人事卒卒，又老来精神恭短，惮用脑力，而穆勒书精深博大，非澄心渺虑无以将事，所以尚未逮也”。《名学浅说》即是为了补充这一遗憾而译的。总之，不管是语言方面或字汇方面，《穆勒名学》确实花费了严复一番心血。

严复在马江船政学堂接触西方思想时，其逻辑观就已开始萌芽，而在光绪七年初读《群学肄言》时，即赞论《缮性》以下三篇乃真西学正法眼藏。斯宾塞曾主观地将科学分类，并表示“学习抽象科学、逻辑和数学可了解事物相屈之性”。如果说社会学是“一切科学之母”，那么逻辑和数学乃是社会科学和自然科学的基石。虽然斯氏的逻辑观不如穆勒清晰，可是他却能将抽象科学与富强之术结合。对严复而言，逻辑包涵两种意义，一是质力学，一是社会学。

即使中国需要一种活力的逻辑理论，但严复着重的，还是穆勒的逻辑观，一般逻辑理论，他并不重视。不过穆勒的逻辑观常为一些逻辑学家所诟病，因其理论乃是联想的经验主义论（associationist empiricism），即以归纳法统摄一切知识，“所有科学，不管是演绎或是论证，都是归纳”。逻辑所处理的事物乃是游离的印象与意识，而一切的知识就是以归纳法将这些事物组织而成。

严复服膺穆勒的归纳论，他认为，中国传统思想过于保守与无为，实因缺乏这种观念。穆勒的归纳论反对良知之说，良知说乃是中国思想的主流之一。在《救亡决论》中，严复也表示良知说为害之烈，始作俑者，乃是孟子“良知不学万物皆备之言”。而陆象山与王阳明不明就里，一味维护良知，“谓格致无益事功，抑事功不俟格致”，“自以为不出户可以知天下”。不幸，“后世学者，乐其径易，便于隋窳敖慢之情”。这种闭关自守的态度以及夜郎自大的心理，正是造成中国衰落的主因。

在中国思想里，也可以找出归纳的理论，从《大学》、《易经》集注及朱熹的理学可见一斑。严复说：“夫朱子以即物穷理释格物致知是也，至以读书穷理言之，风斯杜下矣。且中土之学，必求古训，古人之非，既不能明，即古人之是，亦不知其所以是。”不幸这种理论却不能成为正统。我们知道，在斗室中读伪书与空谈良知实无二致，而归纳法正是一种行动主义（activism），从昊昊无垠的自然中，将游离的事物归纳于井然有序的法则里。

在严复早期的文章里，曾提到归纳之学，而在《穆勒名学》注释中，则攻击良知之说非基于事实观察。穆勒表示，各种学说皆源于归纳，果有渐趋于演绎，其归纳本质并不稍减。基于此，严复就坚决宣称：“穆勒言成学程途，虽由实测而趋外籀，然不得以既成外籀，遂与内籀无涉，特例之所苞者广，可执一以御其余，此言可谓见极。西学之所以翔实，天函日启，民智滋开，而一切皆归于有用者，正以此耳；旧学之所以多无补者，其外籀非不为也，为之又未尝不如法也，第其所本者，大抵心成之说。……此学术之所以多诬也。”中国“五行支干之所分配，九星吉凶之各有主，则虽极思，有不能言其所以然者矣，无他，其例之立，根于臆造，而非实测之所会通故也”。

严复反对良知之说，也反对形数气质皆然源于演绎之论。穆勒不赞同呼威理（Dr. Whewell）的观念，后者认为“识从官入，而理根于心，故公论之诚，无俟于推籀”。呼威氏之观点，令严复想起王阳明的“良心”之说：“盖呼威理所主，谓理如形学公论之所标者，根于人心所同然，而无恃于官骸之阅历察验者，此无异中土良知之义矣。”严复认为，穆勒以归纳统摄形数气质诸学，实乃辟良知之说。

如同穆勒，严复也反对“算学”（mathematics）为良知之说，即反对演绎论之“无恃于官骸之阅历察验”的观点。严复认为算学应与《易经》有同样的旨趣，如李约瑟所言“以数理演自然之象”。严复当然了解《易经》的数理之说及其形为中国人观道之基准的重要地位，倘若算学遁于“阅历察验”，则必与中国人千年来以“数象”演万物之事实相悖。不过“近世言西学者，动称算学为之根本，此似是而非之言也。曰算学善事之利器可也，曰根本不可也”。而中国人以“数”演六十四卦、二百八十四爻甚或三准、五准、五行，亦是不当。

虽然这种归纳论能够促进中国学术的发展，但对于穆勒之实证主义的“反形上论”，严复并不赞同。我们知道，严复学习西方的态度乃是“与中国思想相近则取，相异则舍”。而严复从《穆勒名学》学习到的即是逻辑的经验主义。穆勒之理论亦未曾遁于阅历察验，而后者乃是发于心之意识与感觉。同时，穆勒亦不承认其理论就是柯汉（Morris Cohen）所谓之“实相相属之客观性”（the objectivity of the relational structure of the real world），因他一直强调阅历察验即是意识的行为，“四体之所触，中心之所感”，因此人类终将了解自然之奥义。总之，归纳法之确立乃基于心志之联想。

显然地，穆勒的名学观与斯宾塞的综合哲学及道家之形上论无法相通。同时，严复之“不可思议”观以及老子之道、佛教之涅槃和宋明理学之“无上奥谛”皆与穆勒之经验主义相悖，同时，“不可知”亦不可落言诠。穆勒表示人的身躯乃感觉之“莫名之外在反应”（unknown external cause），严复即联想到佛语名“法”为形色相貌、吠陀梵语之“非二元论”以及中国《说文》名“道”之义。严复认为，在这种纷纭的界说中，只有斯宾塞的“不可知”及穆勒之“莫名之外在反应”才能传其真义，故他同意穆勒所谓“万物乃是一种相联属的现象”的论调。“窃尝谓万物本体，虽不可知，而知者止于感觉”。“人心有域，于无对者不可思议已耳”。不过他对“不可思议”的基本态度与穆勒之漠视万物“神秘本体”（mysterious noumeous）迥不相同。

总之，《穆勒名学》所揭橥的皆是行动理论，它强调以归纳法探讨自然现象（包括人类之社会历史）。我们只要对错综复杂的事实加以解析研究，就可了解自然千变万化的现象，而归纳法正是求得富强的不二法门。如果严复继续探讨神秘之形而上的问题，那么《穆勒名学》的经验主义的奥旨他就无法得到了。

十三、评点老庄与晚年处境

光绪二十九年，严复受其弟子熊季廉（纯如）所托，开始评点《老子》，其后又评点《庄子》及王荆公诗，是年其《穆勒名学》前三部和《社会通诠》皆已译毕，《群学肄言》及《群己权界论》出版，而《法意》正在着手翻译中。

根据史华滋教授的分析结论，严复的宇宙观从来没有“传统中国”与“现代西方”的分野。在《穆勒名学》的按语中，严复即将穆勒的观念与老子相提并论，而严复评点《老子》，也与他这几年提倡综合哲学的理论相一致，若赫胥黎、穆勒、孟德斯鸠的理论能以老庄的思想加以诠释，那么达尔文和斯宾塞的理论自不待言。严复之所以评点《老子》，乃是将其运会观与哲学观作一概括性的说明。

严复发觉老子的思想包涵了“民主”与“科学”的观点，同时与斯宾塞的形上学极其相似。不过关于中西思想的相似性，严复在《天演论》序言中早已提出，表示《易经》和《春秋》实涵盖了归纳法与演绎法。他在光绪二十一年发表的《辟韩》一文中，就已道及老子思想的民主性。严复又表示科学即是斯宾塞的“形上学的系统”，虽然穆勒以逻辑方法阐释科学，但严复还是认为斯宾塞之综合哲学乃是源于归纳逻辑。光绪二十一年，严复就曾强调斯宾塞的理论与中国一元泛神论的思想相一致，所以他评点《老子》乃是基于“老子为中国哲学之祖”使然。夏曾佑在序言中表示严复也承认老子乃生于孔子与“百家”之前，而《道德经》乃是第一本表达中国抽象哲学的书，盖老子陈述：“万物并作，吾以观复。夫物芸芸，各复归其根。归根曰静，是谓复命。”而这正是中国形上学与宇宙观的基本认识。斯宾塞之“不可知”与老子之“道”，同样为万物之始，不可落言诠。总之，严复认为老子之“道”、西方哲学之“第一因”（First Cause）、新儒学之“无上奥谛”（Great Ultimate）和斯宾塞之“不可知”皆意指同义。同时严复发觉，如同斯宾塞于《第一原理》所言，老子亦表示宇宙万物自然皆相互对立，而归于“道”，至于“天地不仁，以万物为刍狗”的观念，更符合了达尔文的理论。

严复曾以科学的方法，诠释《道德经》第四十八章所言“为学

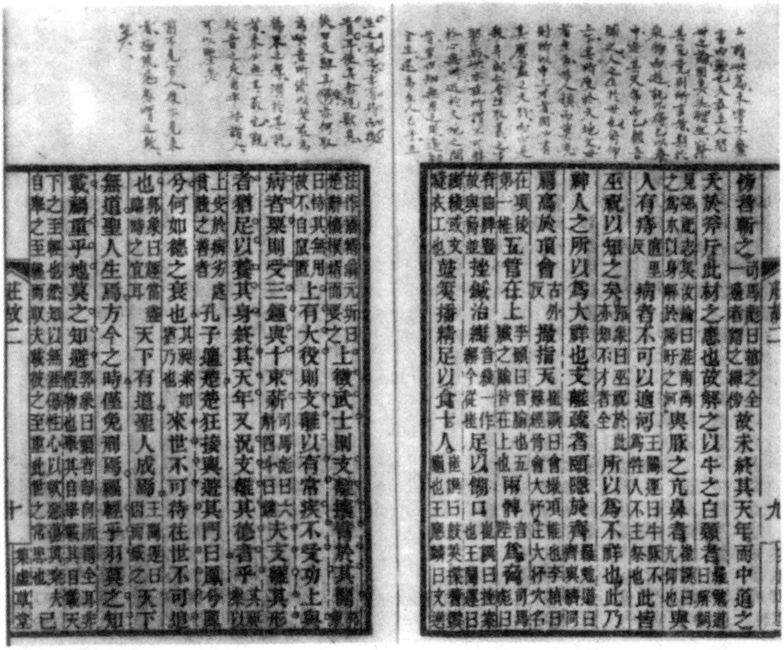

严复评点老庄手迹

日益，为道日损”的道理，其目的就是用以印证《穆勒名学》的理论。所谓“日益”，就是以归纳法表示知欲的增加，而“日损”则以演绎法表示知欲的减少。严复认为穆勒归纳演绎的观点，乃是表示“一物日益，即是日损”。这种立论和《道德经》一样，皆是反对为学。因为学则着于物相，离道远矣，故必须“绝圣弃智”。总之，严复认为老子哲学富有科学性，乃基于其思想与斯宾塞的理论相似性使然。

严复也将老子的思想与“原始主义”（Primitivism）相提并论，严复表示老子与西方的思想大相径庭，他举《道德经》十八章至二十章为例：“大道废，有仁义；智慧出，有大伪；……绝圣弃智，民利百倍；绝仁弃义，民复孝慈；绝巧弃利，盗贼无有。……绝学无忧……众人皆有以，而我独顽且鄙。我独异于人，而责食母。”上述之文，即表现了老庄“道家哲学”的思想，亦根基了中国往后之各种“永久哲学”（perennial philosophy）。

对严复而言，此文却是反对人类文化发展的论调，即是反对进化。他说：“老子此三章之思想与现代哲学迥异，盖由质入文，纯入杂，乾坤未济乃是自然的演变，若谓归真反璞，即如强迫溪河倒流，乃倒果为因，反自然亦反道：今日文明，以自由为重，在此原则下，物竞天择，适者生存，而大同之治由而生焉。”老子的观念代表一种宿命论，将世物万相一切统归于“无”，反对人功之作用，即反对宇宙人类之进化。此时，严复一再强调其于《论世变之亟》一文中的观点，认为老庄一味反对发展人类之“潜能”，否认自我完成、奋斗及本力说，而一径归诸不可名之道，即如儒家向往三代“宗法”之治，两者皆阻碍人类的进化。

除了评点老庄以外，严复在晚年尚写了很多信。自民国以来，严复几全在北京居住。只是袁世凯死后，他与北洋政府的关系已经很少。关于这一点，根据已发表的书札，我们可以找到几个证据，一九一七年的书札说：“复虽在京，不入政界。”一九一八年的书札说：“生计颇窘，然粗得了，即亦听之，不复向胡奴乞米，问政府讨顾问做矣。”根据他家藏的未发表的书札，我们也知道，自袁世凯死后，他即不复供职北洋政府，只是刘冠雄任海军总长时，因为师生关系，曾在海军部中每月拿三百元的干薪。当日严复一家的生计，可能大部分依靠他过去译著的版税，及由这些版税所累积起来投资于商务印书馆的股金与股息。无论如何，他晚年的生活不会是很阔绰的。

老来他常患哮喘病。根据严璩所作的《侯官严先生年谱》及严复自己的书札，这几年中我们常看到关于他患哮喘病的记载。在这种老病抑郁的情绪中，他有时强作潇洒，聊自安慰。他曾想补译《穆勒名学》，但已非精力所能许可了，他也常读读《庄子》及其他生平所喜爱的书。有时候，他以教导子女为乐，因为他那时还有四、五个子女，都很年幼。

根据严复的女儿严璆女士在一篇访问录里回忆说：严复除了亲身教导子女算术之外，还请了一位外国小姐来教他们英文。她还记得那位外国小姐的父亲是法国人，母亲是中国人，外文程度极好。严璆他们四个兄妹常常坐着马车到外国小姐家学英文。不过，严复虽然要求子女们学习西学，却绝不疏忽他们的国学基础。他们另外还有个老夫子金子善先生，专门教他们四书五经与《资治通鉴》；每天功课排得很紧，小孩子们有时候就读得很不耐烦了。

严复早年到英、法留学，就曾经梦想要把自己的子女都送到国外去求学，但在民国成立之后，看到许多女孩子到新式学堂念书之后，变化得太厉害，反而保守起来。严复觉得如果女孩子读书是为教育，那么，这种教育他不愿见及，他宁愿自己在家里教自己的子女认真念点书，启发他们的心智，而不愿意他们到学堂去念书。也因为如此，严璆真正入学念书的时间相当晚，她要到二十岁左右父亲死后，才在偶然机会进入学校读书，在此之前，她一直在家中帮忙，照料病中的父亲。

严璆记得父亲晚年的身体很虚弱，大部分的时间都待在书房里翻译、写字，有时气喘病发作，简直苦不堪言。严复不得意的时候常抽鸦片烟，后来决定戒掉，戒得十分辛苦。他入北京协和医院的时候，严璆陪他去，看他夜夜不能入眠，严璆只有偷偷地掉眼泪。后来，严复又转了几家医院，一九一七年冬天入东交民巷法国医院诊治，一九一八年秋天回福州家乡一次，一九一九年春天又到上海红十字医院诊治，秋天时再返回北京入协和医院，总是时好时坏，没什么起色。乃于一九二〇年搬回福州养病。

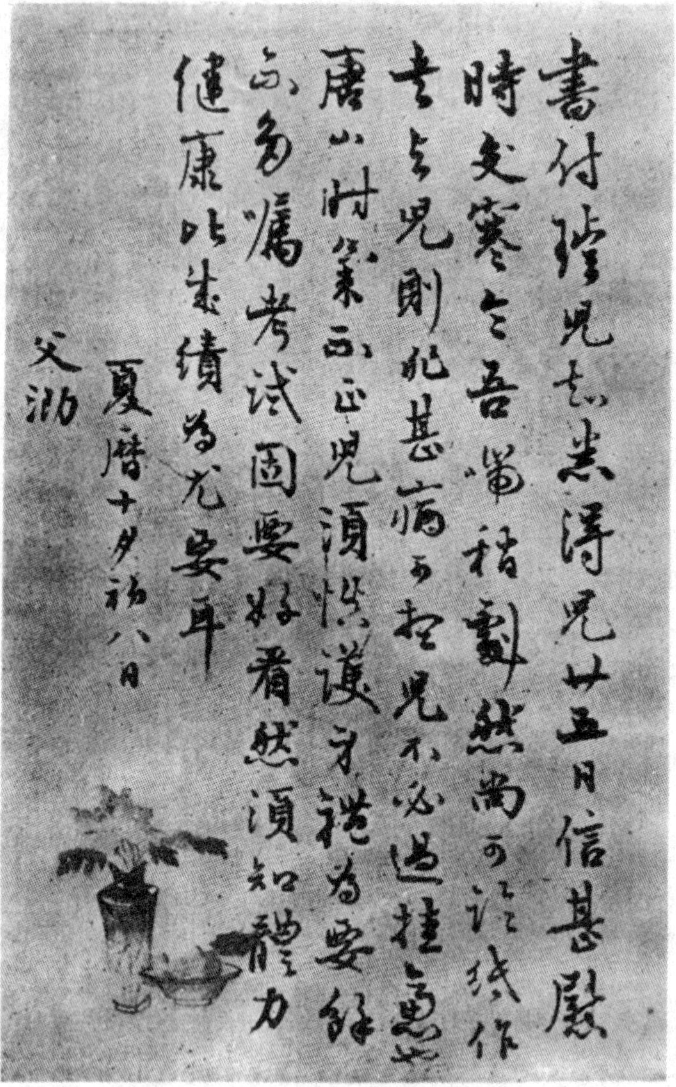
書付璿兒知悉得兒廿五日信甚慰
時交寒令吾喘稍劇然尚可延紙作
書與兒則非甚病而但兒不必過掛慮也
唐山附業而已兒須時時護身體為要緊
此多屬考試固要好看然須知體力
健康比學績為尤要耳
夏曆十月初八日
父泐

严复家书手迹

严复临死前为他的女儿严璆所写的对联，时在 1920 年。

严复生病的时候，几乎什么事都不能做，只会一径儿地写字，他的字挺秀、有力，自成一派，甚为时人所喜爱，要求他写中堂、写对联的人很多。他回到福州养病时，更是以写字过日子，很多人都买了上等好纸、上等的兔毫笔来给他写，因此字写得特别漂亮，可惜的是严复边写边丢，许多好作品都丢到字纸篓里去了。

严复于一九二一年回乡时，他的精力更加不如前了，他似乎预感到将不久于人世。他描写这段暗淡的心情说："还乡后，坐卧一小楼，看云听雨之外，有兴时，稍稍临池遣日。从前所喜历史哲学诸书，今皆不能看，亦不喜谈时事。槁木死灰，唯不死而已，长此视息人间，亦何用乎？以此却是心志恬然，委心任化。"

十月二十七日（农历九月二十七日），严复便与世长辞了。他留给子女的遗嘱说：

民国十年（一九二一年），岁次辛酉，十月三日，愈壄老人喻家人诸儿女知悉：吾自戊午（一九一八年）以来，肺疾日甚，虽复带病延年，而揆之人理，恐不能久，是以及今尚有精力，勉为身后传家遗嘱如左。非曰，无此汝曹或至于争。但有此一纸亲笔书，他日有所率循而已。汝曹务知此意。吾毕生不贵苟得，故晚年积储，固亦无几，然亦可分。今为汝曹分俵。……

嗟呼！吾受生严氏，天秉至高。徒以中年攸忽，一误再误，致所成就，不过如此，其负天地父母生成之德，至矣！耳顺以后，生老病死，倏然相随而来，故吾本自阅历，赠言汝等，其谛听之。

须知中国不灭，旧法可损益，必不可叛。

须知人要乐生，以身体健康，为第一要义。

须勤于所业，知光阴时日机会之不复更来。

须勤思，而加条理。

须学问，增益知能，知做人分量，不易圆满。

事遇群己对待之时，须念己轻群重，更切毋造孽。

审能如是，自能平安度世。即不富贵，亦当不贫贱。贫贱诚苦，吾亦不欲汝曹傲之也。余则前哲嘉言懿行，载在典策，可自择之，吾不能觌缕尔。

愈壄老人力疾书

十四、“达尔文主义”输入中国的途径与背景

根据上述对严复思想变迁的解析，我们明显地肯定“达尔文主义”实是严复一生整个思想体系的哲学基础。因此，我们有必要就达尔文主义输入中国的途径和背景，以及如何进而塑造严复危机哲学意理结构的一些过程，进行初步的讨论。十九世纪下半叶及二十世纪初年，达尔文主义之扩散与冲击，是一种世界性的社会文化经验，因此，达尔文主义之输入中国，正如其输入其他国家一样，提供了一个比较历史研究的丰富的好题材。这也应该是今后研究严复可以进一步发展的新方向。笔者于此，仅提供一、二点粗疏的看法，作为这一新方向的引论。

首先，值得研究和争论的一个问题是：达尔文主义何时东来？何时开始输入中国？循何种途径输入中国？何人最早介绍达尔文主义？

终达尔文一生（赫胥黎与斯宾塞亦然），从未到过中国，而达尔文主义却在他生前（达氏生于一八〇九年，死于一八八二年），即偶有介绍，在他死后的数十年间，一变而为一种显学，支配了中国的文化思想，几乎成为社会政治动向一种不可缺少的指导力量，且更进而为近代中国的温和改革运动和激进的革命运动提供了共通的自然哲学、生物决定论与社会决定论的意理基础。

根据一般史家的通俗说法，均相信或认为：达尔文演化论的输入中国，是严复的介绍开其端绪。清末倡导维新的人物，无一不受到西方的影响。但是，真正了解西方文化，而且又能洞识中国积弱病源所在的是严复。严复一生受过良好的军事教育和科学教育，留学英伦两年（一八七七——一八七九年）。这种稀奇的际遇和机缘，使他具备了充分的条件，注定要为中西文化交流作出唐玄奘以来最杰出的伟大功绩。当时正逢维多利亚时代，文治武功均达颠峰，思想界大师辈出，可说人文荟萃，风云际会。达尔文、赫胥黎、斯宾塞均主导一个学派，各领风骚数十年。我们可以推想，以严复的好学深思，留英时期便已广博地翻阅演化论的著作。光绪二十一年（一八九五年），他受了甲午战败的严重刺激，开始在天津《直报》、《国闻报》发表了四篇传诵一时的论文：《论世变之亟》、《原强》、《救亡决论》、《辟韩》。在这四篇精辟的论文里，他大胆地提出了一个“东西文明的比较观”。他认为西洋富强命脉的所在是，“学术则黜伪而崇真，于刑政则屈私以为公”。中西事理最大不同处，“莫大于中之人好古而忽今，西之人力今以胜古”，因此中人主“恒”，西人主“变”，所以西人日进无疆。倘若中国人想救危亡、求富强，唯有用西洋之术。这种西洋学术是不可抗御的，“即东洋得其余绪，业已欺我有余”。而西方之胜于中国者，不仅在机械器物，而且在教育风俗。他说“民之自由，天之所畀”。今日的要政为“鼓民力”、“开民智”、“新民德”。实施的具体项目是废除八股，即汉学、宋学、词章亦皆应该束之高阁。他在这四篇论文里一再强调“物竞”、“天择”、“弱肉强食”、“优胜劣败”、“适者生存”的原理，阐发救亡的论证，于一八九六年，刊行所译赫胥黎（Thomas H. Huxley）的《天演论》（*Evolution and Ethics*）一书，特别对强族保种诸事，反复强调，使读者怵然警惕。自一八九八年继译斯宾塞（H. Spencer）的《群学肄言》（*The Study of Sociology*），正式介绍“社会达尔文主义”的哲学。又于一九〇三年，译甄克思（E. Jenks）的《社会通诠》（*A History of Politic*），说明达尔文主义与政治发展的密切关系，但后二书在中国之流传影响，则远不如《天演论》之广大。

我们反复追索这段史实，目的在于探讨一些通俗说法之外的可能性。究竟严复于一八九五年发表四篇论文，以及正式翻译《天演论》以前，是否有任何达尔文式的观念或类似演化论的西方学说输入中国？

在西方文化思想的古典渊源中，每一时代均有类似演化论的学说出现。最早竟可推溯到公元前六世纪希腊学者亚拿森曼达（Anaximander）。他认为万物源自同一简单的原始物质，宇宙之所以产生，原是一种永恒力量的推动，所以宇宙是从演化而来，并非上帝的创造，而且人类也从野兽演变而来，（B. Russell, *History of Western Philosophy, London*: George Allen and Unwin, 1946）按中国科学史的研究大师李约瑟，在其《中国之科学与文明》第二卷，即研讨“中国的科学思想”（History of Scientific Thought），曾多次讨论到亚拿森曼达的学说及其演化论思想。（*Science and Civilization in China*, vol II）他认为老子对天地万物的必然率（Necessity）的自然演化观，近似西方 Anaximander, Parmenides, Empedocles 诸人所说的“anangke”。拿氏的“土、火、气、水”四原质的理论，以及大自然中诸种力量“相互激荡”（Paying fines and Penalties to each other）的看法，又与中国“五行说”有相类之处。直到十八世纪下半叶，达尔文的祖父伊拉斯默斯达尔文（Earasmus Darwin, 1731—1802）首先提出自然淘汰（Natural Selection）的论调，而法国学者拉马克（J. B. Lamarck, 1744—1829）继而道出物体的进化与创造，是由于内在的一种动力，使物体的形由简变繁，将物体提升到更高的水平。此外，在英国同期间出现的功利主义（Utilitarianism）学派，如边沁（J. Bentham, 1748—1832），及《人口论》的马尔萨斯（T. R. Malthus, 1796—1824），均信服一种自然的力与天然淘汰。马尔萨斯《人口论》的一些概念，影响并启示了达尔文是大家所熟知的故事。由功利主义的天然淘汰论，变为生物学上的天然淘汰论，再把它重归到自然哲学上，而形成了十九世纪最具笼罩力的天然淘汰论的思想。

从科学史的另一角度看来。成熟的自然选择的演化理论，是十九世纪两个生物学家平行发现的产物，不是由达尔文一个人所独创，而是于一八五〇年左右，达尔文和另一位博物学家华莱士（Wallase）同时分别提供出来的。达尔文的大功劳，不是因为他是演化论的首创者，而是因为他以充分的自然界的证据，写成十多本体系精密、论证谨严的著作，把整个演化论完全建立于一个坚强的科学方法的基础上。事实上，在达尔文之前，有两大阐释传统，在人类成长过程中一直是并肩前进的。一是对世界自然结构的分析，另一个则是对生命过程的研究。这两个分歧平行的传统，到了达尔文的演化学说出现以后，才开始沟通而汇合起来。这是达尔文真正的卓越学术贡献所在。

演化论，或类似演化论的观念，在西方既然早有渊源、早已存在，那么，在一八九五年以前，东西文化交流即已进行，则演化观念的可能输入，应该是一项符合逻辑的发展。下列几个历史线索，应该是值得注意的。

（1）严复于光绪三年至五年（一八七七—一八七九年）留学英

国，光绪五年五月（一八七九年六月）返国，担任福州船政学堂教习，直到光绪二十年（一八九四年），共计十六年间，严复为什么很少，甚至没有宣扬或公开介绍达尔文式的演化论于中国知识界？这十六年间正是严复年轻力强的少壮时期（二十七岁至四十二岁），为什么数据无从显示他有介绍达尔文主义的迹象呢？

（2）严复之前，西方传教士、商人来华者众，亦未闻有介绍达尔文主义的。细按林乐知（Young J. Allen）主编的《教会新报》（一八六八—一八七四年），及其后易名而为李提摩太（Timothy Richards）所主持的《万国公报》（*The Globe Magazine*），仅偶尔提及达尔文其人，且出于怪异讽刺笔调，却绝口不谈演化论。想见林、李等教士为基督中人，当视达尔文为异端，自不便介绍。

（3）梁启超在《新民丛报》的一篇文章中，曾提到除了严复之外，尚有译本达尔文主义的著作流行于中国。按达尔文的演化论和斯宾塞的社会达尔文主义，于十九世纪六十年代便已输入日本（参见日本明治维新时教育思想家福泽谕吉的《文明论の概列》一书。其第三卷即介绍并研讨达尔文之演化论。另一学者加藤弘之亦倡演化论，梁启超即深受其影响）。其后更透过德国哈格（Haeckel）这一学派而倡行一时。虽然直至一八九六年以后，中国始有留日学生的派遣，但在甲午以前中日间官民交往频繁，则达尔文主义的输入应有其可能。

（4）香港也是一个值得注意的焦点。自开港以来香港一直是东西文化经济交流的一个主要桥梁。在一八九五年以前，香港文教建设颇具规模，当地文化人如何启、胡礼垣等，对维新思想之介绍也扮演了相当积极的角色。而且以当时英伦间往来之密切，以及开放的功能，达尔文主义由此输入的可能性甚浓。只要看孙中山先生少年时代的教育历程，先后入拔萃书室、皇仁书院、西医书院等，可以想见十九世纪八十年代演化论的生物观已在香港知识界广泛流传，殆无可疑（孙中山先生之崇信达尔文，及其演化思想的渊源和本质，笔者曾详加论列。可参见罗香林著：《国父的大学时代》一书及拙作《达尔文主义与中国革命运动》一文）。

上述这些可能性的推想，都是历史的假设，迄今尚无法获得实证的、充分的数据基础。一个有趣的插曲是，维新变法运动的领袖康有为，他不仅援据中国传统的进步主义来强化他的改革理论，而且在他的著作里，往往喜欢附会一些原始的演化观念，来印证自己的先知性。据康南海自编年谱载，（页二二）光绪十六年（一八九〇年），康有为见了高足陈千秋，晤谈时曾讲述“仁道合群之原”，并且“告以人生马，马生人。人自猿猴变出”等人类演化的道理，“则信而证之”。倘若我们拿康著的《新学伪经考》、《孔子改制考》来做一个参考点，则可证明《大同书》中的一些达尔文主义的言词是改写时附加的，也可以说是康有意伪造的。康的自订年谱亦可做如是观。究竟一八九五年以前，西方演化论的观念在中国知识界是否绝迹？或有少许流传？或已为某些思想家如严复、康有为等所深信不疑并广加宣扬，只是未形诸文字，以致缺乏研究的、实证的资料基础呢？这项史实真相的还原工作是尚待努力的。科学史中有关科技传播（diffusion）的理论不少。一个科学观念或技术，由甲地输入乙地，其被接受，需要一段所谓“酝酿时期”或“潜伏时期”（Latent period），李约瑟主张中西科学技术交流的酝酿期平均为二百年。我们固不必拘谨于李氏观点，但社会环境是否已经具备一种自愿承受新奇观念的成熟条件，也是非常重要的。这即是科学史家所强调的：“A Social environment willing to accept novel ideas”，也是我个人侦测这一历史现象所愿采取的解释角度。而我们要客观地评估严复在中国思想上的地位，必须先从达尔文主义的输入及其推演的本质上，进行谨严的历史的探讨。

十五、严复型危机哲学的意理结构

严复在近代中国翻译史上是公认的典范，以精审著称，每译一书都含有深远的用意。为什么他不翻译《天演论》的正宗、达尔文本人的《物种原始论》，或斯宾塞的《生物学原理》，而偏要翻译赫胥黎的《演化与伦理》呢？

达尔文的《物种原始论》（*The Origin of Species*）出版于一八五九年，是一部纯自然科学的生物演化论，斯宾塞（H. Spencer, 1820—1903）在其先后把自然演化学说应用于人类社会现象的广泛解释，扩充到科学、哲学、宗教学等领域，撰著了《综合哲学》（*The Synthetic Philosophy*），其后更推衍成“社会达尔文主义”（*Social Darwinism*）学派。其《综合哲学》共分五部，第二部即为《生物学原理》（*Principles of Biology*）出版于一八六四年。赫胥黎认为斯宾塞曲解了达尔文的原意。他相信生存竞争与自然淘汰的哲学毕竟是太残酷了，一个社会决不能放任这种自然主义的重演，而走向“任天为治的末流”，于是在一八九三年发表了他的《演化与伦理》（*Evolution and Ethics*）一书，提出以人类意志克己的伦理方法，来控制宇宙进展过程中的物竞天择，才是社会的进步和人类的幸福。在这种规范性的伦理基础上建设起来的社会环境，可生存的并非“适者”，而是道德最高超的人。因此可以说，赫胥黎所提供的这种规范性的观念和方法，不仅是“反斯宾塞的”，而且可以说是“非达尔文的”。

从《严几道年谱》的资料里（页九），我们知道早在一八八一年，严复已读了斯宾塞的书而且深所向往，但他却又舍弃斯宾塞的《综合哲学》而改译赫胥黎的《天演论》。其中原因自可以有几种解释。最合情理的一种解释是严复自己坦白承认、而为《寻求富强——严复与西方》（*In Search of Wealth and Power, Yen–Fu and the West*）一书的作者史华滋（B. Schwartz）教授所强调的：因为斯宾塞的《综合哲学》的内涵太艰深，太广博，而且篇幅浩繁，“长凡十集，为论数十万言”，“其文繁衍奥博，不可猝译”。（《天演论》上）当然根据同理，也可以解释为什么严复不敢翻译达尔文的《物种原始论》的理由了。《物种原始论》一书，篇幅长达四百余页，以生物学为根据，涉及专门的生物知识，如该书第九章，即全部分析混种动植物的生殖力等高度专门性的问题。恐怕严复的科学训练，尚不足以胜任那样专门的翻译。因此这项工作，只有留待工学博士马君武穷数年之力来完成了。赫胥黎的《天演论》只有七十多页（严复译著商务刊行本共计百页，其中约三分之一至四分之一是严复所加按语），而且是比较通俗，近乎哲理性的著作，在严复看来，翻译该书是简易而得心应手的。另有一种解释，大概是赫胥黎的《演化与伦理》，在一八九三至一八九四年间才发表，是较晚近的著作，读起来有新鲜亲切之感，乃启发严复翻译的动机，也可能是合理的原因之一。

我们并不排除上述的原因解释，但就我个人看来，更重要的是赫胥黎的《演化与伦理》，真正迎合了严复深切的危机意识与当时中国时代处境的特殊需要。严复进一步还估计到，纯自然的淘汰理论，也与中国传统仁道精神不相容，不像赫胥黎的书中所提倡的伦理观念之切近符合中国文化思想的基本信仰。严复可以说完全是在一种危机哲学的意理基础上翻译《天演论》的。赫胥黎在原著的《导言》中，一开始便描述了万物莫不有物竞天择的残酷现象，所以要有求存之道，才能独免于灭亡。他继而提出所有动植物都会变，会适应生活环境，会生衍繁殖，但是在求生存的过程中，便此生彼灭。人为的力量可征服自然，但稍一松懈，便如荒废的良园，立即为自然所湮灭了。在激烈的竞争过程中，善良优秀者倘若稍为怠惰，也一样要遭遇败亡的命运。譬如英人之垦荒澳洲南部的塔斯马尼亚岛（Tasmania），几经艰辛探险开拓，才可成功，一旦自满不群，便会甚至于为土人所绝灭。（T. H. Huxley and Jueiam Huxley, *Evolution and Ethics*）这个故事正间接地反映了中国当时严重的隐忧：中国本是一片良园，中国人也是一群善良优秀者。但是，由于他们日久流于自满自大，故步自封，便不能适应这个危机四伏的变动的时代环境。中国现在所面临的迫切问题是：怎样去求生存，怎样去救危亡。所以严复讥讽一般人的“徒高睨大谈于夷夏轩轾之间”。他所忧心忡忡的是人种的淘汰：“外种闯入，新竞更起，往往年月以后，旧种渐湮，新种迭盛。”赫胥黎因此提出了对付这种灭亡危机的应变的方法，就是他所谓的“人治”（Horticultural Process）或“人为”（Human Action），也即是以伦理控制的方法，充分发扬每个人克己的意志力，将一切“智”、“德”、“力”，以及一切合群的力量，集中起来去抵抗天然淘汰的公例，以建立一个道德崇高的社会，寻求人生最高的幸福。这点很适合中国传统“人定胜天”的信仰和论调，也衔接了当时中国智识分子的危机意识和应变的期待。

其实严复并不把介绍演化论思想局限于赫胥黎的《天演论》一方面。正如他的论文《原强》一样，他同时在《天演论》一书里，借按语把达尔文和斯宾塞的学说一并勾画出来，像《天演论·导言一》的按语，便是演化论学说在西方发展过程的一篇极扼要的介绍。

达尔文的演化论，究竟对西方近代文化思想，发生何种重大的影响呢？根据科学家兼哲学家罗素（B. Russell）的意见，达尔文所提出的演化论，以及由演化论推衍出来的自然哲学，至少有下列四方面的影响：

（1）达尔文学说证明了宇宙大自然均渊源于演化（evolution），打破了宗教创世纪的迷信，造成一种强烈的反传统的精神。这种演化观念，鼓励了日后的改革运动。

（2）物种既然同源，所以人类亦不应有阶级观念，自由平等的政治社会思想，因而发扬。

（3）他的天然淘汰与适者生存（Survival of the Fittest）论调亦间接促成了合群的观念，由个人集结成社会国家，以求生存。这又是国家权力至上与民族主义二观念的加强。

（4）他在生物学上的发现，更鼓励科学精神的高度发扬，近代实证论与怀疑主义的确立即其一例。（B. Rusell, *History of Western History*）罗素的分析是深刻而具远见的，以上列举四点，均可用来观察近代中国社会思想的变迁。其中有一些冲击过程的曲折，值得进一步探究。

最明显的一点是，演化论既然是一种具有强烈反传统精神的自然哲学，而且鼓励变革运动，那么，为什么以中国这样传统主义非常强固的社会，一经严复介绍宣扬，即获得当时中国一般知识分子的普遍接受和狂热的崇信呢？为什么从清末到民初，除了叶德辉以外，几乎很少人起来反对，认为达尔文主义是一种反传统的思潮呢？连叶德辉之抨击达尔文主义，其重点也只及于维护儒家的性善论，而认为达尔文主义倾向性恶说。当时一般保守的士大夫，显然并未觉察达尔文主义反传统的本质，是与传统儒家思想严重冲突的。我个人过去曾思索此一问题，在《社会达尔文主义与晚清学会运动（一八九五——一九一一年）》一文中，试图提出三点解释：

（1）就广大的、悠久的中国传统文化的背景而言，“理性主义”（Rationalism）与“存疑论”（Agnosticism）的存在，实提供了达尔文主义本土化的“同质”（Homogeneity）的基础。

（2）晚清时代承染朴学遗风，讲求实证，而且公羊说有复兴的趋势，深具变迁的观念。

（3）甲午丧师辱国，一战而败于“岛夷”日本，一种受挫折的群体情绪与种族存亡的危机感乃猝然爆发。

我认为这三点，提供了达尔文主义在中国发展的生态条件。而近代中国思潮，从魏源、冯桂芬等，直到二十世纪三十年代，是危机哲学盛行的时代。这种危机哲学的本质是认同的危机，即如保守精神根深蒂固的叶德辉，其思想也具有浓厚的危机哲学的悲观色彩。这种危机哲学是达尔文主义一项同质性的发展。二十世纪西方的危机哲学，可以德国哲学家史宾格勒（Oswald Spengler, 1880—1936）为代表。他在一九一八年出版了《西方的没落》（*The Decline of the West*）。他在这本书里，说明了人类发展循环的理论，并预言西方文明的“毁灭”。他以对数学、科学、历史、哲学，以及艺术等包罗万象的研究为根据，有系统地拟定一个哲学体系，借着这个体系，用类似生物学的名词，解释了人类文化史中的变化。照他的看法，每一个民族文化都是“有限的生命的生物形态”，都是神秘的出生，无情的衰老，然后循着显著的形式衰退，就像生机中的年轻、成熟和死亡的生命循环一样。史宾格勒把这种理论运用到对西欧文化的研究上，并下结论说，西方文化已经老近“生命的结束”，达到其划定生命全程中的“最后阶段”。他这种“欧洲文化死亡”的预言和宣告，曾震撼一时，激起广泛的争辩回响，遂使他成为二十世纪危机哲学的一个代表先驱了。

从严复开始，近代中国的达尔文主义者几乎都是危机哲学家。他们的著述中均涵有一种不变的性质，就是一种危机哲学的浓厚色彩。我这些年来曾仔细分析他们的思想言论，企想建立一个中国达尔文主义者的思维模式（Pattern）。以严复为例，究竟他的达尔文主义的信仰模式如何？其危机哲学的意理结构又如何？我们且用一个简明的图谱加以说明：

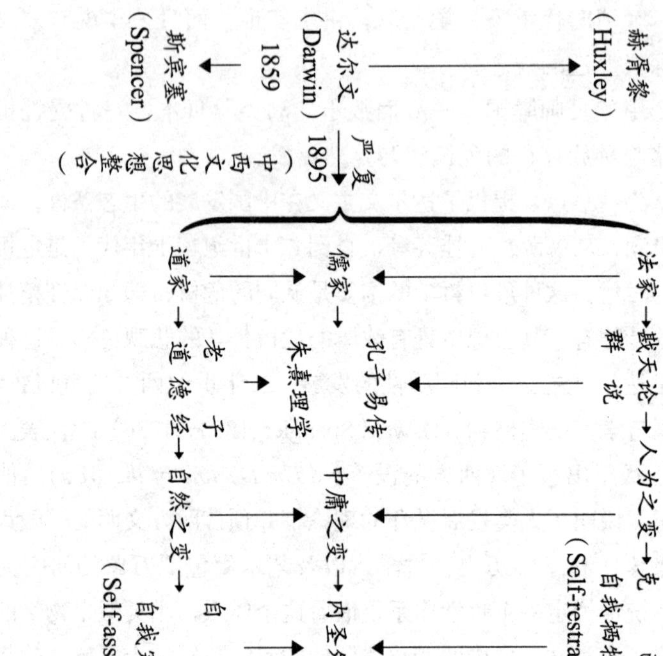
赫胥黎
(Huxley)
达尔文
(Darwin)
1859
严复
1895
斯宾塞
(Spencer)
(中西文化思想整合)
法家→戡天论→人为之变→克己→外在斗争→反自然主义→意志论
荀子
群说
自我牺牲
(Self-restraint)
人定胜天
(Human Action)
自强
人为
人治
孔子易传
儒家→朱熹理学→中庸之变→内圣外王→内在斗争→理气一元
天人合一
修己顺天
(Horticultural Process)
顺天应人
接啄相应
道家→道德经→自然之变→无争→自然主义→宿命论
老子
自营
自我完成
(Self-assertion)
顺天者生
逆天者亡
世变运会
天行天功
(Cosmic Process)

达尔文主义两极性分化

达尔文于一八五九年发表《物种原始论》，斯宾塞乃首先以达尔文式之生物演化论应用于社会现象之解释，而形成“社会达尔文主义”学派。赫胥黎因为不满斯宾塞《综合哲学》中所阐扬的放任自然的社会变迁，遂著书立说，起而痛加驳斥，指其哲学为“任天为治之末流”，一如上述。倘若按照史华滋教授的看法，相信严复是服膺斯宾塞的学说，而且斯宾塞是严复心目中的“大师”(Master)，是严复接受西方哲学的关键和枢纽，那么，严复又为什么舍正道而弗由，偏要翻译赫胥黎的《天演论》呢？难道严复不知道赫、斯二人所代表的两大学派，是达尔文生物演化论的两极性发展吗？难道他对赫胥黎的学说是对斯宾塞哲学的一种反动这一事实茫然无知吗？

严复在《原强》一文中，同时介绍了达尔文、斯宾塞和赫胥黎三人的学说。他初次介绍达尔文的理论，谓自《物种探原》一书出，“泰西之学术政教，一时斐变”，其“一新耳目，更革思想，甚于奈端氏之格致天算”。又提及斯宾塞的学说，谓其“宗天演之术，以大阐人伦治化之事，号曰‘群学’，以发挥修齐治平之事”，“而于一国盛衰强弱之故，民德醇漓兴衰之由，则尤三致意焉”。他一方面强调“物竞”、“天择”，强调“运会”、“世变”等观念，“民民物物，各争有以自存，其始也，种与种争，群与群争，弱者常为强肉，愚者常为智役”，“动植物如此，民人亦然”；大自然的现象如此，人类社会的现象亦不例外。他译《天演论》的目的是要说明“顺乎天演，则郅治终成”的道理。吴汝纶序谓严复“盖伤吾土之不竞，忧炎黄数千年之种族，将遂无以自存，而惕惕焉欲进之以人治”。我们在这里明显地看出了严复的矛盾：他既要援引赫胥黎的学说，又要根据斯宾塞的理论，他必须面临“自然”与“人为”、“自营”与“克己”、“意志论”与“宿命论”的种种矛盾，有如图谱所显示的对照，他如何把这两极性的学派的一些基本观念整合而加以本土化呢？这是严复型的达尔文主义者的矛盾特征，也是几乎所有近代中国的达尔文主义者所共同面临的矛盾的特征。严复取譬中国经典来翻译《天演论》，为我们提供了分析此一矛盾现象的线索。他在序言中说赫胥黎的原著所论“与吾古人有甚合者”。他把赫氏原著中感叹“自然界对人间道德的冷漠”(Moral Indifference of Nature) 一段，解释为儒家《易传》的语气：“乾坤之道鼓万物，而不与圣人同忧”，及《老子》所谓“天地不仁”的典故。(《天演论》下，页一四) 从这些精细的翻译过程和所加按语分析起来，严复其实所从事的不是翻译，而是一项伟大的学术文化的整合和重建的工作。他往往以法家取譬赫胥黎，以道家取譬斯宾塞，为了统合这两个学派的极性矛盾，他的思维归宿必须走向中庸之道的儒家，别无抉择。

从这一分析角度，我们回头再看史华滋教授的另一个结论。史氏在其《寻求富强——严复与西方》一书里，估量严复晚年政治保守趋向的根源，应在他早期带着自由与激进色彩的思想里寻找。而他早期思想里的权威主义的因素，又可判定是从西方来的，不是从中国旧思想来的。再进一步说，不只是早期的严复受了西方达尔文主义的影响，甚至于晚期的权威主义趋向明显的严复，也还依旧守住西方的观念，并没有转向中国的传统。我个人分析严复资料的结果，对史氏上述观点未敢苟同。明显的，严复的思维模式，一如图谱所示，作为一个达尔文主义者，如果他不一边倒地走向斯宾塞，或走向赫胥黎，则他必须进行这两个学派理论观念的统合工作，以消融其对立的矛盾。严复的学术处境，只有两条路可走，别无抉择。他终于选定了统合的路，于是他必然要走向儒家的中庸之道。这是逻辑的发展，严复是不能例外的。严复的思想归宿，即非由激进而保守，而终其一生，其思维模式始终守住中庸之道的儒家观念，并没有转向西方传统，更没有一边倒地归皈斯宾塞的“社会达尔文主义”。严复之服膺演化论，是基于危机感的爱国情操和政治觉悟。处在那样一个危疑震撼的时代环境，他迫切地企图要建立一种综合的危机哲学，任何能挽救中国危亡的学说，能解决他的认同危机的思想理论，都是他探究和综合的脚注。他的思维模式是可以用来范例近代中国其他达尔文主义者的一种典型。

十六、结语

近五十年来，有关严复的生平思想、风格、行谊，乃至他的翻译技巧，后人撰述评论的很多。一般皆以严复晚年提倡尊孔，参加筹安会等洪宪帝制运动，反对五四新文化运动，而批评他为保守、顽固，甚至反动。也有人从他的这些表现，认为严复从年轻时代的急进，到晚年的保守，部分原因系生理因素使然。所有这些论断，我们认为均多少有所曲解，是受了“五四”以来，反传统的时代意识，乃至机械论的推理而得到的浮象解释。我们只要翻阅近人对五四运动的批判，尤其对五四运动所表现的“全体论反偶像主义”作风的剖析和针砭，或可为严复晚年反复宣示的固“理”和固“本”的文化主张，作一有力的再阐释的脚注。如果说严复晚年趋向顽固守旧，那么，他之反对子女就读新式学堂，或可为具体明证。但是，我们要看严复后代真正所接受的教育内容，即可明白严复所要求的，乃是具有深厚道理的“新知”。试观严复亲身教导子女算术，并以外国女士教外文，中国夫子教孔学。这样的取长补短的“综合教育”，不仅在当时，即在今天也是讲究教育实效性和健全性的教育家所不应反对的。

严复一生所贯彻主张的，是教育救国的理想。这方面的观念，可从《与外交报主人论教育书》一文中深刻地表现出来。他严肃指出：“今吾国之所最患者，非愚乎？非贫乎？非弱乎？则经而言之，凡事之可以愈此愚、疗此贫、起此弱者皆可为。而三者之中，尤以愈愚为最急。……”因此，他早年积极译介西方思想的名著，并非出于西化或反传统的思维模式或动机。他相信，中国传统也有一套完善的理论系统，严复当然不会去驳斥或破坏，而他在《老子》、《庄子》、《荀子》、佛经、《易经》及理学等学说内涵中，更随处可以寻求理论的依据。严复很显然地服膺达尔文主义，但也始终维护传统，特别是传统中的中庸之道的思想。他认为斯宾塞的“形上宇宙论”极能配合中国古先哲的思想，且将其“绝对宇宙论”——即一切事物皆源于“不可知”，而以空间、物质、时间、运动及力量各种方式呈现出来——借着《易经》、《老子》或宋理学的学说阐释出来，简单地说，他认为斯宾塞的理论和《易经》“翕以合质、辟以出力，始简易而终杂糅”相符合。这种中西思想观念的比较和整合的工作，不是西化的，也不是传统的，而严复一生所献身和尽瘁的，便是这样一种伟大的、艰巨的整合中西文化的事业。

西方文化的特色和精华，乃是“动力论”（dynamism）与“自我完成”（self–assertion）论，而严复更相信，西方文化就是动力的具体化，一方面探求外在的自然规律，一方面促进人群社会和政治的成长，循这样的途径迈进，便可导致国家富强的境界。近代中国的许多爱国的思想家，虽然他们在知识传统和个人气质上各有不同，但都紧密地掌握着一种综合的危机哲学，并且企划在这综合的危机哲学的基础上，提供他们的救国主张。严复便是近代中国综合的危机哲学家的一个伟大的先驱和代表。

参考书目

一

严复

《法意》，商务，一九〇四年——一九〇九年。

《英文汉诂》，商务，一九〇四年。

《穆勒名学》，金陵金粟斋木刻，一九〇五年。

《政治讲义》，商务，一九〇六年。

《孔教会请愿书》，《庸言》附录，一九一三年。

《孔教会章程》，《庸言》附录，一九一三年。

《民约平议》，《庸言》，一九一四年。

《中国教育议》，《庸言》，文明书局，一九一四年。

《严几道诗文钞》，国货书局，文海出版社，上海，一九二二年。

《严几道与熊纯如书札节抄》，学衡文录，一九二二年。

《侯官严氏评点老子》，上海，一九三一年。

《严译名著丛刊八种》，上海商务印书馆，一九三一年。

《庄子评点》，香港，一九五三年。

《严几道先生遗著》，南洋学会，新加坡，一九五九年。

《王安石评点》，台北，一九六四年。

《天演论》，商务，《人人文库》，一九六九年（一版），一九七二年（二版）。

《群学肄言》，商务，《人人文库》，一九七〇年。
《孟德斯鸠法意》（上、中、下），商务，《人人文库》，一九七七年。
《原富》，商务，《人人文库》，一九七七年。
《社会通诠》，商务。
《支那教案论》，南洋公学译书院。
《名学浅说》
《群己权界论》
《愈壄堂诗集》，商务。
《居仁日览》

二

贺麟：《严复的翻译》，《东方杂志》第二十二卷二十一号，一九二五年。
林耀华：《严复社会思想》，《社会学界》，一九三三年。
咨实：《严几道与林琴南》，《中兴周刊》一〇四期，一九三五年。
郑学稼：《严侯官先生的政治经济思想》，《文化建设月刊》第一卷第十二期，一九三五年。
黄家遵：《清末两位社会学的先锋——严几道与章炳麟》，《社会研究季刊》第一卷第三期，一九三七年。
何家炳：《严几道先生小传》，《人间世》第二十四卷，一九四六年。
周振甫：《严复思想转变之剖析》，《学林》第三卷，一九五二年。
郑学稼：《严复先生之生平及其思想》（上、下），《民主评论》第五卷第二十二期、第二十四期，一九五四年。
王栻：《严复传》，上海人民出版社，一九五七年。
周振甫：《严复诗文选》，北京，人民文学出版社，一九五九年。
夏敬观：《严复传》，《“国史馆”馆刊》第一卷第二期，一九五九年。
周弘然：《康有为和严复的民主思想》，《政治评论》第六卷第八期，一九六一年。

陈敬之：《文苑风云五十年之四一严复》（上、下），《畅流》第二十八卷第八、九期，一九六三年。
周振甫：《严复思想评述》，台湾中华书局，一九六四年。
Schwartz, Benjamin: *In search of Wealth and Power–Yen Fu and the West*. Harvard University Press, 1964.
伍稼青：《严几道先生的生平》（上、下），《畅流》第三十二卷，一九六五年。
郭湛波：《严复的时代及其思想》，《近五十年中国思想史补编》，龙门书店，一九六五年。
黄大受：《翻译大师严复》，《传记文学》第九卷第四期，一九六六年。
李雍民：《严复的生平及其思想》，《古今谈》第十八期，一九六六年。
刘富本：《严复的早期政治思想》，《东海学报》第九卷第二号，一九六八年。
沈云龙：《严复晚年之政论》（一、二），《新中国评论》第十三卷第二期、第十三卷第三期，一九六八年。
韩迪厚：《近代翻译史话》第二章《严复》。香港辰冲图书公司，一九六九年。
王蘧常：《严几道年谱》，大西洋图书公司，一九七〇年。
吴相湘：《民国百人传》（第一册）——《天演宗哲学家——严复》。传记文学出版社，一九七一年。
谢庵：《严几道小觑天下人》，《艺文志》七十六期，一九七二年。
严停云（华严）：《我的母亲》，《中央副刊》，一九七二年。
郭正昭：《社会达尔文主义与中国近代学会》，《中研院近史所集刊》第三期，一九七二年。
许曼仪：《严复》，香港中文大学联合书院历史学会《历史学报》第二期，一九七三年。
胡映芬：《介绍寻求富强——严复与西方》，《中华文化复兴月刊》第七卷第十二期，一九七四年。
田默迪：《严复天演论的翻译之研究与检讨——与赫胥黎原文之对照比较》，《哲学与文化》月刊第二卷第九期，一九七五年。
林宗霖：《大翻译家严复》，《励进》第三六五期，一九七六年。
沈文隆：《严复》（译），长河出版社，一九七七年。
郭斌龢：《严几道》，《国风月刊》卷八第六期。
刘富本：《戊戌政变后严复对中西文化的看法》，《中华文化复兴月刊》卷三第四期。
刘富本：《严复的富强思想》，文景出版社，一九七七年。
郭正昭：《评寻求富强——严复与西方》，《书评书目》五十六期，一九七七年。
郭正昭：《试析严复型危机哲学的意理结构》，一九七八年。

本文草就，为规格所局限，援引前人论说多处，均未能从容逐一注明出处，其中根据史华滋教授《寻求富强——严复与西方》等书及译本之篇幅不少，谨此声明并致谢。

作者小识一九七七年十月

康有为

王树槐　著

目 录

前言

康有为生于清咸丰八年（公元一八五八年），死于一九二七年，享年七十岁。在他七十岁的期间，正是中国遭受前所未有的大变局。咸同年间，中国内忧外患极为严重：外有英法联军之役，内有太平天国之乱，荼毒东南；苗乱、回乱、捻乱则遍及西北与西南。康有为当时虽然年幼，但时代的影响，正逐渐加诸他的身心之上。聪明而又早熟的康有为，对国势时局的敏感，更在他人之上。加上局势日坏，他二十七岁时，又逢中法甲申之战，三十七岁时，又逢中日甲午之战，激起他变法救国的思想与行动。

康有为生时，乾嘉时代的考据学已由盛而衰，代之而起的为常州学派：经学方面，庄存与、刘逢禄开派，以公羊家经学为主；文学方面，李兆洛开派，以阳湖古文为主。此两派结合为一，产生一种新的精神，希望重建顺康年间经世致用的学风，代表此种新学派的人物为龚自珍、魏源等人。道咸时代，思想界引出两条新路，一是宋学的复兴，如罗泽南、曾国藩等，以宋学相砥砺。他们以书生犯大难而成功名，因之轻视宋学的观念为之一变。二是西学的讲求，西学在明末清初时一度很盛，曾影响中国走向复古的汉学研究，此刻讲求西学，在求实用，图发愤自强，江南制造局、马尾船厂、北京同文馆、上海广方言馆的设立，代表同光年间的自强运动。康有为便是从常州学派的经学中出身，而以经世致用作为他政治改革的标帜。

戊戌变法失败后，康有为流落海外，所见日多，但思想的负荷亦甚沉重。在感情方面，他有勤王的责任；在理性方面，他有立宪的期望。辛亥革命成功，带来社会的不安、人民的痛苦，使他更坚信他自己的想法，因而对民主共和的政体，大加攻击。康有为倡变法时，他是守旧派的敌人；主张立宪时，他是革命分子的仇家；最后连他的学生也不谅解他，只落得寂寞晚年，神游太空了。

本文意在介绍康有为的生平及其思想。他是一位思想家，所以在思想方面的介绍较多，在行状方面的介绍较少，且以探讨其思想发展的经过与趋向为主，其他的活动则从略。

一、康有为的生平

康有为的一生，可分为五个时期，分述如下：

1. 少年求学时期

自咸丰八年至光绪元年（一八五八——一八七五年），一岁至十八岁，是为康有为的少年求学时代。

康有为，字广夏，号长素，广东南海县人。他的祖先是广东有名的望族，以理学传家。他的曾祖父讲学乡里，称为醇儒。祖父赞修为连州教谕，以程朱之学教导后进。他的父亲达初，为江西补用知县，同治七年去世。他的母亲劳氏，生康有为、康广仁（有溥）两兄弟。康有为年幼时，随其祖父读书，受其祖父的影响甚大。康有为在此时期，以求学为主，他所表现的是他早熟的知慧与独立的性格，约可分述如下：

（1）聪明早熟。康有为五岁时即读书识字。六岁能读《大学》、《中庸》、《论语》、《孝经》。八岁学写文章。十一岁即阅读《纲鉴》、《大清会典》、《东华录》、《明史》、《三国志》之类的书，并开始阅读邸报，能知朝廷大事。十二岁能赋诗，有“神童”之称。

（2）狂狷自负。康有为十岁时有志于圣贤之学，戏号为“圣人为”。十二岁时，动辄自以为某古人，如自称其文为东坡之文等。此后仍然保持此种性格。①

（3）独立特行。康有为有独立的见解，有不随时俗的特行。他不喜欢八股文，以致中乡试较晚。曾因拒绝赴试，几遭其叔父以断绝资粮来胁迫他。光绪十九年（一八九三年）年三十六岁，他又不欲赴试，后经母劝，议定以应此试为限，始去参加乡试，中第八名。康有为读书，以适合他的兴趣为主，不从世俗。中国有闹新房的风俗，但是康有为结婚时，拒绝亲友闹房，以致引起亲友们的不快。康有为此种个性，在他以后的岁月中，亦常流露出来。他二十岁时，祖父去世，他在山上守棺半年，不食肉，守礼法古，严肃偞恪，人多笑其迂腐。久之，宗族乡里多知道他这种性格，无不敬惮。梁启超批评他“太有成见”，其故在此。康有为固执的个性，是他的一大特点。

---

① 光绪四年(一八七八年)康有为批评古人极为严峻,朱九江曾戒其勿太狂。光绪十五年（一八八九年）他三十二岁时，曾中顺天乡试第三名，大学士徐桐以其狂大，抑置副榜。房官争之，徐更怒，抑置誊录第一。十九年（一八九三年）中乡试，不奉考官房官为师，时论大哗。

2. 思想成熟时期

自光绪二年至二十年（一八七六—一八九四年），十九岁至三十七岁，是为康有为的青年时期。此期的特色是他思想的成熟与定型。

影响康有为思想者，有书籍，有人物。就书籍而言，传统的各家思想与学说皆包括在内，更加上有关西学的书刊。西学的影响容后再论，传统学说的影响较为广泛，而其中若干思想能在康有为心智上发生影响者，则赖学者的介绍与启发。就人物而言，约有三位，一为朱次琦（子襄），一为张鼎华（延秋），一为廖平（季平）。

光绪二年（一八七六年），康有为十九岁，参加乡试，榜上无名，回来后，从大儒朱次琦（九江先生）求学，启发康有为对中国传统学术的看法。朱九江的学问，平实敦大，特重气节，主济人经世，不作无用的高谈阔论，崇尚“四行五学”，② 发挥先圣大道的本质，列举修己爱人的意义，扫除汉宋两学门户之见，而归宗于孔子。康有为的学术思想，将一切归之于孔子，即源于此。康有为自称，他得自朱九江的教诲，“如旅人之得宿，盲者之睹明，乃洗心绝欲，一意归依，以圣贤为可期”。乃发愤读书，放弃八股时文，尽读些经学、史学、理学、小学各方面的书，以此立身，以此救天下。他在朱九江的教导下，第一次著书立说，③ 益为自得自信。

光绪四年（一八七八年），年二十一岁，他感到读书太多，日埋于故纸堆中，埋汩灵明，他欲求安心立命的哲理，乃闭户弃书，静坐冥想。年轻人原富于幻想，康有为尤甚。他静坐时，忽然感到

② 四行者：敦行孝悌、崇尚名节、变化气质、检摄威仪；五学者：经学、文学、掌故之学、性理之学、词章之学。

③ 康有为第一次著作为《五代史史裁论》，朱九江评为“赅博雅洽”。

他与天地万物为一体，自以为圣人，大喜；又感到苍生困苦异常，大悲。他喜时则笑，悲时则哭，哭笑无常。人或以为他狂妄自大，或以为他有神经病。朱九江恶禅，康有为的思想已与朱九江有别，这年冬天，康有为辞别朱九江，返回故乡。

光绪五年（一八七九年），康有为专读些道佛的书，常常夜坐弥月不睡。正当他恣意游思的时候，来了一位在北京做编修的张延秋。张延秋是一位有名的文士，康有为与他讨论，由相骂而相交。张延秋告诉他一些京朝风气、当代人才、道咸同三朝掌故，等于一部现代史。康有为自称，从朱九江得到圣贤大道的头绪，从张延秋得知当代政治。他原想拯救困苦苍生，此刻则更有经营天下的志向。他广读制度、经世方面的书，所做笔记，全是一些“经纬宇宙”的文字。正在此时，又加西学的刺激，更激起他改革的意志。康有为初次接触西学，最早在同治十三年（一八七四年），年十七岁时，他见到《瀛寰志略》、地球图，得知万国情势。二十二岁时，得《西国近事汇编》、《环游地球新录》及西书数种，又游览香港，见西人宫室的瑰丽、道路的整洁、巡捕的严密，始知西人治国有法度，又购《海国图志》、地球图，渐渐收集西学的书。

此后数年，康有为一面在传统知识中求进展，研读经史及当代政治文献，并及佛典；④ 一面则购阅西书。光绪八年（一八八二年），康有为去北京应顺天乡试，回来时经过上海，益知西人治术有本，大购西书回家，自此大讲西学，“始尽弃故见”。次年又购《万国公报》，学习声、光、化、电、重学及各国史志，因而混合中西之学。

---

④ 光绪六年，二十三岁，治经及公羊学。
光绪七年：读唐宋史、北魏宋齐梁书、丛书、传记、经解、亭林经济学。
光绪八年：读辽金元史、东华录，购碑刻，讲金石学。
光绪九年：读大清会典、十朝圣训、国朝掌故。
光绪十年：读宋元明学案、朱子语类、佛典。

中学之中，以儒、墨、佛为主；西学之中，以粗浅的自然科学及史地宗教知识为主。光绪十年（一八八四年），年二十七岁，他在这些混杂的思路中，似有所悟，悟知宇宙起于元气，以元为本，以阴阳为用；宇宙之大小无止境，宇宙之中有不同的境界，所谓天界、星界、地界、身界、魂界、血轮界。宇宙以勇、礼、义、智、仁为运用之本。他此时有人类生而平等的观念、世界可以进化走向大同的初步想法。他认为人生的责任在使众生走向极乐世界。这极乐世界，不是超现实的，而是在现实的地球上出现大同世界。他自认是为救世的圣人，他“日日以救世为心，刻刻以救世为事，舍身命而为之”。

他这种救世的想法，在此后数年中，形成了他的政治思想与哲学原理，建立于两部书中，一为《人类公理》，一为《康子内外篇》。前者为《大同书》的雏形，后者为政治哲学的纲领，由天地人物之理，推演到政教艺乐之事。他的思想，由此分成两方面：一为理想的一面，世界大同；一为现实的一面，政治革新，拯救中国。为了这两种思想的并存，在哲学方面有所配合。为了改革政治，又不得不在学术方面有所建树。此处所宜注意者，他在《康子内外篇》中，已有了变的思想，但是变的理论，仅在顺应时势。他称赞圣人的学问在运用开塞之术，依时而变。此时尚未提到孔子有何进化性的想法，自未提出三世之说，⑤ 且明言孔子之教为“二帝三皇所传之教”，毫无孔子改制的意思在内。

光绪十四年（一八八八年），趁赴京乡试之便，第一次上书清廷，请及时变法，主张变法的理由是在古今时势不同，别无其他理论。此时他的思想进了一步，原因是他此时结识廖平。廖平对他的影响更为深刻。

---

⑤ 年谱中提及三世三统之说甚早，系后来之作，不可为据。

廖平，字季平，四川人，王闿运的弟子，治春秋，著有《知圣篇》、《辟刘篇》、《古学考》等，主张尊孔，谓六艺皆新经，非旧史。此种说法对康有为的影响极大。光绪十二年，廖平刊《古学考》，康有为于此时在京得读此书。光绪十五年十二月，康有为返抵广东，十六年迁居广州云衢书屋，廖平亦来访，并以《知圣篇》示之。康有为此时已深悉廖平的见解。及陈千秋、梁启超来访，康有为告以诸经真伪的原委，孔子改制的意义。陈千秋、梁启超等至为钦佩，愿执弟子礼。康有为此种学术见解，显然来自廖平。康有为自此专心著述，完成《毛诗伪证》、《周礼伪证》、《说文伪证》、《尔雅伪证》等书。康有为有此迅速成就，亦为廖平启发之故。

光绪十七年（一八九一年），康有为讲学长兴里，得陈千秋、梁启超等弟子之助，于七月间完成《新学伪经考》。《孔子改制考》的编例体裁亦已大定，此书于光绪二十二年（一八九六年）完成，并完成《春秋董氏学》。廖平称《新学伪经考》系祖述《辟刘篇》，《孔子改制考》则祖述《知圣篇》，不过内容与原旨有异。廖平系以学术研究的态度，以《谷梁传》为主，研究《春秋》。康有为则谋改革政治的态度，以《公羊传》为主，并由《春秋》推广到其他经学。梁启超亦坦白承认康有为自见到廖平之后，尽弃其旧说。⑥康有为对此，采取一种既不承认又不否认的态度，唯在其年谱中及《礼运注》等序文中故作曲说，冀图乱人视听。

康有为总算为其政治革新找到了学理的根据。他的学术思想至此已大致建立就绪。《新学伪经考》及《孔子改制考》固然影响一部分学者，尤以年轻而期望救国救民的学者为多，但亦招致守旧派的反对与攻击。康有为只能算得上一位政治思想家，不是一位严谨的经学家，他的说法缺乏严密的科学论证。《新学伪经考》出书后，

---

⑥ 康有为在光绪六年（一八八〇年）治春秋，曾著《何氏纠缪》，攻击公羊学。早年酷好《周礼》，尝贯串之，著《政学通义》，至此皆弃去。

即被指为“惑世诬民”，而遭受焚毁的处分。《孔子改制考》则在政变之后遭受禁止。

3. 变法活动

自光绪二十一年至二十四年（一八九五——一八九八年），三十八岁至四十一岁，是为康有为变法活动时期。

光绪二十一年之前，康有为已实际参加三次改革运动。第一次可追溯到光绪八年（一八八二年）二十五岁时，他反对缠足，坚决不为其长女同薇裹足。九年，他与区谔良合组“不裹足会”，参加的人甚多，后以集会犯禁而逐渐散去。集会虽不成，但他反对裹足的作风至少在他的家内生效，此后同璧不裹足，诸侄女亦随之。

其次是光绪十四年（一八八八年），他在北京首次上书请变法。因感中法战后，国势日蹙，欲发愤图强，只此数年，若及时变法，犹有可为，乃上万言书，但未达到光绪皇帝面前。康有为又为御史屠仁守草疏数折，请开言路，请铸银钱，请先筑清江浦铁路，请停海军捐，停颐和园工，请醇邸不干预政事，又责宰相无状，请以灾异罢免，请宦寺勿预政事等，此种建议及攻击京官的奏折，无人敢上。屠仁守敢上，康有为为之代笔。次年正月，屠仁守被革职，康有为心内所受的打击亦大，回到广东后，颇想移居巴西或美国，逃避现实，同时也为其变法思想找寻学理的根据。

再次是光绪十九年（一八九三年），他率领万木草堂的学生，干预地方团局贪污的事。这虽不是改革运动，却是地方政治的清洁运动。曾任知府的张嵩芬，因罢谴回乡，管理团练局，竟与盗匪勾结分肥。康有为号召乡绅，逼令张嵩芬交出局印，张自不会罢休，时率恶人与康为难。康有为心力为之交瘁，后不再过问。

以上三事，皆未成功，可以看出：(1) 康有为与恶势力斗争的

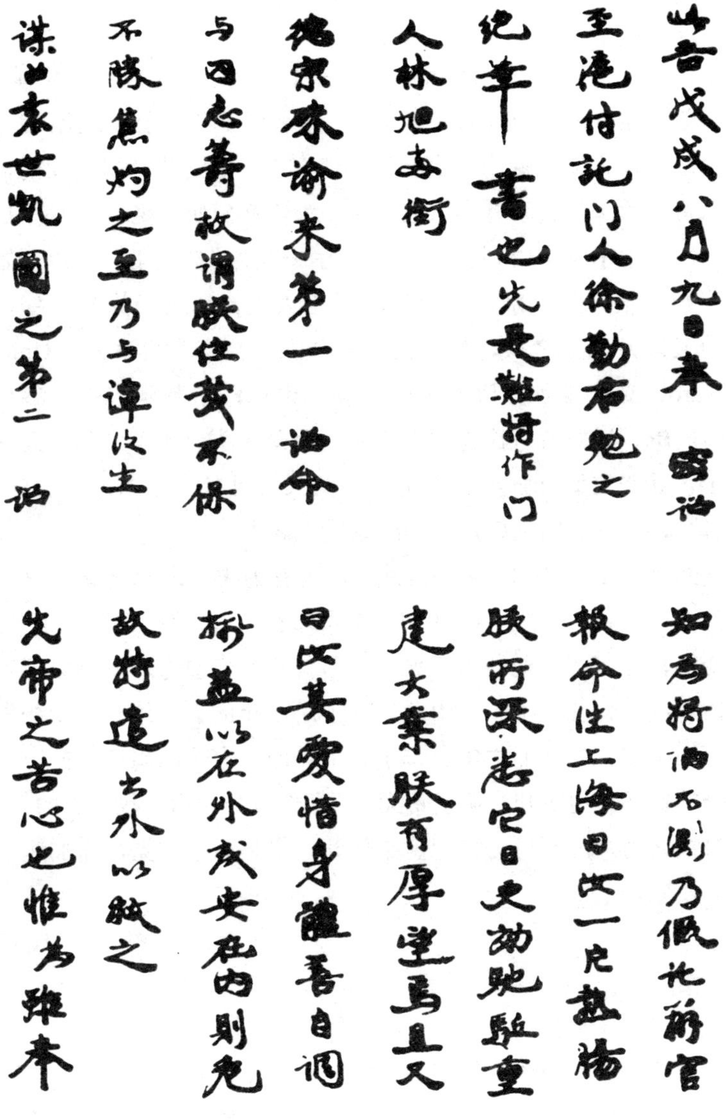

康有为墨迹

胆识，极为可佩；(2) 旧势力大，环境阻力大，欲谋改革，亦非易事。

光绪二十一年（一八九五年）三月，康有为到北京，得知中日和约割地赔款事，乃鼓动公车上书，签名者千二百余人，至四月初，和约已用印，无法挽回，康有为仍然奏上，始达光绪皇帝面前，光绪皇帝读后深喜。康有为再上书时，为李文田所阻挠，又不得上。

由于上书常常受到阻挠，康有为深知变法非自王公大臣开始不可，乃办报，附于京报，分送朝廷士大夫，风气乃为之一变。康有为又以开国会之议，号召同志，开强学会，李提摩太（Timothy Richard）亦来参加。康有为的举动，也惊动了朝廷大臣，参与者有翁同龢，反对者有徐桐等。康有为暂避风头，出京南归。九月抵江宁，劝张之洞开强学会于上海，两人意见甚有距离，未能合作。十二月，康有为回到广州，仍继续讲学著书。

光绪二十三年（一八九七年），康有为再去北京，又上书，但均无法上达。二十四年正月，因翁同龢之故，总署大臣约见康有为，谈变法，光绪帝命他条陈所见，并呈《日本变政考》等书，康有为奏请定国是，变法维新，由此启开了戊戌年的百日维新。变法失败的原因很多，如新旧之争、母子之争，而康有为的想法，亦应负一部分的责任。他明知光绪皇帝无权，但他过分相信皇权力量的伟大，以君主之力，无不可为。他愈是如此，愈是激怒旧党，而加速了政变的发生。

4. 海外逃亡

自光绪二十四年至民国二年（一八九八——一九一三年），四十一岁至五十六岁，是为康有为的中年时期，流亡海外，从事勤王立宪的活动。

戊戌政变时，康有为得光绪皇帝密谕出京，得英人的帮助，经香港逃往日本。康有为在海外，仍继续其政治活动，以营救光绪皇帝，使其复权为主要目的。日本大隈内阁下台后，改进党对康有为的态度已不如前，乃劝康有为去英求救。康有为于光绪二十五年（一八九九年）二月离日经加拿大赴英求救，英议院反对，因之此行徒劳无功，他于闰四月间离英返加拿大，在域多利（Victoria）等地成立保皇会。同年九月，康有为返日，日本政府拒绝其登陆，后经日本友人出面活动，始允登陆转船赴香港。康有为在香港几乎遇刺，邱菽园自新加坡寄赠千金，他乃于光绪二十六年（一九〇〇年）去新加坡，设保皇会。

康有为联络华侨，倡组保皇会，筹募基金，创办学校报纸并经营实业，以其所得，交结会党，豢养侠士，其目的在勤王复权。光绪二十五年立嗣时，保皇党力争之。光绪二十六年，正逢北方拳乱，康有为以为有机可乘，由唐才常谋发动自立军之役，⑦ 事为张之洞侦悉而败露。康有为又欲以谋杀手段对付清廷要官及西太后，但亦无所成。

勤王失败之后，康有为移居槟榔屿，居住十五个月之久，次年（光绪二十七年）十月，又移居印度大吉岭，至光绪二十九年（一九〇三年）四月止，又定居一年半之久。在此期间，康有为以著作消遣，完成《中庸》、《论语》、《大学》、《孟子》、《礼运》篇等注解，并著《春秋笔削大义微言考》、《孟子微》，而最重要者则为《大同书》之完成。光绪二十八九年间，又完成《官制议》。这本书在当时可能是中国官制改革最有系统的书。到此为止，他的思想，在政治理想与社会进化方面，已达到最高的境界；在现实政治改革方面，仍为变法论的扩充与持续，并无重大的改变，唯以《官制议》较过

---

⑦ 此次运动，实为保皇与革命人士之合作，唐才常处在保皇与革命人士之间，亦不得不兼容并包，既勤王又反满。

去所述详尽而有系统。

自光绪二十九年（一九〇三年）四月以后，康有为大半在游历中，至宣统元年止，足迹遍四洲（美、欧、非、亚），历三十一国，行六十万里，居美洲两年，游德国九次，游英八次，游法七次，瑞士五次，横渡大西洋达六次之多，著有游记二十余种。

在此期间，康有为的政治活动不多，由他主持者则为光绪二十九年改保皇会为“中华帝国宪政会”，在国内则由梁启超等联合其他立宪派人士组织“政闻社”。“帝国宪政会”不仅资助“政闻社”的经费，且声援其宪政活动。光绪三十四年（一九〇八年），康有为联合亚美欧非澳五洲二百埠的宪政会的侨民，上书请愿，要求早开国会，即声援国内的开国会的请愿活动，但此事导致“政闻社”的被封。

宪政会的经费，除会员捐助外，仍以兼营商务为筹措资金的方式，将原设之商务会加以扩充，设总局于香港，康有为任督办。光绪三十二年（一九〇六年），康有为游墨西哥时，以购买地皮的方式赚了不少钱。于是议开“华墨银行”，但至光绪三十四年（一九〇八年）冬季，墨西哥地价大跌，损失不少。综计宪政会所收股本一百五十余万元，自光绪二十九年开始经营，至宣统元年（一九〇九年）即陷入困境，各投资人大为不满，造成内部的不和，又发生刘士骥被刺杀的命案，公司因而停闭，宪政会元气大伤。

在此期内，康有为周游欧美之后，思想方面亦起了少许的变化。他被欧美物质进步所吸引，认为中国所需要向西方学习者，唯有“物质之学”而已。他主张加强工业化，发挥他以往所主张宜注重民生经济的观念。伦理道德方面，他认为中国自有其优点。为了工业化，自然需要资金，他见到欧美各国的金融制度，有深刻的印象，因而著有《金主币救国议》、《理财救国论》，比以往的想法，更为周密详尽。

宣统三年（一九一一年），辛亥革命成功，他正在日本，到一九一三年十月，始返回香港。在此短短的两年内，他面对现实政治的转变，写了许多政论性的文字，初则谋使国家如何安定下来，如何使政治在宪政的体系中发展，以达到救亡的目的。但是民国初年的政局，始终动乱不安，他在失望之余，又坚信其“虚君共和”的想法。此种想法，终其余生，未再改变。

5. 民初时期

自一九一四—一九二七年，五十七岁至七十岁，是为康有为的老年时期。

一九一三年十月，康有为自日本回国奔丧，此后即定居国内，不再远游。民国以前，康有为的政治主张以君主立宪为主，反对革命。民国成立后，虚君共和便成了他新的理想。袁世凯称帝，康有为反对，但袁氏下台之后，康有为导演了一幕张勋复辟的闹剧，使他成为民国的罪人。

复辟的想法，在袁世凯称帝之前，宋育仁、劳乃宣曾发动一次，帝制战争时，康有为颇想一试身手，及洪宪帝制撤销，康有为更是昌言无忌，公然揭出复辟的主张，梁启超一面反驳，一面由滇黔粤桂四督出名通电反对，康有为才稍为安定下来。张勋早有复辟的想法，他的军队仍沿清制，留着辫子。一九一七年，张勋任长江巡阅使，驻兵徐州，其下亦多主复辟者，遂想与康有为通声气，并与冯国璋、陆荣廷等人商议，请康有为出面，商徐世昌，遂于一九一七年五月开徐州会议，谋复辟。六月，张勋借口调停黎段的争执，率兵入京师，迫黎元洪解散国会。康有为此时亦入京，居张勋寓，代为策划，遂于七月一日迎溥仪复辟，大封功臣，发表官职，徐世昌为弼德院院长，康有为为副院长。

段祺瑞马厂誓师，与冯国璋联名声讨张勋，梁启超亦通电反对，骂康有为是大言不惭的书生。复辟不到十二天，即被段祺瑞打败，康有为避入美使馆，是年冬，得美使馆的帮助，逃到上海，结束他一生中最大的政治败笔。

康有为本想为张勋作幕后的策划人物，实现他自己的虚君共和的美梦。曾建议六点请张勋采纳，⑧但未为张勋所接受。康有为所拟的许多诏旨，一篇也未用。⑨康有为此时的思想，到底比其他复辟人物要开明些。

复辟虽然失败，康有为反对共和的思想仍然未改，他再作《共和平议》，说明共和不适当，带给国家许多祸害，仍为其虚君共和的想法辩护，并将其十二年来的政论（一九〇二——九一三年）九篇，辑为《不幸而言中、不听则国亡》发表。

自此之后，康有为已是六十多岁的人，多以游历国内名胜为主，但是他的精力未减，著有《癸亥国内各省游记》及诗集等书六种，并于一九二二年（六十五岁）时反对联省自治，反对将故宫改为国会。六十九岁时，他在上海创办“天游学院”，招徒教授天文学。次年二月二十八日，刚过完他七十大寿后的第二十三天，病逝于青岛，结束他的一生。在政治思想方面，他没有大的改变，不过对宇宙人生的看法，则不免老人迟暮，已由入世的想法变为出世的想法，寻求上苍的安慰。

---

⑧ 六点建议如下：1. 改为中华帝国，不复大清。2. 实行责任内阁。3. 自身不宜争权，各官勿动，请徐世昌任国务总理。4. 兵力布置。5. 宜将段祺瑞挟之入京。6. 宜用新人，不可用前清遗老。

⑨ 康有为拟有《复辟登基诏》、《开国民大会以议宪法诏》、《召集国会诏》、《保护各教诏》、《免拜跪诏》、《免避讳诏》、《合新旧诏》、《新贵不许干政诏》等。

二、康有为的思想

康有为二十一岁时，开始探求人生真义，常静坐苦思，他自以为圣人，与天地万物合为一体，欣然而笑；又想起人间苍生的困苦，闷然而哭。他的思想，受孔子的仁、墨子的兼爱、孟子的不忍之心、佛教的慈悲、基督教的爱人如己等观念所影响，而产生拯救众生的想法。他二十七岁时，由此种思想发展解救人类痛苦的方案：一为理想的大同世界，一为现实的变法思想。同时他为这两种思想建立哲学的根据。他二十八岁时开始著述《人类公理》，二十九岁时著《康子内外篇》。这两种著作，可以说同时产生，构成他对宇宙、人性、政治等许多基本观念。他的思想体系可以说已大致确定。

康有为的思想，以世界大同与变法维新两种思想为主，其中有两个重要的基本观念：

（1）人类来源相同，生而平等，故最终的人类世界，一切应该平等，此为大同思想之基本。

（2）人间义理为人类自身文化的产物，由人的智与势发展而成，并非先天的，亦非上天所赋予的。有了这种观念，则现存的一切制度、道德观念、伦理价值标准等，都可以变，都可以改革，以期适合人类的环境与需要。

由以上两种基本观念产生人类进化的想法。就近处而言，改善人的社会，满足人的需要；从远处而言，走向世界大同。这便是康有为思想的体系。

康有为的思想，先有救世济人的心意，然后建立他的哲学理论。正如他先有变法的思想，然后找到孔子托古改制的说法一样。他是一位政治思想家，而不是一位哲学家。在政治思想方面，他有特出的表现，但在哲学方面，他不是一位严谨的逻辑学者，也不是一位精细的经学考据家。他的哲学思想与《孔子改制考》的学说，不过是他用来支持他的政治思想的工具而已。

他的思想有两套系统，一套是理想的大同世界，一套是现实的政治革新。这两套思想，同时出现在他的思维中，表面上看起来，有若干矛盾之处，但实际上一点也不矛盾，因为理想方面，他认为纯粹是将来的事，与现实的关系极微；现实所作所为，虽与理想不合，但是他认为这是历史必经的过程，人性必经的道路，虽不公平，虽不合理，亦是极其自然的事。现实与理想的唯一关系是：改革现实政治的方向是走向大同的理想，如此而已。至于何时走到，则难以得知，因之现实与理想，几乎又成了互不相关的事。所以他在理想方面，陈义极高，而在现实方面，又常唱些低调，有时不仅向现实妥协，甚至比现实还要倒退。他说："思必出位，所以穷天地之变；行必素位，所以应人事之常。"由此看来，他的理想，有点近乎思维上的游戏，极大极远，而在现实方面，又过分顺应人情之常。如此，理想归理想，现实归现实，毫无矛盾可言。

为了叙述方便，宜先了解他的哲学思想，然后再述他的大同思想。变法维新是他对现实政治改革的骨干，其学理的根据，虽在事后建立，亦宜先加以叙述，以明其学术理论的基础。

1. 哲学思想

哲学思想本为其他各种思想的根本，与其他各种思想的关系，大约有三种不同的形式：(1) 从哲学思想推衍发展而产生其他的思想。(2) 先有他种思想，然后建立其哲学思想，予以适当的配合。(3) 哲学思想之有无，与其行为无关。行为归行为，另有其思想。康有为的哲学思想与他的其他思想，具有上列三种形式。康有为不是一位哲学家，故其哲学思想谈不上有何特殊的建树，亦无严密的系统可言，他所用的名词，亦无明确的界说。前后矛盾之处亦有之。与其说介绍他的哲学思想，不如说介绍他的一些哲学观念而已。

康有为的哲学思想，大致在他二十八九岁时（光绪十一、二年）形成，以后则多为补充性质，无大改变，直到晚年，他受西洋思想影响愈来愈大，才有较大的改变。兹分述如下：

·宇宙论

康有为认为宇宙之大，无法想象，每一物，“至大之外，尚有大者；至小之内，尚有小者”。换言之，宇宙不仅大得无止境，小得亦无止境。他此种想法，系受西洋科学影响所致，因望远镜及显微镜扩大了对宇宙的看法。

宇宙的起源，就时间方面而言，无法可以推知。宇宙将来的发展，亦无法得知。康有为的宇宙观具有无始无终的想法。

宇宙的来源，康有为没有采取有神论的说法，他采取中国传统的说法，最初采取宇宙起于气的说法，后则采取董仲舒的说法，天地万物起于“元”，亦即《易经》所谓“乾元统天者也。天地阴阳，四时鬼神，皆元之分转变化，万物资始也”。“元”又是什么？康有为说：“元者气也，无形以起，有形以分。起造天地，天地之始也。”元与气似为一物，或为一物之两面。天地万物由气而成，此气皆相同，并无差别。他又说，气以阴阳为用，所以“天地之理，阴阳而已”。所以他认为万物皆有二元性的相对情况，如有天有地，有男有女，有冷有热，有黑有白。[①]

康有为进一步推论，“阳为湿热，阴为干冷。湿热则生发，干冷则枯槁”。由湿热之气生而成为天。湿热之气摩励很久，产生热重之力，产生光电。原质变化，于是近天而得湿热之气，乃成为日、月、地球。地球得湿热之气而生草木，而生禽兽，而成人类。他这种宇宙起源与发展的想法，已建立他初步的进化观念。这个宇宙，不是上帝在几天之内造成的。光绪十年（一八八四年），他由宇宙的发展，“根元气之混仑，推太平之世”。

人与“天”[②]的关系如何？康有为认为人与天皆为魂质，地带神气而生万物。神与魂魄又相似，皆为“有知之电也”。故万物有感觉，人尤然。此种感觉，他称之为“吸摄之力”。此点当为康有为采自万有引力说。他又说：“人通气于天，通质于地，通息于人。”“人是取天之气，取地之质而成。”凡人皆如此，故能通息。由以上这些没有明确界说与系统的言辞中，可以确定“万物同气而生”。至少人类的成分相同，生而平等的。

康有为的宇宙观，将元气混为一谈，似无严格的先后次序。至于说到“理”，他将“理”归之于阴阳，气以阴阳为用，“天地之理，阴阳而已”。就先后次序而言，“理”在气之后。

朱熹的说法，先有理，后有气，气为物质，此乃万物之所以能成。物成之后，理寓其中。康有为反对这种说法。他认为先有气而后有理，理随气而生，理随气而灭。这种争论，正是今日唯物唯心之争，永无结果。不过康有为反对以往的说法，其目的在建立他自己的一套政治哲学。他认为理是后来产生的，至少在气之后，无

① 其实冷热、黑白等并非相对，而是程度的差别。

② 康有为天的观念，像董仲舒一样，含有两层意义：一为物质界的天，一为宇宙的起源。康有为用“天”字，有时代表前者，有时代表后者，有时系将此两种意义混合而言。

气则无理。他说："权势者，天也，气也。圣人受形于气，受理于天，……故曰：势生道，道生理，理生礼。"如果康有为承认先有理，此理天定，而非人世间演变而来，则无法加以改革，目前人类不平等之事，将会视之为当然而永远存在下去。

前人谓理气为二事，二者可合而为一，程朱等即以理气合一立说，或为一物之两体，或为一体之两面；或以仁智为理，以物质为气。康有为则认为理气合一，且理附于气而存在，舍气质之外，不会再有他物存在，仁智亦然，存于气质之中。

总之：康有为的宇宙观，建立三点基本观念：

(1) 宇宙是由发展而来的。

(2) 人生而平等，皆自湿热之气而成。

(3) 有气才有理，理在气之后。

·人性论

康有为认为人得湿热之气而成，以此湿热之气，上养其脑，下养其心。湿热之气有善有恶。湿气之善者产生仁爱，热气之善者产生智勇。仁爱出，而有礼乐政教、伦理纲常等教化产生。智勇出，则发明制造，利用环境，改造环境，因而有物质文明的出现。湿气之恶者，则产生贪佞、柔懦、无能。热气之恶者则成强梁、暴戾、残酷。依此看来，湿热之气是构成人性的基本成分，有善有恶。

除了湿热之气外，康有为又说，人有魂魄，魂气与天同，魄气与地同；魂气是爱，魄气是贪。如果魂气胜魄气，则成为有德性之人；反之，则成为小人。此亦为康有为主张人性中有善有恶的说法。

康有为认为万物皆有知觉，人尤然。知觉禀阴阳之气而生。人有大脑小脑，脑气筋有灵，因之有感觉及感情反应。当人与外界接触时，即有宜与不宜、适与不适的感觉。适宜者，神魂快乐，不适宜者，神魂痛苦。所以人的基本感情有二：适宜者爱之，不适宜者恶之。此与阴阳之气有关。由阳气产生爱、喜、乐，进而发展成为仁。由阴气产生恶、惧，进而发展成为义。人的性情，受恶仁义而已。人的分别，爱质恶质之多少而已。教化可以调和人性，平其气，减缓其恶质。

康有为采取二元论，谓人性中有善有恶，同时亦顾到人与人之间，善恶之心相差甚大。此种说法，自较一元论的性善或性恶为佳。康有为的说法，多沿自张载，③ 而与程朱等说法有别。④

孟子主张性善，荀子主张性恶，按照理论，康有为应该反对，但他认为两者皆有可取，孟子的目的在鼓励人向善，荀子的目的在加强教化。康有为最欣赏的是孔子所说的“人之初，性相近”的说法。“性相近”的说法与康有为的人生而平等的观念相合，故极为推崇。性既相近，则各人所得的天赋相同，无所谓高下智愚，人之所以有智愚之分是因为后天的教育使然。性既相近，则同样可以加以教化，去其私心，走向大同。

·伦理观念

人类欲望的由来是天赋的。耳目百体，血气心知，天所赋予。婴儿无知，已有欲望。康有为说：“欲者天欲也”，此为人性之自然。孔子曰：“食色性也”，无待于学。喜怒哀乐亦性之自然，无所节制。康有为主张顺性、因性、适性。《中庸》谓“率性为之道”，“圣人因民性之所利而利导之，不废声色”，唯在调和而已。这是康有为对欲望的看法。

人与人之间，往往因为需求不同，难免发生冲突，如何使社会

---

③ 张载认为天地之性有善无恶，气质之性有善有恶。康有为则主张魂气是爱，魄气是贪。

④ 程伊川主性善才（气）恶说。朱熹主理善气恶说。这种说法，本身有矛盾，因为理即气之理，气即理之气，何能分开为善为恶。

安定，解除人类相争相斗的烦恼，则产生理，理是人类行为是非的标准。这种标准是由两种因素造成，一为智，一为势。分述如下：

康有为说：物质有相生之性在于仁，但仁充其力所能到的地方甚为有限，人必须自己设法解决问题。解决之法则曰义。义者正当的行为。人与人相欺则难以相处，故须讲信修睦。礼与信合而成为人情。仁义信礼四者之所以产生，皆起源于智。智是人与其他动物所不同之处。因为人的智力大，经过长期的知识累积与生活经验，因而产生理。理者历代诸圣诸贤的产物。圣贤的神识聪明，得以开物成务。圣贤的气质清粹，得以修道立教。所以理并非由天所定，而是人为的。康有为一反过去“天理人欲”的说法，而主张“天欲人理”。此点与他所主张的理在气之后的说法相呼应。

理的另一成因是势。康有为认为：人有强弱，物竞而天择，此为天的不公平，所以“人事之义，强弱而已”。有以力为强弱之别，有以智为强弱之别，因之人世间的事情，以强欺弱而已，“富贵贫贱之相役，大小上下之相制，众寡健羸之相乘”。人智之强，而能驭牛马，食鸡羊，这并非不讲仁道，而是势所造成。强者能手定法律，“尊君卑臣，重男轻女，分良别贱”。皆视为义。他说：“势生理，理生道，道生义，义生礼”，“势者人事之祖”，而礼与理，皆为势的产物。⑤

理的成因如比，照现在的话来说，一为理性（即智），由圣人的教化中表现出来；一为权势（即势），由现实的政治中表现出来。前者导人走向“人道之至”，即大同理想社会；后者引人依靠权势，改革政治，从实际的改革中走向大同。这是一种双轨进行的方式。两者之间又有密切的配合关系，那就是教化必须就实际政治情况而定其理想的程度，政治改革也要看国人教化的程度而定其改变的程

⑤ 此处所引为《康子内外篇》之言，与前引之“势生道，道生理，理生礼”不同（此为《董氏春秋学》所言），但大意相同，道、理皆为势所生。

度。他有一种依时势而改进的观念。此种观念，推衍下去，即成为他后来的循序渐进的观念。康有为自始至终不是一位激烈改革论者。

康有为认为人道以智为导，以仁为归，义、礼、信三者，不能与仁智相提并论。朱子言“义者仁之断制，礼者仁之节文，信者仁之诚实，智者仁之分别”。康有为初时亦接受此种说法，但后来发现人之异于禽兽者全在智。有智所以能“慈爱以为人，断制以为义，节文以为礼，诚实以为信”。他说，孔子亦以仁智并重，常以仁智对举，而很少以仁义并举。⑥圣人的教化在调和人间的不平等。以势而成的法律，积久习非成是，而后成为道义，欲加改革，亦非一蹴可就，圣人亦得因之，既顺人之情，又节人之性，更示人类应走的方向。

综合康有为的意见，他认为伦理系后世理性与权势所定，虽有不公平的地方，但亦有其存在遵守的价值，唯可依势而加修改。圣人之所以伟大，是在修改中求进步。此点为其政治社会改革的基础，亦为其大同理想的基础。

·变的历史观

康有为对历史的看法，先有变的历史观，后有进化的历史哲学。光绪十二年（一八八六年），他作《康子内外篇》时，即认定人事义理在变。他说：“义理有定而无定。”有定系指圣人已定之法，循其故常。无定则依学术而言，学者“鉴古观后，穷天地造化之故，综人物生生之理，探智巧之理，极教治之道，则义理无定。……观其变之动，知后之必有验也；求其理之原，知势之必有至也”。光绪十四年（一八八八年），康有为第一次上书变法，所持的理由是古今时势不同，治平世与治敌国并立之世当异，“宜酌古今之宜，

---

⑥ 孔子曰：仁者乐山，智者乐水。智者乐，仁者寿。仁者安仁，智者利仁。子贡亦称赞孔子，仁且智，既圣矣。

求事理之实”。此时他尚未提出“三世”之说，所以在《长兴学记》中特别推崇《易经》，因《易经》主张穷则变，变则通，通则久的道理。

“三世”之说是康有为在编著《孔子改制考》时发现的。《春秋》书中没有三世的文字。《公羊传》中“所见世”、“所闻世”、“所传世”，仅此而已。何休衍为“据乱世、升平世、太平世”。康有为则配以进化的观念。康有为说：夏殷无征，夏殷周之制安在？孔子预立三统以待变。每一世中皆有三统，穷变通至千统、万千统可也。天下不可安其所习，蔽于一统。他将变的观念与三统、三世之说混合，成为进化论的历史观。其时达尔文的进化论，自甲午战后，由严复陆续介绍来华，康有为在完成《孔子改制考》时，已受到其影响，但康有为自云，在甲午之前治春秋时，已有三世的观念。

康有为既有三世进化的观念，则如何进化？至何程度？大致而言，自孔子立制之后，已走上小康的局面，是为据乱世与升平世时期，此后进步，则入大同的局面，是为太平世，达到人类的理想境界。他在《大同书》中列有三世进化比较表，种类繁多，范围亦广，简略综合如下：

据乱世	升平世	太平世
人类等级多	人类等级少	人类一律平等
族分贵贱，仕官就业皆有限制，并禁止通婚	族分贵贱，仕官就业无限制，婚姻暂通	无贵贱之分，一切无限制
种有黄白黑棕之分	棕黑渐少，化为黄白	黄白交合为一
妇为夫之私属不得为平人	妇不为夫私属，但仍无独立权，不得为公民	女子有独立权，一切与男子平等
一夫多妻	一夫一妻，男仍为主	男女平等，立约而婚

买卖奴婢	无奴婢有仆役	无奴婢，无仆役，人人平等
专制政治	立宪政治	共和政治
官制阶级多	官制阶级少	官级极少
国别多	联合小国而成大国	无国别而为世界
主国属国人民贵贱悬殊	主国属国渐平等	无主属之分

康有为虽然只分为三世，但这三世之中又可分为三小世，三小世之中又可再分为三小世，如此分下去，则世界永在进步之中，何时走到理想的境界，则无法知道。总之他的历史观构成了两个基本的概念：一为政治可因时而变；一为人类历史是进化的，可以走向大同。

·宗教观念

宗教观念多牵涉到人死后的问题，必先从人的灵魂的有无及其出处归宿说起。康有为对灵魂的想法，并未有何特出之点，完全依照当时流行的说法。他说：人有魂，魂与天之魂相同，但他未说明魂为何物。他将人分成两部分，一为体魄（肉体），一为神魂（似指精神与灵魂），两者同样重要。他不赞成各教视身体为灵魂暂住之所，重视灵魂而不注重肉体。他也反对曾子过分重视肉体，以肉体受自父母，不能损一毛一发。他遵从孔子的主张，“性命交修，魂魄并养”，这样才合乎人道。

康有为认为人死之后，魂魄分离，肉体腐化，至于魂的存在与否，则依其人的德性及死亡的情况而定。有德者其魂存在较久，冤死者亦然，最后，或投胎，或归于消灭。投胎再生是佛教的说法。佛教强调因果报应，康有为亦相信此说。

康有为的报应说是迷信与理性的混合体。他著有《福祸实理全书》（即《万身公法》中的一部分），认为报应有三：一为人事的祸福，有罪必罚，有善必赏；行善于人，人必报答；以恶待人，人亦报之。二为鬼道的祸福，冤杀他人，鬼魂必报复。无故而为鬼魂所侮弄，其人必非善类。有德的人，鬼魂反而害怕。三为自致的祸福，如戕贼自身，必多病，必短寿；立心不善，则处事必乱，招致精神不安，或发病成狂。

孔子的"不知生焉知死"、"敬鬼神而远之"，以及不语"怪力乱神"的态度，是一种理性主义、现实主义，康有为完全接受，他的宗教观，纯由现实人道主义为出发点。

康有为的宗教观是入世的，而非出世的。他从现实的观点来看宗教，所以将孔夫子的教诲视为宗教。光绪十二年（一八八六年），他认为世界上有孔教、佛教、回教、基督教等，但综合分类，不过两种：一为入世的教，即孔教，一为出世的教，即佛教、基督教等。孔教的目的在"立国家，治人民，兴士农工商之业，倡诗书礼乐之学，行神鬼之俗"。出世的宗教是出乎人情，重视灵魂，将希望寄托在死后的天堂。康有为认为圣人之教，顺乎人情，是阳教；佛教逆乎人情，是阴教。"孔教之伦学民俗，天理之自然者也；佛教之去伦绝欲，人学之极致者也"。人皆有不忍之心也，"佛教戒杀生以成之，圣人则阳远庖厨以养其仁心"。人好色，佛教戒之，不结婚，圣人阳设礼教以束之。两者相较，孔教自不如佛教之彻底。至于基督教，康有为认为，既不如佛教之彻底，又不如孔教之适合民俗，唯既立为宗教，对人的道德有促进加强的功能。康有为主张立孔教为国教，纯从其能维护社会良善的风俗着眼，有实用的价值，可以补助法律力量所不能到的地方。

社会进化，宗教观念也会随之改变。到了大同的世界，人人相爱，无所争夺，亦无罪恶的发生。大家知道天演的自然变化，对天亦无敬畏的必要。到了那时，各种宗教皆不能存在，唯有神仙与佛学而已。仙学者，求长生不死；佛学者，求不生不灭，去人境而入仙境，则为另外一种境界。

康有为认为人的魂气与天同，故人的力量可以改变天所造成的不公平的事情。他想将天堂建立在人间，以解决人间的痛苦，不像基督教，将希望安慰寄托在渺茫不可知的天国。由此可知，他是一位自信力极强的人，加上他几次死里逃生，更相信天降大任于他，故能振作精神，继续奋斗。但是到了晚年，他经过无数次失败之后，加上岁月对精神的影响，他的宗教思想也起了变化。

一九一七年复辟失败后，康有为的做法与想法，遭到国人的指责，甚至唾骂，康有为对国事的兴趣为之大减，事实上亦无能为力。一九二一年，康有为六十四岁，在杭州西湖丁家山下筑屋，将山名恢复为“一天山”，名其庐为“人天庐”，名其堂为“天游堂”。他对人间事务的兴趣减低，对天的兴趣则增加。他以前相信人的命运及祸福多由社会政治法律所造成，此刻他对幸福的看法有了改变。人的幸福有两方面：一为物质方面的幸福，一为精神方面的幸福。在《大同书》内，他认为人所追求的幸福主要的是在物质方面的快乐，涉及精神方面者不多。物质方面的快乐，自然与社会政制的关系重大，改革政治，发展工业，自然有助于人类幸福。精神方面的快乐，与人的心理关系至为密切。他既然在改革政治方面失败，但他仍可从事帮助个人在心理方面获得安慰。以前他专心致力于物质上的幸福追求，但并非一蹴可就，倒不如先设法减轻个人的痛苦。如何减轻，则唯有从心理上着手，超越世俗，寻求精神上的慰藉。此一转变，与佛教超脱的想法已极为接近了。一九二六年四月，他在上海设立天游学院，自称“天游化人”。他的目的在“欲为吾同胞天人，振聋发聩，俾人人自知为天上人，知诸天之无量，人可乘为以太而游，则天人之电道与天上之极乐自有在矣”。至此，他承认改革现实的失败，解除痛苦的办法就是逃避现实，神游诸天，这是精神上自我幻觉。以往他在万木草堂讲学时，学生有多至千人者，但此刻尚不及二十人。

康有为多接触西方的思想后，对上帝的存在亦有了多方面的了解，因而相信有上帝的存在。康有为并未提出他的看法与证明，只说中国古籍中也提到上帝的存在。他相信“天下之物至不可测，吾人至渺少，吾人之知识至有限，岂能以肉身之所见闻而尽天下之事理乎”？他认为反对上帝存在说者，是自不量力的人。他这种想法，自然得自西方哲学家。

2. 大同思想

康有为是一位政治思想家，他主要特出的思想便是大同思想。研究他的大同思想的人很多，此处不必详加介绍，唯就他这种思想的发展与其内容大要，略为叙述，并一评其价值。

·大同思想的发展

康有为自称在光绪十年（一八八四年）二十七岁时，思想发生很大的变化，他已有了大同思想的雏形，合国合种合教的想法，全地球统而为一。一统之后，人类语言、文字、饮食、宫室将大大改变，男女平等，人类平等。康有为愿以救世为心，救世为事。次年，他以“几何著人类公理”，定大同的制度，十二年（一八八六年），康有为著《康子内外篇》时，又作《人类公理》，想创造“地球公议院”，定“合国之公理”，并统一地球语言。次年仍继续考虑有关人类合一后的问题。此四年中，康有为的思想已大致确定。他的思想有两大特点：(1) 他以世界眼光看人类文化与前途，超越国界与种界。在他的心目中，不发生夷夏之辨的问题，只有文化进步与否的问题，以及世界如何走向大同的问题。(2) 他的思想中，同时存有理想与现实两种不同层次的思想。这两种思想，并不相矛盾，可以各自存在，也可以相辅而行。贯串这两种思想的基本精髓，便是前面所述的哲学思想。

就现有的资料来看，以《万身公法》代表这个时期的大同思想。此时的大同思想，完全是一种试探性的提出，列举他思想的大纲而已。《万身公法》包括：(1)《公法会通》，此为《万身公法》的导论，讨论如何讲求万身公法，如何推行万身公法，如何修改万身公法。(2)《福祸实理全书》，发明祸福原理，以补公法之不足。(3)《实理公法》，⑦ 此即《万身公法》的主体。(4)《地球正史》。(5)《地球学案》等五部分。

《实理公法》是《万身公法》的主体、根原与实质。所谓“实”字者，有“实测”，指格致家考明的实理；有“实论”，指过去确有的事实或言论；有“虚实之实”，指几何公理的法则，其理较实，为“一定之实”；出自人立的法则，其理较虚，则为“两可之实”。“公”字者，有公众之公，有几何公理之公。康有为以“几何著人类公理”，即以数理方面的定律法则，推论或演绎人类公理，有如几何学上证明题的演算方式所得到的结论。

光绪二十八年（一九〇二年），康有为著《大同书》，对大同思想更加以有系统的发挥，内容较前充实，思虑更为周密。在《实理公法》中，重点在说明人皆由天地的原质而成，故人生而平等。民立君主，为保卫自己，有如两人之事，立一中保而已。换句话说，

---

⑦ 《实理公法》书内虽有一八九一年法国巴黎离婚数字及私生子数字，此数字可能为康有为后来加上去的，因为《实理公法》不过列出其思想大纲而已，唯有此处则详列具体数字，故其著作年代应以其自编年谱为可信。罗荣邦将《实理公法》列为一八八四年作品，大致说得过去。萧公权先生亦云此书为一八八四——一八八七年的作品。

君主不过人民的公仆，故政治宜民主，立议院。对于“死节”，康有为也有不同的看法，他反对自杀以示贞节，反对从容就义以示慷慨捐生，事先不加预防，虽死，亦非全节，他认为能逃则逃，能不死则不死，甚至为道受辱亦所不计。为道受苦之功，其功最为伟大。

在《实理公法》中，没有“去产界公生产”、“去国界合大地”、“去类界爱众生”、“去苦界至极乐”等想法。此即均富思想、世界主义，及佛教的极乐世界，但在年谱中，已述及合世界各国一统的想法，也谈到佛教的普渡众生至极乐世界的观念。均富思想则发生较迟，到光绪二十八年始有。在《实理公法》中，绝无此种观念。他定休息时日的多少，尚以贫富为标准定之，富者多休息，贫者少休息，因为富人不必工作太多，康有为认为这是“几何之法”，意即这是绝对的公理，有益于人道，七日休息一日，这是人定的法则，未顾及到人的贫富，难以实现。由此足证康有为在当时尚无均富的观念。

康有为的《大同书》成立于光绪二十八年，与《礼运大同》篇有很密切的关系。康有为是年注《礼运》篇，发现该文新的意义。康有为过去读礼运篇时，并未引起他的注意，在以往的著作中，皆未特别提出。此时他重读此篇，大为惊奇。他说：“读至《礼运》，乃浩然而叹曰，孔子三世之变，大道之真在是矣。大同小康之道，发之明而别之精。古今进化之故，神圣悯世之深在是矣。时圣之变通尽利在是书也。”由此可知：康有为在光绪二十八年以前，已有三世进化的观念，已有大同小康的想法，但对大同的含义则未确定，唯在平等博爱，政治民主，行议院制，合地球各国为一统，至此，则采用《礼运大同》篇的内容，作为他大同思想的架构，并加上他自己乌托邦式的推想，而完成《大同书》。

· 大同思想概要

康有为的《大同书》分为十部。第一部：入世界观众苦。他认为人生有六苦：一为人生之苦，如投胎、夭折、废疾、蛮野、边地、奴婢等。二为天灾之苦，如饥荒、蝗虫、火焚、水灾、火山地震、屋坏、船沉、车祸、疫疠等。三为人道之苦，如鳏寡、孤独、疾病无医、贫穷、卑贱等。四为人治之苦，如刑狱、苛税、兵役、家庭、国家等。五为人情之苦，如愚蠢、仇怨、爱恋、牵累、劳苦、愿欲、压制、阶级等。六为人所尊尚之苦，如富、贵、寿、帝王、神圣、仙佛等。总之诸苦的根源皆由九界所造成。九界者即国界、级界、种界、形界、家界、业界、乱界、类界、苦界等。欲去苦，则唯有除去以上各种界限。

第二部：去国界合大地。他认为国家的存在是导致战争的基本因素。按照历史的发展，国界自分而合，民权自下而上，已显示进向大同的趋势。宜先弭兵，然后可走向大同。大同之世，地球上一切归公，各地区自组政府，政府中只有议员及行政官员。

第三部：去级界平民族。各民族内多不平等，有阶级之分，宜去之，并删除奴隶制度，使人类平等。

第四部：去种界同人类。各种族之间不平等，宜以通婚、改良食物、迁地居住等方法，使人类体质肤色一致，而走向大同。

第五部：去形界保独立。妇女地位低落，男女不平等，与人类生而平等的原则不合，而妇女又最有功于人道，抑压妇女，有害立国传种，宜男女平等，使妇女有独立自主权，可就学，可仕官，婚姻尤为自由自主，男女听其订立交好之约，量定限期，期满亦可续约，但不得结为永久夫妻。

第六部：去家界为天民。康有为认为父母爱其子女出于天性。不但人类如此，其他动物甚至植物亦如此。无父无母亦人生大痛苦。

父母抚育子女，备极辛劳，人类有此亲情，得以延绵，子女孝顺父母，亦情理之自然。有父子之道，人类乃能强盛。但是他又认为外国人不太重视孝道，而中国人的孝道多变为空义，力行者已少。他又说：家人强合在一起，亦多痛苦，如婆媳不相悦，妇姑交恶，兄弟不和等。有家室的人，先爱其子女家人，因而有私心，以致害性害种，尤其妨碍大同世界，故宜去家。生下子女，交由公育；父母年老，由公恤养。一切医院、育幼院、养老院、学校、殡仪馆等，皆由地方政府办理。有功者，则立金石之像以为表扬，大智大仁者，亦给以勋章，借此鼓励人类向善的心，为社会服务。

第七部：去产界公生产。康有为主张公产，然后可以均分均养，无所争夺，无所私藏。

第八部：去乱界治太平。乱界者即人类有不通不同的律例制度，至为不便，他主张硬性规定，以经纬为界，划分地区，设立自治政府，各地交通等建设，皆归公办公有。

第九部：去类界爱众生。人类相爱之后，应推而广之，爱及他类动物，如孔子所云“爱物”，佛教所谓“戒杀生”等，但侵犯人类的动物，仍当杀之。

第十部：去苦界至极乐。人类走向大同之后，已去尽苦界，可享受快乐。

·大同思想的评论

大同思想的基本观念有二：一为平等博爱，一为去苦求乐。这也是康有为哲学的基本精神之所在。平等博爱的思想，中国传统中由来已久，孔子讲仁，墨子讲兼爱。外来的宗教，佛家讲慈悲为怀，基督教讲爱人如己。在在皆以仁爱为主，唯爱的方式略有不同。平等的观念，在中外先圣前贤亦可找到此类哲言，不必一一枚举。孙中山先生便是继承中国的传统，加上西洋的宗教思想，而高倡平等博爱。康有为亦然。去苦求乐原为人生的一大目的。不过何者为苦，何者为乐，则人各有志，看法不一。苦乐既不一致，则求法更难相同。在理论上，这两种基本的观念，并无不当，但后者颇有苦乐本质上疑问。

康有为所谓人生的痛苦，多数为自然界加诸肉体的痛苦，或为天灾，或为意外，或为人生难免者，如生老病死等，或因人口增加太快而粮食不足以应付。这些痛苦，自古以来，能预防，能避免，能减轻，无不在努力改善之中，是一种自然进步的现象。至于人事方面的痛苦，有属于社会政治制度方面者，可以用改革制度的方式解决。有属于感情方面者，可以用教育方式变化人的气质，气质改变，则对苦乐的感受就不同。唯感情方面的痛苦，如仇怨、爱恋、愿欲、尊尚等，难以得到彻底的解决。

康有为思想中最剧烈的想法为去家界、业界。两者之中，又以去家界为解决痛苦最根本的办法，以此可以除去人类的私心。这种思想导源于佛教的出家而求达到六根清净的想法，唯其方法不同而已。康有为认为家为私心之根源。他说：去产界“或亦能倡共产之法，而有家有国，自私方甚，有家则一身而妻子待养，有国则陈兵而租税日增，以此制度而欲行共产之说，犹往南而北其辙也”。但是康有为又承认父母爱其子女，是为“天性也，人之本也”。如果强行去之，岂不违反人性？这是康有为自相矛盾之处。违反人类的本性是否即能去苦得乐，亦是问题。康有为举出去家的理由有两大要点：一为现代的子女多未能真正孝顺父母；一为家人相处不易和睦。就前者而言，不孝的人究为少数，大多数的人则以能孝顺父母为一乐事。康有为本人即如此。他祖父死后，“三日水浆不入口，百日内食盐菜”，在山上守灵半年，不食肉，无非表示他的敬爱之心而已。他本人做法如此，而其思想又如彼。就后者而言，家人难以相处，系就大家庭而言，小家庭则无此烦恼。至于夫妻间的不和睦与痛苦，康有为认为与男女不平等、婚姻不自由有关。此点自易解决，但即使男女平等，婚姻自由，亦未必能使人人满意对方，必须借道德力量以维持。整个的人际关系亦如此。

人之私心，并不能像康有为所说的那样，去家即可去私。独身主义者并非即能人人毫无私心，和尚尼姑亦多争庙产者。人之私心，首在自身，爱其妻儿子女，孝敬其父母，亦系基于其自身关系的原故。人之私心，与生俱来。康有为亦云，人性中有善有恶，唯善恶强弱不同而已。

人的欲求不同，同一追求快乐，其要求的程度也不同，要求的内容也不同。私心的存在，即使无家，即使共产，亦会寻找发泄的机会，唯表现的方式不同而已。有人追求精神上的享受，乐善好施。有人追求权力上的享受，或作威作福，或喜人奉承。有人追求色欲上的享受，勾三搭四。这些皆与家庭无关。相反地，有了家庭，加重其责任心，更能使其循规蹈矩，努力上进，在事业方面，不但不会敷衍、懒惰，反而更为积极，力求表现，社会因之而更为进步与繁荣。合理的自私，不仅有益自身，更有益于社会。

康有为也知道人的私心难以除去，即使到了大同世界，一切归公，已无所求，但正因为如此，人的私心以惰性的方式表现出来，社会也就会停止不动。康有为建议奖励勤劳及有贡献的人之外，亦不得不防止惰性的产生。此外，人的精神方面的自私仍难除去，有野心的人，不免想独揽大权，因此，康有为的大同世界，仍有四禁存在：禁懒惰，禁独尊，禁竞争，禁堕胎。

康有为在《大同书》中所谓的快乐，以衣食住行为主，其他方面，仍以肉体快乐为主，如净香之乐（剃去人身上毛发须眉），沐浴之乐，无疾病之乐，炼形神仙之乐。最后提出灵魂之乐，指专养神魂，学神仙，修佛学，以至于不生不灭，不增不减的地步。能否做到，实在不敢相信。综观他所提出的快乐，没有一项是精神上的快乐。这些快乐，都是一些物质上的享受。社会繁荣，经济进步，人人即能享受到，无待去家界之后。

如果提到精神上的快乐，则苦乐的感受各有不同。康有为亦深知此点。基督教徒之殉道，佛教徒之苦修，寡妇之守节，壮士之成仁，表面看来皆为苦，实则各人皆为求乐，或求现世的快乐，或求死后的快乐，不论怎样，在精神上，并不以为苦。

至于实行的方法，康有为采取一种自然发展的方式。康有为在写《万身公法》时，对于他自己的幻想，亦深知其困难，所以主张推行公法时，采取自动自愿的方式，并特别强调缓变，不可骤变而伤害他人，亦不可强迫实施。能推行一二端亦可，不必全行。若因强行公法而引起伤害者，公论当转论其罪过。康有为的态度，主张采取一种自然发展的方式。公法亦非一成不变，宜五年修正一次，以便与时势环境并进。

光绪二十八年（一九〇二年）完成《大同书》时，康有为的大同思想较前更为激烈。梁启超曾要求付印，康有为拒绝。他认为时期未到，如欲行之，则反而招致祸害。一九一三年始在《不忍杂志》上发表第一及第二两部，此为全书中较轻的部分。一九一九年，海牙组织国际联盟（League of Nations），康有为大喜，以为其理想"去国界合大地"可以逐步实现，于是重印第一第二两部，其余部分，在他有生之日，皆未发表。至他死后九年，一九三五年，始由其弟子钱安定发表全书。

康有为在世时，不仅拒绝发表全文，且在书内说明，此种构想，系为将来进化而设计，未至其时，不得谬援此例，"作者不愿败乱风俗，不欲自任其咎也"。康有为深恐其思想中不妥当的地方，引起社会不安。

康有为认为贫者固然有苦，富者亦有苦，贵者亦有苦，做皇帝的人也有苦，凡人皆有若，都是一些可悲可悯的人物，所以解决痛苦的方法，不在互相斗争，而在发展物质科学，满足人类基本的需要。至于人与人之间的不平等，固然需要除去，但他认为中国自秦汉之后，社会上已无阶级存在，“贵族尽扫，人人平等，皆为齐民”。所以在他的思想中，根本无阶级斗争的观念存在。他是一位博爱主义者，对人类的看法一视同仁，故主将采取和平的渐进方式，以达到大同世界。此与孙中山先生的思想极为相近。

康有为认为大同世界实现的时期是在太平世。太平世有一段无法估计的路程。同时他坚决相信不可逾越前进，必须循序前进，否则将引起祸害。

康有为的大同思想，在思想史上，确有超越前人之处。他根据一些零乱的知识，凭个人的想象力，勾画出一幅人类理想的远景，此种乌托邦式构想，虽然在实行上有许多困难，人类能否真正达到此一境界，固然问题重重，但其中若干观点，与今日的社会主义思想比较，亦有其价值。可取之点，在他提倡平等博爱，人类无国界种界的分别，公办养老院、医院等社会福利事业，政治民主，以和平的方法推进社会走向大同。至其缺点在违反人性的去家思想与公产制度。家是顺应人性的自然而存在，且其存在有益于人类社会。为人父母者，立意向善，以慈爱抚育子女，对子女的心理亦有良善的影响。爱有等差，亦为人性之自然现象，唯当合情合理，兼爱他人的父母子女。合理的自私，亦有益于社会之进步。推己及人，原为孔子仁恕思想的基本想法，发扬此种精神，亦可走向大同世界。

3. 经学见解

康有为第一次上书请变法失败之后，且使屠仁守丢了官，自然感到变法不易，非在学术上建立他的理论基础不可。他受到当时今文学派的影响与廖平的启示，因而建立他的经学见解。他的见解可由三方面代表：一为《新学伪经考》，二为《孔子改制考》，三为《春秋董氏学》及四书等注解。第三部分不过加强前两部书的说法而已，无新的创见，故其经学见解，以前两书足可代表。兹分述如下：

·《新学伪经考》

康有为认为东汉以来的经学，多为刘歆所伪造，所以称之为伪经，与孔子无关。刘歆是王莽的新臣，伪经是新莽一朝的学问，所以称之为新学。后世所目为汉学者，就是新学，非真正的汉学。宋人所尊的经学，多为伪经，非全为孔子的经典。

西汉时以六经为主，即《易》、《礼》、《诗》、《书》、《乐》、《春秋》，其篇幅则根据《史记》所述，凡《史记》未道及者，则为刘歆所伪造。各经范围如下：

《诗》——只有三百零五篇，无所谓《毛诗》。

《书》——只有由伏生背出的二十八篇（非《史记》所述二十九篇，《史记》中之九字系后人所改），孔安国所得《古文尚书》，皆为刘歆伪造。

《礼》——只有高堂生传的十七篇，《逸礼》、《周官》、《明堂》、《阴阳》等皆为刘歆所伪造。

《易》——以伏羲画八卦，文王重六十四卦，孔子为之《系辞》上下两篇，十翼中的其他八篇皆非孔子所作。

《春秋》——为孔子所作，唯有公羊、谷梁二家之传。《左传》多为刘歆自《国语》中抄出。

上述五经，未及《乐经》。《乐经》失传，或云无经，其《仪法》篇章散见于《诗》《礼》。

经学的研究，清时大盛，《皇清经解》及《皇清经解续编》所收之书，共一五七家，书籍三八九种，共二七二七卷，对于各经，都详加考证。由于各经颇有问题，引人疑其真伪，加上今文学家又专攻击古文经说，因之康有为对古文经亦感到怀疑。尤其受廖平影响之后，集中于古文经的考证，于光绪十六年（一八九〇年）著《王制义证》、《毛诗伪证》、《周礼伪证》、《说文伪证》、《尔雅伪证》等书，次年即著成《新学伪经考》。该书的要点如下（据梁启超所云）：

（1）西汉经学，并无所谓古文者，凡古文皆刘歆伪作。

（2）秦始皇焚书，并未厄及六经。汉十四博士所传，皆孔门足本，并无残缺。

（3）孔子时所用之文字，即秦汉间篆书，即以“文”论，亦绝无今古之目。

（4）刘歆欲弥缝其作伪之迹，故校中秘书时，于一切古书，多所羼乱。

（5）刘歆所以作伪经之故，因欲佐莽篡汉，先谋湮乱孔子之微言大义。

刘歆虽有伪造，但康有为的缺点是以一概全，过于武断，论证极不严谨，以致难服人心。

康有为的考证法，先有一套是非标准，合乎此标准者则是，否则全非。他所定的标准是：凡《史记》中所未言者，皆为刘歆伪造。《史记》、《楚辞》中有与康有为见解相反的文字，康有为也认为是刘歆羼入的；后世出土的钟鼎彝器，他也认为是刘歆预铸埋藏以欺骗后世者。

康有为著《新学伪经考》的目的，在于打倒古文学派，而定今文学派于一尊。他认为刘歆伪造经文的目的在夺孔子六经以与周公，抑孔子为传，以古文伪传攻今文学之口说，以左氏破公羊之微言大义，扫除孔子改制的圣法，使《春秋》视为“断烂朝报”。康有为则反其道而行，欲尊孔子，复《公羊传》，则必先打倒伪经，然后可以推出《孔子改制考》。

·《孔子改制考》

康有为自得廖平的启示之后，已有意著《孔子改制考》，据他自称，几与《新学伪经考》同时开始。《新学伪经考》完成出书后，已为改制考作了铺路的工作，因之《孔子改制考》即于光绪十八年（一八九二年）定下编裁体例：

（1）孔子定说，以《春秋公羊》、董氏《繁露》、《礼·王制》、《论语》、《孟子》、《荀子》为主。

（2）三统说，孔子每立一制，皆有三统，托之夏殷周者，制虽异，而同为孔子之正说，皆可从。

（3）周初遗制，诸国旧俗，皆杂见于诸子，刘歆所采以为礼者，可供以参考旧制故次。

（4）刘歆伪撰《周礼》、《左传》及诸古文经，向来窜乱于诸经中者，辞而辟之。

（5）自刘歆以后诸儒辗转附会讹传者，宜加以说明。

此书于光绪二十二年（一八九六年）完成。康有为立论的方式如下：

（1）上古茫昧无稽，周末诸子并起，各自创教，除孔子外，他列举管子、晏子、墨子、道家、法家、名家、阴阳家、纵横家、兵家等十六类，又列举十四人托古改制。既然各家皆可创教，证明当时百家争鸣，并无一定学说为世人遵循。

（2）孔子亦于当时创立儒教，自战国以后八百年间，天子、学者、大夫等，皆尊孔子为制法之王，如尊之为新王、素王、文王、圣王、先王、后王。孔子托王于鲁，托制于三代，其实皆为孔子所创。

（3）孔子立儒教之后，其弟子受其道而传其教，或以书传，或以口传，以行于天下，转移社会风俗，如冠服、三年丧期、亲迎、井田、学校、选举，皆孔子所创。

（4）六经皆孔子所作。在此之前，康有为唯认孔子作《春秋》，其余《诗》、《书》、《礼》、《乐》、《易》，皆伏羲、夏、商、文王、周公的旧典，孔子仅明述删赞编辑成书。康有为认为汉代以前，皆知孔子为教主，自刘歆伪造经文后，渐渐改变此种说法，唐时以周公为先圣，而黜孔子为先师。六经皆孔子所作，则孔子之教主，自应有其崇高地位。

何以孔子于当时要托古改制？康有为认为有三大原因：（1）孔子以人情“荣古而虐今，贱近而贵远”，能使人尊敬，有一种神秘的力量。（2）“无征不信，不信则民弗从”。孔子欲征信，故须托先王之名。（3）孔子著书，批评时政，恐招致祸害，为安全计，或以口传、或以微言、或托古而言之。当时不仅孔子托古，其他各家亦然。

孔子创制之后，当时人有随而习之者，有疑惑而质问者，有起而攻击者，康有为由此证明孔子之制是新创的制度，所以才有这种现象。

孔子托古改制不过是改革的方法而已。至于改革的内容方面，则应依微言大义来求得。康有为认为孔子的基本想法有二：孔子的三统之说，代表制度当随时因革；历史的发展进步，由据乱世、升平世，走向太平世，即由小康走向大同。孔子之制为小康而立，故主张正名分，“君君，臣臣，父父，子子”，有五伦纲常，社会始能安定。邦国之间，孔子倡“尊王攘夷”，亦在维持社会秩序。康有为认为孔子改制的目的虽在维持现实政治社会的秩序，但亦昭示人类进化的太平世。

· 当时人的批评

当时及后来批评康有为这两本著作的人甚多，不一一叙述，仅介绍当时的朱一新、叶德辉、洪良品、王仁俊等人，综合他们的意见，分别伪经考与改制考两方面：

批评《新学伪经考》要点如下：

（1）既以《史记》一书为根据，又指该书有伪造。康有为以《史记》为根据，凡《史记》未提及者，皆为刘歆伪造。但《史记》中亦言及古文，康有为指为刘歆羼入。康有为以同样方式引《汉书》支持他的说法，但是《汉书》中有不合康有为的说法者，康有为便指为伪造。此种考证方式，自难令人信服。既然刘歆可以伪造，何不将《左传》、《毛诗》等书名加入《史记》中，则更可免人攻击。康有为辩称，将该书等名目加入，恐太暴露而引起当时儒者的攻击，不过略加一二语，使当时人忽略而留下暗笔。此种解释，亦太牵强。《史记》中未提及之书，不能即谓为刘歆所伪造。

（2）《春秋左传》以记事为主，太史公十二诸侯年表即多据左氏，司马迁当时应已看到该书，自非刘歆所能伪造。如其中部分有伪造，又当以何本校正？

（3）今文十四博士并不同条共贯。康有为谓今文与今文，古文与古文，皆同条共贯。但今文并不尽同。西汉立十四博士即可资证明，立鲁诗，又立齐、韩诗。一诗所传如此，何况六经，故共立十四博士。

（4）若干经文，明见各籍，而康有为一概斥之。

（5）传说与口说至少同样重要可信，而康有为独重口说。

对《孔子改制考》的批评要点如下：

（1）孔子改制之说，《春秋》及《公羊传》中并无明文言及改制之事，秦汉之际亦尚无此说，董仲舒、何休立此说以说《公羊》，纯为后人臆说，不可尽信。

（2）《公羊》改制不包括六经大义，六经各有所长。康有为将六经亦尽入归于公羊改制之说。《论语》与《公羊》亦难相合，康有为亦云各有大义，但又将《论语》牵合在改制之说内。

（3）尊敬孔子为素王可也，但不必强孔子背周而改制。孔子为圣人，恐不会如此的僭妄，可以称之为从众而改制。孔子素王之说，为其弟子推察孔子的学说而称呼的，非孔子自居于王的地位。

（4）托王于鲁的说法，起源于《春秋繁露》，系对文字的误解所致。孔子据《鲁史》而作《春秋》，从周文王正朔以记月次，故曰“王正月”等，王者指周文王，非托鲁为王也。

（5）口说无一定文字，而《公羊》、《谷梁》、《繁露》及秦汉诸儒所引的文字及意义各有不同，康有为遁其词，谓之“遗漏错置”，或谓之曰：“如据事直书，恐其义不显明，故常变其辞，变其实，以箸其义。”如此一来，则可以自由解释，无所拘束，如何能令人心服？

当时人的攻击，表面上固然是批评康有为的学说，实际上反对变法的意味尤为重要。叶德辉指出康有为的罪过，“伪六籍灭圣经也，托改制乱成宪也，倡平等堕纲常也，伸民权无君上也”。亦有谓《公羊》有三科：一为张三世，二为通三统，三为异内外。就通三统而言，固然必须求其制度，但后世亦无法实行此种制度；就异内外而言，则不应以夷变夏，效法西洋，甚至也不能援儒入墨，兼爱天下，康有为并未遵守公羊家法。

康有为原想建立学术理论，以利变法的推行，没有料到反而引起守旧派的反对。光绪二十年（一八九四年）七月给事中余联沅劾奏康有为“惑世诬民，非圣无法”，请焚《新学伪经考》，旨令两广总督李瀚章查报，在各方营救之下，李瀚章代为开脱，遂令自行毁板。《孔子改制考》一书，则于戊戌政变后及庚子年间，两度查禁。

查禁的原因虽为政治关系，但亦有学理的因素在内。

今古文之争由来已久，原来只有今文，西汉末年有古文经传出现，刘歆欲挟王莽之力以立官学，至东汉末年，古文学大盛。当时争论的焦点在《春秋公羊传》。及古文大家郑玄遍注群经，晋朝杜预、王肃皆衍其绪，今文学遂衰。平情而论，先秦古籍，不出于一时、不成于一手者很多，后人托孔子、周公之名以自抬身价者有之，古文经传中，自不免有伪造者，刘歆伪造者有之，他人伪造者有之，此其一。西汉时，今文经传口说，距孔子时代已远，亦有相互歧异矛盾之处，各字句的解释亦不一致，可能已不能代表前人的原意，此其二。而康有为想建一套完整的说法，统一各种矛盾，自非易事，遂将矛盾的地方指为刘歆伪造，自不免过于武断。其立论方式，亦有问题，如引《淮南子》云："孔子修成康之道，述周公之训，以教七十子，使服其衣冠，修其篇籍，故儒者之学生焉。"康有为解释"儒者之学生焉，为孔子创教之确据"，而将"修成康、述周公，以为孔子之道，……皆刘歆所据作伪经以夺孔子者也"。如此立论，自难令人心服。就古文经传而言，其中有问题者颇多；就孔子改制而言，多为后人臆说，孔子是否如此，则难以定论。

·康有为对经学的态度

康有为认为中国学术的发展，分为两支：一为宋学，走向心学；一为汉学，走向训诂。两者愈走愈偏，以致失去其原来的真义，到清朝时，汉学、宋学几乎亡失。他推本此二学，皆源于孔子。宋学本于《论语》，《孝经》亦为其一，以发挥义理之学为主，义理者即德行的学问，朱熹成为其嫡嗣。汉学本于《春秋》、《公羊》、《谷梁》三传，以发挥经世之学为主，经世者即有关政事的学问，董仲舒为其嫡嗣。

以往宋学，注重《论语》、《孝经》，而康有为推展到《易经》，扩大义理的范围。汉学以《春秋》为主，康有为专主《公羊》、《谷梁》二传，此外与《礼》、《诗》、《书》相交发明，由此可知孔子经世的真义所在。康有为初时的目的在注重改制之义，故特重公羊学。

孔子改制之义，可以说成了康有为变法的理论基础，也可以说成了他变法学说的工具，因为他并非百分之百遵从公羊"家法"，而只采用合乎他的意见者，不合者或去之，⑧ 或自行解释，加以发挥，反正微言大义给予他自由发挥的方便。何休将《春秋》与《孝经》同等看待，但康有为因为有大同的思想，所以很少提到《孝经》。康有为极为推崇董仲舒，但亦未完全接受他的观点。董仲舒谓"屈民而伸君，屈君而伸天，春秋之大义也"。康有为以此不合民权思想而未接受。康有为一生中最尊敬孔子，欲立孔教为国教，但亦未完全接受孔子的说法，他只接受孔子仁恕的思想，小康大同的见解，而不重视孔子礼的思想。由此可见，康有为是一位政治家或政治思想家，自己有一套想法，先有主见，然后在中国传统学术中找寻根据，他从公羊学中得到两种重要的观念：一为改制之义，一为三世之说。

康有为对于某一经，或某一言的重视程度，依他所需要的时地而不同。在《长兴学记》中，他推崇《论语》最为可尊，以其言便于立学之宗旨。⑨ 当他推崇《易经》时，言其为孔子所作，最为可靠，谓《论语》为后世语录之书，不可尽据，此为同一书中对一书有不同的评价。康有为初时尚认为《诗》、《书》、《礼》、《乐》是孔子辑先王之籍删定而成，只有《易》与《春秋》全为孔子所作，称孔子为万世师表，赞美黄帝、尧、舜开物成务，以厚民生，周公

---

⑧ 光绪五年（一八七九年）康有为《注老子》，以老子主张无为而治，一切听其自然，与他的入世救人的思想不合，故弃之。次年，攻击公羊学，著《何氏纠缪》，后因特别利用公羊学，不能自相矛盾，亦弃去。

⑨ 孔子曰：志于道，据于德，依于仁，游于艺。

孔子垂教立学，以进来士。到了《孔子改制考》时，则将《诗》、《书》、《礼》、《乐》视为孔子所作，并认为尧舜等人的存在与否，颇值得疑虑，至少尧舜的盛治为孔子所托，并非真正如此，至此一变其前说。此时所推重的书自然是《春秋公羊》传。兹就康有为的著作中，有关六经及四书者，分为三类：①未完成者，零碎不全者，或未知其著作时间者；②完成而未出版者；③出版者。列表如下，亦可看出康有为的重视各书的程度。[10]

书名	①	②	③	合计
《春秋》	4	5	2	11
《易》	2			2
《礼》	3		1	4
《乐》	1			1
《诗》	3			3
《书》	1			1
《论语》		1	1	2
《孟子》		2	2	4
《大学》			1	1
《中庸》			1	1

由上表可知，《春秋》方面所占的比例最高，其次是《孟子》一书。

康有为逃亡海外时，对四书加以注解，将书中意旨注成合乎他自己的意见，如将《中庸》书中的“三重之道”解释为“三世三统”的意思。[11] 他注解《论语》在发明曾子的学术，专主守约，未能发

---

⑩ 诸子及通论性的著作未计人。

⑪ 朱子注“王天下者有三重焉”，指有三项重大事件，即该书前文所述之“非天子不议礼，不制度，不考文”。

挥孔子的圣仁大道，故评《论语》未尽孔子之学。《大学注》在重视“平天下”一语。孔子用“平”而不用“治”，即含有世界大同平等的意思。康有为此时特别重视《孟子》一书，著有《孟子微》、《孟子注》两书，且皆出版，因为孟子的民权思想合乎大同的旨意。

由此可见，康有为对经学的态度，常在变动中，以他自己的意见为评论的标准，合则重视，不合则弃之，无客观性之可言，其间发展，约可分为四个时期：

（1）光绪十四年（一八八八年）以前，康有为受传统经学影响，注重汉学，排斥宋学，以宋学仅言孔子修身的学问，不明孔子救人经世的旨意。

（2）自光绪十四年至二十七年（一八八八—一九〇一年），康有为排斥歆学，以其作伪，使今文学不得彰扬，孔子改制之学不得显明。康有为在此期内，独重今文学，尤重《春秋公羊传》。

（3）康有为的大同思想固然起源很早，但只有一些片断的观念，至光绪二十七、八年左右，他在《小戴礼记》中发现《礼运篇》，给予他新的刺激，因而完成《大同书》，同时排斥荀学，以其仅传孔子小康之统，而不传孔子大同之统。

（4）一九一一年，因见国内动乱不安，道德衰微，康有为主张尊孔读经，不论今古文，不分宋学汉学，都有价值。

康有为对经学虽有所发明，但此不过是儒家思想的一部分而已，似不必专为此而说成是孔子唯一的思想系统，自立门户，排斥他学。他的贡献是在建立一套三世进化的孔子学说，由小康而至大同。他的缺点是过分排斥他学，而不能兼容并蓄，以致产生许多不必要的曲解与武断。

康有为的经学见解，很显然是从实用的眼光去解释，想建立一套适合他自己所期望的系统，所以前后变更他自己的意见的地方也很多。孔子的思想包罗很广，其弟子所记所传也不少，不论康有为如何的变，都可以在儒家思想中找到相似的说法，换句话说，康有为的思想是以儒家思想为本，旁掺其他思想。所以康有为的一生，有一不变的思想存在，那就是“尊孔”。光绪二十一年（一八九五年）四月，康有为第二次上书，建议设“道学”一科，“发明孔子之道”，各乡落淫祠悉改为孔子庙，各善堂会馆俱祀孔子，目的在“扶圣教而塞异端”。光绪二十三年（一八九七年），他与唐景崧等人在桂林创办“圣学会”，供奉孔子，逢庚子拜经，是为尊孔的具体表现。康有为周游欧美之后，认为中国的伦理道德与人情风俗，自有其优点，至少不在欧美各国之下。“中国数千年以来，受圣经之训，承宋学之俗，以仁让为贵，以孝弟为尚，以忠敬为美，以气节名义相砥，而不以奢靡、淫佚、争竞为尚，则谓中国胜于欧美人可也”。不过各国俗尚不同，不易比较，“亦只得谓互有短长耳”。中国人不可因西洋“器用之巧美，章程、兵政之修明，而遂一切震而惊之，尊而奉之，自甘以为野蛮，而举中国数千年道德、教化之文明一切弃之，此大愚妄也”。

民国初年，康有为大力推行立孔教为国教。孔子虽不语鬼神，但重人道。文明世界的宗教，应以人道为重。且孔子兼存鬼神，尊天敬鬼，可立为教。中国实际上奉孔教为国教已数千年，故能守信尚义，孝弟敬爱。孔教立为国教之后，以孔子配天，跪拜祭祀，明令学校读经，则中国固有的道德可以光大，国家因此而强盛。

4. 政治革新

康有为的政治思想有二：一为大同理想，一为现实的政治革新。康有为认为孔子的志向虽在大同，而其行事则在小康。康有为本人亦可以说如此，大同只是他的理想，而他真正的行事则在改良现实的政治，所以他的政治革新论是他行事的重点所在。

·革新的理论

除了上述理在气之后及孔子托古改制的学术理论之外，康有为对现实政治的改革，亦有他实际的看法。康有为作《康子内外篇》时，以实际的眼光看人类制度与人欲的矛盾。各人的欲求不同，导致人类无止境的争夺与杀戮。强者战胜群雄，自立为王，定下法律制度。这种法律制度，自然以强欺弱，所以有尊君卑臣、尊长卑幼的说法，无非是尊强卑弱而已，但是这也是势之所趋。大势既成，压制既久，不仅变成了法律制度，而且成为社会上的道德规律。以此规律表现于外者，即为人际关系的行为标准，而成为义与礼。到了这种程度，虽然有像孔子一类的圣人出现，亦无能为力而骤然加以改革。孔子也只好因势利导，依时势风俗而定制度，目的在安定社会，顺应人事之自然，以为纲纪。但孔子亦同时提出变的观念，三世之义与大同理想，指示人类应走的方向。

圣人因见习俗过深，因势利导，不得不假借帝王的权势，以行其道，所以孔子周游列国，希望说动政治领袖；在学术上，亦必托古而改制。圣人欲行其道，尚且须假借权威，康有为欲革新政治，亦非走此老路不可。他相信“以天子之尊，独任之权，一颦笑，若日月之照临焉；一喜怒，若雷雨之震动焉；卷舒开合，抚天下于股掌之上”。若能“挟独尊之权，如阖辟之术，……中国治强，犹反掌也”。所谓“阖辟之术”，即立教派，发议论，以说动天下。由此可知，康有为欲变法强国，其基本方法有二：一为假君权以临天下；一为著书立说，自成一家之言，然后可驱使众人随同赞助变法。康有为采用后法时，亦为假借权威的方式，他自廖平处得到启示后，便假借孔子托古改制的学说，想建立他的学术理论权威。

法何以要变？康有为就实际的情况，提出三点理由：

（1）法久则弊。康有为说：物久则废，器久则坏，法久则弊，此乃自然之理。历史之所以进步者在此，亦即《易经》所谓变通之理。法为后天之法，非先天所定之法，因时势而成，亦当因时势而变。法弊的原因有二：一为人为的因素，法久必衰，欺饰成风，或采敷衍的态度，或走法律漏洞，以致法失其效。一为时势不同的因素。古今时势不同，则立法亦应有异，始能因应。今日时局，前朝所未有。昔时四夷交侵，以强兵相陵而已，未有治文学之事。今泰西诸国，以法治相竞，以智学相上，此诚为古夷所未有者。治平世与治敌国并立之世不同。治平世可以奉行故事，萧规曹随。治敌国并立之世则应以竞争为主，当以开创之势治国，不当以守成之势循旧；当以列国并立之势治国，不当以一统垂裳之势因循。开创当更新百度；守成则率由旧章。列国并立则争雄角智；一统垂裳则拱手无为。如今时局不同，安得不变？

（2）变则强，以日俄为显例。日本小国，变法兴治，百废俱举而成强国。俄皇彼得，亲游欧洲，学技艺，拓识见，行西法，教化文明因此大开。以中国之大，物丰民众，智慧高超，只要纲纪一变，三年则规模成，十年则治法大定，可致富强，二十年则久道化成，可称雄世界。

（3）不变则亡。世界上不求变法而亡国者甚多，如土耳其，曾称霸一时，后各国叛立，分割其地，其国已不成国矣。印度、缅甸成为英国的殖民地，可为殷鉴。中国若狃于积习，仍不变法，五年之间，江浙闽广滇桂恐不保，十年之内，皖楚辽藏蒙回亦虑变生，二十年后，败坏非所敢预知。这还是以常测度，若瓦解之患，旦夕可致。这是康有为在光绪二十一年（一八九五年）第四次上书时所作的估计，以后事验之，内容虽不合，但清廷之亡，并未超过二十年。所以康有为主张大变、速变。他说：“不变则削，全变则存，小变仍削。”“能变则全，不变则亡；全变则强，小变仍亡。”在戊戌以前，康有为未考虑到渐变或循序而变。渐变及循序而变的想法，是他在光绪二十四年（一八九八年）始有的想法。

·政治革新的内容

光绪十四年（一八八八年）康有为第一次上书，提出“变成法，通下情，慎左右”三点。慎左右的意思是辨忠佞，察贤愚，谈不上是变法，为人君者所应当做的事，所以康有为初时只想到两点：变成法，指出行政吏治方面的法则宜变；通下情则颇有设立议院的想法。到了光绪二十一年（一八九五年）第二次上书时（即公车上书），除详陈权宜应敌之谋外，尤详论变法的理论与方向，应行改革的内容可分为四方面：（一）议院方面，（二）行政制度方面，（三）教育科举方面，（四）经济财税方面。此时已确定他对政治改革的范围，分别介绍如下：

（一）议院方面

康有为初时有设置议院的想法，但以“通下情”为其主要的目的。他的理论是：“天地交则泰，天地不交则否。”他并由历史上观察，谓成一代之治者，君皆与臣民相亲，危败之君则君臣相隔。他第一次上书时，极言上下否塞不通之害，建议采取汉代“议郎”的办法，“增设训议之官，召置天下耆贤，以抒下情”。皇帝高坐宫中，可知天下大势，方能立法行事。

光绪二十一年，康有为有进一步的君民共治的想法，仿汉代“征辟有道之制”，主张开武英殿，令天下公举“博古今，通中外，明政体之方正直言之士”，每府县十万户举一人，名曰“议郎”，轮班入直武英殿，以备顾问，“上驳治书，下达民词。凡内外兴革大政，筹饷事宜，令会议于太和门，三占从二，下部施行”。“议郎”每年改选一次。此种想法，已与设置议院无大差别，“议郎”有议政的权利。同年第四次上书，他再提出“开门集议”的方式，议论政事。省府州县亦同样设立，似乎又进了一步，设立地方议会。康有为此时想到议院与君主之间权责划分的问题，“集议”虽可表决政事，但一切决定权仍归于皇上，开门集议的目的只在“集思广益，稍输下情，以便筹饷”，与皇权无损。其设置议院与真正民主制度相差尚远。

光绪二十四年（一八九八年）正月，康有为应诏统筹全局，建议用南书房会典馆之例，设制度局，选天下通才为修撰，派王大臣为总裁，每日讨论，将旧制新制斟酌施行。此种思想由光绪二十一年（一八九五年）的“辟馆顾问”开始，二十三年（一八九七年）再提此事，而将原先注重的“开门集议”一项除去。光绪二十四年所提的设制度局，较“议郎”的想法更为退步，更为现实，他的利用皇权以行改革为主，改革的重点在官制方面，而非政体方面。

光绪二十四年二月，康有为进呈《日本变政考》，并且旁加按语。他虽然对日本议院极为赞成，曾说：“议员权力之大，而选征士庶人贡士为之，盖必如此，而后能用贤俊之人才，合天下之舆论也。”他认为此为“民选议院之良制，泰西各国之成法，日本维新之始基也”。但是他认为“中国风气未开，内外大小多未通达中外之故，唯有乾纲独断，以君权雷厉风行，无有不变者，但当妙选通才，以备顾问，……用人议政，仍操之自上”。他相信以皇权即可达成变法的目的。他说：“人主意之所向，如牧者之养羊，唯鞭所指，随意东西，升原降阿，无不如意。”如今“学校未成，知识未开，遽兴议会者，取乱之道也；学校既成，知识既开，而犹禁议会者，害治之势也”。康有为此时方有循序渐进的变法思想。他并举出日本“亦至二十四年后（作者按：实为二十二年后），始开议院。吾今于开国会，尚非其时”。康有为也知道议政立法的重要，所以主张仿日本设“集议院”之例，以备顾问。

戊戌失败之后，最初数年，康有为以受恩深重，保皇为先，唯有力谋起兵勤王，脱其禁锢，恢复皇权，其他则不甚注意。对于立宪，虽有提及与赞成的言论，但不甚重视。勤王失败后，尚以民智未开，未便即行设立议院，唯地方可先设立。光绪二十九年（一九〇三年），他完成《官制议》，将地方行政分为二级，即道与县。县以下设乡或邑。以万人以上的地方（约十里）设为一局，每局立局长一人，总任局事，兼管学校；设判官一人，管理讼狱；设警察一人，巡捕奸盗；设税官一人，管理户籍税收；设邮官一人，主通讯并兼管印花。以上五人皆由议员公举。议员设议事会，以决一乡或一邑之政制赋税大事。每三、四百人举一议员，则一乡约有议员二三十人，由公民举之。公民者，以能纳税十元者即可。议员以有学识财力者充任，不支薪水。此种构想，完全是地方自治的方式。

县设县民议会，每年由乡（邑）举代议士参加。道设道民议会，每年由县举代议士参加。

康有为逃亡海外，初时不甚注意设议院，光绪二十八年（一九〇二年）时，主张中国只可行立宪，不可行革命。康梁是以立宪对抗革命立论。康有为是否真主张即开国会，则尚未可知。光绪三十年（一九〇四年），康有为得悉欧洲小国寡民、“智民富族”是产生议院的条件，认为中国可以学习，但仍必须从地方自治着手。光绪三十二年（一九〇六年）秋，康梁拟定改保皇党为“国民宪政会”，次年又改为“中华帝国宪政会”，至此方才走向真正的立宪运动，至少康有为个人是如此。其政治纲领：尊敬皇室，扩张民权，要求善良之宪法，建设有责任的政府。公启中主张“君民同治，满汉不分”。国内早已主张立宪，康有为勤王早已无望，大势所趋，康有为不得不改弦更张，但已落在现实的后面。

光绪三十三年（一九〇七年），康有为代表海外宪政会侨民上书请愿，“请立开国会，以实行立宪”。此时他已不再言“民智未开”，相反地，他认为人才已足。民国成立后，康有为改“中华帝国宪政会”为“国民党”，他的政治观点，走向“虚君共和”的想法，又与现实脱了一节。总之，康有为虽有高远的政治理想，但在实际的政治改革中，并非是一位激进革新的人物，甚至过分迁就现实，往往落在现实的后面。

（二）行政制度方面

康有为主张变法的实际理由是古今时势不同，官制应加改革。中国以往为大一统的局面，环列四周者皆为小夷，无须对外争雄长，故立国的重点在防乱弭患，保住江山最为紧要。传至明代，治法尤密，以八股取士，以年劳累官，务使明智之士无所长进，有功有勇的人不能尽量发挥其所学，此皆愚民政策。一职数人，一人而兼数职，务求分权掣肘之法，使官吏不能尽量发挥其才能。交通不便，人才散居四方则易治；上下不通，皇尊而易威。此为数千年来为政为治之道。清代承袭明制，有加无改。康有为综合清代官制的缺点如下：

（1）职责不明。职责不明的情形很多，或为数人一职，或为一人身兼数职，或为冗员，闲散无事。同时缺少分层负责的观念，上官常侵下权，下官唯有依意行事，无可发挥。

（2）法则不当。法则不当者，或以时势不同而仍旧行之，失去时宜，如吏部以选才为主，而仍似铨叙方式行之。翰林以储公卿为职，犹讲究诗学。科举以励学为主，仍以八股试验。案例繁琐，不仅影响效率，且胥吏多借例以行奸。

（3）组织不良。组织不良者，在中央政府，无新机构以推行新政，而集于办理外交的总理衙门。其他六部，或名实不符，或闲散无事。在地方者，层次太多，有省、道、府、州县等四级。道府不过承转公文而已，徒使上下隔阂，闭塞已极。督抚权重，掌兵财大权。知县位卑责繁，负一县之全责，其下则巡检典吏一二人而已，皆出杂流，求其教民养民，实不可得，因之知县所事，唯讼狱钱粮而已，余则不管，亦无法管。

（4）人才不洽。人才不洽合需要者有四：八股取士，所学非所用。捐纳得官，志在财势，难利民治。官资限制太严，新进人才不易。历大位者，年高体衰，精力不济，既无法任事，又无法求知。

康有为针对着上列四方面的缺点，力谋改进。人才方面者，除停捐纳，引用新人外，余多为教育改革方面的事，留在后面再述。此处综合康有为的意见，可分为两大重点：

（1）加强中央集权制。调整中央各部司的组织，或合并，或裁撤。为了配合新政实施，另立新机构，重划各部局职责，以掌管全国兵权财权及邮电交通等设施。

（2）调整地方政府的层次与组织。康有为主张地方政府采二级制，初时主张只设道县二级，去省府二级。至民国年间，认为以道为单位仍嫌过大，主张行府、县二级。这是康有为游历欧洲各国所得的印象。他说：即以府而言，亦比欧洲若干国家为大。他之所以主张小区域制的理由有二：①省大权重，有碍中央集权。②府小易治，兴革较易。至于采二级制的理由在使上下通情。他说：天下之治，必由乡始。周则百里封侯，直达天子，汉以太守领令，直达小民。

康有为建议以道代省时，每道设一巡抚，其下增设参议、参事、支判。总督一职，即由巡抚兼领。光绪二十四年（一八九八年），建议每道设一新政局，选通才为督办，准其专折奏事，听其自选参赞随员。康有为想以增加新机构而改变原有的组织与功能，旧有的机构仍然存在。光绪二十九年（一九〇三年），康有为建议：原有的省垣仍旧保留其总督或巡抚，领治首道，并监督全省。其他各道自立，与首道平等。府亦存在，知府领首县，其他县与首县平等。表面上仍为四级，实际上已改为二级制。由此可见，康有为的改革，顾及现有的制度，并未主张作激烈的改革。他是一位相当迁就现实的人。

康有为非常重视县治，主张提高知县的地位，升为四品，以给事中、御史、编修等官及府道爱民的官任之。其下分设公曹、决曹、贼曹、金曹，以州县进士分补其缺。其余诸官吏，由诸生考充。光绪二十四年，康有为建议每县设民政局，听由督办委员担任，会同地方绅士，推行新政，诸如地图、户口、道路、山林、学校、农工、商务、卫生、警捕等。知县仍管刑狱与赋税。康有为想以增设机构方式，改变县府的组织结构，以便发挥其推行新政的功效。在任期方面，原为三年一任，徒使县署如传舍，官吏如过客，自然无法发挥知县的才能。宜仿效日本制度，改为十二年为一任，但每三年可考察其成绩，黜其庸惰，使有才能的人久安其位。

（三）教育科举方面

科举制度，八股取士，败坏人才，莫此为甚，其缺点有三：一为禁锢才智。使聪明才智之士，沉溺于八股时文小楷，变成了呆滞庸腐无用的人。二为毁人志节。八股取士，以功名利禄诱之，得之者长人虚骄，失之者无用无闻，终身不振，因之嗜利无耻之徒充满科场，荡然成风。三为浪费人才。才智之士，所学非所用，浪费精力，此其一；科举名额有限，得之者尚可仕官，失之者终生不懈，多少高才老死科场，此其二。科举有此三害，影响之大，不仅个人无才无德，且国家无可用之人。士民不学，则工商不兴，制器不精，国家自然无法强兴。康有为已深深了解，才智之士多，国家则强盛。

针对以上缺点，康有为提出改革的方案：

（1）将传统的科举制度改变考试的内容与方式，试以四书、五经、策、诗，不限名额，不限格法，殿试不论楷法，但取直言谏对者。

（2）另设专门考试。康有为建议各省设立“艺学书院”，教以新式学问（如天文、地、矿、医、律、光、重、化、电、机器、武备、驾驶、测量、图绘、语言、文字等），每岁举行考试一次，除专门学科外，另试以经、史、掌故、策等，“通半即中选，谓之举人，贡于京师”。录取时，不限名额，但限以五年为期，屡试不中者出学。京师亦每年考试一次，中者谓之进士。参加三年考试而不中者，出学。此与前法合成一种新旧双轨制的想法，亦为因应现实情况而设计。

（3）奖励发明。凡有著作发明者，可依其成就，纳入翰林院。

（4）设立新式学堂。康有为建议京师设大学堂，各省设高等中学，府县设中小学及专门学校。

（5）为了开通民智，康有为又建议开报馆，设图书馆，译书，出国游历、留学等。

以上建议，多为当时人所道及，无何特殊之点，唯有他的双轨考试制度，是一种渐变的想法，有与现实妥协的意味。

（四）经济财税方面

康有为非常重视人类的经济活动，他作《康子内外篇》时，即对人类欲望予以合理的承认，更非常称赞管子的话“衣食足而知礼节，仓廪实而知荣辱，是即圣人厚生正德之经，富教之策也。天下为治，未有能外之者也”。他承认“天欲”的正当。人的欲望既然来自天，则满足人的物质欲望亦极为正当的事，所以他非常注意经济问题，他年轻时也阅读不少有关经济方面的书籍。光绪十四年（一八八八年）他第一次去北京时，代屠仁守撰疏，其中有关经济财政者，有《铸银钱折》、《筑铁路折》。光绪二十一年（一八九五年）公车上书中，他提出新经济计划有二：

（1）“富国之法有六：曰钞法，曰铁路，曰机器轮舟，曰开矿，曰铸银，曰邮政。”

（2）“养民之法：一曰务农，二曰劝工，三曰惠商，四曰恤穷。”

以上两点是康有为提出经济近代化的内容，除恤穷一项[12]带有社会救济性质外，余则纯为经济发展问题，可总括为二：一为财政金融问题，一为工业化问题。

（1）财政金融问题。康有为已认清财政金融问题关系到国家命脉及人民生活至巨。他主张由国家发行纸币，自铸银元，日后多金时，再改用金币。欲发展工业，尤须依赖银行筹集资金。此一思想，在光绪二十四年（一八九八年）二月上《日本变政考》中亦多提及。光绪三十四年（一九〇八年），他在《金主币救国论》中，强调万国皆用金币，而中国用银，故受“银落倒流之巨浸”。[13]改变的方法，先设全国性的银行，集结准备金，[14]即可行金币。一九一一年，出版《理财救国论》，主要的方法在设立银行，发挥金融的功效。他建议国家银行设立之后，稍借外债以资挹注，发行纸币公债以广流通，铸行金主币，收回银币及铜元，并大量购金，以为准备金。

（2）工业化问题。康有为称呼有关工业化的学问为“物质之学”。此项学问在他的心目中占有很重要的地位，包括的范围也很广，诸如交通、制造、开矿等，农商的发展亦包括在内。发展工业，不仅可以解决中国的贫穷问题，更可促进中国于富强之境。康有为对工业化的基本观点有二：

①各种交通与工业，甚至兵器制造，以民营为主，故宜发展民

---

⑫ 恤穷的方法有三：1. 移民垦荒（罪遣、认耕、贸迁等），2. 教工（对失业游民施以工技训练），3. 养穷（各州县市镇设院收养贫病残废）。

⑬ 康有为说：光绪三年（一八七七年）金与银的比价为一比一七。光绪三十四年（一九〇八年），则为一比四六。

⑭ 康有为认为准备金（即金块）之收集法有三：1. 内府藏金，2. 民间藏金，3. 国外购买。第一二两法，收集国内藏金为很自然的办法，唯国外购买之法，不仅所占比重很大，且须购买，康有为并无旁的办法（如增加出口等），只是在有华侨的地方设银行，每年侨汇一万万圆以上，收其现金，而在港粤以纸币付之。即以此一万万圆在当地购金，运归回国，每万圆可得金三百六十两，共可得三百六十万两，约合三千余万镑。这当然是一种很如意的算盘。

营资本。

②政府的责任是在保护奖励民营企业，训练企业人才，设立有关补助与推动机构，如学校、考工院、商务局、地质局、农会、学会等。他对政府主办企业缺乏信心，流弊甚多。

康有为的经济思想是资本主义的想法，与他所处的时代有关。光绪二十八年（一九〇二年），他著《大同书》时，又突然转到社会主义的经济想法，但是他始终认为此种思想不可提前实施，必须社会进化到具有大同条件时始能实行，否则适足以乱国扰民。所以他对现实经济的改革与发展，仍然以资本主义为主。光绪三十一年（一九〇五年），康有为著《物质救国论》时，依据游欧美的心得，体味到欧美之所以强盛，全在“物质之学”。“物质之学”（工业化）是由农业社会走向工业社会必经之路，更是走向大同世界必经之路。他认为中国的道德并不比西洋差，且有超越的地方，所应该向西方学习的，唯有“物质之学”，即自然科学与工业技术。欲救中国，也只有工业化一途。为了工业化，应该筹措资金，改革政治，方能予以配合进行，地方自治尤为重要，以地方之财建设地方，资金最易筹集。

康有为主张农工商并重，他说：“万宝之源皆出于土，富国之策咸成于农。”农业方面也可以利用“物质之学”予以改良，增加生产。不过仅注意农业是不足的，必须向工业化方向前进，国家才能强盛，才能并立于竞争的时代。工商是富强之本，非此莫行。他的重点在民生，以富民为主，不在富国，所以他主张发展民间企业，实行资本主义。他怀疑政府的能力，政府自设的工厂，往往变成敷衍贪污的场所。综合康有为的《物质救国论》，约有下列四点：

（1）人之生存不能离开形体，物质生活也决定人的幸福。此点仍本其哲学观点而来。

（2）中国向西方学习，以物质科学为主。康有为又回到“中体西用”的老路上去。

(3) 物质建设是全面的，非单方面的；是长期的，非一蹴可就的；物质发展与物质科学是分不开的。此种见解较诸清末若干人士大为进步。

(4) 物质科学为强国富民之本。

康有为强调“物质救国”，对工业化问题尚未能有深入的看法。他主张发展民营企业，采资本主义方式，就同时代人物的经济思想而言，大致相同，多主张重工重商，经由工商之路走向富强；交通、邮电、教育、金融制度、政府奖励等应同时配合进行。孙中山先生亦主张全面工业化，但已看出工业化后的社会问题，而康有为则尚未能臻此境界。

(五) 虚君共和说

就实际政治改革而言，康有为并非是一位激进主义者，光绪二十四年（一八九八年）初的态度可以证明。其后一再受到守旧派的阻挠，尤思利用皇权镇压反对者。光绪二十四年初，他尚不主张立宪开国会，则其反对革命并非偶然。庚子以后至辛亥之间（一九〇〇—一九一一年），康梁等以立宪来反对革命，一面替满人辩护，一面倡言革命的害处。康有为认为中华民族是混合各民族而成，历来常有外族主治中国，实难分夷夏。孔子以文化来分夷夏，唯德是亲，“夷而有礼义则中国之”。满汉之别，有如土籍客籍而已，其教化文义皆从孔子，可视为一家人，且满汉平等，立宪之后将更为平等。革命系对无道之君而言，如今光绪皇帝圣明，自不必革命；革命所言者为公理，何以将现成的国种加以畛域之分？就革命的害处而言，革命后必以兵刃相见，祸国殃民，实非浅鲜，而中国人心，公理未明，旧俗俱在，革命以后，必将日寻干戈，偷生不暇，何能变法救民，整顿内治；内治未兴，而外患更日迫。瓜分之祸不远。

辛亥革命后，康有为对共和并不表乐观，认为内外困难重重。

他说：革命由于感情冲动所致，误师法国；革命者多无通识，学士大夫尚难知治国的道理，则农工士商者盲从而已。目前政治革命已经成功，如停止，中国尚可保；若不罢休，则外人起而干预，中国必亡。综合他的意见，共和政体不能行于中国的理由如下：

（1）三世之法应以适时为主，而共和者，群龙无首，不适时宜，且中国积四千年君主的习俗，一旦废除，则必起争乱。清末专制失道，不闻悍将骄兵之乱，共和后反见国危民悴，足资明证。这是康有为三世之说不可逾越的想法。他说："为治有序，进化有级，苟不审其序，而欲躐级为之，未有不颠蹶者也。"

（2）立宪君主与立宪民主，两者所相同者为国会与总理大臣，所不同者，一为君主，一为总统。无权的君主，人不争之，国可长治久安。总统虽由民选，每为争总统而率兵相见，死伤无算，反不如有君主而不乱。争总统则内争不已，亦影响到内阁之争。世界上行共和政治者，除美国外，多逃不出内乱一途。法国共和后大乱八十三年，墨西哥共和后内争三百年。康有为认为中国难逃中南美的形势。

（3）实行共和须国民知识通达，道德高尚，交通便捷，而后易行。中国土广民众，穷乡僻壤，边远异域，民多愚塞，不知政治为何物；大乱之后，纪纲扫地，廉耻弃绝，尤不宜实行共和。

（4）以往一统之时，稍有错误，人民受害尚浅，今则各国竞争，而骤行所未经之路，稍有错乱，受害则大。为政之道，有重民重国的分别：重民者仁，重国者义；重民者对内，重国者对外。今共和以重民为主，分权者重，无全力以立国；少数人别立主张，则党争剧烈，亦无暇以为国，两者皆无能以对外。就重民而言，内乱频仍，民受害最深，亦无力以对内。

康有为仍不忘君主立宪的优点，他认为晚清已诏行立宪，不待革命，国已由私变公，可谓不费一兵，不折一矢，不动声色。仅以笔舌而收革命之功，君举其国而归于民，中国既安可强。立宪的君主，实为一“奇妙之暗共和”。君主不能用一私人，立法权在国会，君主又不负实际政治的责任，实为一极无权的人，尊之如神，可在有无之间，可免兵争而伤国计。今既革命成功，但争乱正盛，为谋国安民福起见，康有为建议“虚君共和”。

康有为心目中的“虚君”自然以清朝皇室为主。清朝宗室贵族皆降为平民，改姓改服，中国又多一归化之民。虚君仅存一虚尊而已。除了清朝皇室之外，康有为尚考虑到立孔子之后衍圣公为虚君，尊之为皇帝，迎立北京，或迁都山东、南京等地，移资政院从之。一九一五年五月间，康有为又想以黎元洪为“虚位总统”，传之后代，为无限制的总统。足见他对虚君的醉心。一九一七年又有复辟的一场闹剧，由其思想发展看来，当不足为奇。

康有为虽主“虚君共和”，但坚决反对袁世凯称帝。反对的理由，不在于帝制与共和的问题，而在于袁世凯之过于专制，解散国会，借债，苛征，承认二十一条，言行不一等行为。

康有为主张“虚君共和”，在心理上亦有其原因：他对清室存有一种微妙的感情，一直以臣自称。梁启超说他主张复辟是为了报“先帝”光绪皇帝知遇之恩。加上他长期间对革命共和的怀疑与失望，每思以对抗之法，不免走火入魔。虚君共和虽为救国救民，但亦不免含有发泄个人感情的成分在内。复辟失败之后，康有为并未改变他的想法，他著《共和平议》一书，一则为他的思想辩护，一则攻击共和，使之体无完肤。⑮民初政治固然混乱已极，但恐非“虚君”所能解决。真正爱好共和者，自不愿接受虚君，有野心想

⑮ “共和平议”的要点如下：求共和适得其反，而得专制，而得帝制，有宪法而不能行。武人只有为君主之翼戴，或自为君主，与民主不相容，既不爱民，又不爱国。民国之兴，只可自乱，民国之官，只同盗妓。民国之政俗酿乱，人莫不厌之，愤之，忧之，怒之。以上皆为民初军阀横行时之写照。

恢复帝制者，亦非虚君所能满足其欲望。即使立一虚君，此君又能奈军阀何？虚君无能无力，权在总理，则总理一职仍将引起争执，虚君并非即能安邦定国。平复内乱，非藉革命力量不可，唯有孙中山先生领导革命，才能彻底解决中国的内乱。康有为何不作如此之想，赞成孙中山先生？亦不免受感情所影响。

三、结论

康有为在戊戌变法中的领导地位，是无可否认的，将与历史共存。戊戌失败之后，逃亡海外，则渐渐失去其重要性，他本人也渐渐走向保守的路上去。他对立宪运动，初时并不太热心，不过作为对抗革命运动的工具。他个人在这方面发表的文字不多，对立宪运动并无大帮助。梁启超的立宪宣传，却对海外革命运动打击甚大。民国成立后，康有为更趋于保守，一则因为民国初年袁氏政府的胡作非为，使得国家不安，民不聊生；一则基于他私人的感情作用；辛亥革命成功者，是康梁海外的政敌；袁世凯出任总统，又是出卖维新分子及光绪皇帝的仇人。康有为自然会找寻机会，发泄他心中的恨意。复辟一剧，他是主要策划人，张勋虽未遵照他的意见去做，与他的理想未合，但即使完全遵照他的意见，亦难服人心。他对共和也有太多的误解。政府为了卫生健康的理由，禁止贩卖戒烟丸，禁止停棺太久，禁卖补肾丸；为了改良风俗，禁止赌博，禁止娼妓，禁纳妾蓄婢等。康有为认为这些是干预民俗、妨害自由、破坏人民财产。他保守的程度竟至如此，与他自己的理想亦相违背。设非感情用事，岂能到如此地步？自由岂能如此使用？何况他本人尚反对过分自由。他所高唱的“虚君共和”的大道理，其中亦不免感情成分与遗老思想在作祟。他在《康氏家庙碑》中，自称“赐进士出身，诰授光禄大夫，头品顶戴，弼德院副院长”。七十岁时，退位的宣统皇帝赐以匾额及玉如意一柄，康有为感激万分，上谢恩折，自称老臣。由此足见其遗老的情怀。

康有为是一位政治思想家，在哲学方面的观念，与前人颇多不同之处，或为其思想的基础，或为其理想而建立的自我解释。他的哲学思想缺乏精密的系统，是一种多方面的混合体，可视为唯心论，亦可视为唯物论：可解释为一元论，也可解释为二元论。他与前人最大的不同之处：一为理在气之后，即先有气而后有理，理随气而生而灭；一为“天欲人理”之说。此两点成为他的历史进化论的基础。人类生而平等，故主张博爱，此点成为他大同理想的基础，也是他政治与社会发展的最高理想，其精神在平等博爱，与孙中山先生的政治理想极为相近。就大同思想本质而言，是超越时代的，但他坚决相信社会进化，不可逾躐，以致他改革社会政治的方法与孙中山先生有异。

理在气之后及天欲人理两说，并不像康有为所说的那样简单。前者为唯物唯心之争，由来已久。后者涉及理欲的内涵及界说。康有为所称的欲望多为生理上的基本需要，如食色之欲，物质之欲，但人尚有精神上的欲望。即就物质欲望而言，亦不止于生理上的满足，尚有无止境的追求享乐，此种欲望，则非天定。至于理，除了人定之理外，尚有自然之理，如物理化学之各项基本定律，人类生而平等之学说，皆为天定之理，康有为亦知之，但他所指的人理，则仅限于人际关系之理，所以这两种说法，并非无缺点。

政治革新是康有为一生精力行事之所在，虽然可分为四方面，但其重点首在改革官制，次则发展经济，其他立宪设议院及教育科举方面的改革，并无特出之点，若干地方尚落在当时人的后面。他坚守改革先后有序，即须先改革官制，然后才可以开国会立宪法。官制改革的重点，并非完全将旧有的除去，重新建立一套新的，而是在旧有的架构之中，增加新的机构，而发挥其行使新政的效能。这是一种逐渐改革法，也是一种向现实妥协的办法。清廷初时并未接受他的办法，至光绪三十二年（一九〇六年）九月，清廷改革行政机构，由孙家鼐等起草，分析行政的缺点，大致与康有为的看法相同；改革的方式，将若干部的名称加以变更，尚书侍郎不分满汉，但其基本精神未变，高官中仍以满人较多，地方政府层次及各级政府组织及职责，多原封未动，唯有增设检审两厅而已。地方自治及资政院的设立，亦多未超过康有为所主张者。康有为主张改革的影响，仍可看出。

经济发展方面，康有为与当时人的想法大同小异，主张发展民营企业，政府予以补助，尚未主张施行社会主义的办法。大同思想中的经济思想，康有为从未考虑到实施问题，且坚决反对提前实施，一切俟其进化至成熟时始能行之。孙中山先生有“平均地权、节制资本”的想法，并且准备付诸实施，这点又较康有为进步。

康有为的思想，在当时自有其影响力，推动变法运动即为其明证。大同思想的影响，因为发表很晚，当时社会主义思想已很流行，谈不上有何重大的影响。但是康有为对其弟子则常提及大同思想，在其弟子中自不无影响。而梁启超并不热衷于社会主义，唯对民权思想极为向往，戊戌以前的言论至为激烈，远超过康有为本人。梁启超与谭嗣同友善，自会将大同思想告知。早期的大同思想尚无共产的说法，唯以平等为基础，因而刺激谭嗣同反对名教，主张冲决利禄的网罗、俗学的网罗、全球群学的网罗、伦常的网罗、君主的网罗、天的网罗、全球群教的网罗，与大同思想中的破界几乎有异曲同工之妙。这些激烈的思想对革命却有很大的帮助。

康有为的三世说，亦为梁启超、谭嗣同等维新分子接受，并加以发挥。康有为的气理之说，亦为维新分子反击守旧派阻挠变法的思想武器。反对变法者认为法制并无缺点，缺点在行法的人无义理之心，故治国之道在正人心。维新分子则搬出“道器一源，体用合一”的说法，既变其器，亦变其道。

康有为对文化的观察，系采取一种世界性的眼光，认为中西文化各有其优点。中国应该向西方学习者是物质科学，唯此而已。文化的发展，原可依赖文化的交流而发扬光大，故学习西方物质文明，亦为人类走向大同必经之路。这点与民国期间的“新青年”所提倡的“赛先生”完全相近，但康有为仅限于“赛先生”，与清末的“中体西用”论极为相似。康有为在思想上有倒退的现象，梁启超、黄遵宪等就不表赞同。

康有为的思想是双层式，在上者为乌托邦的理想，在下者为现实的改革论、进化循序说，看起来有点脱节的感觉，如以理想的层次去衡量其现实的一面——行事，则矛盾百出，极不调和。如康有为极力提倡男女平等，一夫一妻，这原本极易做到的事，但康有为并未做到。康有为除了正室之外，又娶了两位姨太太，最后一位是他在五十岁时娶的一位十七岁的少女，似乎有点不伦不类之感，至少不适合一位高唱大同思想的人。不过康有为自已也说得非常明白，时期未到，绝不可能实行大同理想。如欲行之，反而招乱。孔子有大同理想的一面，也有小康实际的一面。所以康有为的行为与理想虽有矛盾的地方，也能安之若素。康有为的思想与行为，代表理想与现实的两个极端。理想陈义太高，而现实行事又太低，形成两个不相调和的极端。

参考书目

有关康有为的书目，罗荣邦（Jung–Pang Lo）先生在其编著的 *K'ang Yu–wei: A Biography and a Symposium*（Tucson, 1967）中已有一详细的书目，本人能增加者极为有限。兹为读者参考方便起见，将康有为本人著作择要录之，其他有关之资料，如中日西文档案、文集、报刊等，一律略去。研究康有为的著作亦多，凡已见于罗书者，亦略去。该书出版后之研究著作，则略为补充。

（一）康有为的著作

《大同书》，上海，中华书局，一九三六年再版。

《日本书目志》，上海，大同译书局，光绪二十三年。

《日本变政考》，见黄彰健：《康有为戊戌真奏议》，页九九一四三四。

《公车上书记》，上海，文升阁刻本，光绪二十一年。

《不忍杂志》，上海，一九一三年、一九一七年。

《不忍杂志汇编》，上海，广智书局，一九一三年。

《不幸而言中不听则亡国》，上海，长兴书局，一九一八年。

《中庸注》，台北，商务印书馆，一九六六年影印本。

《孔子改制考》，北京，光绪二十年。

《戊戌奏稿》，宣统三年。

《共和主义》，上海，一九一八年。

《金主币救国议》，上海，广智书局，宣统二年。
《长兴学记》，上海，大同译书局，光绪二十四年。
《物质救国论》，见徐高阮辑注：《康有为的物质救国论、理财救国论》，台北，天下图书公司，一九六八年。
《南海先生诗集》，上海，长兴书局，一九一三年。
《南海先生四上书记》，上海，时务报本。
《南海先生五上书记》，上海，大同译书局，光绪二十三年。
《南海先生七上书记》，上海，大同译书局，光绪二十四年。
《春秋董氏学》，上海，大同译书局，光绪二十三年。
《春秋笔削大义微言考》，一九一七年。
《俄彼得变政记》，见黄彰健：《康有为戊戌真奏议》，页八一—九三。
《桂学问答》，北平，北京大学，一九二九年。
《康子内外篇》，抄本，微卷。
《康南海先生诗集》，上海，商务印书馆，一九三七年。
《康南海官制议》，上海，广智书局，光绪三十一年。
《康南海先生演讲录》，西安，一九一一年。
《康南海先生文集》，上海，一九一四年。
《康南海先生文集汇编》，上海，交通图书馆，一九一七年。
《康南海先生文钞》，上海，共和编译局，一九一六年。
《康南海自订年谱》，台北，文海影印本，一九七二年。
《康南海诸天讲》，上海，一九二一年。
《理财救国论》，上海，长兴书局，一九一一年。
《万身公法》，抄本，微卷。
《新学伪经考》，广州，万木草堂，光绪十七年。
《广艺舟双揖》，上海，广智书局，一九一六年。
《欧洲十一国游记》，上海，长兴书局，光绪三十一年。

（二）研究康有为的著作补

何朋 :《论康有为文学》，香港，崇基学院，一九六八年。
沈云龙 :《康有为评传》，台北，传记文学社，一九六九年。
黄彰健 :《戊戌变法史的研究》，台北，中研院历史语言研究所，一九七〇年。
黄彰健 :《康有为戊戌真奏议》，台北，中研院历史语言研究所，一九七四年。
徐高阮 :《戊戌后的康有为》，《大陆杂志》卷四二，期七，一九七一年四月。
陈兰荪 :《康有为与袁世凯》，《畅流》卷三十八，期三，一九六八年九月。
曾克端 :《康有为先生》，《大学生活》卷一，期一，一九五六年五月。
Hsiao, Kung–Chuan:
In and Out of Utopia: K'ang Yu–wei's Social Thought, *Chung–Chi Journal*, VII: 1 (Nov. 1967), VII: 2 (May, 1968), VIII: 1 (Nov. 1968).
The Case for Constitutional Monarchy: K'ang Yu–wei's Plan for the Democratization of China, *Monumenta Sirica,* XXV, 1965.
Economic Modernization: K'ang Yu–wei's Ideas in Historical Perspective, *Monumenta Sirica*, XXVII, 1968.
Administrative Modernization: K'ang Yu–wei's Proposals and Their Historical Meaning, *Tsing Hua Journal of Chinese Studies*, N. S. VIII, August, 1970.
A Modern China and a New World: K'ang Yu–wei, Reformer and Utopian, 1858—1927, London, 1975.

谭嗣同

林载爵　著

目　录

清季以来，列强攘夺与动荡混乱的局势，正是波涛汹涌的历史主流，我们承受着庞大无匹的力量的冲击，在外在势力如此猛烈的冲击下，传统中国的一套固有理念体系及经济结构逐渐崩解，社会的发展逐渐偏离原来的轨迹，这种现象反映在文化上，就是文化大解体的局面。

生存在文化大解体局面中的传统士人，遭遇了双重的困境，对内，士人的传统社会角色和行为模式，在延续了两千年的中国帝制及以儒家为主导的社会中，原本呈现了相当稳定的情况，在那种稳固的社会地位中，他们知道权利与义务的划分，职责所在，而且有一套典范可资依循，它深入于他们的思想之中，支配了他们的行为，确定了他们的目的，并且深刻地影响了他们所作的选择，但在外力的冲激与中国一连串自强措施的影响下，旧日的社会逐渐崩溃了，人们所熟悉的社会特色逐一消逝时，昔日的角色遂亦失去原来的意义，因此，一方面要在旧体制面临崩溃时，进行各种维护传统的努力，一方面又要反省本身的地位，做一番角色调整的工作；对外，这些能够思考的士人，又必须迎接来自外力的严重挑战，在枪炮的阴影下，思索着中国复兴之路，而使他们陷入最深困境的是，在沉重的压力与有限的条件下，如何观察了解西方文化？对西方文化采取何种态度？固有文化如何图变？如何吸收融合西方文化？为传统文化注入新的成分，产生新的力量？

晚清知识分子就在这双重困境下，不断地反省、挣扎、奋斗，为救亡图存、为建设新中国而努力，他们的心路历程与行为思想，放在广阔的历史之流中观察，是承先启后的，对此后的中国历史有重大的影响。在这些分子中，谭嗣同是相当突出的一个人物，无论其出身背景、性格、经历、时势冲激下的图变、改革行动及悲剧的结局，或者其突创性的思想，均具有充分的时代意义，我们对大时代的了解，能够落实到这个具有丰富生命内容的个别人物上，具体而微地观察出来。

一、传略

1. 青年时代与浪漫的性格（一八六五—一八九四）

谭嗣同字复生，晚号壮飞，湖南浏阳人，同治四年春二月十三日（公元一八六五年三月十日）生。先世以武功传家，后又弃武习文，就儒家，祖父教授乡里，父亲谭继洵官至湖北巡抚，谭嗣同的出身背景就是在这种传统官绅阶级的基础上，这个阶层为他提供了一套必须遵循的立身行事原则及正当的行为规范，成长是对那些种种典范努力学习的结果，思想方式、学习对象、价值标准、社会人伦关系、礼俗习惯、经济生活也都是受到这个阶层长久以来认可的方式、标准所制约，依照固有的观念和进升途径，他可以取得被族人期许的地位。秉承祖先的余荫，父亲的官位，谭嗣同的青少年时代就是置身于这种环境中——那是一个传统士大夫性格与理念成长的环境。

谭嗣同的少年生活并不愉快，七岁那年，离开母亲，在不快乐的生活中，镇日沉默，“人问终不言”，光绪二年春（一八七六年）十三岁时，北京瘟疫流行，母亲病卒，他幸而在“短死三日”后，复苏痊愈，所以取复生为字，自丧母后，在庶母的歧视下，孤苦地过着毫无温暖的家庭生活，他自己说：“吾自少至壮，遍遭纲伦之厄，涵泳其苦，殆非生人所能任受，濒死累矣。”在十九岁那年，奉父命与李闰结婚。

从光绪元年一直到二十年，谭嗣同的青少年时代都在漫游的生活中度过，随着父亲的迁任及自己的应试、返乡而四处游历，足迹远至新疆、甘肃。这一段自幼年至青年的生活，以他自己的话来说，就是“家更多难，弱涕坐零”，而有纲伦之厄，“身役四方，车轮无角”，而有漂泊之情，家世如此，对时局也有深刻的感触，二十六岁时有一段回顾的文字：“少更多难，五日三丧，唯亲与故，岁以凋谢，营营四方，幽忧自轸。加以薄俗沴气，隐患潜滋，迁学孤往，良独怅然！夫内顾诸家既如此，外顾诸世又如彼，故发音鲜宣平之奏，摛辞有拂郁之嗟。”

谭嗣同从五岁开始从蒙师毕莼斋受书，“即审四声，能属对”，同治十三年，十岁的谭氏又从欧阳中鹄读书，欧阳中鹄于学服膺王夫之、黄宗羲、刘继庄，复精研数学，从此脱离了启蒙时代，开始吸收各种学术思想，以后又拜同乡涂大围为师，在欧阳中鹄、涂大围的教导下，他开始读古典经籍，并研习算学及格致之类的自然科学基础常识，谭氏的性情是活泼的，以广阔的胸襟求取知识，“于学无所不窥……故无所沾滞，善能舍己从人，故其学日进”。（梁启超《谭嗣同传》）

把谭氏的学术思想在传统的范围内带领到新境界的人是刘文熙（蔚庐），光绪十五年（一八八九年）他赴北京应试，从刘蔚庐为师，从此“始识永嘉之浅中弱植，俶睹横渠之深思果力，闻衡阳王子精义之学”，博览群书，“困而求亨，翻然改图”，吸取张载的思想精华，作《张子正蒙参两篇补注》，爱好焦循的著作，研习兵学，著有《剑经衍葛》和《兵制论》。读黄宗羲《宋元学案》、《明儒学案》、《明夷待访录》，他更心向王船山，认为“五百年来学者，真通天人之故者，船山一人而已”，因“私淑船山”而作《王志》。黄、王二人的思想对他的影响最大，《明夷待访录》《原君》篇、《原法》篇是他日后《仁学》君民观念的思想源泉，又从王船山那儿得到了“道器合一”、“理欲一元”的观念。

二十九岁那年，他上北京道经上海和傅兰雅（John Fryer）相识，并广购当时江南制造局翻译馆译出来的自然科学书籍，广学会译出的外国历史、地理、政治和耶稣教神学等书读之，从此在传统学术思想之外，又致力于吸收“西学”的知识，然而这已经是图变的前奏了。

青少年时代的谭嗣同也是属于中国传统文人的典型，尽管他鄙薄时文，但他依然势必要在“舍之无以操业”的压力下就范，掊其精力于此，仍然要以考试作为进身的工具，但他在科场上是失败的，从二十一岁到三十岁，“十年中，九赴南北省试，几获者三，卒坐斥”。同样的理由，尽管他认为“与达官往还，哇言尸貌，实违鄙心，署中度岁，薪米要会，性尤不近”，可是他仍然不得不求仕进，因为这是传统士人的固定道路，三十岁以前的谭嗣同就是如此地带着强烈的传统士人的色彩。

谭嗣同在少年时代就学技击剑术，他自己说：“弱娴技击，身手尚便，长弄弧矢，尤乐驰骋”，并有《双剑铭》：“横绝太空，高使天穹，矧伊崆峒。蕤宾之铁，蚁鼻有烈，服之有截”，豪气十足。

谭嗣同的性格是不羁的，“神形疏放，靡有羁束”，同时“性急而又不乐小成”，经常“欲速躐等”。也是豪迈而勇往直前的，他自认是一个“纵人”，“志在超出此地球，视地球如掌上，果视此躯曾虮虱千万分一之不若。一死生，齐修短，嗤伦常，笑圣哲，方欲弃此躯而游于鸿蒙之外，复何不敢勇不敢说之有”，所以他认为“人须具横强之气，而后可以有为”，因此“任侠精神”是他所推崇的，把这种精神视作乱世中最有效用的行事作风：“志士仁人求为陈涉杨玄感，以供圣人之驱除，死无憾焉，若其机无可乘，则莫若为任侠，亦足以伸民气，倡勇敢之风，是亦拨乱之具也。”

心胸是广含而活泼的，“恒妄冀不即弃于大雅，时复攻所阙略，饥渴情愔，匪伊朝昔，往所酬答，尚未厌其侈心”。也是充满着热情的，“遇于所触，歌哭纵横，独抽之茧，那复成绪”，如此性情，表现于诗歌，就成了“拔起千仞，高唱入云”的气势。

这种不羁无束、勇敢豪迈、铮铮烈鸣、意气昂扬的性格，在漫游的经历中完全发挥出来，如水奔腾，如鸟飞翔，成就了绝对浪漫的性情。谭氏从光绪元年（一八七五年）开始漫游生涯，光绪四年（一八七八年）至十五年（一八八九年）间，五度往返于兰州、长沙之间，十六年（一八九〇年）侍父到湖北，自是又南北往来。漫漫风雪，莽莽原野是他驰驱意志，感情抒放的天地，在高昂的状态中，他“斗酒纵横”，“讲霸王经世之略”：

东游江海，中郎之椽竹常携；西极天山，景宗之饿鸱不释。飞土逐肉，掉鞅从禽。目营浩罕所屯，志驰伊吾以北；穹天泱漭，矢音敕勒之川；斗酒纵横，抵掌游侠之传。

戊己校尉，椎牛相迎；河西少年，擎拳识面。于时方为驰骋不羁之文，讲霸王经世之略。墨酿盾鼻，诡辩澜翻，米聚秦山，奇策纷出。狂瞽不思，言之腾笑。

那一片空旷的天地是自由的，正适合于他的浪漫情绪与行为：

时私出近塞，通西北风大作，沙石击人，如中强弩。明驼咿嚘，与鸣雁嗥狼互答。臂鹰腰弓矢，从百十健儿，与凹目凸鼻黄须雕题诸胡，大呼疾驰，争先逐猛兽。夜则支幕沙上，椎髻箕踞，掬黄羊血，杂雪而咽。拨琵琶，引吭作秦声。或据服匿，群相饮博，欢呼达旦。

或者：

尝于隆冬朔雪，挟一骑兵；闲道疾驰，凡七昼夜，行千六百里，岩谷阻深，都无人迹，载饥载渴，斧冰作糜。比达，髀肉狼藉，濡染裈裆。

漫游中的青年谭嗣同，有着置身于天地之间的茫然，也有面对历史浪涛的感怀，在四处的游历中，他"察视风土"，物色豪杰，广察民情，认识了民生困苦，也目睹了一些下层人民的现实生活，他更心怀壮志："一朝马革孤还日，绝胜牛衣对泣时。"而整个的生命情调是那种"长歌短剑豪"，"壮怀消不尽"的悲歌慷慨，意气纵横："抚剑起巡酒，悲歌慨以慷"，"拔剑欲高歌，有几根侠骨，禁得揉搓"。这就是谭氏的浪漫性格，自由豪放，神情高昂，再加上他少年时代培育的任侠精神，使他能在惊涛骇浪的时代中，参与历史的潮流，散发他的力量，成为具有影响力的人物。

2. 时势的冲击：觉醒与图变

带着传统士人色彩的谭嗣同，在甲午战争前的思想和主张也是带着强烈的传统性，这是指在面对局势的变化时，他的反应与思考仍然站在“中国本位”的基础上，而不能以广阔平等的世界观来审视国际大势及中国前途。

光绪十一年（一八八五年），谭氏感愤于中法战争，撰《治言》一篇，这是他最早的政论，也是他日后所愧悔的“于中外是非得失，全未缕悉，妄率胸臆，务为尊己卑人一切迂疏虚骄之论”，但这篇论文，却是他三十岁前思想之本源。他认为文化形态的演进是由忠向质再变为文的过程，今日夷狄文明凭陵华夏，是其忠质的效果，而华夏正处于文胜而质不存的阶段，处在当前局势，言战、言和、言守都不是治本之道，其根本在于中国必需返忠以救文胜之弊，恢复到质存的境域，而忠乃诚意正心修身齐家治国平天下的儒家道德之实践，换言之，中国之道不可变，“立中国之道，得夷狄之情，而驾驭柔顺之，方因事会以为变通，而道之不可变者，虽百世而如操左券”，这是他最后的结论。

光绪十七年（一八九一年），在《记洪山形势》，也发挥了道之不可变的观点：“变者日变，其不变者，亦终不变也”，所以必定要“先立天下之不变者，乃可以定天下之变”，立不可变之道已经是他确凿不移的定论了。

谭氏从二十九岁开始尽心致力于吸收西方知识，《石菊影庐笔识》代表了他在这方面学习的成果，《学篇》七十六则，多为考证之作，表现了他在传统学术上面的造诣，《思篇》五十四则，以他所学习到的西学常识，掺杂或融合了中国传统学术思想，是传统士人在西潮的影响下，于有限的范围内的思想表现。他提出西学“实皆中国所固有”，以中国固有学术（如张载《学说》、《内经》、《周髀算经》、《大戴礼记》）来论证地圆之说，并由中国哲学发展出他的宇宙论，也有有关声、光、电、气的西方科学常识，及他个人的历史观，和地球进化、政治演变之大势，他认为历史是治乱循环的，而圣人具有拨乱返治的功用。

《石菊影庐笔识》里最重要的是依然保持了立不变之道的观点。《思篇》十五："中国圣人之道，无可云变也"，虽然他承认变革之必要，排斥"深闭固拒"的态度，但他所谓的变是在不变的基础上才行得通的，三十之前的另一文《史例自叙》说得更清楚："变者，周流六虚不可为典要，所谓新意变例，归趣非例也。……不变者，质文损益，万变不离其宗，所谓发凡正例也。"在《学篇》五十四中批评魏源"以夷攻夷"的主张时，又重申此一"立天下之不变"的观点，谓："……有动即应，至于应不胜应，营营四顾，目眩手束，将安归也？则莫如先立其不变者，而患之变以定。"我们概括言之，立天下之不变，以定天下之变，是谭氏所认为的根本之道，也是甲午战前谭氏思想与主张的最重要内容。

光绪二十年（一八九四年）七月中日战争起，这一战暴露了清廷在局势遽变下的无能而注定了它失败的命运，对谭氏个人而言，这一次战争的打击也使他在思想上产生了剧变。

他深刻地感到："日本乃亚细亚之小国，偶一兴兵，即割地偿款，几不能国，而德国又起而乘之，瓜分豆剖，各肆侵凌，凡有人心，其何以堪？"就在同一时候，他对时局也有了深切的反省和愤慨，在"风景不殊，山河顿异，城郭犹是，人民复非"的慨叹中，他写了《三十自纪》、《仲叔四书义自叙》、《莽苍苍斋诗自叙》等文章，自定三十以前的诗文叫做《秋雨年华之馆丛脞》，辑三十以前的诗叫做《莽苍苍斋诗》，总结地回顾了过去，他后悔"三十前之精力，敝于所谓考据辞章，垂垂尽矣"，以及"为此无用之呻吟，抑何靡与"？这些在"天发杀机，龙蛇起陆"之世，"无一当焉"，在这种心情下，沉重地表示了对过去生命的虚掷的悔恨，他也不愿再奢求那种"升峻远览以写忧，浮深纵涉以骋志，哀鸣箫于凌霞，翼迭鼓于华辀"的个人浪漫行径，而将个人情绪的发泄移向对民族前途与广大社会的更大关心。

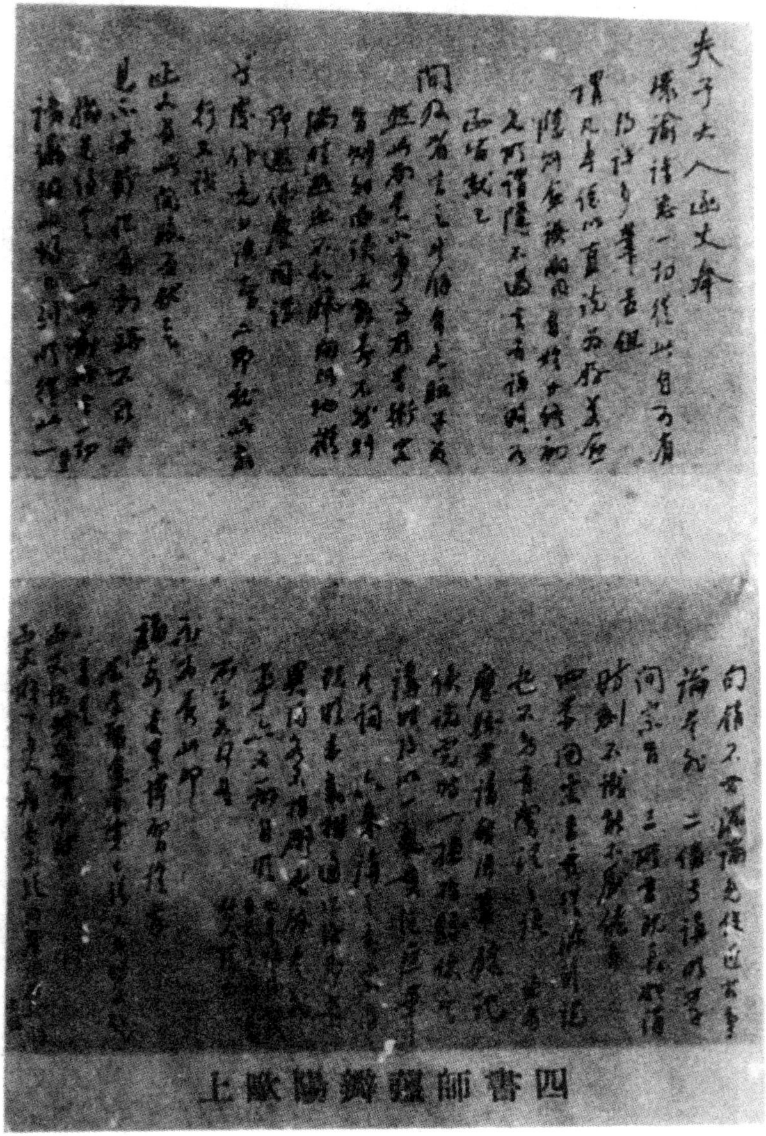

谭嗣同墨迹

二十一年（一八九五年）四月，中日和约成，他对因战败而签订的马关条约感到深恶痛绝，于是更强烈地自觉到非变法将无以挽救，中国必须重新考虑强国强民的大计，战前的想法与主张亦因此而随之改变，他说："平日于中外事虽稍稍究心，终不能得其要领，经此创巨痛深，乃始屏弃一切，专精致思。当馈而忘食，既寝而累兴，绕屋彷徨，未知所出。既忧性分中之民物，复念货患来于切肤。虽躁心久定，而幽怀转结。详考数十年之世变，而切究其事理，远验之故籍，近咨之深识之士。不敢专己而非人，不敢讳短而疾长，不敢徇一孔之见而封于旧说，不敢不舍己从人，取于人以为善。设身处境，机牙百出。因有见于大化之所趋，风气之所溺，非守文因旧所能挽回者，不恤首发大难，画此尽变西法之策。"

写于乙未年闰五月初的《上欧阳瓣薑师书二》与写于八月的《思纬氤氲台短书——报贝元征》，就是"画此尽变西法之策"的两篇文章，《上欧阳师书》曾被欧阳中鹄加批加跋，命名为《兴算学议》，用活字版刊行流布，湖南新政系以此信为起点，《短书》则是于《上欧阳师书》有未尽意处，加以更详尽的论略。

他痛心于"利权兵权制造之权，骎骎乎及于用人行政之权，一以授之敌，无短篱之不撤，有一网而俱尽"，而"天下大局，破裂至此"，他更是"割心沉痛，如何可言！"在这种破裂的局势下，他看清了君主绝对权威的虚假性，认识到"君以民为天，民心之涣萃，天心之去留"的以民为本，人民乃国家之主体的进步观念，他也看清了存在于全国，由于制度僵毙、观念偏执而来的普遍败坏情形，军队斗志丧失，不堪一战，侵扣军饷，朝廷重息贷款，括尽小民脂膏，中国之生死命脉，尽授之于人，而卷天下所有，又不能供前敌之一败。古有亡国之君，亡国之臣，今则有亡国之民，烧教堂、打洋人，快于一逞，盲目排外，阻开矿，毁电线，顽固守旧；又有亡国之士，骛空谈而无实济，又坚持一不变法之谬论，溺于考据词章，以议论为经济，以虚骄为气节。他更推翻传统士大夫阶层的优越地位，认为所谓士，实际上是“养民不如农，利民不如工，便民不如商贾，而又不一讲求维持挽救农工商贾之道，而安坐饱食，以高谈空虚无证之文与道”，到了生民涂炭，万众水火，夺残生于虎口，招余魂于刀俎的时候，又智不足以研几，勇不足以任事，唯抱无益之愤激，而哓哓以取憎。

即以自咸丰末期以来所推行的洋务而论，也是绝无成效，因为所讲所做的都只是一些枝叶，而非法度政令之根本措施。而且主事不力，用人不当，处处都是弊端，最严重的莫过于受到那些徒高空谈，清流养望，以办洋务为降志辱身的士大夫之不遗余力的攻击，他认为中国虚度此数十年而无能自强，实皆士大夫引嫌自事，不务实事之过，这是士大夫的最大罪恶。

反过来，他看到了西洋枪炮之利，以及法度政令、工艺器用之精美，赞扬西方的民主和伦理，攻击中国纲伦的虚伪桎梏，为此，他一改其以前立不变之道，道为中国所私有的“中国本位”观点，而承认西洋文化的平等地位了，他说：“今中国之人心、风俗、政治、法度无一可比较于夷狄，何尝有一毫所谓夏者”，即以中国为夏，西洋为夷，中国亦无一物可并列于西洋，“公平言之，吾实夷也，彼犹不失为夏”，而且性无不同，性无不善，圣人之道贯彻天人，直可弥纶罔外，放之四海而准，处于如此局势，犹妄援攘夷之说，妄援用夏变夷之说，实乃大愚不灵。

与华夷之分同被非难的是道器之离，他引王船山之义说明道是用，器是体，“体立而用行，器存而道不亡”的道器合一论：“道者器之道，器者不可谓之道之器也。……无其器则无其道，……洪荒无揖让之道，唐虞无吊伐之道，汉唐无今日之道。……未有弓矢而无射道，未有车马而无御道，未有牢醴璧币钟磬管弦而无礼乐之道。……治器则谓之道，道得则谓之德，器成则谓之行，器用之广则谓之变通，器效之著则谓之事业。”如果误以道为体，脱离了器单独存在，那也只不过是虚悬于空漠无朕之际的迷离惝恍的幻物，所以“器既变，道安得独不变”？时势际会的客观环境改变，文化的内涵和进展方向当然也要随之改变。

就是在这种“道器合一”论的基础上，谭氏提出了他的变革论以及变革的急迫要求，“不变今之法，虽周孔复起，必不能以今之法治今之天下，断断然矣”。但，这种变革论又回到学西洋即复古的境域上，其基本意义在“不得不酌取西法，以补吾中国古法之亡”，因为三代之法、周孔之法是中国理想之所存，而今日所行之法，是“暴秦所变之弊法，又经两千年之丧乱为夷狄盗贼所掺杂者”，以至“荡然无存，声明文物，后世无从摹拟”，他肯定地说，西洋政令法度无不合周孔者，所以不得不取范于合于“周孔”的西洋，如是，“变法者又蕲合乎周公之法度而已”。

那么，又将如何变？谭氏认为只有存在安定的环境下，变法才有可能有效地进行，而动乱中的中国如何才能得到安定的环境？因此他主张将内外蒙古、新疆、西藏、青海卖给英俄，以所得偿还赔款，建设中国，又有二十年计划，在第一个十年，首先迁都中原，与文下更始，发愤为雄，汰去壅蔽，去满汉之分，广兴学校，大开议院，慎科举，改官制，练陆海军，开矿产，造铁路汽船，立商部商会，振兴商务，收回利权，改订刑律，定预算，定税制，讲学术，兴机器，办公共事业，博通各国语言文字，造就使才，四出游历，以长见识。同时去漕务、河务二弊，改为铁路运输，并移民开垦，兴铸钱、钞票二利，以便货币流通。变衣冠也是根本之一端，而变科举尤为“旋转乾坤转移风会之大权”，采用西洋方法，求得专技人才，而后可变一切之法。“利必兴，凡害必除，如此十年，少可自立，不须保护，人自不敢轻视矣”，然后援万国公法，只许海口通商，不得阑入腹地，加重货物进口税，这是后十年的政策，如此又十年始可由富而强，利权尽操之在我，治定功成，礼乐可复兴矣，以中国地宝之富，人民之众多而聪慧，必将为列国之冠。

处在那种风云险恶的局势里，谭氏也看出了那是一种“中西不两立不并存之势”，他深悟“适者生存”之旨，大概那时候他已接触到了社会达尔文主义的思想：“故西书《物类宗衍》中有‘争自存宜遗种’之说，谓万物必争而后仅得自存，以绵延其种类也”，以这种观念出发，他主张“商战”：“西人虽以商战为国，然所以为战者即所以为商，商之一道足以灭人之国于无形，其计至巧而至毒，人心风俗皆败坏于此，今欲闭关绝市，既终天地无此一日，则不能不奋兴商务，即以其人之道还治其人之身”，矿务商务即是商战之下手处。

但是谭氏对于这些根本的改革，并不期望于当政的统治者，他甚至说：“铲除内外衮衮诸公而法可变”，愤怒的情绪显然已经高涨至近乎要求革命了，再进一层看，他这时已有很深的反满意向，他看清满人将中国视作猎物，只图自己的安全，而不考虑汉人之生存：“满汉之见，至今未化，故视为傥来之物，图自全而已，他非所恤！”

从二封信函看来，谭氏在脑海里已勾画出一个危急之际的自立国，其变法的目的也是着眼于此：“苟变法，犹可以开风气，育人才，备他日偏安割据之用，留黄种之民于一线耳”，他想在湖南推行新政，作为以后行事的基础，倡议设立算学格致馆的用意也在此：“算学格致可以试之而有效者，断不可不一心讲求，以供窦融钱镠之用……诚不忍数千年之圣教，四百兆之黄种，一旦斩焉俱尽，而无术以卫之耳。”

谭氏在《上欧阳师书二》与《短书》中所呈现的一套政治理想，不免带有浓厚的书生论政气息，这在主张卖地偿债，藉强国保护以得十年安定，以行变革措施中最可看出来，但若不计较这点，则谭氏的变革主张，仍具有浓厚的时代意义。

尽管他抛弃了原来“立天下之不变，以定天下之变”的观点，但他变法论的基础——“道器合一论”仍是源自中国的传统学术思想，也就是他与传统仍然保持着认同的关系，至其“西法源自中国说”，“变法即复古论”更是从传统的遗产中，寻找变的根据，并融合在晚清“托古改制论”的思潮里。以“道器合一论”为基础的变法论，表示了近代中国从洋务运动到变法维新思想素质上的转变，而谭氏对洋务运动的攻击，也表示对前一代的自强政策的否定，这是甲午战后维新志士的共同趋向，也是晚清政治演变的一个环节。

我们还能在谭氏改变后的思想中，发现他已受到了社会达尔文主义的进化论的影响，由于如此，他知道那是一个彼此竞争的世局，所以在经济上他也同晚清其他部分人士一样，提出“商战”的观念。去除夷夏的主客之分，而认识到中国需以平等的地位加入万邦林立的国际社会时，他也同其他变法派人士一样，对“万国公法”有着近乎盲目的信赖。

谭氏自身的改变，还代表了一个很重要的意义，那就是他表现了一个在传统士绅阶层中成长的传统士大夫，在面临危亡的局势压力下，对自身地位的反省，他一方面对传统之士提出批判，一方面重新思考士在图变过程中应有的责任与地位，这是从传统之士转变到近代知识分子间的一个过渡期。

3. 理想与奋斗

图变后的谭嗣同开始将他的认识付诸行动，我们可以分湖北时期“乙未（一八九五年）五月至丙申（一八九六年）一月”、北游访学“丙申（一八九六年）二月至六月”、金陵时期“丙申七月至丁酉（一八九七年）十月”、湖南时期“丁酉十月至戊戌（一八九八年）五月”四个阶段来看他的奋斗历程。

谭氏首先倡议设立算学格致馆于家乡浏阳，欲以此作为革新之起点，他认为“试办一年之后，生徒于算学之浅近可见诸施行者，俱已精熟”，然后令其试习枪炮，讲求蚕务及水利新法，使经费充裕，再议添聘教师，购买仪器，讲求地学、化学，并集股开矿，“矿务兴，则汽机制造、水火电力、声光、工商诸学”，皆可陆续付诸实现。这项计划初遭乡绅的反对，后得巡抚陈宝箴、学政江标的支持，于光绪二十二年（一八九五年）十一月成立浏阳算学社，算学社是甲午战后湖南维新人士所组成的第一个学术团体，也是湖南讲求新学的起点。梁启超在《戊戌政变记》中说：“甲午战役之后，湖南学政之新学课士，于是风气渐开，而谭嗣同辈倡大义于天下，全省沾被，议论一变”，足见谭氏于浏阳兴算学，在整个湖南新政运动中的地位了。

在湖北的这段时间，谭嗣同还议立强学分会，作更广泛的活动，并议办《湘报》，欲利用报纸的教育功效，但由于环境的限制，未克实现。

谭氏为算学社事奔走于湖北、湖南，来往中接触并看到了行政机关的老大无能，官吏的昏庸诿卸，民乱教案四起，社会不安及粮荒严重、币制混乱、币值下跌的经济混乱情形，这是一幅衰败的图象，谭氏在痛心之余，大声疾呼：“上下古今如一邱貉，不有大英雄出而涤荡廓清之，中国殆终于自毙。”

陈宝箴欣赏谭氏的才情，乙未年底有意延揽谭氏至湘，陈的邀请虽得到谭的父亲同意，但终令谭氏缓行，先送谭氏的侄子传赞入都考荫，由于父亲的嘱咐，谭氏不得不于丙申（一八九六年）二月在复杂的心情中离开湖北，困而求亨，只好借此行机会，访问海内硕德多闻之士，虚心受教，多见多闻世间种种异人异事异物，增加见识。

他首先道经上海，往访康有为，而康已于乙未十二月离上海回广东，遂不获见，同时也拜访了傅兰雅，顺路在天津参观了李鸿章所创办的各种事业，并曾接触当地的民间秘密组织在理教，深知其对民众的功用，而途中那些“栖止堤上，支席为屋”的水灾难民，更令他触目惊心，凄然于怀，于是“自念幸生丰原，不被此苦，有何优劣，致尔悬绝？犹曰优游，颜之厚矣！遂复发大心：誓拯同类，极于力所可至”。

到了北京，拜见翁同龢，大谈洋务，翁说他“通洋务，高视阔步，世家子弟中桀傲者也”，(《翁同龢日记》) 又认识了一些朋友同志，他首先认识吴铁樵，由于吴铁樵之称赞梁启超，谭遂往访梁启超，梁于丁酉年写给康有为的信提到：“(前脱)（敬）甫之子谭服生，才识明达，魄力绝伦，所见未有其比，惜佞西学太甚，伯里玺之选也，因铁樵相称来拜，公子之中，此为最矣。”这是梁启超对谭嗣同的初次印象——一个意气高昂的人物，谭由梁处得知“南海讲学之宗旨，经世之条理，则感动大喜跃”，遂自称为康的私淑弟子。

同时也从梁处得到一些佛学知识，并晤诸讲佛学者：如夏穗卿、吴雁舟等，梁、夏、谭尤其过从甚密，谭氏从梁、夏两位朋友那儿有形无形地受到了影响，由佛咒的修炼而至于佛学的研究，重发大愿，昼夜精治，不少间断。在北京，他“又晤耶稣教中人”，相互参照之下，他发现“宗旨亦甚相合，五大洲人，其心皆如一辙，此亦一奇也”。因此，此次此行对他的影响最大的自是思想上的冲激：“京居既久，始知所愿皆虚，一无可冀。慨念横目，徒具深悲，平日所学，至此竟茫无可依！”于是在一番反省彻悟后，他吸纳了这些冲激，成为日后《仁学》思想的基础。

谭氏在思想上的新认识，第一个便是心力的体悟。此行的第一站是上海，他在那里拜访了傅兰雅，得见一万年前的化石，遂觉：

“天地以日新，生物无一瞬不新”，又见算器及爱克斯光照片，始闻科学的进步，遥远的将来，人体必有变化，而可往来于星月之间。西洋不仅科学进步，政治亦“明且理”，人心风俗整齐，他觉得其中必有原因，但不得其解，回南京时复经上海访傅兰雅，适值其回国，但得到了《治心免病法》一书，“始窥见其本原”；“读之不觉奇喜”，他说：“以为今之乱为开辟未有，则乱后之治必为开辟未有，可于此书卜之也”，而且此书“已入佛家之小乘法，于吾儒诚之一字，亦甚能见到”，“各国苟能讲心学，一切杀人之具，自皆弃置勿复道”。

从佛学中识得“愿力”，从《治心免病法》里识得“心力”，新的体悟使他抛弃了旧有的认识，以为那些都是虚幻的，而将人之心视为绝对的东西：“自此猛悟，所学皆虚，了无实际，唯一心是实。”他也反省：“妄欲以杂霸之术，拼命而行之，将以救燃眉之急，使以此治天下，初必有奇效；久之患气必将愈烈。何也？人心难静而易动者也”，他已经把任何事物都放在人心之纠结上来观察了。由对心的认识，他得到了感应之理，认为一心之力量传于空气，使质点大震荡，而入乎众人之脑气筋，精神藉物质运动而相互感应，物质到最后也成为灵之存在，于此感应之理乃得作用。

他又认为心的力量虽不能与天地比，但天地纵大，亦可由心成之，毁之，改造之，无不如意，“至诚所感，可使饮羽，是理为心所致，亦即天为心所致”，而如今中国之劫运，是由人心制造而成，自必以心解之，心力之为用亦在此。《治心免病法》系由心力免除个人疾病，但经过谭氏的转化，心力却成了免除国家及人类弊病的原动力，他说：“嗣同既悟心源，便欲以心度一切苦恼众生。”

人心既是彼此感应，无所不通，他又从英人韦廉臣著《古教汇参》一书中获知“不论何教，皆有相同之公理：一曰慈悲，吾儒所谓仁也，一曰灵魂：易所谓精气为物，游魂为变也”。因此他站在

“世界主义”（Universalism）的立场看个人行动的目标和价值，及人类通往善美的道路，那就是怀抱天下的“参天地赞化育”的天下心，他说：“以心挽劫者，不唯发愿救本国，至彼极强盛之西国，与夫含生之类，一切皆度之”并“当自命为天人，俯视万国皆其国，皆其民。”

整个地说来，谭氏从佛学悟得的不外是“除救人外，更无他事之理”，他指望的是中国的复兴和人类的拯救，然而这些都要依靠心力，心力是促使革新得以实现的原动力，这种观点在《仁学》一书里仍然被继承着，提倡心学，以集合众人心力，共图大业。

谭氏此行的另一收获是透过梁启超而认识了康有为的学说，原来“不知有佛，不知有孔子”的谭嗣同，因著康的学说而由古文到今文，浸于《公羊》的微言大义，改变了对经学的态度，所谓知孔子，乃意指首倡民权的孔子。此外，在北京也跟着梁启超、夏曾佑打倒汉学，攻击荀子。他也提出孔子自立为素王，兴民权，春秋讥世卿等看法，比康氏更激烈的是他举《佛肸》、《公山》二章以示孔子非盲目地尊周，但“后儒于《佛肸》、《公山》两章，几不能读”，于是他慨叹孔子真义的失传，如此“圣教不明”，“臣罪当诛，天王圣明”之邪说乘间而起，深入人心，诸大儒亦不能出此牢笼，良可哀矣。

他对君权的攻击，极其激烈，认为“今日君臣一伦，实黑暗否塞，无复人理”，他非难历代君主的利己作为，自秦始皇益变本加厉，至宋末，帝王更以规范制人，以伦常文字制人身心，然则，何为君？他认为“生民之初，必无所谓君臣，各各不能相治，于是共举一人以为君”，既共举之，则必共废之，这才算是君臣原来的合理关系，君为天下人办事，并非竭天下之膏血，以供其骄奢淫纵，或制定酷烈钳制之法，欲为子孙万世计。民只有死事的道理，断无死君的道理。以后的《仁学》也都采纳了这些政治观点和主张，并加入“冲决网罗”的急进精神。

由识佛，识康有为学说及受传统士之言的刺激，谭氏亦兴起大同的理想，他的想法是：于学则“悉改文字之象形为谐声”，于政则“行井田封建，兼改民主”，于教则“言佛教”，如此地球之学政教可合而为一，成为普遍的、统一的世界形态。

于是在各种思想的融合下，谭氏在思想领域里又开拓了新境界，梁启超说他“自是豁然贯通，能汇万法为一，能衍一法为万，无所罣碍，而任事之勇猛亦益加”。

谭嗣同北行期间，他的父亲为他捐纳了一个候补知府的官位，于是不得不结束那与友朋论学，广泛探索知识的思想旅程。谭嗣同未尝不想在南京有所作为，然而南京的官场气氛，使他颇觉痛苦，处处都是腐朽老大的官僚作风，他说：“如此黑暗地狱，直无一法一政。”在这种环境的压迫下，他感到“于世间出世间两无所处”，似乎他不再能见容于社会，归属感严重的被打消了，深刻的放逐感跃然升起，他觉得甚至连个人生存的最基本的安全感也丧失了，横天地，纵古今，岂有如此之事乎？他更痛切地说道：“嗣同求去湖北，如鸟兽之求出槛縶，求去中国，如败舟之求出风涛。”这就是他在黑暗势力压迫下的放逐感，大概是这种放逐感使他觉得无可能大有作为于拯救当世：“天爱黄种，当有人焉起而肩之，非弟之所克任”，原先“誓拯同类”的胸怀在这时似乎由于外在的环境压力、个人的某些挫折，而使他觉得“如仙人降谪，困辱泥涂”，而无所施展，茫无所依了。

但即使有放逐感，觉得无所施展，也依然无法完全排除他的救国理想，这是谭氏在时势的压力下所表现出来的矛盾性，他知道那种遁隐的安宁生活，是已经不可能再现也不可勉强求之的：“世局如许，岸谷谷陵，意中事亦目中事，更何处觅深山以诵读自娱？春酒一杯，秋琴一曲，于胥乐兮！求之今日，乌可得耶？”而且“作羲皇上人，脱生今日，益饥驱无状而已”，一方面愤念于黑暗的环境，一方面又知道遁隐是不可为的，这两种心情如何调解，到最后也只好默默承受这种困辱：“不先不后，生吾与子，以身丁其厄，天实为之，谓之何哉？”于不合理的环境中，尽量使自己成为合理的，因为这是个人安身立命的安慰，也就是他所说的：“知其无可奈何，而安之若命，愧负无既而已。”金陵时期的一大半时间就在孤独与痛苦中度过。

金陵时期的生活是不愉快的，在苦恼困辱、空无依倚的心情中，他走向了佛学的精深研究，从杨文会为师，其学又一变，除了师事杨文会外，他也随时到上海和梁启超见面，二人的私交以及思想上的交流，也以这一时期最密。上海不仅是他排解苦闷的去处，而且从交友论学中所获得的种种思想上的激励，更是使他不致灰心而仍孜孜于救国事业的力量。

这时浏阳正在办矿，借着评论官办商办的利弊得失，他提出了对资本主义的见解。他把毫无节制、毫无约束的垄断行为称做“私办”，而私办不是“明于天下之大计”，私办是西方资本主义独有的形式，谭氏看到此种资本主义形式的商业行为所带来的利益：

西人于矿务铁路及诸制造不问官民，止要我有山有地有钱，即可由我随意开办，官即予以自主之权，绝不来相禁阻。一人获利，踵者纷出，率作兴事，争先恐后，不防民之贪，转因而鼓舞其气，使皆思出而任事，是以趋利若鸷禽猛兽之发，其民日富，其国势亦勃兴焉。此欧洲各国政府倚为奇策者也。

但也看出了资本主义发达后的严重弊病，那就是富者剥削贫者，大资本家操纵经济：

谭嗣同与友人合照

叶觉迈、谭嗣同、王史、欧榘甲、熊希龄、韩文举、唐才常、李维格

而其弊也，唯富有财者始能创事，富者日盈，往往埒于国家，甚乃过之，贫者唯倚富室聊为生活，终无自致于大富之一术，其富而奸者又复居积以待奇赢，相率把持行市，百货能令顿空，无可购买，金镑则能令陡涨至倍，其力量能令地球所有之国并受其损，而小民之隐受其害，自不待言，于事理最为失平。

如此，贫富对立，被剥削压榨者当然要起而反抗：

于是工与商积为深雠，而均贫富之党起矣。其执政深厌苦此党而无如何，此党亦日与执政为难。环地球各国之经济家朝夕惶惶然，孜孜然，讲求处置此事之法，而卒莫得其要领。

尽管他知道此种资本主义经济形态不是“明于天下之大计”，尽管他看清它的弊病，但他环视中国当前情势后，仍然觉得“夹乎各大国之间，欲与之争富强，舍此无以求速效”，更且“以目前而论，贫富万无可均之理，不唯做不到，兼恐贫富均，无复大有力者出，而与外国争商务，亦无复贫者肯努效死力，国势顿弱矣”。虽则必须以资本主义为富强的速效手段，但他仍然坚持财富平均分配的理想：“然无论百年千年，地球教化极盛之时，终须到均贫富地步，始足为地球之一法。”

谭氏手段与理想之间的辩证过程是这样的，他认为“凡办事有创始之材，有守成之材，似相反而实相成，所争者，先后之序不乱而已”：

创始当节目疏阔，重予人以利，而不多为否闭之法，但期风气速开，而事速以举，不问流弊如何，一于勇往直前，虽利归一二人，致召不平之怨怒，有所不恤，此欧美之所由也。气势已盛，守成者出，乃始渐渐调剂其盈虚，周密其法度，过者裁抑之，不及扶掖之，始足以日臻于治理，欧美颇昧于此，故均贫富之党出而警醒之。虽时时倡乱，为世诟痛，实欧美之功臣也，不可少也，二者相持不下，不知相反有相成之理，夏葛而冬裘也，春播种而秋收谷也，时之先后异也，相持不下，不亦悲乎？

谭氏此函观察中外，并提出自己的见解，是晚清经济思想史的一篇重要文献。

谭氏金陵时期的最大成就便是《仁学》的创作，这是他的思想的总合，《仁学》起草于光绪二十二年（一八九六年）九月，光绪二十三年（一八九七年）四月以前脱稿，谭氏将此书题曰：“台湾人所著书”，“盖中多讥切清廷，假台人抒愤也”，此书成，他自藏其稿，而抄一副本交给梁启超，梁逃亡日本时才付梓发布，始流传于世。

这段时间他更计划利用绅权，变相地实行议院民权。传统社会结构，士绅是政府与百姓之间的桥梁，而在一个基层组织里，士绅更是具有领导性的地位，谭氏即着眼于此，欲加以最适当的应用。他更想立学会，认为“今之急务，端在学会。……上即不变法，而终不能禁下之无学。锲而不舍，金石为开，国存而学足以强种，国亡而学足以保教”。兴议院、行民权、立学会是谭氏改革主张的最积极内容，此后活动亦以此为最高目标。

谭氏的立会活动也是积极的，包括测量会、女学堂、农学会、不缠足会，任《时务报》董理等。

光绪二十三年九月底，康有为、梁启超、谭嗣同首在上海集议，这次会谈的目的是想把他们亡后之图的目标，作更进一步的推展，因为这时湖南新政运动正热烈进行，而梁又被聘为时务学堂的教习，这是他们必须掌握的时机，带着这些共同商议的目标，谭于十月弃官返湘，开始另一阶段的改革行动。

谭嗣同抵湘前，湖南新政运动中以时务学堂最具意义，及谭梁返湘，新政运动更是积极展开，他们在课堂上宣扬民权、排斥君主专政，影响所及，湖南青年知识分子要求改革的情绪就更加激昂。

这年冬天，谭嗣同与梁启超禀请开学会，以后在湖南官绅的共同发起下，于戊戌（一八九八年）正月下旬趋于成熟，是为南学会，提倡民主政治的理想，以及平等、自由、质简的习尚，保持反阶级反陋俗的作风，确已尽到启迪湖南人士联合群力、致力新学的效果。又与熊希龄、唐才常创刊《湘报》，采日报形式，是维新志士发表改革言论的园地，也是除《湘学报》外，与南学会、时务学堂阴相等应的刊物。此外又成立保卫局、团练与延年学会、群萌学会等。

正当湖南新政运动蓬勃展开之际，以王先谦、叶德辉为首的湖南守旧士绅结为一强固阵线，从二十四年春间开始，对新政予以激烈的反对，当时嗣同仍保持着轩昂的气势，他说："今日中国能闹到新旧两党流血遍地，方有复兴之望，不然，则真亡种矣。佛语波旬曰：'今日但观谁勇猛耳。'"尽管如此，他仍渐渐感觉到新党大势已去，面临绝路，就在湖南新政几乎濒临绝境时，早有变法图强之心志的光绪帝于四月二十三日颁定国是诏，决心求变改革，征召谭嗣同等，这对他而言，不啻是生命的转折点，他似乎感觉到，他可以走另一条路，以另一种形式完成他的理想。

4. 矛盾与结局

谭嗣同生命中最具有色彩的部分是他的革命情绪，表现在思想上就是"冲决网罗"的精神，在政治上是种族意识及对既有制度的彻底反叛，甚至指向专制王朝的统治者："彼君之不善，人人得而戮之。"是人在决定政体与政策，如此，那批掌握权力的统治者自然就成了他反抗的对象，这样的否定实际上也就是革命了，他认为只有借此反抗的行为，时势才有可为：

> 或难曰：假使尽铲除诸公而易以贤才，而时势已无可为，又将奈何？曰：苟尽易以贤才矣，又岂有不可为之时势哉？

然而，谭氏毕竟深深浸濡于当时的政治系统、社会系统中，传统的理念对他仍具有强大的作用，一方面觉得需要非常的革命手段，一方面又抛不开传统的包袱，这两种相反的理念纠缠着他，使他陷入矛盾的困境之中，在南学会，谭氏与毕永年的一次问答里，谭氏悲痛地流露了源于矛盾困境的内心深处的苦楚：

永年谨再问：顷闻复生先生讲义，声情激越，洵足兴顽起懦。但今日之局，根本一日不动，吾华不过受野番之虚名；銮舆一旦西巡，则中原有涂炭之实祸，所谓保种保教，非保之于今日，盖保之于将来也，此时若不将此层揭破，大声疾呼，终属隔膜，愈欲求雪耻，愈将畏首畏尾，或以西学为沽名之具，时务为特科之阶，非互相剿袭，即仅窃皮毛矣，质之高明，当有良法。

（谭）答曰：王船山云：抱孤心，临万端，纵二千年，横十八省，可与深谭，唯见君耳，然因君又引出我无穷之悲矣。欲歌无声，欲哭无泪，此层教我如何揭破，会须与君以热血相见耳。

毕氏所谓的根本当是指立国的大原则，那就是以天赋人权的民主理念为根基的政体。毕氏从根本立论，意指对既有制度的全盘否定，这些见解也都和谭氏的主张相合，但对于根本的推翻，谭嗣同却感到“此层教我如何揭破”？他只能表示“欲歌无声，欲哭无泪”，他是陷在矛盾之中而苦恼于该采取什么方法，另一方面，“会须与君以热血相见耳”，满腔热血还是在翻腾着。

谭氏最后决定采取借着一套权力系统进行改革的方式，以达到为四万万黄种立命的目的，非常手段的主张与种族意识只好暂时隐藏，但并非消失，但即使权宜之计也不能为他彻底解决难题，最后只是一步一步地走向悲剧的结局。

七月二十日，谭氏抱着孤注一掷的决心进入朝廷，这时，宫廷的权力斗争已激烈进行，带有理想主义色彩的谭嗣同，自然无法清楚知道他已陷入权力争夺的漩涡中，才不过十余天的工夫，后党稳占上风的形势已完全显露，谭嗣同复铤而走险，企图劝说袁世凯发动宫廷政变，这项谋划终遭大败。八月六日，政变爆发了，他拒绝出走，曰：“各国变法，无不从流血而成，今日中国未闻有因变法

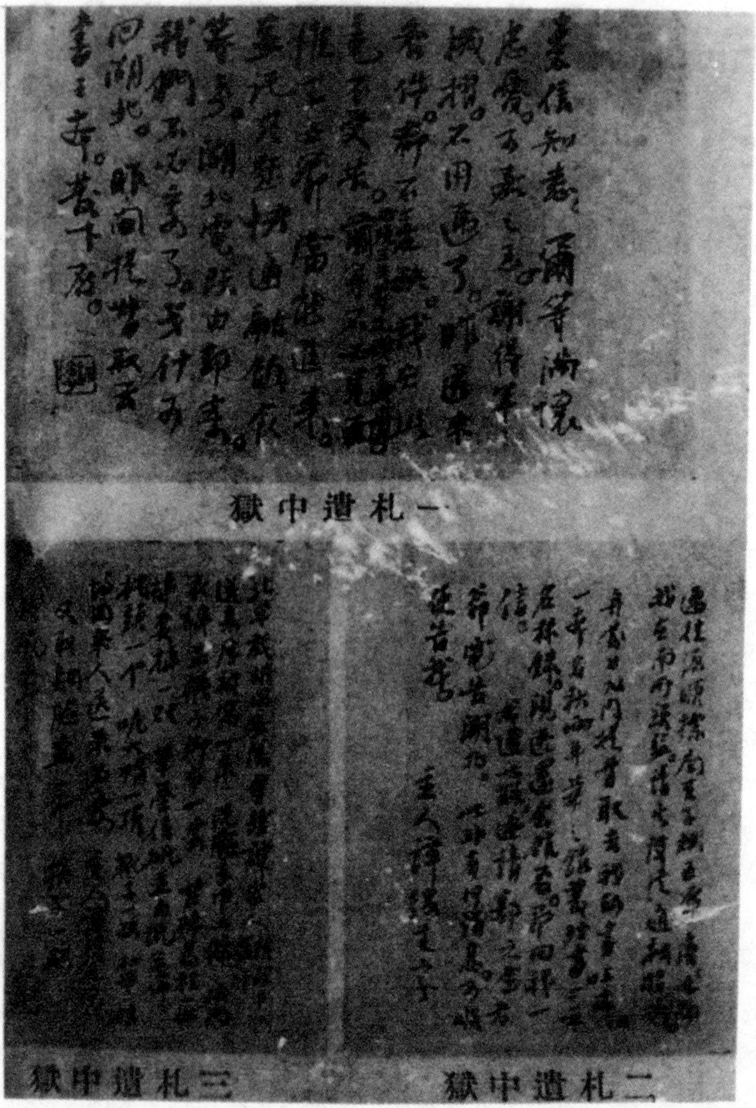

谭嗣同墨迹

而流血者，此国所以不昌也。有之，请自嗣同开始！”昂然气魄英勇地贯彻到底，十三日，就在“有心杀贼，无力回天。死得其所，快哉快哉！”的慷慨激昂中，从容就义了，时年三十有四。近代大儒熊十力赞之曰：“戊戌政变，首流血以激天下之动者，谭复生嗣同。……尝与友人林宰平、梁漱溟言，自清季以来真人物，唯复生一人足当之而已”，（《读经示要》卷二）以后革命志士那种发扬蹈厉的革命精神，均是深受其影响。

二、《仁学》的思想体系

谭嗣同一直被认为是戊戌六君子中最具有思想家气质，又是一个最富有创造力的哲学家，使他获得此一美誉的就是《仁学》一书，同时也由于这本著作而使梁启超发出晚清思想界之一彗星的赞词："仅留此区区一卷，吐万丈光芒，一瞥而逝，而扫荡廓清之力莫与京焉。"（《清代学术概论》）

《仁学》一书呈现了谭嗣同的整个思想面貌，也是甲午思想一大变后的丰硕成果。从历史的背景来看，十九世纪中叶太平军武力革命结束以后，知识分子开始酝酿改革思想，指出救国的道路，到了九十年代，平稳的改革时期结束了，内部的制度愈形僵化，外来帝国主义的侵略更变本加厉，各肆侵凌，瓜分豆剖，把中国推向深重的痛苦深渊中，这步境地正是谭氏在丁酉年所痛喟的："世间无物抵春愁，合向苍冥一哭休。四万万人齐下泪，天涯何处是神州！"

而《仁学》之作正是处于如此一个惊涛骇浪的时代背景，在悲痛中，谭嗣同热烈地重新观察学习西方的政教文物，艰苦地思虑着，探索着中国的道路，甚或世界的未来，详考中国历代政治得失、目前情势，综合各种学说，为他所思索着的中国道路提供了一套哲学的基础，并从而延伸出他对政治、社会、经济等方面的各项观点，到了一八九七年，这一套完整的思想体系就构成了。他提到创作时的热烈情形："每思一义，理奥例赜、坌涌奔腾、际笔来会，急不暇择"，而整部著作的精神底蕴就是"冲决网罗"："为流涕哀号，强聒不舍，以速其冲决网罗"，"初当冲决利禄之网罗，次冲决俗学若考据、若词章之网罗，次冲决全球群学之网罗，次冲决君主之网罗，次冲决伦常之网罗，次冲决天之网罗，终将冲决佛法之网罗"，充满了冲创意志。

《仁学》写作的时代是一个新旧事物剧烈变动、西方新思潮激荡的时代，同时也是梁启超所说的是"学问饥荒"的时代，也因此，《仁学》所表现出来的谭嗣同的思想是驳杂的，几乎每一个思想要素，都糅合了中西思想的成分。在西方思潮方面，除了资本主义的冲激外，自然科学的知识占了最重要的地位，谭嗣同所学习到的自然科学，包括声、光、化、电等基础知识，以及格致、算学，除此，拜访傅兰雅时所见到的"种种异人、异事、异物"更有其决定性的影响，《仁学》中就以物理学上的"以太"作为宇宙论根基，对人类的未来并充满着"科学性"的幻想。往东方，他所找到的是佛教的唯识宗和华严宗，佛学于是被用来作为他的哲学思想的基础，但是我们更应该指出，《仁学》中谭氏卓越的社会政治思想几乎完全生根于中国优秀而源远流长的民本思想传统，在谭嗣同思想形成的过程中，完整介绍西方政治社会学说的著作还没有出现，梁启超也说："《仁学》下篇，多政治谈，……彼辈当时，并卢骚《民约论》之名亦未梦见，而理论多与暗合"，这充分说明了在时代的巨大潮流和自觉的救国热情的推动下，谭氏所具有之足以自豪的伟大创造能力。

驳杂的思想，形成了《仁学》的丰富面貌，谭嗣同亦自谓："凡为仁学者，于佛书当通华严及心宗、相宗之书，于西书当通新约及算学、格致、社会学之书，于中国当通《易》、《春秋公羊传》、《论语》、《礼记》、《孟子》、《庄子》、《墨子》、《史记》，及陶渊明、周茂叔、张横渠、陆子、王阳明、王船山、黄梨洲之书。"

1.《仁学》的哲学思想

《仁学》思想体系的基础是哲学思想，而被谭嗣同用来作为哲学思想之物质基础的就是"以太"（Ether）。

"以太"是物理学上的名词，代表了人类科学史上科学家对绝对坐标之追求的重要中途站，最先提出这个观念的是十六世纪的笛卡儿（René Descartes），他认为物质与物质间的传达，需要一个媒介，这个看不见的媒介，笛卡儿就称为"以太"，到了十九世纪，物理学家更进一步推论，当能量从一物体传送到另一物体，必须有介质或物质的存在，作为能量离开一物体而尚未抵达另物体前的存身之处，所以他们提出以太的假设，而认为以太充满整个宇宙的真空处。这个观念随着其他科学知识传到中国，而被谭嗣同用来作为他的哲学思想的基本范畴，在谭嗣同的哲学思想中，借着他丰富的想象力，"以太"一变为是一种无声、无臭、超感觉的、产生万物的根源，不仅肉身赖以形成，宇宙亦赖以维系："遍法界、虚空界、众生界、有至大之精微，无所不胶粘、不贯洽、不筦络，而充满之一物焉，目不得而色，耳不得而声，口臭不得而臭味，无以名之，名之曰：'以太'。"像光线、声音、电流的传达，宇宙星球的相吸、人类心灵的感应，这些万事万物，不能从它们自身去求得解释，而必须进一步去追求它们的“主其宰”、“司其动”，它们的“所以相通之神之故”，这就是“以太”，是“浪、力、质点、脑气”运动的主宰，“法界由是生，虚空由是立，众生由是出”。

以太也被谭氏认为是不依赖人类主观意识而独立存在的客观物质：“……任剖某质点一小分，以至于无，察其为何物所凝结，曰唯以太”，推而广之，就建立了他的“以太一元论”：整个大千世界“皆互相吸引不散去，曰唯以太”。

谭嗣同将“以太”的观念发挥到最顶点，就是摆脱“以太”的物质性，而升华为精神的根源，父子、兄弟、君臣、朋友、家国天下等伦理关系、制度结构得以成立，也是以太的功能，更深一层地说：

其显于用也，孔谓之“仁”，谓之“元”，谓之“性”。墨谓之“兼爱”，佛谓之“性海”，谓之“慈悲”，耶谓之“灵魂”，谓之“爱人如己”、“视敌如友”，格致家谓之“爱力”、“吸力”。

再具体精括之，就是“仁”：“无形焉，而为万形之所丽，无心焉，而为万心之所感，精而言之，夫亦曰‘仁’而已矣。”“仁”是谭氏在观察思考自然、社会各种现象后，在“以太”的基础上，被提升和抽象化了的宇宙总规律。

同“以太”之永恒遍在性一样，仁也充塞于天地万物之间：“夫仁，以太之用，而天地万物由之以生，由之以通。”以伦理价值视之，仁是统摄一切德性的，天地间亦仁而已矣，无智、勇、义、礼、信之可言。智勇义礼信在他看来都是人为的“名”，“名忽彼而忽此，视权势之所积，名时重而时轻，视习俗之所尚”，只有仁才是本体的，当人陷于人为的“名”，则不但失去了对事物的真实认识，而且破坏了本体，是故：“仁之乱也，则于其名。”“不识仁，故为名乱，乱于名，故不通”，人只有依从本体，肯定本体的价值，才能认识真实。

破除“名”的限制，一切豁然开朗，又由此延伸出通的内容：“仁以通为第一义”，“是故仁不仁之辨，于其通与塞。……苟仁，自无不通，亦唯通，而仁之量乃可完”。“仁——通”的首要内容就是事物的结合，世界不是孤立隔绝的，而是息息相关，他强调经过本体的“仁”的相通，一切事物都是“相维系不散去”、“互相吸引不散去”，彼此结合，不相隔绝。透过“仁——通”的发展，就达到“平等”：“通之象为平等”，“平等者，致一之谓也。一则通矣，通则仁矣”，这个“平等”就是谭嗣同由客观物质的规律演绎出来的政治性、社会性的要求和目标。

“以太”是永恒遍在的，谭氏说是“不生不灭”，这也是谭氏对世界认识的根本基础，他以原质不灭的化学原理来说明，水的化合，人类体魄之质点粘合，都是“生固非生，灭亦非灭”，虽则不生不灭，但其原质却是运动的，所以谭氏认为“以太”的不生不灭永远只能存在于“以太”本身的变动中，谭氏把它称做“微生灭”：“不生不灭乌乎出？曰：出于微生灭，……乃以太中自有之微生灭也。……求之过去，生灭无始，求之未来，生灭无终，求之现在，生灭息息，过乎前而未尝或住。”于是借着“微生灭”而转化出“生灭”的关于事物运动、变化、发展的观点，“不生不灭”是本质上的不变，“生灭息息”就是事物的变化发展：“则日日生者，实日日死也，天曰生生，性曰存存，继继承承，运以不停。”

世界万物不断变动发展，时间也是如此，事事物物，川流不息，生生灭灭，灭灭生生，其结果一切都朝新的方向发展，这就是谭嗣同从“生灭”所演绎出来的“日新”观点，而“日新”的根源就是“以太”的动机，动机来自两种相异势力的作用：“吾试言天地万物之始：洞然窅然，恍兮忽兮，……俄而有动机焉，譬之于云，两两相遇，阴极阳极，是生两电，两有异同，异同攻取……有有之生也，其唯异同攻取乎”，“动机”一发，其势沛然浩然，莫之能御，所以谭嗣同说：“以太之动机，以成乎日新之变化，夫固未有能遏之者也。”世界万物都是如此不断地变动着，基于这个观点，谭氏阐述了宇宙人生的变化日新，他以进化论的观点，说明宇宙之形成和发展：

天地万物之始，一泡焉耳、泡分万泡，如镕金汁，因风旋转，卒成圆体，日又再分，遂得此土，遇冷而缩，由缩而干，缩不齐度，凸凹其状，枣暴果膜，或乃有纹，纹亦有理，如山如河，缩疾干迟，溢为洪水，干更加缩，水始归墟，沮洳郁蒸，草蕃虫蜎，璧他利亚，微值微生，螺蛤蛇龟，渐具禽形，禽至猩猿，得人七八，人之聪秀，后亦胜前。

从大的方面看，整个宇宙是不断进化的，从小的方面看，人亦不断变化日新，生命正是存在于不断新陈代谢、成长茁壮的过程中。

不但生命，万物都是如此，谭氏相信“变化日新”是万物普遍而又绝对的进化定律，他认为凡是日新的，便是好的，而不日新且开倒车，往后看的，便是坏的，他说：“夫善至于日新而止矣，夫恶亦至于不日新而止矣。天不新，何以生？地不新，何以运行？日月不新，何以光明？四时不新，何以寒暑发敛之迭更？草木不新，丰缛者歇矣，血气不新，经络者绝矣，以太不新，三界万法皆灭矣”，又说守旧就是“自断其方生之化机，而与于不仁之甚，则终成为极旧极敝一残朽不灵之废物而已矣”。由“不生不灭”的“以太”发展出“生灭”的物质变化发展，再演绎出“日新”的事物普遍法则，最后借着“日新”而延伸出谭嗣同的政治性、社会性要求和目标。

“以太——仁——通——平等”是以太之用的累进发展，“以太——不生不灭——生灭——日新”是以太的性质和物质的变动规律，这两条线相迭相融、相合相化的结果。即是谭氏更进一步提出的“辨对待”之说，在这一个观点上，谭氏否认了相异事物的永恒和绝对性，他认为相异（对待）只是暂时的、变易的、不稳定的、相对的，它不是真实的本体而只是虚假的现象和人为的概念，它们可以互相依存并彼此转化，像“大”“小”、“多”“寡”、“真”“幻”、“庸”“奇”，这些都是人为的“名”，实际上它们都在“生灭”的变动中互相依存，是相对的，彼此转化。此外，谭氏所见闻之十九世纪的科学成就，必然使他感觉到世界万物之间没有什么绝对不变的，一切都在变化中，所以一切“对待”不论物理的或形上的皆可破之：“涨也缩之，微也显之，亡也存之，尽也衍之。声光虚也，可贮而实之，形质阻也，可鉴而洞之，声光化电气重之说盛，对待或几几乎破矣！”对待破则事物“通”，彼此结合，所以万物平等：“无对待，然后平等”，从而又衍生出谭氏的政治性、社会性要求和目标。

以“破对待”之说为枢纽，谭氏开始进入东方哲学的领域，这个领域涵化了上述的思想基础，借着它的认识论，整个《仁学》的哲学思想便有了实质上的跳越，这就是被谭氏称为“西学之源”的佛学，精确地说就是佛教唯识宗的玄奥内心世界，它是企图通过对世界诸现象的“分析”、“体悟”而达到否认世界万物的真实性。唯识论认为“阿赖耶识”（心）是一个人生命的中心，每个人最深奥的内面根据。感觉是我们“意识”的现象而已，所以我们的世界是意识性的现象而已，并非真实，一般人所以误以为世界万物是真实，都是由于“我见”的迷妄，其实这一切乃是“识”所变现，反过来说，一切现象，是识性所显的差别相，识有那么多，其所变现的对象（世界）也有那么多，所以认为我们的世界是由于每个人的阿赖耶识所创造出来的外境形相，所以说“三界唯一心，心外无别法”。

在这个地步上我们要舍离“对象化”的分别，由根本心的作用，来内感一切万象，始能将“识”与“境”打成一片，不偏主观及客观，以体会宇宙的实相，如此才能转“识”成智，达到至真的境界。在上述的唯识基础上，谭嗣同建立了他的认识论，产生了“不生不灭——生灭”循环不已，破除我见，万物无“自性”、万物有“知”，独任灵魂等含括在这个认识论下的观点。

“不生不灭”的永恒性和“生灭”的变动性，经过认识论的再审视，两者就有了循环不已的关系，他认为：“昨日之天地，物我据之以为生，今日则皆灭；今日之天地，物我据之以为生，明日则又灭，不得据今日为生，即不得据今日为灭，故曰：生灭即不生不灭也”，“以生为我，而我倏灭，以灭为我，而我固生，可云我在生中，方可云我在灭中，故曰：不生不灭即生灭也”。这种“但有回环，都无成毁”的循环论，很自然的就又成为轮回之说了：“无时不生死，即无时非轮回。”

谭嗣同认为世界万物都无自性，物物间的“异性”，只是“质点之位置与分剂有不同耳”，不同原质的化合可以造成不同的物性，我们所感觉到的不同只是外在不同构造的物质作用于感官的感觉而已。

关于“知”的问题，谭嗣同也是从他的认识论出发来了解的，他认为人和万物都有“知”，“虚空之中，亦皆有知”，“人之知为繁，动物次之，植物以下，唯得其一端，如葵之倾日，铁之吸电，火之炎上，水之流下，……在人则谓之知，在物乃不谓之知，可乎”？“人知”和“物知”的性质是被他等同看待。他论证“知”不是出自于“心”或“脑”，“切而求之，心何以能司血？脑之形色何所于用？夫非犹是好恶攻取也欤”？“知”成了一种物理性的作用，是超于“心”、“脑”这物质实体之外而为心之“能司血”，脑之有“所用”的“好恶攻取”的功能，正因为如此，谭嗣同认为万物都有“知”，因为万物都具有这种物理性的功能：“人亦一物耳，是物不唯有知，抑竟同于人之知，唯数多寡异耳。”更进一步，他认为“知”出自“以太”，宇宙间到处都有以太，所以“知”也是遍在、同一、不生不灭的，灵魂就是“不生不灭之知”，由这种了解，谭嗣同也就有了“独任灵魂”的想法：“谓物无灵魂，是物无以太也，可乎哉？”“人既日趋于灵，必化为纯用智纯用灵魂之人”，如此而落入玄虚之境。

谭嗣同认识论之最高发挥就是他抓住了变化万千之现象界的复杂性，以及人们之无法充分正确了解这现象界，而来证明人们认识之不足恃、不可信：“眼耳鼻舌身所及接者，曰色声香味触五而已，以法界虚空界众生界之无量无边，其间所有，必不止五也明矣。仅凭我所有之五，以妄度无量无边，而臆断其有无，奚可哉！”物质世界是如此虚幻和多变，而人们却常执幻为真，以偏概全，固执一端，所以故，是因为潜藏于人们内心且被视为当然之“我见”的作用，有“我见”，则必产生“对待”：“对待生于彼此，彼此生于有我，我为一，对我者为人，则生二，人我之交，则生三。参之伍之，错之综之，朝三而暮四，朝四而暮三，名实未亏，而爱恶因之，由是大小多寡，长短久暂，一切对待之名，一切对待之分别，殽然哄然。”

继续了上述由“仁——通”和物质运动规律而来之“辨对待”的认识，再经过唯识观点之认识论这一层次的观照，谭嗣同提出了“破对待”的根本之道，既然“对待”不是客观存在的而是由于“我见”，那么要破除对待以达到“通”的理想，就不需要认真地去研究对待，了解对待和改造对待，而只需要从排除造成对待的“我见”入手，他首先把人类的意识看作是一种巧妙的类似电流的物理运动：“偶萌一念，电象即呈，念念不息，其动不止，易为他念，动亦大异，……于其异念则异动”，谭嗣同认为正是由于不同的念，产生不同的脑气动法，由脑气之动各异，所以就产生“不通”，于此，他决定了求“通”的途径，那就是斩断意识：“今求通之，必断意识，……意识断，则我相除，我相除，则异同泯，异同泯，则平等出，至于平等，则洞彻彼此，一尘不隔，为通人我之极致矣。”

而“欲断意识，必自改其脑气之动法”，那就是“外绝牵引，内归易简，简之又简，以至于无”，此为根本之道，有了这种类似“直觉”、“领悟”的工夫，真理乃出，“斯对待不破以自破”，这正是谭嗣同认识论的最高理论，所谓“转业识成智慧”，就是唯识论的一套转识成智的修证工夫，同时，这个“智”，也被认为是认识的顶点，一个绝对的真理：“识者，无始也，有终也，业识转为智慧，是识之终矣。”

就这样，谭嗣同贯彻了他以佛教唯识论为基础的认识论，由此而推进到整个《仁学》哲学思想的最高峰，那就是“脑气所由不妄动，而心力所由显，仁矣夫”的“心力”。经过层层的探索，他终于找到人类心中某种神秘玄虚的力量，他说心力犹如力学上的凹凸力，“凹凸力一奋动，有挽强持满，不得不发之势，虽千万人，未或能遏之而改其方向者也”，这样的“心力”是雷霆万钧，无所不通的，“夫心力最大者，无不可为”。

我们也可以更精确地说，“心力”是整个《仁学》哲学思想发展到最后的最高政治性、社会性的要求和目标，由于一切皆定于一心，所以谭氏也就把一切罪恶的原因归之于“人心”的后天的不善、归之于人因自私自利而起“机心”，“机心”生“我相”、“我识”，归之于人类万物的心力受阻而不能交通融汇，从而也就“不通”、“不仁”了，譬如他看中国，“知大劫行至矣，不然，何人心之多机械也”，“西人以在外之机械，制造货物，中国以在内之机械，制造劫运，今之人莫不尚机心，……如釜中虾蟹，嚣然以哄，火益烈，水益热，而哄益甚，故知大劫不远矣”。

而这一切“劫运既由心造，自可以心解之”，若能先去机心，重发一慈悲之念，便可“使心力骤增万万，天下之机心，不难泯也”，因为“心力之实体，莫大于慈悲”，心力大显则天下一家，谭氏在这里提出“以心度一切苦恼众生”，“以心挽劫”，要求大家“慈悲”，去除“我相”，“断意识”，“泯灭机心”，使“心力”相通，人我合一，这样“仁”也就能豁然体现了。

谭氏既以为“心”能不依赖客观事物而存在，并能创造、改变一切：“一切唯心所造”，于是也就“尊灵魂，培体魄”，认为一切问题，皆可直接由心来解决，复杂万变，丰富多彩的世界万物，被说成是为一心所造，世界就被统一在一心的基础上了。谭氏认为如能求得人类万物的“心力”相通，“仁”也就能实现，在这里“心”反而又成为“仁”的根本内容而为宇宙本体了。于是，物质性的“以太”就成了只是彰显“心力”的一个假借，所以谭嗣同说：“仁为天地万物之源，故唯心，故唯识”，“以太者，亦唯识之相分，谓无以太可也”，“以太也，电也，粗浅之具也，借其名以质心力”。

由万物之物质性本源的“以太”演绎出“心力”的结论，正是谭嗣同“仁学”哲学思想的最高目标，在那种国势衰弱的时代环境中，他仍然怀抱着中国可以复兴的希望，这个希望的实现是依赖人心的改造，他相信，归根结底，只有透过观念、意识的改造，中国才有前途，此即“反躬自责，发愤为雄，事在人为，怨尤胥泯，然后乃得一意督责，合并其心力，专求自强于一己”。也就是在这“心力”的结论下，谭嗣同的哲学体系初步构成了。

热烈地吸收广博的知识，以敏锐的思考和丰富的想象力来构造他的哲学体系，这是谭嗣同具有思想家气质的表现，从时代背景来观察，则他的确表现出非凡的创造力，承继了中国传统学术思想，并注入新的成分，成为开创新局面的一股坚锐力量、新中国诞生前的前奏。

他强调“道”“器”合一，认为“道”不能独立存在，必须有它的物质基础，又将宇宙万物的根基置于“以太”的物质性基础上，这是谭氏思想最具突破性、独创性的一面，并企图从自然法则中抽引出人人应守、放诸四海而皆准的不变规则来，这就是“仁——通——平等”的一系列原则，如此，世界已从物质的联系，提升为精神力量的结合。

“仁”之观念为儒学之神髓，到了康有为、谭嗣同，他们为“仁”提出新的解释，固然谭氏对仁的观念有一部分是源自康有为，譬如仁为“以太”，仁为“通”等，但谭氏仍具有他的独创性，谭氏在“以太”的功能（Function）和实体（Reality）的界说上就显得更精微，其“天地间亦仁而已矣”，仁统摄智、礼的观点更是超出了康氏的范围。

从宇宙总规范的“仁”演绎出来的“通”，也是谭氏哲学理论中具有创造性的一点，康有为所认为的“仁”还是有着差等的性质，但谭氏则消除这种差等性质，人与人是通的，人与物也是通的，因为“以太尤不容有等差”，“道通为一”，所以要“有间者通之而无间，有等级者通之而无等级”，此即泯除因后天环境而产生的不平等现象，而达到平等的要求。

也许可以说谭氏哲学思想中最具建设性的就是对变动观念的深刻了解，变动的连绵不绝和持续不断形成了万物的变化和发展，于是自然和社会就是一个永恒的运动、变化、发展的过程，“微生灭”、“生灭”、“日新”都是在体现历史的延续和进化，而“日新”也就形成了谭氏改革思想的基础。

但谭氏思想，由于过分普遍化了某些个别的事项，或从个别的事项作了夸大的推演，甚至经过佛家唯识宗认识论的转化，结果也产生了不少弊端。像前面说过的，谭嗣同曾经见闻了科学发达的成就，于是以为看到了世界万物之间不存在着什么不可逾越的鸿沟，因此走向了相对主义。同时对于概念和实际，名和实的主观性了解，也使他走入相对主义的诡辩论的泥淖中而不能自拔。

按照谭嗣同的观点，世界万物之间的界限是不存在的，“凡对待之词皆当破之”，这放在对当时伦理体制的批评上，是有其积极的意义的，但对宇宙现象的了解就不免有所偏了。他破除了“生”和“灭”的客观界限，“动”、“静”之别亦破之，他说：“精而言之，动即静，静即动，尤不必有此对待之名”，动静的界限也是不存在的，差别没有了，界限混淆了，变的观点，成为不变的观点，这正是他所说的：“然其能冲决，亦自无网罗，真无网罗，乃可言冲决，故冲决网罗者，即是未尝冲决网罗。”这么说来，这个世界还有什么能让我们确切把握的？

2.《仁学》的政治思想

谭嗣同《仁学》的政治思想与其哲学理论保持着紧密的演绎关系，这也反映了其哲学思想体系和政治主张实质上之密切的关联。从“仁——通——平等”，“生灭——日新”和“心力”之为用等等观念上引出了急进的政治批判的逻辑结论。同时，在局势的压力下，沉痛的心情、激昂的意志，使得他将批判的利剑刺向现实的制度和政权，而这些充满了爱国思想和民本精神的对君主专制、伦常名教和清朝政权的勇猛批判，是谭氏政治思想中最重要的内容和特色。

谭嗣同对现实制度和政权的批判，是来自他对中国历史演变的了解，他认为整个中国学术、政治的发展在先秦由孔子集其大成，孔子以后，孔学衍为两大支，一支由曾子传子思而至孟子，孟子宣扬民主之理，以继承孔子之志，一支由子夏传田子方而至庄子，庄子痛诋君主专制，不幸，这两支都绝而不传，“冒孔之名，败孔之道”的荀子乃乘隙冒出，提倡“法后王，尊君统”，“有治人，无治法”，阴防后人的变法思想，“又喜言礼乐政刑之属，唯恐钳制束缚之具之不繁”。“为祸暴著于世”的李斯承袭了荀子的尊君思想，并全面地、有效地转用于实际的政治制度上，在学术方面：“在下者术之，又疾遂其苟富贵取容悦之心，公然为卑谄侧媚奴颜婢膝而无伤于臣节，反以其助纣为虐者名之曰：‘忠义’，在上者术之，尤利取以尊君卑臣愚黔首，自放纵横暴而涂锢天下之人心”，自此以后，学与政“二者相交相资”，倡邪说而坏万世之心术，尽窒生民之灵思。而诸大儒亦卒莫能脱此牢笼，且弥酷而加厉，他很痛心地说：“自生民以来，迄宋而中国乃真亡矣！天乎人乎！”至明更不堪问。检讨了历史的演变，环顾目前情势，他激烈地说道：“二千年来之政，秦政也，皆大盗也；二千年来之学，荀学也，皆乡愿也，唯大盗利用乡愿，唯乡愿工媚大盗。”谭氏的这番批判已经达到了惊人的程度，他坚决地否定了传统的专制制度，指出被尊为“忠臣”者，不过是“助纣为虐”的奴仆帮凶，指出历代“大儒”或知识分子也不过是“帮闲清客”的身份。

在这种激烈的批判下，谭氏提出了类似西方契约论的观点来解释君主的产生，他说：“生民之初，本无所谓君臣，则皆民也。民不能相治，亦不暇治，于是共举一民为君”，君与民的关系是：“非君择民，而民择君也”，“因有民而后有君，君末也，民本也”，“君也者，为民办事者也，臣也者，助办民事者也，赋税之取于民，所以为办民事之资也”，因此，君主与人民的关系应该是平等而不应该是专制，对待君主也和对待一般人一样，好的可以共举他，不好就共废他：“夫曰共举之，则且必可共废之”，“事不办而易其人，亦天下之通义也”，一切以事理作合理的转移，而不以君主为对象作转移：“一姓之兴亡，渺渺乎小哉。”君主与人民站在平等的地位，所以谭氏反对传统的君臣伦理，在他看来“二千年来君臣一伦，尤为黑暗否塞，无复人理，沿及今兹，方愈剧矣”，他尤其指责所谓

“死君”的愚忠，他说：“君亦一民也，且较之寻常之民而更为末也，民之于民，无相为死之理，本之与末，更无相为死之理，……止有死事的道理，决无死君的道理，死君者，宦官宫妾之为爱，匹夫匹妇之为谅也。”从另一方面看，谭氏也指出，君主的专制心理是自私的、卑鄙的，既恶其为前主死节，却为之祠祷崇拜，既强其守贞者为仕，却又诟其不贞，知识分子被其玩于股掌之上，不是被辱就是被杀，道出了传统知识分子的悲剧经验。

握有绝对权力的“独夫民贼”，为了有效地控制国家，使臣子尽忠，百姓服从，复更以纲常名教为工具，制人身心。本此，他重新解释了传统观念中的“尽忠”和“叛逆”，指出：“彼君之不善，人人得而戮之，初无所谓叛逆也，叛逆者，君主创之以恫喝天下之名，不然，彼君主未有不自叛逆来者也，不为君主，即詈以叛逆，偶为君主，又谄以帝天”，由“成则为帝，败则为寇”的传统政治形态说明“叛逆”仅是一种相对的价值观念，确是一针见血的言论。至于“忠”，“忠者共辞也，交尽之道也”，“古之所谓忠，中心之谓忠也，抚我则后，虐我则雠，应物平施，心无偏袒，可谓中矣，亦可谓忠矣”，因此，他揭露对那些“视天下为其囊橐中之私产”，“掊克聚敛，竭泽而渔”的“民贼”，“犹以忠事之，是辅桀也，是助纣也”，而“三代以下之忠臣，其不为辅桀助纣者几希！”

谭氏对民权主义的提倡，对清政权的攻击是《仁学》政治思想“以殉教的精神力图传播者也”，其词锋锐不可当：“马足蹴中原，中原墟矣，锋刃拟华人，华人靡矣，……锢其耳目，桎其手足，压制其心思，绝其利源，窘其生计，塞蔽其智术，繁拜跪之仪，以挫其志节，而士大夫之才窘矣，立著书之禁，以缄其口说，而文字之祸烈矣。”清廷既是如此践食中国，他于是激烈地主张：“吾愿华人，勿复梦梦谬引以为同类”，如此急进的政治批判，把谭氏引到了排满革命的方向。

清廷压制于上，清军复助纣为虐于下，上下煎迫，他看到了遍处的残杀罪孽，所以又提出了“公罪”的观念，谋反是公罪，所谓公罪，谭氏意指：是一种由公众共同所为的行动，不是个人或少数人以私人利益为动机所做的事，“公罪则必有不得已之故，不可任国君以其私而重刑之也，且民而谋反，其政权之不善可知，为之君者，犹当自反，藉曰重刑之，则请自君始”，这等于为造反提出了最有力的理论根据，本此，谭氏在理论上一贯地表示了对造反的同情，“洪杨之徒，苦于君官，铤而走险，其情良足悯焉”。并大肆赞扬了法国大革命的“誓杀尽天下君主，使流血满地球，以泄万民之恨”的民权革命行动，把排满的书籍秘密地介绍给他的学生朋友们。就是在这种反满的结论、对“血流殆遍，徒自虐民”的鱼肉百姓的极度憎恶中，谭嗣同升起了高度的革命情绪，这也正是《仁学》政治思想中最具震撼力的表现，也是由于这样的革命情绪，使得当时的维新思想闪过一线异彩。同时在清季民族主义形成的历史过程中，成为汹涌的巨浪。

从十九世纪七〇年代开始，中国的国际局势向前推进了一步，德、意在这时期完成统一。连同美、法、俄、日一起加入帝国主义向外扩张的行列，而原本雄踞一方的英国，在远东开始遭遇到其他列强的竞争，为着控制原料产地，拓张市场，争取势力范围，列强之间交相竞争，其竞争的焦点正是中国，到了九〇年代，这种情势更加恶化，中国益不能堪，处在这样环境下，谭嗣同对国际关系到底抱持着什么样的看法？

基本上，他仍然站在“仁——通”的基础上来看这个问题，即整个世界是天下一家，彼此相通：“全球者，一身一家之积也，……衔接为邻，邻邻不断，推之以至无垠，周则复始，斯全球之势成矣”，因此一种国际合作的方式是可能而且必要的：“可以通学，可以通政，可以通教”，更可以通商，“中外尽通，有余不足，互相酌剂”，如此“众生业力将消，中外必多同心者”。

对于国际政治问题，谭嗣同以各国赞成变法维新与否来决定该国对人类的贡献，而基于“仁——通”的仁爱原则，维新的强盛之国对守旧的衰弱之国有义务“代其改革，废其所谓君主，而择其国之贤明者为之民主”，把这种看法应用到中国来，则他认为是“天仁之爱，阴使中外和会，救黄人将亡之种以脱独夫民贼之鞅轭”，他觉得在中外会通的时候，正好是中国对外吸收外国优良文化，对内扫除异族专制统治的最好时机，他甚至说：“顾哀中国之亡于静，辄曰此不痛不痒顽钝而无耻者也，为危词以怵之，为巽语以诱之，为大声疾呼以寤之，为通商以招之，为传教以聒之，为报馆为译书以诲之，为学堂为医院以拯之，至不得已而为兵戈枪炮水雷铁舰以大创之！”我们应该了解谭氏会有这种看法，一方面是对大同的理想，以及国际正义、国际合作怀抱了过分的信心，一方面是来自对中国变法自强的热烈期望，而有以致之，此即他所说的：“反躬自责，发愤为雄，事在人为，怨尤胥泯，然后乃得一意督责，合并其心力，专求自强一己，则诋毁我者，金玉我也，干戈我者，药石我也。”也因此他极力呼吁：“唯变法可以救之”，变法则“民智”、“民富”、“民生”。

变法何由始？在《仁学》一书，谭氏仅扼要提示，于习俗制度方面，则变衣冠、便言语、更法律、俭礼俗、去薙发，于文化建设方面，则“曰学，曰政，曰教”，“而求保国之急效，又莫捷于学”。

清世公羊之学，导源常州而泛滥全国，在道光时代，龚自珍、魏源等先觉志士进一步地借公羊学以发挥改制变法的思想，发展到康有为、梁启超，就成了维新运动的理论根据，谭嗣同也是公羊学的一巨子，理论多见精辟。

康有为倡言孔子改制，以为“凡大地教主无不改制立法也，诸子已然矣，中国义理制度皆立于孔子，弟子受其道而传其教，以行之天下，移易其风俗，若冠服、三年丧、亲迎、井田、学校、选举，尤其大而著者”，（《孔子改制考》卷九）谭氏继承此论：

孔曰“革去故，鼎取新”，又曰：“日新谓之盛德。”夫善至于日新而止矣，夫恶亦至于不日新而止矣。……孔子……删书则断自唐虞，存诗则止乎三百，然犹早岁从周之制作也，晚而道不行，掩涕于获麟，默知非变法不可，于是发愤作《春秋》，悉废古学，而改今制。

我们可以看到，谭氏把“生灭——日新”的哲学理论发挥在公羊学的论旨中，欲布新，则须除旧，变的观念也就含蕴其中，这个变的观念便是谭氏所掌握的孔子改制的真谛。又有“素王改制”说，诋排专制：

孔出而变之，删诗书，订礼乐，考文学，改制度，而一寓其权于春秋，春秋恶君之专也，称天以治之，故天子诸侯，皆得施其褒贬，而自立为素王。又恶天之专也，称元以治之，故易春秋皆以元统天。

“通三统”、“张三世”是清代公羊学的基本观念，“三统”者，谓夏商周三代不同，当随时因革，“三世”者，谓据乱世升平世太平世，愈改而愈进。谭氏对“三世进化论”也有充分的发挥，以《易经》之内外卦来解释政治演变的大势，是其特色，他说：“吾言地球之变，非吾之言，而《易》之言也。”

“初九，潜龙勿用”，太平世也，元统也。无教主，亦无君主。于时为洪荒太古，氓之蚩蚩，互为酋长已耳。

“九二，见龙在田，利见大人”，升平世也，天统也。时则渐有教主君主矣，然去民尚未远也，故曰在田，于时为三皇五帝。

“九三，君子终日乾乾，夕惕若厉，无咎”，据乱世也，君统也。君主始横肆，教主乃不得不出而剂其平，故词多忧虑。于时为三代。

此内卦之逆三世也。

“九四，或跃在渊，无咎”，据乱世也，君统也。上不在天，下不在田，或者试词也。知其不可为而为之者，孔子也。于时则自孔子之时至于今日，皆是也。

“九五，飞龙在天，利见大人”，升平世也，天统也。地球群教，将同奉一教主，地球群国，将同奉一君主。于时为大一统。

“上九，亢龙有悔”，太平世也，元统也。合地球而一教主，一君主，势又孤矣。孤故亢，亢故悔，悔则人人有教主之德，而教主废，人人可有君主之权，而君主废。于时遍地为民主。

此外卦之顺三世也。

由逆而顺，即是由剥而复的进化过程，复之终极，就是大同的境地，他认为“以心挽劫者”应当平视万国，参天地，赞化育，他也描述了大同之境的美好理想：

地球之治也，以有天下而无国也。庄曰：“闻在宥天下，不闻治天下”，治者，有国之义也，在宥者，无国之义也。曰“在宥”，盖“自由”之转音，旨哉言乎！人人能自由，是必为无国之民。无国则畛域化，战争息，猜忌绝，权谋弃，彼我亡，平等出，且虽有天下，若无天下矣。君主废，则贵贱平，公理明，则贫富均。千里万里，一家一人，视其家，逆旅也，视其人，同胞也，父无所用其慈，子无所用其孝，兄弟忘其友恭，夫妇忘其唱随。若西书中百年一觉者，殆仿佛礼运大同之象焉。

他也提到统一之法，如尽信佛教，尽行井田，尽改象形字为谐声，如此地球之教、政、文字可合而为一。

发扬民权主义、鼓动排满革命、提倡变法自强，最后就在“三世进化论”的大同理想中实现了他的政治思想。

3.《仁学》的经济思想

谭嗣同经济思想的展开，除了由于平日对中国经济情势的实际观察外，也是来自“仁——通”、“日新”的哲学观念的推演。他从“日新”拈出“动”的意义来：动就是一种活力，是社会进化、经济发达的一切所自出的力量，确定了这种事物进步的原则，于是他反对“静”，反对“柔”，静和柔都是呆滞的状态，不但不能“日新”，反而朝退化的方向走，所以他说：“李耳之术之乱中国也，柔静其易知矣。”

放到经济活动上来看，静柔的表现就是俭，所以反对“黜奢崇俭”，他认为“金玉货币，与夫六府百产之饶”都是“生民之大命”，将这些财富掩藏固锁，不充分加以利用，其罪就是“力遏生民之大命”，富者“独室家子孙之为计”，然而外面社会却“羸瘠盈沟壑，饿殍蔽道路”，其次，因为俭，故“刻豁琐啬，弥甚于人”，从人群的经济关系来看，就演变为专以“剥削贫民为务”，譬如“放债则子巨于母而先取质，粜籴则阴伺其急而厚取利，扼之持之，使不得出，及其箝络久之，胥一乡皆为所并吞，遂不得不供其奴役，而入租税于一家”，结果“乡里日益贫，则流而为盗贼，伺衅劫夺焚杀，富室乃随之煨烬”，这就是农民造反的原因，中国社会之乱源，他也看到西方国家的同样情形：“夫以欧美治化之隆，犹有均贫富之党，轻身命以与富室为难，毋亦坐拥厚赀者，时有褊之心以召之欤？则俭之为祸，视静弥酷矣。”俭之祸，于文化上，则“愈俭则愈陋，民智不兴，物产凋窳”，政治上，“自俭之名立”，人民的创造力丧失，安于现状，不求改革，“然后君权日以尊”，而且，谭氏更进一步指出，这种“剥削并吞”的经济状态是循环的：富者“一传而后，产析而薄，食指加繁，又将转而被他人之剥削并吞”，中国之“至贫极窘”来自于此，扩而言之，也是世界上落后国家的败亡之由。

综合静与俭的弊害，言静会使社会趋于懒惰而暮气沉沉，是“鬼道”，言俭会使社会安于简陋没有进取心而昏昏庸庸，是“禽道”。两者均使人愚笨：“唯静故惰，惰则愚，唯俭故陋，陋又愚，兼此两愚，固将杀尽含生之类，而无不足，故静与俭，皆愚黔首之惨术，而挤之于死也。”

弃静从动，动的表现就是“奢”，另外“仁——通”的“通”在经济活动上就是流通，通与动实际上乃是谭氏“奢”的意义，简要地说，谭氏的“奢”，就是把财富做最佳的公共利用，“使之散之”，“流注灌输”，不私藏于己，财富因流通而平等，则“通——平等”在经济层面上的发挥，也就是“毋言节流，开源而已”，“源日开而日亨，流日节而日困”，其表现出来的就是这样：“有矿焉，建学兴机器以开之，辟山通道濬川凿险咸视此。有田焉，建学兴机器以耕之，凡材木水利畜牧蚕织咸视此。有工焉，建学兴机器以代之，凡攻金攻木造纸造糠咸视此。大富设大厂，中富附焉，或别为分厂。富而能设机器厂，穷民赖以养，物产赖以盈，钱币赖以流通，已之富亦赖以扩充而愈厚。”

把俭与奢作个比较，谭氏的结论是：“私天下者尚俭，其财偏以壅，壅故乱，公天下者尚奢，共财均以流，流故平。”

晚清的经济思想事实上是主张俭约的，从冯桂芬的《崇俭节议》、汤寿潜的《危言》、陈炽的《庸书》，到张之洞的《变法奏议》、严复的《原富》按语，无不是主张"崇俭约说"，在这样的思潮中，谭氏独独提出"黜俭崇奢"的看法，与其说谭氏认识错误，倒不如说他对"奢"有特别的定义，谭氏的"奢"是求货物流通，把财富做公众性利用，不私藏于己，因此他批判财富集中于少数人手里，而这些少数人又剥削着大多数人的经济现象，可以说"为公"与"均富"是谭氏主张"奢"的重点，也是谭氏经济思想的重要内容。

"通"对外的意义就是通商，谭氏认为"通商者，相仁之道也，两利之道也，客固利，主尤利也"。而且通商对中国是绝对有利的事情："己既不能制造，愈不能不仰给于人，此其一利矣。彼所得者金银而已，我所得于千百种之货物，……以无用之金银，易有用之货物，不啻出货佣彼而为我服役也，此又一利也"，所以他指责那些主张"闭关绝市"、"重申海禁"的人是何其不仁。

要使财富、货物流通，要能在通商中相"仁"，最重要的莫过于机器化，这是谭氏在看到欧美的强盛后，产生对机器生产的赞美和信心，认为机器对于社会是与造物者同功。有了机器生产，便可以节省人力，"日愈益省，货愈益饶"，民也就可以"愈益富"了。而且"所省之人工日工，又将他有所兴造，利源必推行日广，岂有失业坐废之虞"。

他认为如果因"机器兴，物产饶"而使物价贵，那也是好的，因"小民穷岁月之力，拮据辛劳，以成一物，岂不欲多得值哉"？而且物价贵更可显示此物之可贵，在人民生活水平因机器兴而提高时，贵也就不算得什么了。机器也可促使新产品不断产生，"变去旧法，别创新物"，如此人民创造力可大为发挥。

机器不但使民富裕，而且可以节省时间，使人"延年永命"，轮船铁路，"一日可兼十数日之程，则一年可办十数年之事，加以电线邮政机器制造，工作之简易，文字之便捷，合而计之，一世所成就，可抵数十世，一生之岁月，恍阅数十年。志气发舒，才智奋起，境象宽衍，和乐充畅，谓之延年永命，岂为诬乎”？

谭嗣同更相信，可以凭借机器生产的力量，造成与之相适应的社会风尚和其他条件，他说机器兴，则“人巧奋，地利尽”，人人可以“各遂其生，各均其利”，人人各均其利，也就可以“尚奢”了，而整个社会在机器的推动下，便能达到理想的物质文明的境地：“夫治平至于人人皆可奢，则人之性尽，物物皆可贵，则物之性亦尽。”

在“为公”、“均富”的经济形态上，积极从事物质建设，以达到尽人之性与尽物之性的文明，这是谭氏的经济理想。

三、谭嗣同与晚清思想的趋势

梁启超在《清代学术概论》一书里，开宗明义首论“时代思潮”的意义，他说凡文化发展之国，其国民于一时期中，因环境之变迁，与夫心理之感召，不期而思想之进路，同趋于一方向，于是相与呼应汹涌，如潮然，而有思潮之时代必文化昂进之时代。本此，关于思想史的专题研究或个别人物思想的述评，都应归趋到与当时思想趋势的结合，才能显出研究对象的时代意义。就个别人物思想的述评而言，这样的研究态度并不排斥每一单独人物在自我领域里的创造性，只是也将注意力放在他与历史处境的关联上，他所承受的思想遗产、当代人物的刺激都相互作用着，同时他所关心的对象乃是整个时代环境，也只有在这关联中，才能观察出个别人物的历史地位。

1. 道器论的演变

在时势的高度压力下，“经世致用”成为晚清的学术风尚，从龚自珍、魏源、曾国藩、冯桂芬、郭嵩焘、薛福成以至更晚的黄遵宪、梁启超、康有为、严复等著名学者的为学与行事中均可看出经世的学风，他们以传统的经典义理为本，配合个人对时势的认知，发为救国议论，充满了经世之热忱与致用之目的，晚清思想的趋向自然以此为主导，从洋务论到变法论，我们都可以很清楚地看出这种进展轨迹。

变法论尤其是晚清思想的主要内容，它表示了晚清知识分子在讲求救国之道上，超脱了洋务论的狭隘内容，而提出更进一步的观念与策略，关于这个思潮的一些主要现象，王尔敏在《晚清政治思想史论》一书里有详细的分析，而谭嗣同的思想内容也都很恰当地契合于这些现象中，譬如：“西学源于中国说”、“托古改制说”、“春秋公羊三世说”，及达尔文“适者生存”学说的影响。这些现象完全超脱了洋务论的论说范围，然而，从洋务论过渡到变法论的理论基础却是来自道器论的演变，同时，也只有从“道器论”演变的过程里，才能了解谭嗣同思想的历史地位，及其演变结果所具的历史意义。

十九世纪中叶以后，道与器有了另外新的意义，在面对强劲的西方文化时，通常把道视为固有之道，器则意指西方的器物，在洋务论初期（一八七〇年左右），新的意义的道与器仍然是被严格二分的，自强措施的首创者曾国藩，其经世致用的思想完全奠基在礼教的基础上，他坚守传统的礼教（或名教），以为那个“道”是维持社会秩序、绵延传统的不变法则，因此他的洋务论只着重国防上的“制器、学技以及操兵”，恭亲王奕䜣、冯桂芬也都有同样的看法，王韬在同治初年也将道与器严格二分："形而上者中国也，以道胜，形而下者西人也，以器胜。如徒颂美西人，而贬己所守，未窥为治之本原者也"，(《弢园尺牍》卷四)《弢园文录外编》中的《原道》、《原学》、《变法》、《洋务》、《变法自强》诸篇也都据此立论。我们知道直到光绪十一年（一八八五年），谭嗣同也仍然持着"立天下不变之道"的同样看法。

中法战争以后，道器观有了显著的改变，虽然还保持着"中国所守者形上之道，西人所专者形下之器"，但认识上已有所不同，最先提出新观点的是汤震，在光绪十六年（一八九〇年）出版的《危言》一书里，他说"中国自以为道，而渐失其所谓器，西人毕力于器，而有时暗合于道"，器隐含有道，如此又将西人之器附会到中国古典上："大抵西人政教，大半本之周官，西人艺术大半本之诸子"，(《危言》卷一《中学》) 道器已可相通，也渐渐肯定西方政教的价值，同时期陈虬在《救时要议》序里亦言："儒术所不能治者，复需取诸子近法"，由于器之所指不仅仅是器制，政教已在考虑之内，至此，变法论成立。

从变法论的道器观中，很明显地可以看出他们似是而非的议论，他们仍然坚守着中国固有的道，但他们认为器中有道，所以在求器之时，同时也就是在求取失去的不变之道，然而他们所谓的不变事实上是变的，那只不过是他们为了把改革措施加以合理化，而采取的一种思辨过程。汤震如此，随后的郑观应、陈炽也如此。

郑观应言"虚中有实，实者道也，实中有虚，虚者器也，合之则本末兼赅，分之乃放卷无具"，(《盛世危言》卷一《道器》) 在这种认识下，道器是相通的。陈炽的《庸书》也认为器是"道之粗迹，先王遗意之所存"，经秦政酷烈而流失，而现在"天将以器还中国，而以道行泰西"，这种情势，虽圣人复生，也不能拂人情，违天意，所以"知彼物之本属乎我，则无庸显立异同，知西法之本出乎中，则无俟概行拒绝”，(《庸书》内篇卷上《自强》) 他又认为“泰西之所长者政，中国之所长者教”，(《庸书》外篇卷下《审机》) 在这个地方，显然已意指政为器，教为道，政离道而入器之范畴，西学的重点被安置在西政上，这是变法论第一阶段的成就。

中日战争后，道器论又有更进一步的发展，谭嗣同的“道器合一”观是清末道器论演变的最高顶点，他的“道器合一”论有两种意思，第一，是器决定道，“器存而道不亡”，“器既变，道安得独不变”，就文化的演进形态而言，就是由制度的建立，来确定文化的内涵，制度改变，则文化的内涵及发展方向必定随之改变；第二，道非圣人所独有，尤非中国所私有，也就是说，西洋文化亦有“道”，世界各国的文化原是平等而可互补互取的，在这个基础上，他批评“西学源出中国说”为粗浅之论，承认西方文化的创造性：“说者谓周衰，畴人子弟相率而西，故西人得窃中国之绪而精之，反以凌驾中国之上，此犹粗浅之论，未达夫性善之旨，与圣人之道之所以大也。同生于覆载之中，性无不同，即性无不善。彼即无中国之圣人，固不乏才士也。积千百年才士之思与力，其创制显庸，卒能及夫中国之圣人，非性善而能然欤？”这是他突出于同时代人之处。而这种“道器合一”的观点也成为当时维新派人士的共同信念。

谭嗣同的“道器合一”论最具意义的是：打破道的绝对权威性，道也是可变的，因为道不能脱离器而单独存在，而器又必须因时制宜，随机应变。如此，又延伸出文化具有生命性的看法，文化的历程乃是迈向理想境界的一种永恒运动过程，不断变迁、统合、不断发展、成长，讲求的是协调、和谐、合作、相互适应、交互运动的运作程序，以成就一个较完美的社会整体。

道器论是在传统的范畴中，对文化形态的一种考察方式，由道器二分到道器相通代表着进步，但他们对道器相通的见解，却是似是而非的理论，禁不起时代的考验，谭嗣同的“道器合一”论是道器论的最高成就，但也随着戊戌变法的失败而解消，从此又开始另一阶段，另一形式的文化观及文化论题。

与道器论有密切关联，同时也是在这个基础上才产生的另一种弥漫于晚清思想界的现象是世界主义（Universalism）的信念，从道器相通到道器合一，由于相信文化是可以交流的，世界主义的态度自然形成，其表示出来的现象就是对“公理”的秉持与“大同”的希望。

公理是指放诸四海而皆准的原则，表示世界文化进展的共同规律，如陈继俨云：“夫理者天下之公理也，法者天下之公法也，无中西也，无新旧也。行之于彼则为西法，施之自我则为中法矣，得之今日则为新法，征之古昔，则为旧法矣”，（《论中国拘迂之士不足以言守旧》）梁启超也认为“政无所谓中西”，唐才常亦言“道一而已矣”，“民宅于器曰公器，器舟于法曰公法，法权于心曰公心，心万于理曰公理”，（《湘学新报》）康有为创作《人类公理》一书，谭嗣同则“摩顶放踵，抱持公理平等诸说，长号索偶，百计以求伸”。公理的秉持表现在政治上就是当时维新派人士对万国公法的普遍信赖。

大同思想更是世界主义态度的最显著表现，道器论者都多少带有这种思想，他们相信世界的演进到最后将从不同进而至于相同，那是一个乌托邦式的无所不包容的世界。王韬言：

东方有圣人焉，此心同此理同也；西方有圣人焉，此心同此理同也，盖人心之所向即天理之所示，必有人焉，融合贯通而使之同，故泰西诸国今日所挟以凌侮我中国者，皆后世圣人有作，所取以混同万国之法物也，此其理中庸之圣人早已烛照而券操之，其言曰：天下车同轨，书同文，行同伦，而即继之曰：天之所覆，地之所载，

日月所照，霜露所堕，舟车所至，人力所通，凡有血气者，莫不尊亲，此之谓大同。(《弢园文录外编》卷一《原道》)

康有为的大同理想更不待言，梁启超继加阐扬，谭嗣同本人在《仁学》中所显示的政治思想，也是以大同境界为最后结论，他们的立论事实上是在弘扬传统儒家学说中的大同主义，配合上道器论的演进，儒家大同思想乃得盛行于晚清。

对于这种世界主义的态度，萧公权以同情的了解给予评价，他认为："不管这些世界主义者有什么可能的动机或基本哲学，他们的努力在中国近代思想史中，是有重大的意义是无庸置疑的，他们意识到或不自觉地进行思想综合的工作。在当时的环境条件下，他们对西方文化的知识与了解必定只是皮毛、片面性的，所以他们的努力也就不免浅薄而又不能令人信服。但是，比起单纯的传统主义者或全盘西化论者，他们在社会思想史的地位上，仍应得到较佳的赞誉。"①

然而，就如同我们说过的，道器论本身就是一种没有坚实基础的理论，由此而产生的世界主义态度，在面对帝国主义者的侵略时，自然显得软弱无力，从谭嗣同的政治思想中，我们就可很清楚发觉他的无力感，既悲愤列强的瓜分豆剖，又抱持世界主义的信念，称其为"仁义之师"，两者实不相调和。

晚清的世界主义思想，一直要到孙中山先生提出民族主义是世界主义的先决条件的原则时，才得到稳固的理论根基。

---

① Hisao Kung–chuan（萧公权）: In and Out of Utopia: K'ang Yu–wei's Social Thought, Path Finding in Two Worlds.《崇基学报》，七卷一期，页三，一九六七年十一月。

2. 晚清的调和思想

晚清戊戌变法前后的主要思想趋势，一言以蔽之曰：调和思想，也就是西方学者所称的合成思想（Syncretism），在时势的冲激下，知识分子采取中西融合的态度，以挽救文化危机，寻找出路，于文化层面上就是调和折衷派，是一种固本与开通交互混合运作的文化观，此在道器论的演进上已蕴其先机；于思想层面上，则摭取西方思想，加以综合，成为一种“不中不西，即中即西”（梁启超语）的学说。调和思想在本质上是一种折衷主义（Eclecticism）的方法论，也是由晚清经世思想发展出来的实用态度，调和思想的学说间并不具备系统的关联，只是自由选择他们所视为真理的部分，加以混合排列。

文化上的调和折衷派理论，以张之洞的《劝学篇》最有系统、最具代表性、影响也最大，此后的思想史即不断有新形式的折衷论出现，以张之洞为首的晚清调和主张，有其一定的价值，是当时知识分子在当时的历史条件下，以理性的态度所思考的文化路线，但张之洞以后，并没有突破这种思想格局，不断有不同形式的折衷论出现，而愈折衷就愈不是中国的东西了，其弊在于承清季遗绪，不明白文化的复杂性与生命性，是机械的、僵死的文化观点，在这种观点的笼罩下，人们的视线自然只能局限于空洞的文字之中，而看不到实际问题的解决之道，不能探求中西文化的内在根源与本质，又复妄想将中西文化作任意的加减；复次，调和派对于解决中西文化冲突的态度是从情感上的和解观出发的，主观地、片面地主张将西方文化的某些部分和中国文化中的某些部分加在一起，凑成一个“中西合璧的新文化”，然而这种文化实质上是一种洋土混合的、杂乱的文化（Spurious culture）。而到现在，中国历史还一直陷在混乱的文化观中，也一直在为寻求一个有系统的文化整合体而努力。

晚清思想层面上的调和态度，也同样是当时思想界的主流，改革派知识分子对西方的学术思想采取开放的态度，但这些新知遭遇到他们根深蒂固的传统思想时，调和性质的思想自然产生，谭嗣同的《仁学》，便彻头彻尾是调和思想的产物，康有为、严复二大家也同样有此现象。

康有为早年浸濡于儒家思想之中，也钻研佛学，他自以为不仅是一个要去“平天下”的儒家圣贤，而且又从佛学中得到普救众生的启示，等到他涉猎到西书时，他又将大批的各种西方成分如两性平等、君主立宪、议会制度等观念加入他兼容并蓄的思想体系里，于是儒家、佛家，以及西方思想等各自殊异的概念都被他纳入同一系统之内，创立了新的综合理论体系，那就是他凑合形成的“大同之道”。严复是当时了解西方思想最深者，也以为中西理论相通，《天演论序》云：“近二百年欧洲学术之盛，远迈古初，其所得以为名理公例者，在在见极，不可复摇，顾吾古人之所得，往往先之，此非傅会扬己之言”，然而，他将牛顿的运动定律，斯宾塞尔的天演论比之于《易经》，却是十足的“傅会扬己”。其评点《老子》一书，则更是十足的调和思想，释“天地不仁，以万物为刍狗”为“天演开宗语”，释“天下有道，却走马以粪，天下无道，戎马生于郊”为“纯是民主主义，读法儒孟德斯鸠《法意》一书，有以征吾言之不妄也”，又言：“老谓之道，周易谓之太极，佛谓之自在，西哲谓之第一因，佛又谓之不二法门，万化所由起讫，而学问之归墟也”，他更想从《老子》中找到类似民主、科学的东西。

谭嗣同的调和思想，在其《仁学》界说中即明确指出，于佛书、西书、中国典籍相互融合，章太炎在自编年谱中即评之曰：“余怪其杂糅，不甚许也”，其调和杂糅之处在《仁学》书中随处可见，卷首即以孔、墨、佛、耶诸家的概念来解释“以太”，以“不生不灭”附合于诸家学说：

由是张横渠有“太和”之说，王船山有“一圣人死，其气分为众贤人”说；其在耶，则曰“灵魂”、曰“永生”；在佛则曰“轮回”，曰“死此生彼”。或疑孔子教无此，系易固曰：“原始反终，故知死生之说，精气为物，游魂为变，是故知鬼神之情状”，何为不言乎！

释“新”：

孔曰“改过”，佛曰“忏悔”，耶曰“认罪”，新之谓也。孔曰“不已”，佛曰“精进”，耶曰“上帝国近尔矣”，新而又新之谓也。则新也者，夫亦群教之公理也。

这种相异概念的附合是《仁学》的重要成分。

晚清调和思想是在一定的历史条件下的产物，有其产生的特殊历史背景，梁启超在这方面有很深的感触，他说他们是处在“学问饥饿”的时代，当时所谓“新学家”者，欲求知识于域外，只能靠制造局翻译的几本科学书，以此为枕中鸿秘，而在译出西书中，又确无他种学问可见，与其同时的康有为、谭嗣同辈即生育于此种“学问饥荒”之环境中，冥思枯索，但追求知识的欲望又甚为强烈，这就是他们的处境，“固有之旧思想，既深根固蒂，而外来之新思想，又来源浅觳，汲而易竭；其支绌灭裂，固宜然矣”，（《清代学术概论》）复次，他又分析晚清思想运动最大不幸者，在于此运动之原动力及其中坚，都是不通西洋语言文字之人，他们不能告诉人外国学问是什么，应该怎么学法，只会日日大声疾呼，说“中国东西是不够的，外国人许多好处是要学的”，这些话虽然像是囫囵，在当时却发生很大的效力，（梁启超《五十年中国进化概论》）其结果则为：

坐此能力所限，而稗贩、破碎、笼统、肤浅、错误诸弊，皆不能免，故运动垂二十年，卒不能得一健实之基础。（《清代学术概论》）

谭嗣同辈由于时代环境的限制，因此产生缺乏知识论基础的调和思想，这是我们能够了解的，在这种了解下，我们不愿大放厥词对这种思想施加评判，然而这种调和思想的思考态度和思想方式，却为中国现代思想界带来若干影响，其最显著者有二。其一，是形式主义，就是不分辨其概念所指涉的意义和特定范畴，而将相异的概念作任意的附合，一如晚清思想家所为者。一个文化或一套学说体系就是一个整体，产生在这个整体之上的概念自有其特定的含义，若不深究其本质与内涵，而任意排比，不但是不了解那个文化或学说，同时也是误解了原来的文化与学说，而两者的沟通融合也就不可能了。梁启超对当时"好依傍"与"名实混淆"的形式主义思想方法，有严厉的批判，他认为牵合附会，最易导国民以不正确之观念，传播既广，则能使多数人之眼光之思想见局，见缚于所比附之文句，而不复求其真义之所存。同时以古附会又能增故见自满之习，而障其择善服从之明。他说："吾雅不愿采撷隔墙桃李之繁葩，缀结于吾家杉松之老干，而沾沾自鸣得意；吾诚爱桃李也，唯当思所以移植之，而何必使与杉松淆其名实者。"是故"此病根不拔，则思想终无独立自由之望"。（《清代学术概论》）

其二为泛科学主义的萌芽，所谓泛科学主义是指，承认宇宙各种现象，尤其是人文现象都可经由科学而得以了解的一种信仰，本质上也是附合的思想形态。在西方势力的震撼下，晚清知识分子最先接触到的西书是有关科学技艺方面的译本，一些改革分子又复在有限的条件下热心追求有关科学的常识，于是近代西方的科学成就，在中国思想上产生了“教条式的冲击”（Doctrinal Impact），[2] 这些传统文人所表现的对科学的热忱是惊人的，几乎在他们的著作中，都能发现科学知识带给他们的影响，在他们的追求下，他们发觉西方的富强实赖科学有以致之，康有为就表现了这种态度，以为政事之大备、文物之大盛是与算学之大明同时存在的，谭嗣同也把学习格致算学当做自强的起步、追求真理的起点，又复在科学成果的激荡下，对科学的能力、人类的远景作了无限的幻想，在这种情形下，泛科学主义态度应运而生。

早年的康有为能经由科学仪器带来形而上的彻悟与冲激，他看到数学推理之精确逻辑产生了不变的法则，于是他也想依据人性的与社会的真相，推衍出支配人类道德及制度的不变法则，此即《实理公法》一书的主旨。当时的知识分子也经常以物理现象来解释人群活动的现象，如“热力速而涨者，其民必智，其国必新，热力大而神者，其民必仁，其国必群”。（唐才常《觉颠冥斋内言》）

谭嗣同的“以太”观，贯穿宇宙、自然以及人文、社会，是十足的泛科学主义态度。大抵当时常用的字眼有脑气筋、压力、电力、热力等，都是以物理现象来解释人文活动，章太炎即指出这种病象：“时新学初兴，为政论者辄以算术物理与政事并为一谈。余每立异，谓技与政非一术，卓如（梁启超）辈本未涉此，而好援其术语以附政论，余以为科举新样耳。”（《太炎先生自订年谱》）好引用术语，如此又是形式主义的态度。

科学主义并不能给科学本身带来进步，同样，晚清传统文人的泛科学主义态度也阻碍了科学在中国的生根工作。

---

② Kwok D.W.Y.（郭颖颐）: *Scienticism Chinese Thought,* 1900—1955, p.3. New Haven and London: Yale University Press, 1965.

3. 由传统到反传统

近人贺昌群在《魏晋清谈思想初论》里，对中国历代文化的变革与新生有一段鞭辟入里的见解：

一时代文化思想之盛衰，隐隐乎如百川汇海，时或波涛澎湃，时或渊综停注，皆有其不得不然之势，所谓“承百代之流，而合乎当今之变”者也。文教政事之措施，譬犹行舟于此“百代之流”，操纵指使，系乎一心。陆机有言：夏人尚忠，忠之弊也，朴，救朴莫若敬，殷人革而修焉；敬之弊也，鬼，救鬼莫若文，周人矫而变焉；文之弊也，薄，救薄则又反之于忠。则三代相循，如水济火，是知文化思想之盛衰，盖有随时救弊之义焉。

也就是中国传统文化的嬗变是由内部自发的，前代后代之间，自破旧弊，由中国民族自身创建新制度，但仍与过去保持连贯的关系，这种变革观念也同样为清末改革派知识分子所持有，其时凡论改革，言必曰：“子曰：殷因于夏礼，所损益可知也，周因于殷礼，所损益可知也，其或继周者，虽百世可知也”，“因”相当于“认同”（Identify），他们承认变革之必要，一套新的建制，新的价值观念是使中国在列强压迫下生存下去的必要条件，但仍然保持对过去的认同，而不采取全面否定的态度，这种情形正是王尔敏所认为的：“就晚清这七十年间来说，传统思想及儒家提供了近代化的基本动力，供给知识分子以接受西方化的勇气与理论基础，当时学者根据儒家固有观念而承认开新的必要。而灌输国人以近代观念，并提出儒学以迎合西方知识，以创立他们的近代化理论”，（《晚清政治思想史论》，页三一）然而，为何对传统的肯定与再生期望，到了民初即变为全面的反传统思想，尤其是五四运动在思想层面上所代表的意义，毫无疑问的就是全面的反传统运动，“因”的观念一变为“反”的态度，所谓“……不得不反对孔教、贞节、旧伦理、旧政治，……不得不反对旧艺术、旧宗教，……不得不反对国粹和旧文学”，（陈独秀语）这种反传统思想不是立即形成的，必有其渊源可寻，往前追溯，晚清的思想状态和对传统的认同性质就是我们要考察的对象，而对谭嗣同、康有为、严复等人思想的观察，更能帮助我们了解其转变的原因。

在我们的考察中，可以提出三个解释：（1）文化的大解体，（2）传统权威的丧失，（3）对传统思想的认同缺乏坚实的知识论基础。

近代中国的处境已非春秋战国时，虽然分崩离析但还是自足地处在中国文化的框架中的局面，制度礼俗、伦理秩序、道德规范、价值观念在西力的入侵下，完全呈现脱节现象，这是一个文化大解体的局面。在采取西方文化与保护传统文化间，知识分子陷入双重的困境中，而现实政治的挫败很容易削弱维护与认同的力量，很不幸，晚清的改革措施都遭遇重重阻碍，同时，具有强大破坏力的西方势力，涌到东方时，绝大部分的力量都被中国所消纳，中国成为东方矛盾的焦点，种种改革措施不是因自身的阻力而失败，就是不堪外力一击而被摧毁，如此，民族自信心逐渐消失，传统的权威性也逐渐消失。

就传统角色的退却而言，道器论的演变过程就是最好的说明，原来器仅指器物而言，到后来，中国古典的两大支柱：政与教，其中之一的政已脱离道而入器的范畴，保教成为认同于传统的最后对象，也是维护传统的最后据点。

在存我图强的要求下，富强成为当时知识分子追求的最高目标，又复有“道器合一”的理论基础，于是欲达富强，其方法就必须采自西方，何启、胡礼垣即以为学习西方富强之政是最重要的，严复有一段话更激烈地表现了这种富强要求，他以为凡是能够使中国疗贫起弱的，便是应该师法的：

继自今，凡可以愈愚者，将竭力尽气，皲手茧足以求之，唯求之，为得不暇问其中若西也，不必计其新若故也，有一道于此，致吾于愚矣，且由愚而得贫弱，虽出于父子之亲，君师之严，犹将弃之，等而下焉者无论已。有一道于此，足以愈愚矣，且由是而疗贫起弱焉，无出于夷狄禽兽，犹将师之，等而上焉者无论已。(《严几道诗文钞》卷四，页二一，《与外交报主人论教育书》)

虽其“神州之陆沉诚可哀，而四万万之沦胥甚可痛”的情感可知，但如此激烈的主张和要求，适足以削弱传统的权威性。虽然严复的思想中也具有调和的色彩，如前节所论，但在比附之中所显示的对传统思想的尊重，其力量却远不及对富强的渴望，当国势愈遭顿挫，改革运动受到阻碍，传统的角色也就慢慢地退隐了。同样，晚清一些思想家的世界主义信念，是想以固有的道为本，吸收含有道的西方之器，以创建具有普遍性的文化体，但事实却远非他们在理论中所预设的那样，结果所要卫护的道就慢慢瓦解了。

晚清调和思想的负面意义就是削弱传统思想的权威性，以谭嗣同为例，史华哲教授（Schwartz B.I.）即持这种看法，他说：“谭嗣同自认是属于儒家，但他把儒家的仁视为一种形上的绝对体，并任意地比附于佛教的终极实体，就其负面意义而言，此种转向于中国思想中的‘非正统’传统，即代表着对既定的政治、社会秩序中儒家的绝对化的一种严重激变。”③ 晚清知识分子卫护著道，认同于传统，却适得其反地丧失了传统的权威性。

---

③ Schwartz B.I.: *In Search of Wealth and Power: Yen Fu and the West*, p.210, Cambridge, Mass., Harvard University Press, 1964.

再以谭嗣同为例，由于他的思想在我们看来夹杂着传统与反传统两部分，所以在讨论由传统到反传统时，他是一个很具代表性的例子。在我们的认识里以为谭嗣同思想中的传统与反传统是矛盾的，但在他个人自足的理论体系里两者是统合的，并不冲突；谭嗣同的思想，本质上是认同于传统，任何改革思想都与先秦儒家，尤其是孔子学说保持连贯的关系，对于当时孔教的衰颓，他期望于一个中国的马丁路德的领导而复兴，我们知道马丁路德宗教改革的意义在于，他并不是采取反传统的态度，而是站在传统的基础上提出新的解释，性质上改变了，但对过去的认同依然持续，谭嗣同理想中的改革形态正是如此，所以他在指出“故耶教之亡，教皇亡之也；其复之也，路德之力也”后，也希望中国有马丁路德式的改革：“孔教之亡，君主及言君统之伪学亡之也；复之者尚无其人也，吾甚祝孔教之有路德也。”

谭嗣同的反传统部分，除政治体制的改革外，攻击最厉害的是三纲五伦，而在《仁学》的理论体系中，这些伦理观念是被安置在“礼”的范畴：

分别亲疏，则有礼之名，自礼明亲疏，而亲疏于是乎大乱，心所不乐而强之，身所不便而缚之，缚则升降拜跪之文繁，强则至诚恻怛之意汩，亲者反缘此而疏，疏者亦可冒出而亲。日糜其有用之精力，有限之光阴，以从事无谓之虚礼，即彼自命为守礼，亦岂不知其无谓，特以习俗所尚，聊伪以将之云耳。故曰：“礼者，忠信之薄，而乱之首也。”

另一方面，《仁学》理论体系的中心目标是建立“仁”的一元论（由“以太”演绎而来），所谓“天地间亦仁而已矣”，“仁”是一个绝对体，统摄着礼、智、勇、信、义等次级要素，其所代表的意义是平等与无所不通，在这种观念下，“礼”等于是压制、自私与不仁，相对的便是“仁”的德性，意味着平等、博大与包容万物的爱。同一时候的康有为也有同样的观点，只不过他将“礼”易为“义”，在将“仁”与“义”两种德性拿来作一对比时，康有为也把许多存在于当时中国社会里的罪恶归之于后者：

中国之俗，尊君卑臣，重男轻女，崇良抑贱，所谓义也。……习俗既定以为义理，至于今日臣下跪服畏威而不敢言，妇人卑抑不学而无所识。(《康子内外篇·人我篇》)

限定在谭嗣同“仁”与“礼”的关系上，谭嗣同所希望的是用“仁”这个形上的绝对体来含概“礼”，并消除“礼”的不合理性：“夫礼，依仁而著，仁则自然有礼，不特别标识而刻绳之……礼与伦常皆原于仁”，仁的一元论是谭嗣同认同于儒家的基础，也是他卫护孔教，使孔教复兴的根据。

但谭嗣同如何对这从孔子学说中演绎出来的“仁”，予以新的解释，从西方的科学常识、佛家的形而上学到中国的儒家观念，他均兼采之，拼凑而成，彼此比附，结果，理论并不坚实，当我们说他的理论缺乏知识论的基础时，并不是不了解他所身处的知识环境，而是在指明，由于没有稳固的理论根基，他的“仁”的一元论自必无力应付时代的考验，不能解消“礼”的不合理性，他所想使之再生的孔教也瓦解了。

在文化大解体的时代环境中，由于客观环境的限制，当时知识分子虽作种种维护传统的努力，但从传统权威的丧失到理论的不坚实，均在在使得所认同的传统趋于崩溃。结果一变而为民初的反传统思潮，谭嗣同的反传统思想也就充分被继承了，且更加发扬，谭嗣同想以“仁”来解消“礼”，由于理论上的失败，他所攻击的

“礼”成为“五四”反传统思想的主要内容，谭嗣同在《仁学》中赞扬流血革命，这种激进精神也被“五四”的知识分子所继承，其余如妇女解放、男女平等、婚姻自主、性开放、文字改革等观点，也都是“五四”前后反传统分子所主张的。

就谭嗣同的思想而言，《仁学》一书是他的思想精华，吸取中国传统学术思想（尤以王船山之学为最）、西方学说及佛学，融合为一，这样的思想面貌，有他的独创性和特别的意义，也具有晚清思想趋势的共通性质，熊十力评为：“规模甚大，志愿极宏，而知见不免失于浮杂”，（《读经示要》卷二）然而《仁学》一书不失为是当时比较有系统性的理论体系，代表了传统知识分子在西方文明的冲激下，为维护传统儒家的最后努力，而不幸由于当时知识环境的限制，他的理论失败了，他所期望的中国马丁路德没有出现，所欲维护的传统土崩瓦解，而他反传统的部分却被后代人充分继承，造成民初的全面反传统思想，中国的文化命运从此陷入更深更广的苦难中。

参考书目

《谭浏阳全集》，谭嗣同，台北，文海出版社影印本，一九六二年十一月，一版。

《谭嗣同书简》，欧阳予倩编，上海文化供应社，一九四八年，一版。

《谭嗣同全集》，谭嗣同，台北，华世出版社，一九七七年十月，台一版。
《戊戌变法文献汇编》，杨家骆编，台北，鼎文书局，一九七三年九月，一版，五册。
《戊戌变法史研究》，黄彰健，台北，中研院历史语言研究所专刊之五十四,一九七〇年，六月，一版。
《清代学术概论》，梁启超，台北，台湾商务印书馆《人人文库》本，一九六七年八月，台二版。
《中国近三百年学术史》，梁启超，台北，台湾中华书局，一九五六年二月，台一版。
《中国近三百年学术史》，钱穆，台北，台湾商务印书馆，一九五七年，一版。
《中国政治思想史》，萧公权，台北，中华大典编印会，一九六八年十月，五版，六册。
《晚清政治思想史论》，王尔敏，著者自版，一九六九年九月，一版。
《近代中国思想史》，郭湛波，香港，龙门书店，一九七三年元月，再版。
《一百三十年来中国思想史纲》，胡秋原，台北，学术出版社，一九七三年十二月，一版。
《清末政治思想研究》，小野川秀美，日本京都，京都大学东洋史研究会，昭和三十五年三月，一版。

图书在版编目（CIP）数据

中国历代思想家．清．3 / 中华文化总会，王寿南主编；陆宝千等著．—北京：九州出版社，2011.3
ISBN 978-7-5108-0853-1

Ⅰ．①中… Ⅱ．①中… ②王… ③陆… Ⅲ．①思想家－评传－中国－清代 Ⅳ．①B2

中国版本图书馆CIP数据核字(2011)第026377号

中国历代思想家．清．3

作　　者	中华文化总会　王寿南 主编　陆宝千等 著
出版发行	九州出版社
出 版 人	徐尚定
地　　址	北京市西城区阜外大街甲 35 号 (100037)
发行电话	(010)68992190/2/3/5/6
网　　址	www.jiuzhoupress.com
电子信箱	jiuzhou@jiuzhoupress.com
印　　刷	涿州市星河印刷有限公司
开　　本	880 毫米 ×1230 毫米　32 开
印　　张	14
字　　数	347 千字
版　　次	2011 年 3 月第 1 版
印　　次	2011 年 3 月第 1 次印刷
书　　号	ISBN 978-7-5108-0853-1
定　　价	32.00 元